BRASILEIROS

BRASILEIROS

Luiz Gonzaga, *por* Ancelmo Gois

Glauber Rocha, *por* Cacá Diegues

Golbery do Couto e Silva, *por* Candido Mendes

Zilda Arns, *por* Célia Arns

Getúlio Vargas, *por* Celina Vargas do Amaral Peixoto

Di Cavalcanti, *por* David Zylbersztajn

Eleazar de Carvalho, *por* Eleazar de Carvalho Filho

Graciliano Ramos, *por* Elizabeth Ramos

Euclides da Cunha, *por* Euclides Penedo Borges

João do Pulo, *por* Fabio Altman

Irmã Dulce, *por* Fernanda Montenegro

Tancredo Neves, *por* Fernando Henrique Cardoso

Zózimo Barrozo do Amaral, *por* Francisco Brandão

Machado de Assis, *por* George Vidor

Roberto Campos, *por* Gustavo Franco

Dom Pedro I, *por* Iza Salles

Oscar Niemeyer, *por* Jaime Lerner

Gilberto Freyre, *por* Joaquim Falcão

Visconde de Mauá, *por* José Luiz Alquéres

Sobral Pinto, *por* José Roberto de Castro Neves

Barbara Heliodora, *por* Liana de Camargo Leão

Rui Barbosa, *por* Luís Roberto Barroso

Eliezer Batista, *por* Luiz Cesar Faro

Monteiro Lobato, *por* Marcelo Madureira

San Tiago Dantas, *por* Marcílio Marques Moreira

José Olympio, *por* Marcos Pereira

Barão de Guaraciaba, *por* Mary Del Priore

Carlos Castello Branco, *por* Merval Pereira

Ulysses Guimarães, *por* Miguel Reale Júnior

Vinicius de Moraes, *por* Nelson Motta

Paulo Niemeyer, *por* Paulo Niemeyer Filho

Cazuza, *por* Paulo Ricardo

Marechal Rondon, *por* Pedro Bial

Oswaldo Aranha, *por* Pedro Corrêa do Lago

José da Silva Lisboa, *por* Pedro Henrique Mariani

Ruth Cardoso, *por* Pedro S. Malan

Oscarito, *por* Renato Aragão

Niomar Moniz Sodré Bittencourt, *por* Roberto Feith

Carlos Chagas, *por* Sergio Abramoff

Paulo Francis, *por* Sonia Nolasco Heilborn

Lygia Clark, *por* Vanda Klabin

Vladimir Herzog, *por* Zuenir Ventura

ORGANIZAÇÃO:
JOSÉ ROBERTO DE CASTRO NEVES

EDITORA
NOVA
FRONTEIRA

Copyright da organização © 2020 by José Roberto de Castro Neves

Copyright © 2020 by Ancelmo Gois, Cacá Diegues, Candido Mendes, Célia Arns, Celina Vargas do Amaral Peixoto, David Zylbersztajn, Eleazar de Carvalho Filho, Elizabeth Ramos, Euclides Penedo Borges, Fabio Altman, Fernanda Montenegro, Fernando Henrique Cardoso, Francisco Brandão, George Vidor, Gustavo Franco, Iza Salles, Jaime Lerner, Joaquim Falcão, José Luiz Alquéres, Liana de Camargo Leão, Luís Roberto Barroso, Luiz Cesar Faro, Luna van Brussel Barroso, Marcelo Madureira, Marcílio Marques Moreira, Marcos Pereira, Mary Del Priore, Merval Pereira, Miguel Reale Júnior, Nelson Motta, Paulo Niemeyer Filho, Paulo Ricardo, Pedro Bial, Pedro Corrêa do Lago, Pedro do Amaral Peixoto M. Franco, Pedro Henrique Marini, Pedro S. Malan, Renato Aragão, Roberto Feith, Sergio Abramoff, Sonia Nolasco Heilborn, Vanda Klabin, Zuenir Ventura.

Direitos de edição da obra em língua portuguesa no Brasil adquiridos pela Editora Nova Fronteira Participações S.A. Todos os direitos reservados. Nenhuma parte desta obra pode ser apropriada e estocada em sistema de banco de dados ou processo similar, em qualquer forma ou meio, seja eletrônico, de fotocópia, gravação etc., sem a permissão do detentor do copirraite.

Editora Nova Fronteira Participações S.A.
Rua Candelária, 60 — 7º andar — Centro — 20091-020
Rio de Janeiro — RJ — Brasil
Tel.: (21) 3882-8200

CIP-Brasil. Catalogação na publicação
Sindicato Nacional dos Editores de Livros, RJ

B83

Brasileiros / organização José Roberto de Castro Neves. - 1. ed. - Rio de Janeiro: Nova Fronteira, 2020.
448 p.; 23 cm.

ISBN 9788520934999

1. Brasil - História - Biografia. I. Neves, José Roberto de Castro.

20-62691   CDD: 920.020981
                CDU: 929(08)(81)

Vanessa Mafra Xavier Salgado - Bibliotecária - CRB-7/6644

31/01/2020   04/02/2020

SUMÁRIO

Introdução | 9
José Roberto de Castro Neves

Carlos Castello Branco | 11
Merval Pereira

Oscarito | 17
Renato Aragão

Cazuza | 22
Paulo Ricardo

Getúlio Vargas | 28
Celina Vargas do Amaral Peixoto
Pedro do Amaral Peixoto M. Franco

Monteiro Lobato | 41
Marcelo Madureira

Paulo Niemeyer | 46
Paulo Niemeyer Filho

Ulysses Guimarães | 54
Miguel Reale Júnior

Rui Barbosa | 65
  Luís Roberto Barroso
  Luna van Brussel Barroso

Irmã Dulce | 89
  Fernanda Montenegro

José Olympio | 93
  Marcos Pereira

Barbara Heliodora | 102
  Liana de Camargo Leão

Sobral Pinto | 121
  José Roberto de Castro Neves

Gilberto Freyre | 128
  Joaquim Falcão

Barão de Guaraciaba | 136
  Mary Del Priore

João do Pulo | 141
  Fabio Altman

Roberto Campos | 146
  Gustavo Franco

Visconde de Mauá | 164
  José Luiz Alquéres

José da Silva Lisboa | 181
  Pedro Henrique Mariani

Luiz Gonzaga | 190
  Ancelmo Gois

Lygia Clark | 194
 Vanda Klabin

Eliezer Batista | 202
 Luiz Cesar Faro

Oswaldo Aranha | 224
 Pedro Corrêa do Lago

Zilda Arns | 244
 Célia Arns

Graciliano Ramos | 260
 Elizabeth Ramos

Marechal Rondon | 265
 Pedro Bial

Di Cavalcanti | 274
 David Zylbersztajn

Niomar Moniz Sodré Bittencourt | 280
 Roberto Feith

Golbery do Couto e Silva | 293
 Candido Mendes

Vinicius de Moraes | 296
 Nelson Motta

Oscar Niemeyer | 306
 Jaime Lerner

Carlos Chagas | 313
 Sergio Abramoff

Ruth Cardoso | 323
Pedro S. Malan

San Tiago Dantas | 332
Marcílio Marques Moreira

Machado de Assis | 344
George Vidor

Dom Pedro I | 353
Iza Salles

Euclides da Cunha | 369
Euclides Penedo Borges

Glauber Rocha | 387
Cacá Diegues

Zózimo Barrozo do Amaral | 401
Francisco Brandão

Tancredo Neves | 405
Fernando Henrique Cardoso

Paulo Francis | 421
Sonia Nolasco Heilborn

Eleazar de Carvalho | 433
Eleazar de Carvalho Filho

Vladimir Herzog | 438
Zuenir Ventura

Autores | 441

INTRODUÇÃO
José Roberto de Castro Neves

Não cultuamos os nossos heróis. Diferentemente de outros povos — e os nossos primos norte-americanos possivelmente servem de melhor exemplo dessa adoração aos patrícios —, não exaltamos os grandes brasileiros.

A nossa história é repleta de seres humanos extraordinários, dignos de toda a admiração. Muitos tornaram-se símbolos, expoentes de causas nobres. Contudo, mal falamos deles. As gerações passam e os heróis do passado são esquecidos. Uma lástima.

Uma nação se constrói pelos seus Homens. Pelos ideais que eles defenderam e pela forma como lutam, um país se define. Se não nos familiarizarmos com esses brasileiros e suas façanhas, jamais conheceremos nossa história. Seremos uma nação manca, sem identidade.

A obra coletiva que o leitor tem nas mãos segue esse propósito fundamental: falar de importantes brasileiros e de sua contribuição na construção do Brasil. Os autores são, por sua vez, brasileiros notáveis, que se destacam em diversos campos. Eles falam com paixão e senso crítico de nossos conterrâneos. Os tempos já não admitem a idolatria cega ou o ufanismo infantil. Os heróis são falíveis. Têm fraquezas. (Principalmente) na imperfeição, encontramos suas humanidades. Nos textos aqui reunidos, os ilustres brasileiros são apresentados sempre por uma lente afetuosa, sem esconder suas ambiguidades, talentos e vicissitudes. Mais fácil, assim, encontrarmos afinidades. São histórias edificantes, de escolhas corajosas e difíceis, cheias de vida, permeadas de milagres e pecados.

Por que não louvamos nossos heróis (?) — alguém pergunta. Será um receio de não encontrar, entre nós, quem possa hoje ombreá-los — e termos que reconhecer uma melancólica e barulhenta decadência? Será culpa de um complexo de vira-lata, que não consegue enxergar o que temos de bom e se coloca sempre em inferioridade? Os ensaios deste livro deixam claro que esses ou outros possíveis motivos não se justificam. Os brasileiros são exemplos — e os exemplos servem para ensinar, para iluminar caminhos, para inspirar. Que assim seja.

CARLOS CASTELLO BRANCO
Merval Pereira

Joseph Pulitzer, o grande jornalista que dá o nome ao principal prêmio de jornalismo e literatura dos Estados Unidos, tinha uma certeza: "Jornalista não tem amigos." Referia-se à necessidade de ser independente. Carlos Castello Branco, o mais influente jornalista político de sua geração, tinha muitos amigos. Mas nunca abriu mão de analisar sob a ótica crítica cada um deles.

Eleito Jânio Quadros presidente, mesmo já tendo sido nomeado seu secretário de Imprensa, Castelinho, como era conhecido carinhosamente devido à baixa estatura, registrou que "com Jânio no poder, o Brasil dá um salto no escuro".

O ex-presidente José Sarney, amigo desde sempre, tinha o hábito de visitá-lo sempre que se considerava injustiçado. E a queixa se transformava em longas conversas sobre a política do país.

Quando o marechal Castello Branco assumiu o governo após o golpe militar em 1964, perguntaram a Castelinho se eram parentes. Com a ironia que lhe era peculiar, respondeu: "Distante, mas está se aproximando."

De fato, eram da mesma família, o que não o impediu de analisar seu governo sob uma ótica crítica, especialmente depois que aceitou ter seu mandato prorrogado. Mas, quando morreu o ex-presidente, Carlos Castello Branco não se furtou a registrar em sua coluna:

> É realmente espantoso que a paixão política chegue a identificar no retrato de um homem de bem o perfil de um canalha. O marechal era um patriota, um idealista, e um homem que terá morrido em paz com sua consciência. Essa não é a homenagem do parente, mas o dever imposto pela mais estrita objetividade.

Ler as colunas de Castelinho, nos livros que publicou e no blog que a família mantém com absolutamente todos seus escritos, é compreender a história política recente do Brasil até sua morte, em 1993. Um dos primeiros livros no país a tratar da história imediata em tom jornalístico tem sua participação. *Os idos de março – e a queda em abril* reúne reportagens de oito dos mais prestigiados jornalistas da época, que relatavam os acontecimentos políticos desde o comício da Central, a 13 de março, até 15 dias depois do golpe. Carlos Castello Branco conta em poucas páginas os bastidores da conspiração militar que derrubou João Goulart.

Inicialmente favorável, Castelinho passou a contestar a ação dos militares,

> que tendo pretendido ser uma intervenção saneadora, para assegurar o funcionamento dos poderes da República, terminou por implantar um longo regime militar, orientado por um sistema, ou um aparelho, que preservou das instituições civis apenas o arcabouço sem alma.

Sua única experiência "do outro lado do balcão", nos poucos meses do governo Jânio, lhe foi muito útil para saber como funciona o governo e, sobretudo, quem é mesmo que manda nos bastidores da República: aqueles que têm conhecimento dos mecanismos internos e informações que não sejam apenas deduções ou especulações com interesses pessoais. Conheceu os meandros dos palácios presidenciais, e soube distinguir notícia de fofoca.

Castelinho escreveu também um livro sobre a renúncia de Jânio Quadros, mas só deixou que fosse publicado depois de sua morte, o que ocorreu em 1996. O livro não explica as razões da renúncia, provavelmente porque não havia nenhuma razão objetiva a desvendar.

Frio, pragmático, Castelinho sabia lidar com as autoridades de Brasília sem perder de vista sua condição de repórter. Tinha uma memória notável, e não foram poucas as ocasiões em que o interlocutor se surpreendeu com a reprodução perfeita da conversa sem que tivesse tomado uma nota sequer.

Mesmo quando acreditavam que não estava prestando atenção, ou que estava bêbado, Castelinho reproduzia as conversas com fidelidade. E atuou nos bastidores para ajudar Tancredo Neves a concretizar seu plano de derrotar o governo militar no próprio Colégio Eleitoral, em que teoricamente tinha maioria.

Com texto direto e capacidade analítica, mas sabendo ser sarcástico quando necessário, Carlos Castello Branco teve que se adaptar às dificuldades da censura no regime militar, e enviava mensagens cifradas nas suas colunas a favor de manobras políticas, não apenas da oposição ao regime, mas também de setores militares que atuavam nos bastidores para a abertura democrática que acabaria chegando.

A "Coluna do Castello", publicada diariamente no *Jornal do Brasil* por 31 anos até sua morte, teve provavelmente o mais influente papel que o jornalismo pode exercer na política brasileira, e não apenas metaforicamente.

No período mais negro da Ditadura Militar, "o Congresso só existiu na minha coluna", disse certa vez. Ao tomar posse na Academia Brasileira de Letras (ABL), em 1983, fez questão de ressaltar:

> Chego à Academia como jornalista. Foi essa a condição que me deu notoriedade e abriu-me caminhos nos vossos corações. (...) Mas devo

ressaltar que, em determinado momento da vida profissional, quiseram os fados que fosse o intérprete mais ostensivo de sentimentos que não se podiam então exprimir. A sociedade ansiava por informações; e coube-me abrir, graças ao apoio do *Jornal do Brasil*, um canal de mensagens cifradas mediante as quais atendia a expectativas tão amplas quanto frustradas. Sei que não trabalhei em vão (...).

Castelinho tinha a noção exata de que fazia parte da história, e era desse ponto de vista que analisava os fatos políticos cotidianos. O jornalismo e a política sempre estiveram juntos na vida de Carlos Castello Branco, e foi isso que o acadêmico e político José Sarney ressaltou ao recebê-lo na ABL: "E o que é o jornalismo político? É o político que fez do jornalismo a sua tribuna."

Anteriormente, em 1970, já concorrera à ABL, e por razões políticas: como havia sido eleito pouco antes o ex-ministro do Exército de Costa e Silva e membro da junta militar de 1969, general Aurélio de Lira Tavares, que usava o pseudônimo de Adelita, um grupo de acadêmicos desejava preencher a nova vaga com um candidato de oposição. Castello acabou perdendo para Antonio Houaiss, num segundo turno.

Anos antes, quando o Ato Institucional n.º 5 foi editado, em dezembro de 1968, Castelinho fora preso, acusado de ter participado do movimento político que culminou com a recusa do Congresso em processar o jornalista e deputado Marcio Moreira Alves.

Sua coluna foi proibida de circular durante algumas semanas. Do final do governo Costa e Silva até todo o governo Médici, a repressão política aumentou fortemente, e com ela a pressão para que o tom da coluna de Castelinho fosse alterado. Ele passou a transmitir as informações, então, segundo suas palavras, "quase em mensagens cifradas", e chegou a pedir demissão duas vezes, por não ter espaço político para suas análises.

Numa dessas ocasiões, em pleno governo Médici, foi dissuadido por dois ministros de origem militar, Mario Andreazza e Jarbas Passarinho, que sabiam a péssima repercussão política que essa decisão geraria, e trabalharam para arrefecer as pressões.

Desempenhou um papel político ativo quando chamado a encabeçar uma chapa para concorrer, em 1976, ao Sindicato dos Jornalistas Profissionais do Distrito Federal, cargo que exerceu até 1981.

Com a posse de Geisel e o projeto de abertura política, Castelinho ganhou mais liberdade para escrever, mas, em consequência, atraiu a fúria da linha dura que se opunha à democratização. Foi nesse período que passou a receber cartas anônimas com ameaças de morte. Não havia na época ainda os meios digitais.

Uma delas, a que mais o impressionou, trazia a fotografia de Vladimir Herzog, jornalista assassinado na prisão em São Paulo durante o governo Geisel, com um bilhete: "Você será o próximo."

A morte do filho Rodrigo, em um acidente de automóvel nas cercanias do aeroporto de Brasília, trouxe-lhe uma imensa dor e uma dúvida lancinante. As ameaças contra si pararam, e ele recebeu informações que insinuavam que o acidente fora provocado por uma ação de grupos paramilitares ligados aos serviços de informações, que àquela altura resistiam ao processo de abertura política no país.

O ex-presidente João Goulart disse-lhe em uma conversa em Paris que não tinha dúvidas de que o acidente fora planejado. Uma vez Castelinho disse, chorando, que se recusava a acreditar nessa possibilidade. "Senão, vou fazer o quê? Subir a rampa do Planalto com uma metralhadora atirando para tudo quanto é lado?"

Mesmo cessadas as ameaças, Castelinho conviveu durante muito tempo com a paranoia de estar sendo perseguido, e em 1982, quando teve que ser internado com princípio de infarto, pediu que os fios que o ligavam aos aparelhos fossem retirados. "Suspeito que eles tenham sido instalados pelo Serviço Nacional de Informações", comentou, entre irônico e precavido.

O DOM E A FORÇA DAS PALAVRAS

Querendo Carlos Lacerda que o *Jornal do Brasil* defendesse certa posição, foi-lhe sugerido que procurasse o presidente do jornal, Manuel Francisco

Nascimento Brito, genro da condessa Pereira Carneiro. Ao que Lacerda retrucou: "Eu vou é falar com o Castelinho."

Já durante o período de distensão, querendo continuar o processo de abertura política "lenta, gradual e segura", mesmo depois de ter fechado o Congresso e ter baixado o "Pacote de abril", o presidente Ernesto Geisel não sabia como convencer a opinião pública de que continuava com a intenção inalterada. O ministro da Justiça, Petrônio Portela, um dos artífices civis da abertura política, aconselhou-o: "Só há um homem no Brasil que fará com que se acredite que o senhor quer mesmo fazer a abertura política, o jornalista Carlos Castello Branco."

Castelinho tinha o dom da palavra escrita, mas não o da falada. Escrevia com uma rapidez e clareza tão grandes quanto falava atabalhoadamente, comendo as palavras, quase resmungando. No discurso de posse na Academia Brasileira de Letras, em 1983, explicou assim sua dificuldade:

> Lamento, senhores acadêmicos, não dispor da prerrogativa concedida pelo primeiro regimento da Academia — da qual se serviu o mais eminente dos meus antecessores, o Barão do Rio Branco — de tomar posse mediante carta. Se tal fosse possível, isso nos pouparia o desprazer de um discurso mal lido e mal-ouvido, pois me faltam o dom da oralidade e o diapasão da voz necessários à prática da Oratória.

Sua contribuição à literatura fora da coluna política foi escassa, mas de qualidade reconhecida. O livro *Continhos mineiros* foi bem recebido pela crítica, mas foi em *Arco do Triunfo* que se encontrou com o romancista, mas sempre com a temática política. O livro narra a história de um homem que se degrada na ambição do sucesso.

Carlos Lacerda considerou o romance "cruel", mas reconheceu que "Carlos Castello Branco tem uma insistente vocação para a literatura de ficção", num misto de elogio e ironia.

Certa vez, alguém o vendo escrever a coluna em 15 minutos, surpreendeu-se com a rapidez, o que provocou um comentário de Castelinho: "Quinze minutos, não, cinquenta anos e 15 minutos."

OSCARITO
Renato Aragão

Eu conheci Oscarito através de seus filmes.
Eu era adolescente em Sobral e fui assistir a um filme do Oscarito chamado *Carnaval no fogo* (1949). Jamais esquecerei o meu deslumbramento adolescente ao ver aquelas cenas do Oscarito na telona. Fiquei simplesmente maravilhado...

Fui pra casa e aquelas cenas não me saíam da cabeça. A cada momento que o filme voltava à minha mente, eu só podia dizer: "Nossa! Que genial!"

Depois, Oscarito lançou um novo filme, *Aviso aos navegantes* (1950). Eu aguardei ansioso até que a exibição chegasse na minha cidade.

Quando finalmente o cinema da minha cidade colocou o filme em cartaz, eu fui um dos primeiros a comprar ingresso... Mas assistir somente uma vez não saciou meus olhos e meu coração ávidos por aquelas cenas de Oscarito. Extasiado, assisti ao filme 16 vezes!

Sempre que uma das imagens dos filmes do Oscarito me vinha à mente, eu pensava: "Poxa... Eu ainda vou fazer isso que esse cara faz..."

Eu morava no Ceará, era adolescente e tinha a vida toda pela frente. Várias escolhas, várias decisões e muita coisa ainda iria acontecer. Naquela altura, eu não sabia nada do que a vida me reservava no futuro. Porém a inspiração que Oscarito me instilara continuava a surgir na minha mente vez por outra e eu falava comigo mesmo: "Oscarito... poxa... esse cara é demais! Todo filme que ele lançar, eu vou assistir."

E assim foi com todos os outros filmes. Não perdi nenhum: *Carnaval Atlântida* (1952), *Matar ou correr* (1954), *Nem Sansão nem Dalila* (1954), *Pintando o sete* (1959), *Os dois ladrões* (1960), *Crônica da cidade amada* (1965)...

Eu coloquei isso na minha cabeça, e a paixão por Oscarito superou a minha adolescência e consolidou-se durante minha juventude. Eu não perdia um filme sequer! Assisti a todos os filmes do Oscarito. E assisti a cada um de seus filmes mais de 16 vezes!... Oscarito se tornara pra mim um ídolo maravilhoso! Uma verdadeira inspiração!

Ah... o tempo... Esse senhor de todos nós... Chegou a época de decidir a profissão a seguir e eu escolhi "direito". Fui cursar direito na Universidade do Ceará. Enquanto estudava para me formar advogado, eu trabalhava no Banco do Nordeste.

No último ano da faculdade, a TV Ceará cruzou o meu destino e eu consegui transformar em *script* alguns dos meus sonhos e lançar um programa, no qual eu fazia de tudo: criava, escrevia e atuava.

O *Vídeo alegre* (1960-1963) era um programa de esquetes, sem falas, onde tudo o que tinha em minha mente ganhava vida e forma em frente às câmeras.

Assim, no dia 30 de novembro de 1960, nasceu o Didi, na recém-inaugurada TV Ceará.

Mesmo o sufoco para dar conta de estudar direito, trabalhar no Banco do Nordeste e escrever os *scripts* para o programa *Vídeo alegre* não foi suficiente para apagar das minhas memórias a inspiração do meu grande ídolo.

O sucesso do programa na TV Ceará me lançou num novo desafio: a TV Tupi, no Rio de Janeiro.

Já no Rio de Janeiro, eu voltei a ser "ninguém". Nos programas transmitidos naquela época, anos 1960, somente os grandes medalhões do rádio eram as estrelas. Os programas eram basicamente três passinhos, uma musiquinha... E eu chegava como um maluco, um cara que fazia humor com o corpo... Trepadeiras... estripulias... sem musiquinhas ou passinhos ensaiados... Era puro visual e jeito de corpo... Mas a dificuldade do início serviu de apoio para que o meu humor caísse nas graças do telespectador.

Eu chamei o Dedé Santana para trabalhar comigo e assim nasceu a dupla Didi e Dedé. Agora eu tinha um *partner*... E o tempo seguiu e os novos desafios encobriram as imagens do Oscarito.

Durante o tempo em que eu e o Dedé fazíamos o programa no Rio de Janeiro, uma oportunidade grandiosa dissipou as camadas que haviam encoberto Oscarito em minha memória.

O Dedé tinha um tio, chamado Colé, que também trabalhava em teatro. Certa vez, num encontro casual, em 1966, o Colé, todo entusiasmado, falou que o Oscarito estava no Rio, no Teatro João Caetano, fazendo uma peça — um show musical com a Dercy Gonçalves, chamado *Cocó, My Darling*.

Naquela noite eu fui para casa e, ao tentar pegar no sono, parecia que eu era adolescente de novo... Eu estava lá no Ceará, assistindo maravilhado aos filmes do Oscarito. As imagens eram tão nítidas que pareciam reais. Conforme as cenas voltavam à minha memória, meu coração se aquecia e o desejo de finalmente conhecer o meu ídolo me fez tomar a decisão de ir assistir à peça do Oscarito no teatro.

No dia seguinte, quando eu voltei a encontrar com o Dedé, eu falei pra ele: "Dedé, eu acho que agora chegou a oportunidade que eu tanto esperei: conhecer o Oscarito."

E assim foi.

Nós combinamos com o tio do Dedé, o Colé, que embora fosse um grande ator, nesta peça fazia apenas uma ponta e trabalhava de contrarregra nos bastidores.

Eu estava num misto de alegria e ansiedade. Afinal, iria realizar o grande sonho da minha adolescência e conhecer aquele que tinha sido pra mim a maior inspiração para seguir a carreira de ator e humorista.

Enfim, chegamos ao Teatro João Caetano. O Colé, antes do início do espetáculo, conseguiu que eu fosse ao camarim do Oscarito cumprimentá-lo.

Com o coração novamente adolescente batendo a mil, eu bati na porta do camarim e reconheci aquela voz que tantas vezes tinha ouvido nos filmes: "Pode entrar."

Eu abri e congelei. Fiquei ali na porta parado, olhando pra ele. Estava estático. Não sabia o que falar. Era uma espécie de êxtase... Aquele sentimento que um fã ardoroso sente ao estar diante do seu ídolo.

Finalmente a voz me voltou e eu lhe disse:

— Oi, desculpe-me incomodar aqui no seu camarim. Eu vim aqui só para agradecer a você.

— Agradecer o quê?

— Olha, agradecer, porque se eu estou aqui, na televisão, é por causa de você!

Nesse momento, Oscarito riu e voltando-se para mim, disse: "Eu já te assisti na televisão..."

Quando ele disse que já tinha me visto na televisão, eu fiquei emocionado e muito feliz: Naquela época, os programas eram feitos ao vivo.

— Ah... não acredito...

— Sim. Eu vi você em alguns programas... Mas você não tem nada de mim... Vai em frente! Segue o seu caminho!

Eu agradeci a ele pela oportunidade de conhecê-lo pessoalmente, despedi-me e saí do camarim.

Aquele momento foi singular. Minha gratidão por aquele encontro é imensa. O reconhecimento e a força daquele singelo diálogo selaram a minha decisão de seguir o chamado da arte e do humor.

Ouvir do meu grande ídolo que, embora ele tivesse sido a minha inspiração, eu não era imitação sua ou uma cópia dos seus personagens... Oscarito enxergara algo novo no que eu estava fazendo. Era um caminho diferente dentro das inúmeras possibilidades que a arte nos oferece.

As palavras dele "Vai em frente! Segue e seu caminho..." foram inestimáveis e valem para mim mais do que um tesouro muito precioso. Até hoje ainda posso ouvi-las ressoando em minha cabeça e me incentivando. Eu jamais vou esquecê-lo.

Esse cara foi quem me fez buscar esse caminho! Suas palavras, com toda certeza, foram e são um bálsamo para mim e ajudam a estar aqui até hoje.

Obrigado, Oscarito.

CAZUZA
Paulo Ricardo

Na gíria popular, sobretudo no Nordeste, Cazuza quer dizer moleque, sem-vergonha, alegre. Perfeita definição de nosso querido Agenor. A primeira vez que ouvi falar em Cazuza, lembrei-me imediatamente do livro de Viriato Corrêa, de 1938, que li quando era criança. Histórias infantis, porém reais, adaptadas por Viriato a partir das memórias que um senhor, cujo nome ele nunca soube (mas que todos chamavam de seu Cazuza), lhe entregou pois achava que daria um bom livro. Pouco depois este senhor desapareceria para sempre, numa misteriosa viagem ao Paraná, nos conta Viriato no prefácio. Melhor nome artístico, impossível.

Foram muito divertidos estes quatro anos que dediquei ao jornalismo musical. Entrei na Escola de Comunicação e Artes da USP para cursar jornalismo em 1980, e fui parar no tabloide *Canja*, de curta, mas brilhante trajetória. Obviamente os anúncios não vieram e o *Canja* fechou as portas. A conselho do meu querido Zé Márcio Penido, então diretor do *Globo Repórter*, fui procurar Mauricio Kubrusly na redação da revista *Som Três*, da Editora Três. Um sonho. Na equipe estavam meus ídolos, como Ezequiel Neves, contador de histórias mirabolantes do rock brasileiro, incluindo festas incríveis que envolviam Rita Lee, o Tutti-Frutti, o Made in Brazil (muitas delas inventadas, claro), e Ana Maria Bahiana, a intelectual, autora dos melhores textos, na minha opinião, e musa do jornalismo rock. Ainda havia, como colaboradores, Julio Barroso, que logo fundaria a Gang 90 & As Absurdettes, Lulu Santos, Okky e Tárik de Souza, José Nêumanne Pinto e outros que faziam daquela simplesmente a revista de música mais importante do país. E eu estava lá, com apenas 18 anos, sentindo que algo muito interessante estava prestes a acontecer. E aconteceu na forma da minha coluna "Via Aérea", com novidades do mundo do rock, e logo no projeto de biografias-posters (Rolling Stones, Led Zeppelin, Kiss, entre outros) de enorme sucesso, que eu desenvolveria e que até hoje surpreende as pessoas que descobrem que era eu o Paulo Ricardo Medeiros quem as escrevia, e que me levou a Londres como correspondente em 1983. Mas esta é outra história...

Nesta época eu morava em São Paulo, mas ia ao Rio quase todo final de semana para conferir a esfuziante cena do rock carioca no Circo Voador, o teatro inovador do Asdrúbal Trouxe o Trombone, ou estreias classudas da MPB, como a do lindo álbum *Seduzir*, do Djavan, no Teatro Ipanema. Foi justamente nesta noite que avistei meu ídolo, Ezequiel Neves, agitado como sempre, gesticulando muito, falando alto e de certa forma me deixando à vontade pra chegar junto e me apresentar, "oi Zeca, sou o Paulo Ricardo, faço a coluna 'Via Aérea' na *Som Três*, tenho uma página ao lado da sua". "Oh garotinho, muuuito prazer, que coisa, imaginei que esse Paulo Ricardo fosse um barbudo paulista de óculos hahaha, vamos com a gente pro Baixo Leblon!" Foi o início de uma grande amizade.

Passei a vir ao Rio todos os finais de semana e aos poucos fui conhecendo aquela turma, Bebel Gilberto, Dé Palmeira, Patrícia Casé, Tavinho Paes, sua esposa, Brito, e seu filho Elvis, Torquato, e outros quase famosos cujo assunto era o mesmo: Cazuza. Não tardou para que chegasse o dia de nosso encontro. No Papagaio's, ou Papagay, ao lado do Gattopardo, na Lagoa. Chegamos praticamente juntos, eu, com meu amigo Kiko de

Assis e Iara Neiva, mãe de Fabiana e Renata Kherlakian, e Cazuza com seu namorado, o então ator Serginho Kinski (apelido oriundo de sua semelhança com a atriz Nastassja Kinski). Vi os dois saindo do carro abraçados enquanto Cazuza cambaleava em nossa direção. Uma daquelas cenas inesquecíveis na vida da gente. O chão de cascalho, o estacionamento ainda vazio, Cazuza de jeans, camisa xadrez e colete, gritando "Iara Neiva" enquanto se aproximava reptilianamente. Ao chegar, trazendo Serginho, em sua infinita paciência, num carinhoso mataleão, parou diante de nós e Iara fez as honras: "Esse é o Paul Richard que eu te falei" (essa turma sempre me chamou de Paul Richard, uma brincadeira com o fato de eu basicamente escrever sobre rock anglo-saxão, coisa do Ney Matogrosso, e que pegou de tal forma que todo mundo que conheci naquela época, como George Israel, por exemplo, me chama assim até hoje).

A cena que se seguiu permanece intacta em minha memória: Cazuza simplesmente caiu com tudo no chão, como se estivesse sendo vítima de um ataque, ou melhor, não estava tendo um ataque, mas dando um ataque, ou melhor ainda, dando um show. Um ator. Um *showman*. Intenso. Dramático. Imediato. Uau, caiu duro no chão, não sem antes me olhar, enormes olhos castanhos arregalados, e abrir a boca num "oooohhh" silencioso e eloquente como uma banda de punk rock. Você só tem uma chance de causar uma primeira impressão, dizia Oscar Wilde, e Cazuza não se fez de rogado. "Faz parte do meu show, meu amooor..."

Foi amizade instantânea. A partir dali foram festas sem-fim que, pro dia nascer feliz, acabavam na piscina da cobertura de seus pais (a querida "tia" Lucinha Araújo, que mantém, com os direitos das obras do filho, a Fundação Viva Cazuza, e que abandonou sua carreira de cantora ao se casar com João Araújo, o Big John, o todo-poderoso presidente da Som Livre) em Ipanema, na Prudente de Morais. Deixei de ficar na casa de minha avó Suely, no Flamengo, e passei a dormir ali: típica visita do amiguinho de final de semana, num colchonete ao lado da cama de solteiro do Cazuza, que já havia sido fotógrafo, ator (genial, podia ter sido o que quisesse), mas àquela altura estava começando a compor e ensaiar com uma banda que o Leo Jaime tinha lhe apresentado, o (adivinhe!)

Barão Vermelho. Bem, eu chegava na sexta à noite e na maioria das vezes só ia dormir no ônibus no domingo à noite, voltando pra São Paulo. Foi um período de enorme efervescência e um privilégio acompanhar aquilo tudo como coadjuvante, sorrindo orgulhoso ao lado de Cazuza e Ezequiel, feliz por estar ali, uma espécie de mascote dos dois. Eu, quatro anos mais novo que ele, e ambos pupilos do grande Ezequiel Neves, que estava absolutamente encantado, e com toda razão, com a poesia urbana e rock'n'roll de Cazuza, cheia de referências aos Stones, à geração *beat*, e rica em metáforas e imagens cruas e autobiográficas. Sim, Zeca estava perdidamente apaixonado e logo o Brasil todo estaria.

Os dias de praia regados a skank, vodka e poppers terminavam invariavelmente na cozinha de Lucinha, uma santa que recebia os amigos e amigas de seu filho único como uma verdadeira mãezona. O esquenta ia até meia-noite, uma hora, quando quicávamos para a Pizzaria Guanabara e de lá para o Real Astória (o RA), pro Diagonal ou para o Jobi, sempre munidos de substâncias ilícitas, onde encontrávamos com Angela Ro Ro, Evandro Mesquita, Caetano Veloso, Alceu Valença, Moraes Moreira, enfim, todo mundo. Mas ninguém chegava remotamente próximo ao carisma e a ousadia de Cazuza. Cazuza causava. Perdia o amigo, mas não perdia a piada. Tudo e todos à sua volta estavam na mira de sua metralhadora cheia de mágoas, mas também de um humor sarcástico, cáustico, que não perdoava ninguém, iconoclasta, e absolutamente sem limites. Mais uma dose, é claro que eu tô a fim. Nunca vi nenhum artista que vivesse tão intensamente sua poesia como ele. Exagerado, perto dele éramos todos espectadores, plateia, entre o riso nervoso e o constrangimento e aquela sensação mórbida que sentimos diante de um trapezista ou de um globo da morte.

Cazuza era o maior espetáculo da Terra, 24/7, até que não aguentássemos mais e finalmente fôssemos dormir, absolutamente esgotados, virados, bêbados e felizes. Ao mesmo tempo era uma das pessoas mais cultas, gentis e educadas que já conheci. Um dia, antes de dormir, eu em meu colchonete no chão, pegou na minha mão e disse, numa das maiores demonstrações de amizade que já vi, "ah, Paul, pena que você não é gay…". Um doce. Mas poucas pessoas tiveram o privilégio de vê-lo assim, sóbrio e amoroso. E mais, quando ele trabalhava, era pra valer. Com sua inseparável máquina de escrever Olivetti, toda a loucura que transparecia por trás daqueles olhos esbugalhados se transformava em poesia de forma sistemática e disciplinada nas tardes nubladas, daquele jeito, 1% piração, 99% transpiração. Fico comovido ao lembrar que fui um dos primeiros ao ler a bioletra de "Exagerado" em seu apartamento na Lagoa. Cazuza ia muito além do mito, do estereótipo de um porra-louca. Cazuza não só causava, Cazuza fazia e acontecia.

O sucesso com o Barão foi como um rastilho de pólvora. Ney gravou "Pro dia nascer feliz", Caetano cantou "Todo amor que houver nessa vida", e o sucesso predestinado chegou. O filme *Bete Balanço*, de Lael Rodrigues, foi um divisor de águas. A poesia de Cazuza, solar, carioca e debochada como ele, fazia a diferença em versos inusitados como "procurando vaga, uma hora aqui e a outra ali, no vai e vem dos seus quadris" ou em verdadeiras versões brasileiras do blues como "o banheiro é a igreja de todos os bêbados". Acompanhei tudo de perto, o amigo jornalista, e dessa vez a gandaia se estendeu por São Paulo. Hoje parece que Cazuza foi vocalista do Barão por alguns meses apenas. Compreensível. Frejat é um cara incrível, bacanérrimo, carinhoso, mas Cazuza não é fácil. Frejat é organizado, disciplinado. Cazuza é o arauto do caos. Cazuza é o próprio caos. Testemunhei uma briga terrível no Radar Tantã. A banda estava com os dias contados. E num piscar de olhos, Cazuza estreava seu show *Exagerado* no Canecão.

Menos importante que a AIDS foi a forma com que Cazuza lidou com a doença. Cazuza cagou pra AIDS. Escancarou a AIDS. Renato (Russo) só saiu do armário quando Cazuza o fez. Uma tarde, em Recife, ambos em turnê, nos encontramos na avenida Boa Viagem e paramos para um chope. Todo o Brasil sabia de sua luta contra o HIV, e no meio do papo ele pegou minha tulipa e deu uns goles, colocando-a de volta e me olhando com aquele olhar desafiador, típico. Sem pestanejar, tomei todo meu chope e pedimos mais um. Com uma coragem e uma atitude à frente de seu tempo, Cazuza desmistificou aquela doença que vinha carregada de preconceito e abriu caminho para uma visão muito mais realista e humana, e para uma possibilidade de uma sobrevida digna no coquetel de AZT. Cazuza foi, sem medo, cobaia de Deus.

Um dos nossos últimos encontros foi no Golden Room do Copacabana Palace, na gravação do disco ao vivo em homenagem a Erasmo Carlos, onde participei cantando "Eu sou terrível". De lá saímos pra noite, Cazuza na cadeira de rodas, magrinho, moreno e calvo em consequência da quimioterapia, um copo de uísque na mão e um cigarro na outra, gritava, "isso aqui está uma merda, vamos embora!", e assim rodamos o Rio de Janeiro até acabar no apartamento dele, me dando esporro porque eu não estava achando uma fita que ele queria ouvir.

E Cazuza permanece assim, debochado, destemido, gritando através de suas canções, de sua poesia imbatível, seu filme, suas peças, suas exposições, seu exemplo de vida. E de morte. Cazuza cuspiu na cara da morte. Porque Cazuza não morreu. O poeta está vivo. Em cada conquista das novas gerações, em filmes, musicais, livros, exposições, e no sem-número de regravações de suas obras-primas (eu mesmo regravei quatro delas em homenagem aos seus sessenta anos). Homenageio Cazuza em todos os meus shows. A Fundação Viva Cazuza continua com um trabalho belíssimo. E a respeito do título deste livro, *Brasileiros*, poucos nos retrataram tão bem quanto ele em "Brasil": "Mostra a tua cara, quero ver quem paga pra gente ficar assim, Brasil, qual é o teu negócio, o nome do teu sócio, confia em mim! Brasil!"

GETÚLIO VARGAS
Celina Vargas do Amaral Peixoto
Pedro do Amaral Peixoto M. Franco

"Terra de ninguém" foi o nome dado ao espaço do atual estado do Rio Grande do Sul. O território estava fora do mapa, da linha de demarcação do Tratado de Tordesilhas. De um lado, o Rio Grande de São Pedro ou São Pedro do Rio Grande ocupado pelos portugueses. De outro, os Sete Povos das Missões de domínio dos espanhóis, através de uma colonização dos padres jesuítas.

Ao contrário da América Portuguesa, dentro dos limites do Tratado de Tordesilhas, esta terra de ninguém foi colonizada do interior para o litoral, dos rios para o mar, com a participação de índios, espanhóis e portugueses e, posteriormente, de colonos alemães e italianos.

A América Portuguesa teve o seu processo de colonização fundamentado no extrativismo ou na agricultura para exportação, já as terras de ninguém se sustentaram e deram base a um processo de colonização com a pecuária e a agricultura de subsistência.

Mas a colonização, entendida como um sistema, foi sustentada pela vinda dos casais dos Açores, um fator de equilíbrio naquela sociedade de campeadores, tropeiros e guerreiros. E garantiu, politicamente, a hegemonia portuguesa a um espaço geograficamente ainda não definido.

A troca da Colônia do Sacramento pelos Sete Povos das Missões, embora objeto de vários tratados assinados entre Portugal e Espanha, não ocorreu sem guerra e sem mortes. E a paz só foi garantida em 1801, já no século XIX.

A província de São Pedro não sossegou. Já em pleno Império, surgiu um movimento rebelde sob a inspiração dos ideais da Revolução Francesa e da Independência dos Estados Unidos, denominado de Revolução Farroupilha. De 1835 a 1845, Farrapos lutaram contra as forças do Império, declararam uma República, estenderam sua luta pelas proximidades, tinham uma liderança externa, Garibaldi, mas souberam declarar a Paz de Piratini quando os argentinos ameaçaram invadir o Rio Grande. Neste momento, a terra de ninguém passou a fazer parte do Brasil Imperial.

Cercado pelos países da América Espanhola, o Rio Grande continuou lutando, contra Rosas, contra Solano Lopes, na Guerra do Paraguai, que durou de 1864 a 1870, desta vez defendendo as fronteiras do Império.

Divididos entre monarquistas liberais, depois federalistas e em republicanos, os gaúchos adentraram a República. Entre crises econômicas e políticas, federalistas e republicanos, sempre inflamados, se substituíram no governo do Rio Grande.

Com a promulgação da Constituição de 14 de julho de 1891, de influência positivista, pela articulação e presença de Júlio de Castilhos, seu ideólogo, que governa o Rio Grande até 1898, e é substituído por Borges de Medeiros, que permanece no poder até 1928, com apenas uma pequena interrupção.

A Revolução Federalista e a Revolução de 1923 levaram federalistas ou maragatos e republicanos ou chimangos a uma situação de luta permanente. A paz no estado só foi reconhecida com a assinatura do Pacto de Pedras Altas, nome da estância de Assis Brasil, liderança federalista, estabelecendo que a Constituição seria reformada para impedir a reeleição indefinida do presidente do estado.

Essencialmente um gaúcho, um conciliador que modernizou o Brasil

No dia 3 de outubro de 1930, Getúlio Vargas começa a escrever um diário:

> Lembrei-me disso hoje, dia da Revolução. Todas as providências tomadas, todas as ligações feitas. Deve ser para hoje às 5 horas da tarde. Que nos reservará o futuro incerto neste lance aventuroso? Impossível reconstituir os antecedentes.

Getúlio Dornelles Vargas nasce em 1882, ainda no Brasil Imperial, em São Borja, cidade dos Sete Povos das Missões, banhada pelo rio Uruguai, numa margem o Brasil, na outra a Argentina, na região do pampa, onde os rios são mais importantes que o mar, e a atividade produtiva mais relevante que a financeira. Getúlio Vargas nunca negou suas raízes e era essencialmente um gaúcho.

Sua mãe, Cândida Francisca Dornelles, vinha de uma família de estancieiros, possivelmente dos casais que chegaram da Ilha dos Açores. Politicamente eram federalistas ou maragatos e logo se estabeleceram em São Borja. Seu pai, Manuel do Nascimento Vargas, era um guerreiro que deve ter participado de todas as grandes e pequenas batalhas que formaram o Rio Grande do Sul. Era republicano convicto e participante, um chimango que havia lutado na Guerra do Paraguai e acabou se estabelecendo em São Borja. A contradição do Rio Grande estava dentro da família de Getúlio, que nasceu Dornelles Vargas, metade maragato, metade chimango. A unidade necessária à formação deste estado da federação pode ter um significado importante na formação política do menino de São Borja.

Seus primeiros estudos foram realizados com o professor Fabriciano, que reconheceu nele a vocação para a leitura. Esgotados os recursos locais, Manuel toma a decisão de mandar seu terceiro filho, em 1897, com 15 anos de idade, terminar seus estudos no Ginásio Mineiro, em Ouro Preto. Onde seus irmãos, bem mais velhos, já estavam nos preparatórios para ingressar nas faculdades de farmácia e engenharia.

Viaja sob a guarda de um amigo do pai, Aparício Mariense da Silva que, deputado, estava voltando para a capital. De São Borja segue pelo rio Uruguai de barco e depois de trem até chegar a Buenos Aires. Dali, de navio para o Rio de Janeiro e se despede do deputado. Parte, sozinho, de trem até Barbacena, onde os irmãos o esperavam. E, finalmente, todos, a cavalo, até Ouro Preto — a capital da Província de Minas Gerais. Mas os filhos de Manuel do Nascimento Vargas não terminam seus estudos em Ouro Preto e voltam, neste mesmo ano, para São Borja.

Não sei se foi nesta ocasião, se foi antes, ou se foi depois que alguns biógrafos de Getúlio citam o mantra do estancieiro gaúcho, Manuel do Nascimento Vargas: "Não deixarei dinheiro para meus filhos, mas em troca lhes darei instrução. O dinheiro se perde, mas a instrução, nunca." Getúlio ouviu o pai e continuou em busca de uma formação sólida.

Em 1898, se alista no Exército como soldado raso, logo ganha a patente de 2.º sargento com direito a requerer matrícula na Escola Preparatória e de Tática de Rio Pardo. Tenta se inscrever, no primeiro ano, mas não consegue vaga. Entra para a Escola de Rio Pardo, em 1900. Além de ter sido bom aluno, busca no cemitério da cidade silêncio e paz para dar início a suas leituras, neste momento, das obras de Augusto Comte, fundador do Positivismo, que era assunto entre os cadetes nas conversas noturnas. Faltava um ano para se formar, quando se solidarizou com um movimento de alunos e foi expulso da escola. Em Rio Pardo, certamente, adquiriu uma formação mais científica do que clássica.

Volta para o Exército para servir no 25.º Batalhão de Infantaria, desta vez não mais em São Borja, mas em Porto Alegre, com o objetivo de se manter. Simultaneamente, e já convencido que a sua vocação não era a militar, monta um programa intensivo de leitura e de estudos. Compra e começa a ler *O Ateneu*, de Raul Pompéia; *Os Sertões*, de Euclides da Cunha; *Germinal*, de Émile Zola. Matricula-se na Escola Brasileira, preparatória para o ingresso na Faculdade Livre de Direito de Porto Alegre, fundada dois anos antes. É autorizado a ingressar, como ouvinte, no curso da Faculdade de Direito, em 1903, com 21 anos. Prossegue em sua formação e pede desligamento do Exército, mas é convocado para lutar contra a Bolívia pela anexação do Acre.

Viaja com os colegas de armas pelo interior subindo os rios até Corumbá, fronteira com a Bolívia. Com eles sofre as péssimas condições de tratamento dos militares que não lutam, mas se expõem ao sol e às chuvas tropicais. Pede desligamento do Exército e volta a Porto Alegre, onde através dos jornais, denuncia a grave situação vivida pelos recrutas no campo de batalha sem luta. "A espada cedeu lugar à pena", escreveu Getúlio a um amigo.

E foi um outro amigo, que o conhecia desde Ouro Preto, que fez esta análise de Getúlio Vargas: "... misto de epicurista e estoico — ora saboreia os prazeres da vida sem precipitação, ora submete-se, imperturbável, às agruras da sorte — pouco se lhe dando de dormir em macio edredom ou em um montão de rijas correntes de ferro".

Ao buscar estudos e uma formação mais consistente, Getúlio é forçado por diferentes motivos a conhecer o país pelo interior — dos rios para o mar, da produção para os portos. Pode ter sido um sacrifício, pode ter sido o destino, mas também uma forma de se preparar e de conhecer os problemas do Brasil. Seu programa de leitura continua — Saint-Simon, Darwin, Spencer, Nietzsche, Taine — mais voltado para os filósofos e grandes pensadores do que para o Direito propriamente dito.

Muito mais tarde, escrevendo em seu diário:

> À noite, conversava com meu filho Luthero sobre a preocupação filosófica nos últimos anos de minha vida de estudante, a ânsia de encontrar na ciência ou na filosofia uma fórmula explicativa da vida e do mundo... como aplicação da teoria darwiniana, que vencer não é esmagar ou abater pela força todos os obstáculos que encontramos — vencer é adaptar-se. Como tivesse dúvidas sobre a significação da fórmula, expliquei-lhe: adaptar-se não é o conformismo, o servilismo ou a humilhação; adaptar-se quer dizer tomar a coloração do ambiente para melhor lutar.

Volta a frequentar a Faculdade de Direito, como ouvinte. E ainda é nesta ocasião que fala, como representante dos alunos, e faz a saudação fúnebre a Júlio de Castilhos.

Na infância, Júlio de Castilhos é um quadro na parede da sala de seu pai, motivo de respeito e de homenagem do republicano castilhista, Manuel do Nascimento Vargas. Em Rio Pardo, é a razão de leituras das origens do Positivismo conceitual de Augusto Comte. Na Faculdade de Direito, em Porto Alegre, o seu discurso é uma adesão ao movimento político de estudantes que se formava e uma certificação de filiação partidária ao PRR — Partido Republicano Rio-Grandense — e às lideranças positivistas de Júlio de Castilhos e de Borges de Medeiros. Getúlio Vargas fala de improviso.

Em 1906, o presidente Afonso Pena chega a Porto Alegre, primeira visita de um presidente da República ao estado. Em meio a uma manifestação, Getúlio é escolhido pelos estudantes como orador para saudá-lo. Afonso Pena, que é apoiado pelo senador Pinheiro Machado, amigo e companheiro de luta de seu pai no Partido Republicano de São Borja, é tratado como um representante de uma revolução pacífica que alterou a diretriz da política nacional e de um tipo ideal de político, o do "conservador progressista".

É verdade, Getúlio Vargas viveu e foi criado sob a influência do Positivismo, do Positivismo Castilhista, dos valores que irão marcar toda a sua vida — honestidade, cuidados com a gestão pública e preocupação com a questão social.

A vida acadêmica e estudantil continua. Em abril de 1907, os estudantes da Faculdade de Direito formam o Bloco Acadêmico Castilhista, como uma participação nas eleições para o governo do estado. Eram candidatos à sucessão de Borges de Medeiros, Carlos Barbosa Gonçalves, pela situação, e Fernando Abbott, pela oposição.

Pinheiro Machado observa e fortalece o grupo visualizando uma possível renovação do Partido Republicano. O Bloco Acadêmico cria, também, o jornal *O Debate, Jornal Castilhista*, de circulação diária. Junto com Paim Filho, Getúlio é um dos responsáveis pelos artigos de fundo.

Os estudantes prosseguem no trabalho político e participam da campanha e de comícios pelo interior do estado, Getúlio é um dos oradores. Este momento de passagem da vida de estudante para profissional é, sem dúvida, rico em ensinamentos para a sua vida futura de político e homem público.

Depois de formados, no mesmo ano, sob as bênçãos de Borges de Medeiros e do Partido Republicano Rio-Grandense, Getúlio, com 25 anos, e outros estudantes, como João Neves da Fontoura, que militaram na campanha do PRR, foram nomeados para a Promotoria Pública ou indicados para a Assembleia de Representantes do Rio Grande do Sul.

Getúlio ficou entre Porto Alegre e São Borja, até ser indicado para a capital federal, como deputado federal. Mas, em 1923, o Rio Grande passa por mais uma guerra civil, desta vez contra o quinto mandato de Borges de Medeiros, entre republicanos e federalistas, estes liderados por Assis Brasil, que havia sido derrotado nas eleições. Todos pegaram em armas, inclusive Getúlio Vargas.

Enquanto isto, na esfera federal, o modelo político que sustentava a República Velha dava sinais de enfraquecimento. Oligarquias estaduais começavam a recusar a sucessão de São Paulo por Minas ou a chamada "política do café com leite". Estados como o Rio Grande do Sul, Pernambuco e Rio de Janeiro formavam alianças para a eleição de presidentes da República, sem respeitar o modelo inicial.

Tenentes davam início a movimentos, em terra ou no mar, revelando uma insatisfação com a situação política, em 1922 e 1924 e, posteriormente, com a formação da Coluna Prestes, em 1925. Até este momento, pouca comunicação havia entre as oligarquias insatisfeitas e o movimento tenentista.

O tenentismo formado pela oficialidade pregava a modernização e a moralização dos costumes políticos. E este movimento iniciado com sublevações estava começando a receber adesão nos quartéis pelo interior do Brasil, chegando ao Rio Grande do Sul e a São Borja. Destacam-se na cidade a presença do capitão Siqueira Campos, sobrevivente do movimento de 1922, João Francisco ou a Hiena do Cati, liderança dos maragatos do oeste do estado, e o capitão que iria liderar todos os demais, Luís Carlos Prestes. Promovido a coronel pelo movimento, vai comandar todos os homens reunidos no Rio Grande, com o objetivo de subir em direção ao norte, encontrar os revoltosos de 1924 de São Paulo que já estavam no Paraná, formando a lendária Coluna Prestes, que teve início no mesmo ano, em Santo Ângelo, e percorreu o Brasil até o norte pelo interior e não pelo litoral, pelos rios e não pelo mar.

É neste clima de instabilidade política nacional e regional que o deputado Getúlio Dornelles Vargas chega à capital com o objetivo de fazer a defesa do seu estado na Câmara dos Deputados. Tinha por missão destacar o Rio Grande e o governo de Borges de Medeiros, além de buscar soluções de conciliação para as crises regionais. Este afirmara: "Precisamos no Rio, de um homem sereno, mais amigo da conciliação que da ameaça." Não era pouco.

Divergências são explicitadas em discursos na Câmara Federal refletindo o ambiente beligerante existente no Rio Grande de Sul. Esta situação se transforma com o Pacto de Pedras Altas, já citado anteriormente. Como consequência, Borges de Medeiros, ao terminar seu mandato, não poderá mais se reeleger, e abre espaço político para a eleição de um vice, que era nomeado, e de uma representação maior da oposição tanto na Câmara Federal, como na Assembleia de Representantes.

Um novo mandato

Getúlio Vargas é reeleito deputado federal para um novo período de quatro anos. Passa a líder da bancada rio-grandense. Começa o mandato num abraço de conciliação com o líder maragato, Batista Luzardo, um símbolo da Revolução de 1923. E continua com seu programa de leitura, comprando, lendo e citando nos discursos parlamentares, por exemplo, o livro de Oliveira Vianna, *Populações meridionais do Brasil*, que acabara de ser publicado.

Em março de 1926 é eleito presidente da República o candidato do Partido Republicano Paulista, o fluminense de Macaé, Washington Luiz. Eleito como candidato único, sua presidência teria necessariamente que acomodar todos os interesses regionais que o apoiaram. Washington Luiz escolheu o líder da bancada gaúcha, Getúlio Vargas, para a pasta da Fazenda, por ser um positivista e por representar a imagem de austeridade que o castilhismo-borgismo havia cultivado nas décadas dos governos do PRR, além de acalmar os ímpetos oposicionistas de Borges de Medeiros.

Na condução para o Ministério da Fazenda, Getúlio Vargas recebe o reconhecimento federal de que era o herdeiro de uma tradição que vinha de Júlio de Castilhos, de Borges de Medeiros.

Com o final do mandato de Borges de Medeiros no governo do Rio Grande são indicados para concorrer pelo PRR: Getúlio Vargas e João Neves da Fontoura, à presidência e vice-presidência do estado. Articulando a eleição estão Oswaldo Aranha, Flores da Cunha e Batista Luzardo. É formada a Aliança Libertadora. Assis Brasil recomenda aos federalistas a abstenção, ao mesmo tempo que deseja boa sorte a Getúlio nas eleições e no governo. Washington Luiz demonstra ser simpático à candidatura de seu ministro da Fazenda. Getúlio é o candidato único às eleições estaduais, reunindo as forças que se antagonizaram durante décadas.

Faz um governo de conciliação entre as forças regionais do estado: reequilibra as finanças, contrata obras estruturantes no interior, cria uma instituição oficial de crédito, o Banco do Estado do Rio Grande do Sul (BERGS), e amplia o seu discurso, como as suas ações, de forma a atender todas as atividades econômicas: os pecuaristas e os cultivadores de arroz e de trigo, em expansão.

No âmbito nacional começam as discussões em torno da sucessão de Washington Luiz. Preocupado com a manutenção de sua política econômica e financeira, sustenta a candidatura de Júlio Prestes, também do PRP de São Paulo, quebrando o equilíbrio das forças regionais, São Paulo e/ou Minas Gerais, que se sucediam na Presidência da República. A insatisfação liderada por Minas se expressa. Getúlio Vargas procura manter uma relação de concórdia com Washington Luiz através de rica correspondência.

O estado de Minas opta por encontrar uma solução para este impasse e amplia os contatos com políticos de outros estados. Getúlio entende as circunstâncias e decide romper com o Poder Central desde que o candidato à presidência fosse um gaúcho. Mas, junto com Minas, prosseguem no esforço, sem êxito, de tentar que Washington Luiz aceite um *tercius*.

Minas Gerais e Rio Grande do Sul concordam em lançar a candidatura de Getúlio. À frente do movimento encontra-se o Partido Republicano, apoiado pelo Partido Libertador, gerando-se a Frente Única Gaúcha. E esta, juntamente com as diversas facções de diversos estados, sob a liderança de Minas Gerais, forma a Aliança Liberal. Cabe agora formular uma plataforma que servirá de base à campanha eleitoral de 1929.

A plataforma da Aliança Liberal é, na verdade, um plano de governo tendo como pontos mais significativos: a reforma política, com a representação popular, através do voto secreto e a criação da Justiça Eleitoral; a independência do Judiciário; as reformas do ensino e da administração pública; a liberdade de imprensa e de pensamento. Na economia, estímulo à proteção dos produtos de exportação e o esboço de uma política de industrialização. No setor social, de acordo com os princípios da Constituição Positivista de Júlio de Castilhos, apresentam: medidas de proteção aos trabalhadores, como o direito à aposentadoria, a ampliação da Lei de Férias e a regulamentação do trabalho da mulher e do menor. E, para consolidar os aliados, a anistia para os revolucionários, desde 1922, e nas insurgências que se seguiram.

Sem uma segurança dos resultados nas urnas, alguns radicais da Aliança Liberal se aproximam dos "tenentes" e passam a admitir a possibilidade de um movimento armado.

Getúlio, em plena campanha eleitoral, viaja ao Rio de Janeiro, onde perante uma multidão lê a plataforma da Aliança. Na volta ao Rio Grande, passa por Santos e São Paulo e, em ambas, recebe manifestações expressivas de apoio. Enquanto isto, nem sempre de maneira pacífica, os defensores da Aliança Liberal prosseguem na campanha em Minas e nos estados do Norte.

Explode a Revolução de 1930

O resultado das urnas dá a vitória ao candidato oficial: Júlio Prestes. Parte das lideranças políticas que apoiavam Getúlio Vargas e João

Pessoa não reconhecem o resultado. Somados aos tenentes e aos demais descontentes de todo o país — agravada a situação pela crise econômica mundial de 1929 — gera o momento oportuno para se deflagrar uma revolução. No dia 3 de outubro de 1930, explode a revolução que irá promover significativas mudanças no país.

De 1930 em diante, começou um novo tempo. Não pretendo contá-lo, não desejo repetir a cronologia dos acontecimentos que deveriam estar sendo ensinados nas escolas, lidos nos livros e repetidos para fortalecer o sentido de uma nação em fase de modernização, modernização conservadora, mas sempre uma transformação.

Do dia 3 de outubro de 1930 em diante, Getúlio foi revolucionário, foi presidente de Governo Provisório, foi ditador, foi presidente eleito democraticamente pelo povo. Perseguiu um único objetivo: transformar o Brasil numa nação soberana e justa. Trabalhou com determinação para alcançar este objetivo e ofereceu a sua vida ao projeto que visualizava e concebia para o Brasil.

Do ponto de vista político, a data de 3 de outubro marca não só o início da Revolução de 1930, mas também registra o início de eleições livres e democráticas que antes não existiam. Confirma um dos pilares da plataforma da Aliança Liberal e cria o voto secreto, e dá direito às mulheres de votarem e serem votadas. Na República Velha era impossível imaginar isto.

No campo da economia e na ausência de capital privado, o governo criou a Companhia Siderúrgica Nacional, a Vale do Rio Doce, a Petrobras — aço, minério, petróleo. Criou também, ao longo de um mandato revolucionário ou de outro democraticamente eleito, agências de fomento para o capital privado então incipiente: o Banco Nacional de Desenvolvimento Econômico (BNDE) e o Banco do Nordeste. Continuam sendo as maiores empresas do país, públicas ou privadas. Getúlio chegou a encaminhar o processo de criação da Eletrobras. Todo este conjunto de ações viria a dar a base para o processo de industrialização do país.

Na política externa, Getúlio Vargas desde o início de seu governo se aproxima de Franklin Delano Roosevelt, que visita o país em 1936. Esta aproximação e a pressão das forças internas a favor dos aliados nos leva a participar da Segunda Guerra Mundial, com o envio de tropas para lutar na Itália e a concessão do Nordeste como plataforma de ligação entre os Estados Unidos, a África e a Europa.

Mas foi no setor social que o movimento revolucionário de 1930 se expressou com maior consistência. No início do Governo Provisório, foi criado o Ministério do Trabalho, Indústria e Comércio ou "ministério da revolução", com uma proposta de modernização das relações entre capital e trabalho. Entendiam os revolucionários que seria importante desenvolver o capital, mas também dar condições de fortalecer o trabalho: criar o salário mínimo, dar limite ao número de horas trabalhadas e férias remuneradas foram alguns dos atos reunidos, em 1941, pela Consolidação das Leis do Trabalho, a CLT. Os atos foram pensados por uma equipe formada por Oliveira Vianna, aquele mesmo que escreveu *Populações meridionais do Brasil*, e Joaquim Pimenta, liderança socialista que atuava em Pernambuco com reconhecimento e interlocução com os trabalhadores.

Apesar de ter sido um agnóstico, Getúlio Vargas nunca deixou de apoiar e sustentar as bases da principal religião que predominava no país, a religião católica. Uma demonstração profundamente pessoal deste desprendimento e de conciliação foi a sua participação, já em 1931, na solenidade que reconhece Nossa Senhora Aparecida como a Padroeira do Brasil.

Começava seus discursos com a saudação de "Trabalhadores do Brasil...". Tinha por missão garantir direitos aos mais pobres e necessitados, mas tudo isto não fazia dele um populista. Mesmo porque o ideário positivista o acompanhava: uma forte preocupação com o orçamento público, com a gestão pública, com a coerência de seus atos e com o rumo estabelecido, em 1929, que nunca abandonou: o de atingir a justiça social, com desenvolvimento econômico e soberania nacional. Naquela época, falava-se em direitos sociais ou em justiça social; hoje, nos referimos a direitos humanos, mas foi ele quem começou a tirar a população menos favorecida da terra de ninguém.

Ao longo dos anos foi testado nas urnas. Em 1945, foi deposto pelos militares, os mesmos que o apoiaram na Revolução de 1930.

Sem se inscrever, sem fazer campanha, sem se manifestar, foi eleito senador da República pelos estados do Rio Grande do Sul e de São Paulo. Além de deputado federal por sete estados: Rio Grande do Sul, Paraná, São Paulo, Distrito Federal, Rio de Janeiro, Minas Gerais e Bahia. Em 1950, concorreu à Presidência da República e democraticamente se elegeu com 48,7% dos votos de brasileiros.

No final de seu governo em 1954 deixa um país com orçamento e balança comercial equilibrados, sem déficit público, uma taxa de crescimento do PIB da ordem de 7,2% ao ano, um acréscimo médio anual da ordem de 6,8% na produtividade industrial, uma inflação estável e a dívida externa inexpressiva. O salário mínimo, instituído em 1940, em agosto de 1954 é calculado pelo Dieese como sendo de R$ 866,11, um dos maiores valores históricos concedidos até então.

Não sei como vou terminar este artigo. Quanto mais estudo, leio e pesquiso sobre o homem público Getúlio Vargas mais me impressiono com a sua história de vida e a sua trajetória, como administrador, homem público e político. Quando comecei a escrever fiquei impressionada com a distância que ele foi obrigado a percorrer para estudar, ler e se formar, como desejava, assim como as dificuldades encontradas ainda no século XIX e início do XX para terminar o ginásio ou o ensino secundário. Impressionaram-me, apesar de já conhecer a sua história, os caminhos percorridos pelo interior do Brasil para atingir seus objetivos. Marcaram-me profundamente as datas, as passagens de um século para outro na vida de um só homem ou de um homem só que conseguiu agregar, reunir e transformar um país, com a dimensão do Brasil, tendo nascido numa terra de ninguém.

Getúlio Vargas nasce no século XIX, transforma o Brasil no século XX e consegue preparar os alicerces para entrarmos no incerto século XXI.

MONTEIRO LOBATO
Marcelo Madureira

Morto, remorto, trimorto e polimorto — como diria Emília, a boneca de pano —, Monteiro Lobato continua polêmico, fato que há de deixar satisfeita sua alma inquieta. Ao completar o centésimo ano de sua obra, o autor se viu acusado de racismo. De fato, em partes de alguns livros, ele faz colocações que podem ser entendidas como preconceituosas.

Muito que bem: mas foi esse o legado da vida e da obra de Monteiro Lobato? O autor dedicou-se a forjar gerações de brasileiros racistas e preconceituosos? Claro que não. Tratarei desse assunto mais adiante.

Possuidor de caráter inconformista e inquisidor, Lobato teve uma existência riquíssima, dramática e provocadora, cuja resultante contribuiu de forma definitiva para a formação da cultura brasileira.

José Bento Monteiro Lobato, nascido José Renato a 18 de abril de 1882, em Taubaté, São Paulo, ainda jovem trocou de nome para usar a bengala que herdara do pai com as iniciais JBML gravadas no castão de ouro.

Leitor voraz desde a infância, Monteiro Lobato formou-se em direito pelas tradicionais "Arcadas do Largo de São Francisco", como era o costume naqueles tempos. Polímata autodidata, Lobato adubava e cultivava seu talento natural na pintura, no desenho, na caricatura e na escrita. Depois de uma breve experiência como promotor público em Areias, São Paulo, foi tocar a fazenda de café, herança do avô, José Francisco Monteiro, o visconde de Tremembé.

As experiências nos tribunais do interior e como cafeicultor no Vale do Paraíba contribuíram para dar forma e conteúdo à sua obra. Sua estreia nas letras se deu no jornal *O Estado de S. Paulo*. O que seria mais uma "carta do leitor" o editor promoveu, com justiça, a artigo de fundo. Com o título de "A velha praga", o texto trata do comportamento predador (e já antiecológico!) do sitiante interiorano brasileiro mais tarde personificado no celebérrimo Jeca Tatu.

Desde os tempos de fazendeiro, Monteiro Lobato revelou-se empreendedor e modernizador de raiz (com trocadilho, fazendo o favor). Crítico impiedoso do atraso da plutocracia brasileira, autárquica e obscurantista, que acarreta a ignorância e a miséria do nosso país. Talvez por isso mesmo desistiu da lavoura e resolveu dedicar-se ao cultivo das letras e outras *batatas* gramaticais.

Lobato tornou-se o primeiro autor brasileiro best-seller verdadeiramente popular. Seus livros e traduções faziam um enorme sucesso, o que o encorajou a fundar a pioneira Cia. Editora Nacional — isso nos tempos em que os livros brasileiros eram impressos em Portugal ou na França. Em 1922, foi derrotado na eleição para a Academia Brasileira de Letras por se recusar a bajular os imortais em troca de votos.

Simpático ao governo de Washington Luiz, Lobato enviou uma carta ao presidente em que defendia a criação de uma indústria genuinamente nacional. Washington Luiz decidiu então nomeá-lo adido comercial nos Estados Unidos em 1927. O autor percorreu os Estados Unidos de fio a pavio, por Seca e Meca, estudando o progresso da economia norte-americana abraçando a tese de que "governar é abrir estradas". Entusiasmado, acompanhava as inovações tecnológicas e fazia de tudo para que o governo implantasse a mesma filosofia empreendedora no Brasil. Interessado sobretudo nas questões do petróleo e do ferro, chegou a organizar uma empresa siderúrgica brasileira. Infelizmente, todo o capital estava investido na Bolsa de Nova York e o escritor perdeu tudo na crise de 1929. Falido, voltou ao Brasil e apoiou a candidatura de Júlio Prestes à Presidência da República. Prestes, quando governador de São Paulo, incentivara a prospecção de petróleo no estado.

Na Revolução de 1930, com a deposição de Washington Luiz e o consequente impedimento de Júlio Prestes, Lobato cultivou grande antipatia por Getúlio Vargas, então empossado na Presidência da República, que em 1937 decretou a ditadura do Estado Novo.

Crítico da ditadura varguista, Monteiro Lobato chegou a ser preso e depois indultado por força da movimentação de intelectuais e dos seus muitos leitores, a então nascente classe média urbana. Incansável, dedicou-se de corpo, bolso e alma à criação da indústria de petróleo nacional, fundando empresas de prospecção. Enfrentou publicamente os interesses de gente graúda e de muitas multinacionais, numa luta insana que o deixou pobre, doente e desgostoso. Por ironia do destino, o primeiro lugar a jorrar o petróleo brasileiro foi o município de Lobato, na Bahia, cujo nome não tem nada a ver com o biografado.

Membro da delegação paulista no I Congresso Brasileiro de Escritores, Lobato divulgou declaração de princípios exigindo legalidade democrática, garantia de liberdade de expressão e redemocratização plena do país. Durante esse período, se aproximou do Partido Comunista, chegando a diretor cultural do Instituto Brasil-URSS.

Dois dias após conceder a sua última entrevista, na qual defendeu a campanha "O petróleo é nosso", Monteiro Lobato sofreu um AVC e morreu às 4 horas da madrugada, no dia 4 de julho de 1948, aos 66 anos de idade. Sob forte comoção nacional, seu corpo foi velado na Biblioteca Municipal de São Paulo.

Às vésperas de a sua obra completar cem anos, desencadeou-se uma polêmica por conta de um trecho do livro *Caçadas de Pedrinho*, acusado de apresentar conteúdo racista.

O pretenso racismo de Lobato aparece quando ele fala do "beiço" de tia Nastácia, de sua "carne preta" e que ela, com medo da onça, subia numa árvore como "macaca de carvão". O suposto racismo também aparece em sua correspondência privada e em alguns livros, como *O presidente negro*.

Na minha modestíssima opinião, esse aspecto da obra de Lobato é apenas uma expressão do Brasil daquela época. Ninguém está completamente a salvo do que chamamos hoje de "atrasos", mas que faziam parte do contexto cultural daqueles tempos. Todos nós, alguns mais, outros menos, carregamos, por herança atávica, os preconceitos e as quizilas de nossos antepassados. É óbvio que devemos criticar e mudar essa conduta.

Quando Lobato escreveu muitos de seus livros, a escravidão estava abolida havia apenas cinquenta anos. Os ex-escravos eram marginalizados, discriminados e segregados. O ambiente cultural brasileiro de então olhava para os brasileiros afrodescendentes com um misto de superioridade e paternalismo. Podemos reparar traços desse sentimento nas obras de Euclides da Cunha e Gilberto Freyre e, um pouco mais atrás, em José de Alencar, este convicto antiabolicionista. Pergunto: isso diminui o valor da obra de cada um desses escritores?

Voltando a Monteiro Lobato: e o conto "Negrinha"? Ou o "Bugio Moqueado"? Só para citar dois que me vêm à memória. Possuem conteúdo racista? Muito pelo contrário!

Admito que as edições de *Caçadas de Pedrinho* tenham notas explicativas situando Monteiro Lobato e seu tempo. Na verdade, o único preconceito verdadeiro que o autor possuía era contra a miséria, a burrice e o atraso, esses sim, discriminatórios na sua essência e que permanecem cada vez mais revigorados.

Ombro a ombro com Ruth Rocha, Lobato é nosso maior autor infantil. E mais: deixou uma obra densa e complexa, com várias contribuições ao entendimento do país.

Quando fui apresentado a Monteiro Lobato, aos sete anos de idade, ele já tinha morrido havia 11 anos. Com as suas célebres sobrancelhas cerradas, me pegou pela mão e abriu de par em par as portas do mundo dos livros: fantasias, aventura, emoção, valores, contradições, questões, reflexões e ciência. Quem poderia me dar mais?

Urupês, *Cidades mortas*, *Negrinha* e *Ideias de Jeca Tatu* traçam um belo perfil do Brasil interiorano do início do século XX. Sem falar nas incursões bem-sucedidas de Lobato por outros estilos, como o humor, terror, realismo e regionalismo. Lobato passeia de bermudas, camiseta e chinelas pela língua brasileira construindo um estilo direto e popular em que a forma está sempre a serviço do conteúdo.

Monteiro Lobato, com vivacidade e bom humor, expõe as mazelas e as vicissitudes da civilização (???) brasileira: nosso bacharelismo, nosso arcaísmo, o provincianismo, o corporativismo, a burocracia e sobretudo nosso patrimonialismo, que insiste em tratar o que é público como propriedade privada.

Tantas vezes já reli seus livros que alguns contos e crônicas conheço de cor: "O engraçado arrependido", "O pedaço de onça", "O colocador de pronomes"... A obra adulta de Lobato (assim como os discursos de Churchill) são um bálsamo para a alma e um poderoso analgésico e antibiótico de amplo espectro para os tempos difíceis.

A obra infantil é um capítulo à parte. E com trocadilho, é claro. Passados tantos anos, alguns volumes ficaram anacrônicos por conta dos avanços da ciência, mas a maioria é atualíssima, como *O Minotauro*, *Os doze trabalhos de Hércules* (boa introdução à Antiguidade Clássica), *Caçadas de Pedrinho*, *A chave do tamanho* (obra única de realismo fantástico), *Reinações de Narizinho*, *O saci*, *Fábulas*, *Peter Pan*, *Dom Quixote das crianças*, *Memórias da Emília*, *Serões de dona Benta*, *O poço do Visconde*, *Histórias da tia Nastácia* e *A reforma da natureza* compõem a biblioteca básica de qualquer criança.

Permitam um derradeiro escorregão de fútil vaidade. Está sob a minha guarda o primeiro exemplar de *Urupês* saído do prelo, assinado pelo autor. Comprei por uma ninharia de um belchior — é quanto valem a cultura e a memória neste país.

PAULO NIEMEYER
Paulo Niemeyer Filho

Quando uma vez perguntei a meu pai por que ele havia escolhido a medicina, ele me contou:

> Éramos seis irmãos, e eu o caçula temporão. Morávamos todos num casarão, em Laranjeiras, numa rua sem saída, que levava o nome de meu avô, Ribeiro de Almeida, ex-ministro do Supremo. Não me lembro bem dele, pois, quando morreu, eu era muito pequeno.
>
> Ainda menino, costumava acordar cedo e correr para brincar no jardim, na frente de nossa casa. Certa manhã, percebi que havia um grande envelope amarelo na caixa do correio, que ficava presa à grade do portão. De imediato, imaginei o que fosse. Nessa época, era comum as meninas escreverem cartas aos artistas estrangeiros, pedindo fotos e autógrafos e, certamente, era uma resposta que chegava para minha irmã Juju, que tinha este hábito. Peguei o envelope e corri para seu quarto, na ânsia de lhe trazer a notícia que

ela tanto esperava, e que faria enorme sucesso entre suas amigas. Seria a primeira a ter uma foto autografada do seu ídolo americano. Ela dormia, e acordou assustada quando adentrei chamando seu nome. Sentou-se na cama, de imediato, ainda com cara de sono, e pegou o envelope. Neste momento, seus dentes trincaram, os olhos esbugalharam, parecendo que iam saltar das órbitas, contraiu-se toda e teve uma crise convulsiva generalizada.

Eu, que tinha apenas oito anos de idade, fiquei chocado, achei que ela estivesse morrendo. Saí aos gritos pela casa, pedindo ajuda. Já maiorzinho, minhas tias queriam que eu fosse engenheiro, mas aquela cena nunca saiu de minha cabeça, e passei a ter uma curiosidade enorme em entendê-la, e assim poder decifrar aquela doença que marcou tanto a nossa família.

E marcou também a sua carreira médica, pois, mais tarde, criou a Liga Brasileira Contra a Epilepsia, muito ativa atualmente, e desenvolveu uma cirurgia para o tratamento da epilepsia, de grande sucesso, reconhecida e utilizada mundialmente.

Meu pai foi sempre muito engenhoso e criativo, idealizou muitas técnicas cirúrgicas e aperfeiçoou outras. Assim, modernizou a neurocirurgia brasileira. Entretanto, o que mais encantava as pessoas que o conheceram era seu jeito simples, sua doçura, fala mansa, paciência infindável e uma grande preocupação social.

Com muita sabedoria criou nove filhos e enteados, sem nunca levantar a voz, educou a todos nós pelo exemplo. Certa vez, ainda adolescentes, tentamos esconder que o namorado de minha irmã havia capotado com o carro, em Petrópolis, ele que era menor de idade e dirigia sem habilitação. Meu pai, sabedor do fato por outras fontes, e *expert* em eletrônica, deu-se ao trabalho de gravar uma simulação de uma notícia extraordinária que pôs a tocar no rádio, num momento em que estávamos todos juntos: "E atenção, interrompemos a programação para anunciar que o playboy Luiz Eduardo de tal e tal capotou com seu Gordini, em Petrópolis..." Pronto, fomos desmascarados. Ele fez cara de surpresa e zangado com o que ouvia, para tudo terminar em gargalhadas. Ficou claro que não precisávamos mentir, nem ter medo dele.

Assim passamos a juventude, com histórias inesquecíveis, que moldaram nossas personalidades e nos mostraram que a vida podia ser bela.

Durante meu curso médico, costumava estudar em casa com amigos e, certa vez, estávamos ao microscópio, revendo a matéria de histologia, quando ele chegou. Desafiei-o de imediato, e ele, sem hesitar, num rápido ajuste de foco, afirmou: Ilhotas de Langerhans. Realmente tratava-se de uma amostra de células do pâncreas.

Sua formação médica era ampla e sólida. Entrou para a faculdade de medicina, da então Universidade do Brasil, na Praia Vermelha, aos 16 anos, e quando jovem acadêmico, estava decidido a fazer clínica médica. Sua opção pela cirurgia fez-se de maneira inesperada, quando um problema de saúde o levou a se consultar com o renomado cirurgião Fernando Paulino, que após uma longa conversa, no consultório, o convenceu a mudar de foco. Meu pai gostava de contar essa história para ilustrar os acasos e tranquilizar os filhos adolescentes, que temiam o futuro.

Iniciou, então, sua carreira cirúrgica no Hospital da Santa Casa da Misericórdia do Rio de Janeiro, e progrediu rapidamente, chegando a realizar a primeira gastrectomia da instituição. Nessa mesma época, classificou-se em primeiro lugar, em concurso público, para cirurgião geral do Hospital de Pronto-Socorro, que é hoje o Hospital Souza Aguiar.

Seu interesse, entretanto, já se voltava para a neurocirurgia, uma especialidade ainda nascente e desconhecida, o que o levou a fazer seus primeiros trabalhos experimentais em animais. Aos poucos, foi aprendendo por conta própria as técnicas neurocirúrgicas mais simples, até tornar-se um neurocirurgião completo, autodidata, pois jamais teve um mestre.

Grande desenhista como seu irmão, o arquiteto Oscar Niemeyer, meu pai inovava com naturalidade e registrava suas cirurgias em desenhos originais. Os dois irmãos foram sempre muito próximos, e no início de suas carreiras dividiram um escritório no Centro da cidade: consultório médico numa sala e escritório de arquitetura na outra, com área de espera comum. Entretanto, durou pouco esta "coabitação", pois as reuniões dos arquitetos, nos finais de tarde, eram *happy hours*, informais em excesso, e não condiziam com a sobriedade que ele achava que os clientes esperavam de um ambiente médico.

Nos anos 1950, sua produção científica foi intensa, tendo publicado inúmeros trabalhos de repercussão internacional, com destaque à técnica cirúrgica para o tratamento da epilepsia do lobo temporal, uma forma da doença muito comum e de difícil controle medicamentoso. Pacientes que apresentavam dezenas de crises diárias ficaram curados.

Também nessa época, foi nomeado chefe de enfermaria da Santa Casa da Misericórdia, cargo prestigioso que equivalia a ser membro da Academia de Medicina. Tudo ia muito bem até quando uma dor abdominal persistente o levou a fazer alguns exames, que não foram bons. Decidiu, então, mostrá-los ao maior especialista no assunto, como se fossem de outro paciente. Sem titubeios, lhe foi dito que se tratava de um câncer do estômago, em fase avançada e fora de possibilidades terapêuticas, com poucos meses de vida. A notícia varreu o hospital. Coincidentemente, minha mãe estava grávida de mim.

Após o choque inicial, ele próprio observou que não estava anêmico, como deveria, e teve a esperança de que o grande especialista pudesse estar enganado, e que tudo não passasse de uma gastrite. Suspendeu suas atividades profissionais, abandonou o uso diário do cachimbo, que o distraía ao final dos dias, e adotou dieta alimentar rígida. Um mês após, para seu alívio, os novos exames foram normais, e assim retomou sua rotina.

A crescente divulgação da nova especialidade que abraçara aumentava o número de pacientes e a demanda era cada vez maior, o que o incentivou a criar um grande serviço de neurocirurgia, na Casa de Saúde Doutor Eiras, uma clínica privada, em Botafogo, onde também dispunha de oitenta leitos para o SUS, à época chamado de INPS. A Eiras tornou-se seu quartel-general, e ali tratou dos mais humildes a presidentes da República. Durante essa trajetória de pioneirismo, os pacientes tinham suas cabeças abertas, eram submetidos às mais complexas cirurgias e, mesmo assim, faziam o pós-operatório nos quartos, pois não existiam as unidades de terapia intensiva, as UTIs.

Meu pai teve, neste período, um grande parceiro profissional, o neurologista Abraham Akerman, médico genial, de grande cultura, com formação acadêmica na França, o que fazia enorme diferença à época. Com sua gravata-borboleta e jeito desalinhado, que lhe dava muito charme, Akerman fazia grandes diagnósticos baseados, exclusivamente, em seu exame clínico. Teve tanto prestígio que dizia-se que os doentes neurológicos dividiam-se em dois grupos: os que tinham sido vistos pelo Akerman e os que ainda iriam ser.

Nos anos 1960, em plena guerra fria, meu pai foi a Moscou, a pedido do presidente Juscelino Kubitschek, no avião presidencial, acompanhando um menino de cinco anos, filho do piloto da presidência, que tornara-se paraplégico ao ser atingido na medula espinhal por um disparo acidental da arma do pai. Uma história dramática, e sem solução. Havia uma esperança na medicina russa, país sobre o qual nada se sabia, isolado pela guerra fria e cortina de ferro, e que acabara de surpreender o mundo lançando em órbita o primeiro satélite da história, o famoso Sputnik. Infelizmente, eles também desconheciam a cura para essas lesões. O que restou dessa viagem foi a observação de que os cirurgiões russos operavam as colunas de seus pacientes em posição lateral, que meu pai passou a adotar, desde então. Hoje, identifico seus ex-alunos por este detalhe.

Nos anos 1970, o mundo viveu uma onda avassaladora de progresso tecnológico, que beneficiou a medicina. Quase que simultaneamente, surgiram o microscópio cirúrgico, as unidades de terapia intensiva, a tomografia computadorizada e outras grandes novidades. A microcirurgia propiciou melhoras significativas nos resultados cirúrgicos, permitindo novos e impensáveis caminhos na cura das doenças cerebrais.

O Brasil, nessa época, era fechado às importações, o que incluía material médico e, especificamente, o microscópio cirúrgico, o que dificultava a sua atualização científica. Meu pai, então, procurou os representantes de uma empresa nacional chamada DF Vasconcellos, que fazia telescópios e outros instrumentos ópticos para a marinha brasileira, e propôs criarem um microscópio nacional, mais simples, que coubesse em nosso orçamento. Deste esforço nasceu um microscópio que foi um grande sucesso de vendas no Brasil e por toda a América Latina. Como prêmio, a seu pedido, a DF Vasconcellos montou um laboratório de treinamento de microcirurgia na Santa Casa, onde inúmeros jovens tiveram o primeiro contato com a técnica.

A microcirurgia dos aneurismas cerebrais, entretanto, esbarrava ainda em outro problema, pois estes deviam ser obstruídos por clipes metálicos, com características técnicas especiais, que também não podiam ser importados. Enquanto outros profissionais aguardavam por uma solução burocrática, que parecia distante, meu pai os fabricava em casa, nos fins de semana, utilizando aço de anzol, por ser inoxidável. Logo publicou a primeira série brasileira de microcirurgia dos aneurismas cerebrais.

Sempre inquieto e criativo, produzia soluções idealizando instrumentos, adaptando-se às limitações materiais, num exercício diário, necessário para continuar trabalhando, já que não havia nenhum apoio institucional. Apesar de não ter exercido carreira universitária, também fez escola e treinou inúmeros neurocirurgiões, que se encontram espalhados pelo país.

A tomografia computadorizada surgia, nos anos 1970, na Inglaterra, fruto dos lucros que a gravadora EMI acumulou produzindo os discos dos Beatles. A empresa, na época, atuava também na área de pesquisa industrial, e um físico que trabalhava lá desde os anos 1950, Godfrey Hounsfield, idealizou a tomografia e, assim, ganhou o Prêmio Nobel de Medicina, em 1979. Era o primeiro exame a possibilitar a visualização do cérebro e dos demais órgãos. Entretanto, em nosso país e em todo o mundo em desenvolvimento, continuávamos injetando ar e contraste iodado nas cavidades cerebrais para fazer, precariamente, o diagnóstico dos tumores.

Ainda nos anos 1970, a filha do presidente Geisel foi operada de um tumor benigno que, progressivamente, lhe tirava a visão, fato que foi amplamente divulgado pela mídia. Ela precisou ir a Londres, antes de operar, para fazer uma tomografia do crânio, e confirmar o diagnóstico com maior segurança. Na volta, foi operada por meu pai, já com auxílio do microscópio nacional, pelo nariz, sem abertura do crânio, técnica introduzida por ele no país. O sucesso do tratamento, com a recuperação da visão, o estimulou a solicitar ao presidente ajuda para doação do primeiro tomógrafo computadorizado para o Rio de Janeiro, que foi instalado no Hospital da Santa Casa. A neurocirurgia brasileira se transformava.

Paulo Niemeyer e Abraham Akerman se completavam. Juntos, tiveram grande sucesso profissional e participaram de importantes casos médicos, como o do presidente Costa e Silva, que sofrera um AVC grave, que resultou na mudança de governo do país.

Outro presidente operado por meu pai, por duas vezes, foi o general Figueiredo, exímio cavaleiro, que após alguns anos de esporte desenvolveu uma hérnia de disco, na coluna lombar. Ainda quando chefe do SNI, foi trazido de São Paulo para o Rio de Janeiro, engessado, da cintura para baixo, para conter as dores excruciantes. Não podia se mexer. O futuro presidente foi levado diretamente para o hospital, e operado. O resultado foi ótimo, a dor desapareceu, e lhe foi recomendado que deixasse de saltar, seu esporte preferido, mas, evidentemente, incompatível com problemas de coluna.

Após uns trinta dias, o general enviou a meu pai uma foto em que ele aparecia saltando 1,80m, montado num belíssimo cavalo. Mais tarde, já presidente da República, teve nova hérnia, e precisou ser reoperado. Desta vez, meu pai não solicitou ao presidente ajuda para obtenção de nenhum equipamento, mas que ele interferisse para soltar o presidente do sindicato dos médicos, que havia sido preso numa manifestação política. Assim foi feito, e liberado.

Meu pai trabalhou até o último dia de sua vida, quando, aos noventa anos, sentiu-se mal no consultório e foi internado, mas o coração não resistiu. Muitos anos e muitas emoções. Teve três casamentos, uma grande companheira, Marisa, sua última mulher.

Profissionalmente mereceu grande reconhecimento internacional, sendo agraciado, ainda em vida, com a medalha de ouro da Federação Mundial de Sociedades Neurocirúrgicas, que recebi por ele, em grande solenidade, em Genebra, na Suíça.

Não viveu, entretanto, para ver a linda homenagem de sua cidade, que criou o Instituto Estadual do Cérebro Paulo Niemeyer, única instituição do país dedicada exclusivamente às cirurgias cerebrais de alta complexidade.

Além de haver liderado a modernização da neurocirurgia brasileira, deixou grande legado para a neurocirurgia mundial, entre elas a técnica cirúrgica que criou para o tratamento de uma das formas mais comuns de epilepsia, que batizou de Amigdalo-Hipocampectomia, hoje consagrada e a mais utilizada no mundo, muitas vezes referida nos livros médicos como Técnica Niemeyer.

Orgulho e saudades desse pai.

ULYSSES GUIMARÃES
Miguel Reale Júnior

Nesta coletânea que revisita as grandes figuras da vida nacional, em diversas vertentes, penso ser melhor lembrar algumas passagens que presenciei ao lado de Ulysses Guimarães, de quem fui discípulo e amigo ao longo de quase vinte anos, desde sua anticandidatura à Presidência da República.

Antes, estudante de direito, tive oportunidade de conviver com ele no escritório político do deputado João Pacheco e Chaves, pai de Miguel Francisco, meu amigo nos bancos escolares. Sempre me impressionou a sabedoria que brotava de sua figura esbelta, constantemente observadora, muitas vezes com inteligente ironia no olhar azul.

Nossa convivência, todavia, estreitou-se durante a campanha do PMDB em 1982. Além de participar ativamente das reuniões de programa de governo de Montoro, na conhecida casa da rua Madre Teodora, no Jardim Paulista, assumi o ônus de advogado eleitoral do partido. Contemporaneamente assumi um cargo na direção da Fundação Pedroso Horta, braço de promoção de propostas e programas do PMDB.

Foi uma eleição repleta de embaraços na luta contra o nosso grande inimigo, Paulo Maluf, com diversos entreveros que me aproximaram de Ulysses na discussão de medidas a serem tomadas com a urgência própria dos acontecimentos em época eleitoral, sejam atitudes políticas ou de cunho jurídico.

É fundamental lembrar a situação econômico-social do país. Vivia-se instante de profunda carestia, com inflação galopante e redução drástica do PIB e uma dívida externa imensa contraída no governo Geisel. Com efeito, a inflação era desesperante, superara os 100% em 1981 e 1982. Em julho, agosto e setembro de 1983, a inflação atingira mais de 10% ao mês. O PIB fora negativo em 1981, na ordem de -4,3%, em 1982 positivo de 0,8, e negativo em 1983 com -2,9%.

Para complicar a situação dos trabalhadores, aprofundou-se a pobreza com os Decretos 2.012, 2.024 e 2.045, que impunham o reajuste salarial menor do que a inflação, levando muitos brasileiros à miséria. O Decreto 2.045, de autoria do "neodemocrata" Delfim Neto, estatuía ser a correção salarial tão só de 80% da variação semestral do Índice Nacional de Preços ao Consumidor (INPC). Impôs-se o arrocho salarial.

Em finais de junho de 1983, Ulysses apresentou grande estafa e exaustão psíquica, tendo de se recolher à fazenda de sua família no interior de São Paulo, onde permaneceu por mais de mês em recuperação.

Marcou-se para julho de 1983 uma greve geral. Os empresários e o governo federal queriam que o movimento grevista fosse reprimido. Lembro-me de haver me aposto, como assessor do governador, em reunião dos secretários do Trabalho, da Segurança e Casa Civil, argumentando que o "senador dos trabalhadores" que fora Montoro não poderia se transformar no "governador dos empresários".

Houve, todavia, repressão policial, depois fortemente criticada pelo senador Teotônio Vilela, que assumira na doença de Ulysses Guimarães a presidência do PMDB. Teotônio aproveitou-se da reação à repressão da baderna nas ruas, adotada até mesmo no governo de São Paulo, para se projetar como líder da oposição ao governo federal, mesmo tendo origem na Arena. Teotônio Vilela foi importante, mas sem dúvida pretendeu, naquele instante, concorrer com a figura de Ulysses que muitos davam por findo em face de seu recolhimento no interior de São Paulo.

Retornando de seu descanso em início de agosto, Ulysses assomou à tribuna da Câmara dos Deputados e proclamou: "Para o PMDB o institucional é a democracia, instrumentalizada por uma Constituição estruturada pela vontade política da sociedade. (...) O PMDB está aberto ao diálogo com a Igreja, com entidades como a OAB, a Associação Brasileira de Imprensa, a mocidade e seus órgãos representativos, com as mulheres e suas organizações, os sindicatos e empresários e confederações, com as minorias discriminadas, os negros, os índios e demais setores marginalizados."

E propunha Ulysses um programa alternativo, cujos dois primeiros pontos eram: "Convocação de Assembleia Nacional Constituinte, se não for possível antes, em 15 de novembro de 1986 e eleição direta, universal e secreta em 15 de novembro de 1984 do sucessor do presidente João Batista Figueiredo."[1]

Assumira eu a presidência da Fundação Pedroso Horta em São Paulo. Fernando Henrique Cardoso era o presidente estadual do partido.

Com todo o vapor, Ulysses, neste agosto de 1983, solicitou-me que, na condição de presidente interino da Fundação Pedroso Horta do PMDB, organizasse manifestação em favor das eleições diretas e contra a desastrosa política econômica do governo Figueiredo. Seria o primeiro ato em favor das diretas. E essa batalha não podia, no quadro calamitoso de nossa economia, dissociar-se da discussão dos caminhos para minimizar a carestia e o desafio da imensa dívida externa. Misturavam-se, então, a reivindicação política por eleição direta com a análise da trágica situação econômica que vitimava gravemente as classes média e baixa.

Ulysses andava com os bolsos cheios de folhas de blocos de notas com o cabeçalho da Câmara dos Deputados. Em reunião em sua casa, começou a escrever, nos seus garranchos, como deveria ser o primeiro encontro em favor das eleições diretas.

Na parte de cima desta folha de bloco, há indicações com sua letra e, na parte inferior, com a minha. Registrei o rol de providências que conversamos visando à organização do evento.

Com a letra de Ulysses consta dessa folha: 18 – 19 de setembro. Local: 10.000 pessoas. Tema: Eleições diretas, Moratória, Desemprego. Dante de Oliveira, presidente nacional, presidente regional, Montoro, presidente UNE, líder operário, presidente Henrique Santillo, monitoramento de caravanas do interior e de outros Estados.

Abaixo das anotações feitas por Ulysses, fui escrevendo as sugestões que surgiram na conversa: participantes do Encontro: Antônio Ermírio de Moraes, Líderes do PMDB na Câmara e na Assembleia Legislativa, Freitas (Nobre) e (Luis) Máximo, que seriam os coordenadores do debate. Humberto Lucena coordenaria a sessão de encerramento. Listei os economistas a serem convidados: Celso Furtado, Belluzzo, João Manoel, Serra, Conceição e Lessa, bem como o secretário do Planejamento do Rio Grande do Sul, São Paulo, Minas e Paraná.

Pretendia reunir cerca de 10 mil pessoas. Foram pensados lugares como o estádio do Pacaembuzinho, o salão do Palmeiras, do clube Pinheiros, mas a percepção de público menor levou ao plenário da Assembleia Legislativa de São Paulo.

Elaborei, então, carta-convite assinada por Ulysses, presidente nacional do PMDB, Fernando Henrique Cardoso, presidente estadual, e por mim, diretor da Fundação Pedroso Horta, na qual se lançava o movimento "Fala Brasil". Na carta, dirigida à militância do PMDB e a todas as lideranças da sociedade civil, convocava-se a participar de reunião em 1º de outubro, na Assembleia Legislativa de São Paulo, com o grito em prol das eleições diretas e de basta ao Decreto 2.045, ao desemprego, à recessão.

Antes de o ato se iniciar no plenário da Assembleia Legislativa, houve almoço na casa de Severo Gomes ao qual compareceram os governadores de Minas, Tancredo Neves, e do Paraná, Richa, além de senadores como Pedro Simon. Havia, todavia, pouca gente na Assembleia neste sábado à tarde de outubro.

Para minha grande surpresa, muito decepcionado com o pouco público, menor ainda do que esperado, fiz cara de desgosto, ao que Ulysses, no entanto, tranquilo me disse: "Reale, encontramos o filão", o filão de ouro, a luta pelas diretas. Ele sabia das coisas, intuía, sempre estava certeiramente olhando o futuro. Incrível: "Achamos um filão."

Importante fora, sem dúvida, o almoço durante o qual houve entendimento entre os governadores, Tancredo e Richa e Iris Rezende, que se colocariam a campo em favor das diretas. Logo, Richa promoveria ato em praça pública em Curitiba e Iris, em Goiânia.

Dias antes da reunião, em meados de setembro, eu assumira a Secretaria da Segurança Pública e nesta condição coube-me organizar o Comício da Sé em 25 de janeiro de 1984, iniciativa de Montoro. Mantive durante todo o tempo Ulysses a par dos preparativos. Não esperávamos o sucesso retumbante que teve, obra de outro líder sonhador, mas com pé no chão, Montoro. A expectativa de vitória na votação da Emenda das Eleições Diretas crescera, mas foi, em 25 de abril de 1984, rejeitada.

Logo em seguida à frustrada votação da Emenda Dante de Oliveira, houve reunião na casa de Ulysses para discussão acerca dos passos a serem dados. Em pauta, a questão de ir ou não ao Colégio Eleitoral contra Maluf. Manifestei-me ao lado de outros como Fernando Gasparian, Almir Pazzianotto, Alberto Goldman em favor da ida ao Colégio Eleitoral, pois do contrário estar-se-ia a asfaltar a estrada do Maluf. Ulysses, como sempre, apenas ouviu. Ouvia e ouvia, mexendo com o dedo o gelo do copo de whisky.

Só ao final, Ulysses, um líder que gostava de formar sua opinião ouvindo compassivamente a de seus companheiros, deixou escapar que aceitava o desafio de ir ao Colégio Eleitoral, não deixando de mostrar ainda, todavia, suas dúvidas.

Foi Montoro, em sua visão política e em seu desprendimento, que lançou Tancredo candidato à Presidência da República. Houve a formação da Frente Liberal e o crescimento da candidatura de Tancredo Neves, que Ulysses admitiu ser o único capaz de aglutinar forças as mais diversas.

Com sua perspectiva prática e sempre olhando o futuro, em face desta ida ao Colégio Eleitoral, Ulysses pediu-me, logo após a esta reunião, o estudo de duas complexas questões de cunho jurídico: prevaleceria a fidelidade partidária no Colégio Eleitoral, levando a que os votos de membros do PDS contra seu candidato Maluf fossem considerados nulos e punidos os parlamentares dissidentes com perda do mandato? Quem poderia ser o candidato indicado pela Frente Liberal? Marco Maciel poderia, ou só restaria Sarney, que fora eleito pela antiga Arena e não pelo PDS?

Marco Maciel era o candidato à vice-presidência preferido pela Frente e por Tancredo. Como fora eleito pelo PDS e já mudara de partido, para o PFL, temeu-se que viesse a chapa a ser impugnada. Conforme parecer do ex-procurador Henrique Fonseca de Araújo, chegou-se à conclusão de que se fosse Sarney, por ter sido eleito por partido extinto, a antiga Arena, não haveria problemas e poderia mesmo inscrever-se no PMDB. Conclui-se, de acordo com a Lei Orgânica dos Partidos e com a Lei Complementar nº 5, que a solução legal seria ter Sarney como candidato à vice-presidência. Mais uma vez, o maranhense mostrava a arte da sobrevivência política, saltando de presidente do PDS para candidato à vice da oposição.

Segundo noticiou-se,[2] Sarney poderia sair da Convenção do PMDB como candidato a vice "ainda integrando o PDS", tendo "oito dias para deixar o partido que presidiu e filiar-se à oposição que sempre combateu". Que grande azar!

Outro problema dizia respeito ao fechamento de questão pelo PDS, em favor de seu candidato Paulo Maluf. Haveria fidelidade partidária no Colégio Eleitoral?

Argumentou-se que por ser o Colégio Eleitoral uma

> entidade autônoma, a qual promana do Senado Federal, da Câmara dos Deputados e das Assembleias Legislativas, não é redutível a essas instituições. Surge, em suma, como estrutura a ser regida por leis próprias, em função de sua finalidade específica..., por esse motivo fundamental que o imperativo da fidelidade partidária não se estende ao Colégio Eleitoral".[3]

Dessa forma, os dissidentes do PDS, Antônio Carlos Magalhães e outros, que depois vieram a formar o Partido da Frente Liberal, puderam, sem receio de ver anulados seus votos, consignar a escolha do candidato do PMDB, malgrado o Diretório Nacional do PDS tivesse fechado questão em torno da candidatura oficial do partido.

Todas essas questões eram acompanhadas cuidadosamente por Ulysses, que pensava o político e o jurídico, conjuntamente, mais do que qualquer outro líder da oposição. Combinava uma postura proativa, mobilizava as pessoas e, ao mesmo tempo, refletia sobre todas as variáveis. Era incansável, vivendo em contínua atuação. Satisfeito no meio de tantos desafios, disse-me: "Na política deve-se fazer do dever um prazer."

Ulysses, presidente do PMDB e da Câmara dos Deputados, foi, e não poderia ser diferente, eleito presidente da Assembleia Nacional Constituinte. Ulysses, o tríplice coroa, gerou invejas incomensuráveis, muitos se opondo a essa concentração de poderes nas mãos de um só. As lutas internas no PMDB, com constituintes de diversas tendências ideológicas, eram intensas e a cada pouco se promoviam convocações da Executiva do partido visando a minar a autoridade de Ulysses, que permanecia impassível: esperava alguns dias para só depois atender ao pedido de reunião.

Enquanto isso, o telefone funcionava e o encaminhamento das decisões era costurado. E Ulysses vencia sempre, malgrado ocorressem discussões acaloradas. E me confessou, um pouco irônico: "Só convoco reunião quando tudo já está decidido."

No início da Assembleia Nacional Constituinte, rejeitava-se a criação de uma comissão constitucional, que ocorrera em outras Constituintes. Recusava-se a existência de constituintes de primeira e de segunda classe. Assim, o regimento interno, em grande parte idealizado por Nelson Jobim, criou um sistema no qual de início participariam todos os constituintes como componentes de 24 subcomissões, subordinadas a oito comissões temáticas que votariam um texto a compor o texto geral. Este texto geral descosturado, com cerca de quinhentos artigos, passaria, então, por uma Comissão de Sistematização.[4] O texto geral, fruto da somatória dos textos das subcomissões e comissões, veio a ser um monstrengo.

Ulysses decidiu convidar a um jantar em sua casa os oito presidentes das Comissões Temáticas, dentre eles o senador gaúcho pelo PT, Bisol, presidente da Comissão de Direitos Individuais e Sociais. Durante o jantar e depois ao café, muitos teceram críticas contundentes aos trabalhos da constituinte e praticaram o esporte preferido: atacaram Ulysses, que impassível ouvia. Em determinado instante, Bisol, irritado em não ver em Ulysses reações às provocações criadas pelos convivas, levantou-se e disse: "Dr. Ulysses, o senhor é um perdulário da prudência." Na verdade, Ulysses vivia uma agitação interior que passava por vários filtros, redundando em uma figura fleumática, fruto da soma das sabedorias inatas e adquiridas.

Ulysses representava a figura do pai, a gerar admiração, dependência e necessidade de confronto. No exercício da prudência, enfrentava com plena ciência de sua autoridade as afrontas que constituintes, especialmente do baixo clero, provocavam para alcançar alguma repercussão junto ao seu eleitorado. Assim, desconhecidos constituintes no início dos trabalhos iam à tribuna para assacar acusações desbaratadas ao presidente. Ulysses ouvia e, terminada a arenga, apenas chamava o orador seguinte. O acusador descia decepcionado, sem resposta, certo, então, da nenhuma repercussão da diatribe praticada diante da tranquilidade da vítima.

Três fatos atestam a imensa autoridade de Ulysses: percebeu-se que enquanto não havia a voz de Ulysses convocando os constituintes para estarem presentes em plenário, eles não saíam de seus gabinetes. Assim, passou-se a adotar a seguinte estratégia: Ulysses ia à mesa da presidência, convocava os constituintes e voltava à sua sala. Começavam então a se encher os corredores de ligação com o Senado e com o Anexo 4. Só com a voz de Ulysses os constituintes afluíam ao plenário.

Certo dia, dona Mora, esposa de dr. Ulysses, caiu e quebrou o fêmur em São Paulo. Ulysses teve de viajar urgente para a capital paulista para acompanhar a cirurgia. Mauro Benevides, vice-presidente da constituinte, assumiu a presidência naquela tarde. Poucos constituintes foram a plenário e, passadas duas horas, houve-se por bem cancelar a reunião.

Ulysses, duas a três vezes por semana, convidava parlamentares para jantar em sua casa e discutir temas da constituinte ou o panorama político-econômico. Muitos, ao deixarem de ser convidados, cercavam-me no corredor ou no plenário querendo saber o que fizera para não mais ser chamado ao convívio do dr. Ulysses, pretextando sua admiração e certas vezes pedindo minha interferência para ser incluído em um próximo jantar.

Resta lembrar a última conversa que tive com dr. Ulysses, às vésperas de sua morte, cujas consequências podem ser avaliadas em toda sua dimensão em face do relato a seguir.

O cemitério persegue a história brasileira recente: Tancredo adoece e falece sem tomar posse na Presidência da República, criando-se o conflito decorrente da assunção de Sarney, antigo presidente do PDS, partido do regime militar, velho antagonista de Ulysses, cuja preocupação maior durante a Constituinte foi garantir cinco anos de mandato.

Mário Covas falece em 2001, quando seria no ano seguinte candidato vitorioso na sucessão a Fernando Henrique Cardoso.

Votado o impeachment de Collor, em junho de 1992, Itamar assumira a presidência, e se estabeleceu que o plebiscito sobre Parlamentarismo e Presidencialismo ocorreria em abril de 1993.

Ulysses, que fora ministro de Tancredo no governo parlamentarista de 1962, não tivera maior entusiasmo pela adoção do Parlamentarismo no início dos trabalhos constituintes, como decorrência de sua luta pelas eleições diretas para presidente. Depois aderiu a uma proposta por mim formulada de semiparlamentarismo, como forma de superar-se o confronto e garantir uma forma de governo por via da qual se poderia evitar as crises que o Presidencialismo gerara ao longo de nossa história.

Na Constituinte prevaleceu, na maior parte do tempo, a proposta parlamentarista, derrotada na última hora pela indevida interferência de Sarney, que cooptou a vontade da Assembleia, especialmente com a concessão de canais de rádio e televisão. Prevaleceu o Presidencialismo e cinco anos para Sarney.

O reconhecimento das imprecisões do texto constitucional estava consagrado seja pela previsão da Revisão Constitucional, seja pela fixação de um plebiscito para decidir sobre Presidencialismo ou Parlamentarismo.

Ulysses, convencido de ser o Presidencialismo uma fonte perene de crise institucional, a se ver o ocorrido com Collor, resolveu assumir a direção da Frente Parlamentarista, da qual fui nomeado Diretor Jurídico. A liderança de Ulysses era entusiasmante, centro catalisador de adesões e de aglutinação de forças.

Na quinta-feira, dia 8 de outubro de 1992, Ulysses, à tarde, ligou-me e disse o seguinte: "Vou amanhã para a casa de Renato Archer, em Angra dos Reis, e devo estar na segunda às nove da manhã em Brasília para audiência com o presidente Itamar Franco." E seguiu-se, então, a grande revelação: "Vou sair do PMDB e comigo irão juntos cerca de sessenta deputados. Quero formar com o PSDB um partido parlamentarista forte para ganharmos o plebiscito. Não antes do meio-dia, conte isso para o Fernando e o Mário, pois se Itamar souber que divulguei a alguém antes dele pode ficar ciumento. Diga que logo devemos nos encontrar para consagrar esta importante união."

Fiquei muito surpreso e feliz: dr. Ulysses fora do PMDB de Quércia e cerrando fileiras com Fernando e Mário para um novo partido na busca da vitória do Parlamentarismo.

Mas, o destino conspira contra o Brasil: Ulysses, em razão da audiência com Itamar, exigiu voar na intempérie. E na segunda de tarde, dia 12, morre na queda do helicóptero. Curiosamente, disse-me certa vez: "Se vir o meu corpo no caixão indo à cova, pode estar certo que lá vai um contrariado." Nunca se encontrou o corpo de Ulysses.

A história se conhece: venceu o Presidencialismo e trouxe com ele mais crises: o Mensalão, o Petrolão, Dilma e Bolsonaro. Perdeu o país.

São estes flashes que desenham a personalidade forte e segura de um homem que deixa saudades a cada dia na política brasileira.

NOTAS

1 Discurso publicado na íntegra na *Folha de S. Paulo* de 25 de agosto de 1983, p. 5. Neste discurso Ulysses tem frases lapidares: "Não subo a rampa do poder, preferindo assomar ao topo desta tribuna para falar à Nação e ao governo." "Em política não basta fazer o possível e sim o necessário, notadamente nas horas calamitosas como as que agora amarguram e inquietam o Brasil." Sarney, presidente do PDS, de forma deselegante reagiu ao discurso: "Foi um grito de guerra (...) foi até mesmo um discurso mal lido. O PMDB deve botar na cabeça que o tempo da UNE acabou (...) É prova de subdesenvolvimento político." Note-se, no entanto, o seguinte: um ano depois, Sarney era o candidato a vice-presidente do PMDB.
2 *Folha de S. Paulo*, p. 5, 1º caderno, 29 jul. 1984.
3 REALE, Miguel. *De Tancredo a Collor*. São Paulo: Siciliano, 1992, p. 11.
4 A Comissão de Sistematização veio a ser presidida pelo senador Afonso Arinos e tinha entre seus membros diversos advogados, como Bonifácio de Andrada, Egídio Ferreira Lima, Plínio Arruda Sampaio, Joaquim Bevilácqua, Antonio Carlos Konder Reis, Paes Landim, Vivaldo Barbosa, Michel Temer, além dos relatores adjuntos Nelson Jobim e José Ignácio Ferreira e do relator geral Bernardo Cabral.

RUI BARBOSA
Luís Roberto Barroso
Luna van Brussel Barroso

> *Tenho o consolo de haver dado a meu país tudo o que me estava ao alcance: a desambição, a pureza, a sinceridade, os excessos de atividade incansável, com que, desde os bancos acadêmicos, o servi, e o tenho servido até hoje.*
> Rui Barbosa, *Oração aos moços*.

Em discurso dirigido à turma de 1920 da Faculdade de Direito de São Paulo, o paraninfo daquele ano explicava aos estudantes as diferenças entre o saber real e o saber de aparência. O saber de aparência, segundo ele, "crê e ostenta saber tudo". O saber real, por outro lado, "quanto mais real, mais desconfia, assim do que vai aprendendo, como do que elabora".[1] Era esse o recado mais importante do paraninfo Rui Barbosa aos formandos daquele ano, a quem alertava para os riscos — particularmente apurados na juventude — de se achar que entende de tudo.

Citando Sócrates, afirmou que "a pior espécie de ignorância é cuidar uma pessoa saber o que não sabe".[2]

A busca pelo saber real, muito mais do que um conselho para formandos em direito, foi a verdadeira missão — e talvez obsessão — da vida do advogado, jurista, político e jornalista Rui Barbosa. Reza a lenda que Rui escreveu ao longo de sessenta anos, quase todos os dias, oito horas por dia.[3] Era um homem de conhecimento enciclopédico, que nutria verdadeira paixão pelas histórias narradas nos 35 mil livros que colecionou ao longo de sua vida.[4] Livros de todos os assuntos: literatura clássica, política, e até medicina, que pegava na biblioteca de seu pai.[5] Era neles que se perdia pelas madrugadas afora. Segundo ele próprio narrou, educou o seu cérebro "a ponto de espertar exatamente à hora, que conmigo mesmo assentara, ao dormir".[6]; e, então, levantava-se às 2h ou 3h da manhã para estudar. Orgulhoso de seu filho, João Barbosa, ao vê-lo lendo perto da praia certa vez, proclamou aos amigos: "É mais fácil tirarem o mar dali do que o Ruy dos livros".[7]

Ao longo de sua vida, o jurista foi, além de advogado, político, diplomata, jornalista e membro fundador e presidente da Academia Brasileira de Letras.[8] Era fluente em inglês, italiano, espanhol, alemão, francês e latim. Em todos os cargos que ocupou e em todas as tarefas que desempenhou, preocupou-se em conhecer o seu objeto e estudar a matéria antes de formar uma opinião. Tornou-se, assim, um estudioso comprometido e um crítico ferrenho do improviso e da ostentação superficial de conhecimento.[9] Pela sua atividade incansável, virou uma espécie de mito popular, um gênio, que, apesar de sua baixa estatura — 1,58m — e singelos 48 quilos, era reconhecido por ter uma voz firme e eloquente, capaz de prender a atenção de seus ouvintes. A admiração pela genialidade de Rui foi eternizada na expressão "Você é muito Rui!", que, segundo contam, durante muitos anos foi um grande elogio associado a "inteligência, astúcia, brio".[10] Era, sem dúvida, o reconhecimento merecido de alguém que dedicou a sua vida e a sua carreira a pensar o país e promover o bem. Ainda que, como ele mesmo admitiu certa vez, possa ter discrepado muitas vezes do seu objetivo, "sempre o evangelizou com entusiasmo, o procurou com fervor, e o adorou com sinceridade".[11]

Rui, convém mencionar, estava longe de ser unanimidade. Apesar de sua inteligência e talento serem admirados e reconhecidos por muitos, à exceção de alguns amigos mais próximos, seus pares o consideravam "pretensioso, irritante, violento demais com os adversários". Relatos de sua biografia indicam que essa imagem perdurava desde o colégio e que, quanto mais rejeitado se sentia, mais agressivo e amargo se tornava.[12] Era duro demais com seus adversários e não sabia conduzir debates sem fazer inimigos.[13]

Apesar disso, não se discute que Rui obteve grande reconhecimento mundial, tanto em vida quanto póstumo, tendo sido considerado, por júri reunido pela revista *Época*, como o "maior brasileiro da história".[14]

Rui: o homem

> *O ideal não se define; enxerga-se por clareiras que dão para o infinito: o amor abnegado; a fé cristã; o sacrifício pelos interesses superiores da humanidade; a compreensão da vida no plano divino da virtude; tudo o que alheia o homem da própria individualidade, e o eleva, o multiplica, o agiganta, por uma contemplação pura, uma resolução heroica, ou uma aspiração sublime. (...) O ideal é o espírito, órgão da vida eterna.*
> Rui Barbosa, discurso no Colégio Anchieta em 1903.

Rui Barbosa nasceu no dia 5 de novembro de 1849, na rua dos Capitães — hoje, rua Rui Barbosa —, na cidade de Salvador, Bahia. Desde os cinco anos de idade, já aprendia com seu pai, João José Barbosa de Oliveira, a analisar orações e conjugar verbos. Aos seis anos, ouviu de seu professor do primário que era "a maior inteligência que jamais vira".[15] Ao perceber a inteligência de seu filho, seu pai não lhe deu mais descanso. Há quem relate que Rui amava livros, mas "era uma criança triste", cujas atitudes eram incompatíveis com a sua idade, o que acabava afastando-o de seus colegas na escola e o tornando um estudante solitário.[16]

Aos dez, foi estudar no Ginásio Baiano, uma das mais famosas instituições de ensino da época. Saiu de lá com a condecoração de melhor aluno, com direito a festa com a presença do presidente da Província e um noticiário na primeira página no *Diário da Bahia*.[17] Após concluir o ensino médio, ainda ficou mais um ano na Bahia, pois não tinha a idade mínima exigida por lei para ingressar na faculdade. Quando se cogitou que ele poderia ingressar com uma certidão falsa, seu pai recusou, afirmando que Rui não haveria de começar a sua vida por uma falsidade.[18] Era o começo promissor de uma vida de honestidade pública e privada, que seria dedicada ao país e ao fortalecimento das instituições.

Depois de um ano estudando alemão, latim, retórica e filosofia,[19] Rui finalmente embarcou para Recife, onde ingressou na Faculdade de Direito. Apesar de seu destaque no ensino médio, ele não se encontrou na capital pernambucana. Após dois anos, em 1868, tirou uma nota baixa que quase o reprovou e desistiu definitivamente de Recife, transferindo-se para a Faculdade de Direito de São Paulo.[20] Lá, enfim, ocupou o espaço que não ocupara nos dois primeiros anos em Recife. Apesar de ter como contemporâneos nomes tão relevantes quanto Joaquim Nabuco, Castro Alves, Rodrigues Alves, Afonso Pena e o futuro barão do Rio Branco,[21] Rui se estabeleceu como uma das mentes mais brilhantes daquela notável geração.[22] Encantou-se pelos ideais do liberalismo e do abolicionismo e passou a atuar publicamente na defesa das liberdades individuais, combatendo a escravidão, o centralismo e o latifúndio.[23]

O ambiente rico em debates políticos da Faculdade de Direito de São Paulo também influenciou Rui a ingressar no jornalismo — atividade que viria a se tornar uma grande paixão de sua vida. Ele começou escrevendo em jornal fundado por Joaquim Nabuco[24] e, em seguida, fundou o seu próprio, *Radical Paulistano*, em que defendia as suas ideias progressistas. Foi lá, por exemplo, que publicou o seu primeiro artigo abolicionista, no qual antecipava que a abolição da escravidão, quer o governo quisesse, quer não, haveria de ser efetuada num futuro próximo.[25] A sua paixão pelo jornalismo continuou em Salvador, para onde foi após concluir os estudos jurídicos em São Paulo. Rui começou trabalhando no escritório de advocacia de Manoel Dantas, integrante de uma eminente família da oligarquia baiana. Em pouco tempo, porém, a família Dantas percebeu que Rui, além de inteligente, tinha um talento notável para escrever e falar em público. Colocaram-no, assim, na direção do jornal liberal do qual eram donos, o *Diário da Bahia*.[26] Rui não recebia nenhuma remuneração por esse trabalho, mas lá encontrou um importante instrumento para a divulgação de suas propostas liberais, que o acompanhavam desde a graduação: a abolição, a reforma eleitoral, a liberdade religiosa e o sistema federativo.[27] Era o começo de sua defesa pública dessas ideias, que viriam a dominar a sua atuação como político.

Em Salvador, além de seu trabalho como advogado e diretor do *Diário da Bahia*, Rui era, também, escriturário na Santa Casa de Misericórdia. Assumiu o encargo por um motivo nobre: queria quitar todas as dívidas de seu pai, mesmo após o seu falecimento. Para honrar esse seu compromisso, assumiu três trabalhos — cada um suficiente para ocupar um homem, como ele mesmo, na época, confessou em carta ao seu primo.[28]

Apesar de sua intensa atividade profissional, Rui foi também um homem "ilimitadamente, indizivelmente, inexcedivelmente"[29] apaixonado pela sua mulher, Maria Augusta Viana, como veio a confessar em carta à sua noiva. Mesmo quando tiveram de passar um tempo longe, Rui escrevia cartas apaixonadas, que não ficavam atrás dos poemas de seu contemporâneo Castro Alves. Foi ao lado do grande amor de sua vida que ele faleceu, no dia 1º de março de 1923, em Petrópolis, aos 73 anos. Segundo relata João Mangabeira, testemunha da cena, Maria Augusta perguntou a Rui se ele a reconhecia, ao que ele respondeu: "Por que não?" Em seguida, antes de fechar os olhos definitivamente, pegou as mãos de sua fiel companheira de vida e confessou que ela foi "a flor sempre aberta da bondade divina no seu lar".[30]

No dia seguinte ao falecimento de Rui, o jornal britânico *Times* dedicou-lhe um espaço nunca antes dedicado a qualquer estrangeiro.[31] No Brasil, a primeira página do jornal carioca *Gazeta de Notícias* tinha a manchete "Apagou-se o Sol".[32] Foram-lhe concedidas honras de Chefe de Estado, e o seu corpo foi velado com grande presença popular.[33] Era o falecimento de um dos grandes gênios brasileiros, que havia se tornado um mito popular de projeção internacional.

Além de ter sido um homem de inteligência admirável, Rui sempre guiou o seu ideal pela ética e pela busca do bem e da justiça. Um homem à frente de seu tempo, sonhava com a justiça social e com uma ordem jurídica livre e democrática[34] — um ideário político que permanece mais atual do que nunca e ao qual ele dedicaria a sua vida pública.

Rui: o político

> *Política e politicalha não se confundem, não se parecem, não se relacionam uma com a outra.* Antes se *negam, se excluem, se repulsam mutuamente. A política é a arte de gerir o Estado, segundo princípios definidos, regras morais, leis escritas ou tradições respeitáveis. A politicalha é a indústria de o explorar a benefício de interesses pessoais.*
> Rui Barbosa, em discurso em 18 de setembro de 1917.

Até 1878, a atividade básica de Rui Barbosa era a advocacia. Após seis anos como advogado na Bahia, contudo, teve escasso rendimento financeiro e decidiu ingressar na chapa do Partido Liberal, candidatando-se à Assembleia Legislativa da Província. Foi eleito em abril de 1878, iniciando a sua vida na política.[35] Em setembro daquele mesmo ano, foi eleito deputado geral, mudando-se de Salvador para o Rio de Janeiro. No Rio — e na política —, encontrou o espaço que buscava para a divulgação de seus ideais liberais e não voltou mais para Salvador. O período de vida de Rui correspondeu a um momento de transformação profunda do Brasil, com o fim da Monarquia e o surgimento da República. Muitas das mudanças mais relevantes experimentadas pelo país no final do século XIX e no começo do século XX tiveram o protagonismo de Rui Barbosa.

A estreia de Rui na Assembleia Geral do Império mostrou a postura que adotaria como representante do povo brasileiro. Em debate em que defendia a necessidade de todas as províncias terem representação na Assembleia, reconheceu o direito de um conservador, seu opositor em ideias políticas e religiosas, ocupar o cargo, em prejuízo de Galvão Peixoto, seu colega na bancada liberal.[36] Insistiu, inclusive contra José Bonifácio, uma das vozes mais respeitadas da Assembleia, que se tratava de mera aplicação da lei, ainda que em um contexto que envolvia "as paixões, os interesses, as relações e quase que, ao menos aparentemente para alguns, as obrigações convencionais de partido".[37] Foi a sua primeira derrota na Assembleia, pois quem ficou com o cargo foi o representante do Partido Liberal. Rui, contudo, teve a primeira oportunidade de demonstrar que era um homem ético, de princípios que não seriam sacrificados por favores políticos.

Esse foi o tom que sempre guiou Rui em sua atuação pública. Em diversas oportunidades, defendeu pautas que buscavam levar o país a um futuro mais livre e igual. Uma de suas principais campanhas foi, justamente, pela reforma do sistema eleitoral. O seu projeto, aprovado por unanimidade em 1881, instituiu o voto direto para os brasileiros do sexo masculino, alfabetizados e com renda mínima de 220 mil-réis, incluindo os não católicos, os negros libertos e os estrangeiros naturalizados. Criou-se, assim, o maior eleitorado que o Brasil já tivera até então. Na visão de Rui, o maior número de eleitores diminuiria as chances de fraude às eleições.[38]

Na Comissão de Instrução Pública, como relator parlamentar, defendeu outra bandeira importante: a reforma geral do ensino. Escreveu pareceres tão profundos que o *Anuário da Sociedade de Legislação Comparada*, da França, afirmou que "jamais trabalhos tão consideráveis, sob todos os pontos de vista, foram apresentados aos parlamentos".[39] Inspirado por seus estudos dos modelos pedagógicos adotados nos países civilizados,[40] Rui propôs uma mudança radical na estrutura da educação no Brasil, pois enxergava nela, corretamente, um elemento decisivo para a construção de um país democrático. De forma notável, defendeu, em seus pareceres, que

> todas as leis protetoras são ineficazes, para gerar a grandeza econômica do país; todos os melhoramentos materiais são incapazes

de determinar a riqueza, se não partirem da educação popular, a mais criadora de todas as forças econômicas, a mais fecunda de todas as medidas financeiras".[41]

Assim, elaborou um projeto que defendia pontos progressistas como: a educação moral, religiosa, técnica e artística para ambos os sexos; a educação física, o ensino musical, de desenho e de trabalhos manuais no currículo; a criação de um conselho superior e um ministério voltados exclusivamente para a educação; bem como a obrigatoriedade e gratuidade do ensino primário.[42] Sua proposta, contudo, não foi adiante — talvez porque progressista demais.[43]

Rui foi também um dos principais nomes na luta contra a escravidão, a principal bandeira de sua geração. Em 1884, quando Rodolfo Dantas, um dos herdeiros de Manoel Dantas, com quem Rui trabalhara em Salvador, apresentou Projeto de Lei propondo a extinção da escravidão, Rui teve a oportunidade de defender a bandeira que possivelmente lhe era mais cara. O Projeto de Lei apresentado pelo conselheiro Dantas, que tinha Rui como autor e signatário, previa a emancipação de escravos por quatro motivos, sendo um deles a idade. A lei previa, ainda, uma série de garantias para que os escravos libertos celebrassem contratos de locação de serviço, além de assegurar-lhes um salário mínimo.[44] Era, portanto, significativamente mais abrangente do que a Lei Áurea, que apenas extinguiu a escravidão. A Câmara, contudo, era menos progressista do que Rui e seus amigos e, além de reprovar o projeto, negou confiança ao Governo. O conselheiro Dantas, então, dissolveu a Câmara dos Deputados e foram convocadas novas eleições.[45] Caberia à nação, portanto, o ônus de escolher entre o apoio à maioria que havia negado confiança ao ministério ou o apoio à causa da emancipação.

Ciente da disputa acirrada que enfrentaria nas eleições, Rui tratou de escrever um parecer narrando a dura e desconhecida realidade sobre a escravidão e defendendo as vantagens do Projeto Dantas, que previa uma mudança gradual e não onerosa aos cofres públicos.[46] Em 19 dias, Rui produziu um documento de 121 páginas, que viria a ser uma das mais notáveis peças de defesa abolicionista daquele tempo. Ali, demonstrou os efeitos prejudiciais da escravidão para o desenvolvimento econômico do país[47] e, com o refinamento e a audácia que lhe eram característicos, concluiu que a abolição da escravidão era "uma força inelutável" e asseverou:

> o peso de todo o ambiente contemporâneo impõe-nos um passo franco, adiantado, enérgico, na debelação progressiva deste escândalo, que uma herança desgraçada nos obriga a dar ao mundo cristão, à liberdade, à moralidade e à ciência do nosso tempo".[48]

Infelizmente, a história nem sempre anda em linha reta. Apesar dos esforços de Rui, ele não se reelegeu e o Partido Liberal, apesar de ter conseguido maioria, manteve uma ala expressiva contrária ao abolicionismo.[49] Assim, em maio de 1885, houve uma segunda moção de desconfiança contra o conselheiro Dantas, que acabou renunciando.[50] Em seu lugar, entrou o conselheiro José Antônio Saraiva, cujo projeto de reforma abolicionista era muito mais conservador, resultando na aprovação da Lei dos Sexagenários, que previa apenas a emancipação dos escravos com mais de 65 anos, sem qualquer garantia mínima aos escravos libertos. Três anos depois, em 1888, a Câmara finalmente aprovou a Lei Áurea, que acabou com a escravidão no último país ocidental. O que a história mostrou, assim, foi que, quando é chegada a hora de uma ideia, não há força — física ou política — que a detenha. E Rui eternizou essa lição, ao declarar a Saraiva: "Mais fácil vos será dominar com uma represa de vime as cachoeiras de uma catarata do que limitar com as vossas transações parlamentares o curso do abolicionismo."[51] E assim foi.

Depois desses acontecimentos, Rui estava sem mandato parlamentar. Apesar disso, continuou ativo na vida política nacional, assumindo o cargo de redator-chefe do jornal *Diário de Notícias*, que usava como importante veículo para a divulgação de suas ideias abolicionistas. Após a Lei Áurea, passou a usar o jornal para defender a adoção de uma monarquia federalista, que daria às províncias a liberdade para escolher os seus governantes[52] e acabaria com a centralização exagerada e a interferência direta do monarca na composição dos gabinetes.[53] Em mais uma demonstração de que não abriria mão de seus ideais por cargos políticos, ao ser convidado para integrar o gabinete do visconde de Ouro Preto, que não previa a reforma da Monarquia, Rui escreveu para um de seus integrantes que não poderia mais fazer parte do Partido Liberal. Quando lhe foi dito, na tentativa de convencê-lo a integrar o gabinete, que o programa previa a descentralização ampla, para que a Federação viesse depois, Rui manteve a recusa, dizendo: "Não tenho tal certeza. Não amarro a trouxa de minhas convicções, por amor de um ministério."[54]

Depois de recusar o cargo, Rui, que sempre havia sido um monarquista, começou a expressar simpatia pela República. A Monarquia, é verdade, não ia bem: os cafeicultores e uma parte da elite ligada à indústria e ao comércio exigiam mais recursos financeiros, as províncias queriam autonomia e os quartéis estavam inquietos.[55] Os aliados da Monarquia eram apenas os fazendeiros e os escravocratas, enfraquecidos após a abolição. Assim, em 11 de novembro de 1889, com a Monarquia ameaçada, Rui aderiu ao projeto da República e reuniu-se com os conspiradores na casa de Deodoro da Fonseca. Em 15 de novembro de 1889, foi proclamada a República e instalado o Governo Provisório. Rui Barbosa foi nomeado vice-chefe do Governo Provisório, ministro da Fazenda e ministro interino da Justiça.[56] Nesses cargos, redigiu os primeiros decretos da República, entre eles o Decreto 119-A, que consagrava a plena liberdade de culto, ao proibir a intervenção da autoridade federal e dos Estados federados em matéria religiosa.[57] Assim, acabou com a religião oficial no país e o Estado assumiu as funções de emissão de certidões de nascimento, casamento e morte – o que, até então, era prerrogativa da Igreja, de modo que era preciso ser católico para ter reconhecimento civil.[58]

Foi também nesses cargos que Rui sofreu uma de suas principais derrotas políticas, que pareceu revelar certa discrepância entre o mito que se criou em torno de seu nome e a sua verdadeira atuação pública. Enquanto estava no Ministério da Fazenda, Rui tinha a intenção de industrializar o país e livrá-lo da dependência do capital estrangeiro. Para tanto, adotou uma série de medidas, entre elas a abertura de créditos a novos empreendimentos, a emissão de moeda com cobertura do Tesouro Nacional e uma política econômica protecionista, que objetivava garantir mercados para os produtos nacionais, com uma margem de lucros que permitisse o reinvestimento. As políticas adotadas pelo ministro da Fazenda, especialmente a emissão de créditos, contudo, levaram a um processo inflacionário e aumento do custo de vida que causaram uma crise que ficou conhecida como "Encilhamento".[59] Há nomes expressivos, como Celso Furtado, que já manifestaram admiração por alguns aspectos da política econômica de Rui Barbosa.[60] A verdade, porém, é que, ao aceitar o cargo de ministro da Fazenda, Rui Barbosa parece ter incorrido no erro contra o qual alertou os formandos da Faculdade de Direito de São Paulo no discurso citado no começo deste artigo, caindo na ambição de cuidar do que não sabia.

Foi também no Ministério da Fazenda que Rui Barbosa, motivado por um objetivo nobre, envolveu-se em mais um episódio polêmico. Pretendendo proteger os recursos estatais de eventuais pleitos indenizatórios de senhores de escravos por perdas causadas pela Lei Áurea, ordenou a queima de todos os registros, papéis e livros que tratavam da escravidão. Antes da queima dos arquivos, que ocorreu apenas em maio de 1891, alguns proprietários de escravos foram diretamente a ele requerer indenizações, aos quais o então ministro da Fazenda brilhantemente respondeu: "Mais justo seria e melhor se consultaria o sentimento nacional se se pudesse descobrir meio de indenizar os ex-escravos não onerando o Tesouro. Indeferido."[61]

Apesar de sua atuação muito criticada à frente do Ministério da Justiça, que o levou a renunciar ao cargo em 1891, Rui Barbosa foi escolhido pelo Governo Provisório para rever o anteprojeto de Constituição elaborado por uma comissão de juristas.[62] Durante duas semanas, Rui estudou o projeto e sugeriu alterações relevantes, inspiradas pelo modelo americano. Muitas de suas sugestões foram mantidas na Assembleia Constituinte e, assim, o texto aprovado em junho de 1890 previa elementos como a federação, o presidencialismo e a tripartição de poderes. Uma de suas mais importantes contribuições ao projeto foi a introdução do mecanismo de jurisdição constitucional no Brasil, que conferiu ao Supremo Tribunal Federal a prerrogativa de declarar a inconstitucionalidade de leis e atos do Legislativo e Executivo.[63]

Após a promulgação da Carta de 1891, Deodoro da Fonseca e Floriano Peixoto foram eleitos para os cargos de presidente e vice, respectivamente. Com a maioria do Congresso contrária ao seu governo, Deodoro da Fonseca tentou dar um golpe de estado e fechar o Congresso Nacional. O Congresso e as oligarquias, contudo, conseguiram reagir, e, então, eclodiu a Revolta da Armada, que levou Deodoro a renunciar e Floriano Peixoto a assumir em definitivo o cargo de presidente, em violação direta à Constituição, que expressamente previa a convocação de novas eleições. Fora da política, mas ainda engajado na definição dos rumos na Nova República, Rui assumiu a propriedade do *Jornal do Brasil*, que passou a ser um manifesto de oposição ao governo ilegítimo de Floriano.[64] Com os avanços autoritários do governo, Rui foi obrigado a se exilar em Buenos Aires e, posteriormente, em Londres. Durante esse período, continuou participando da vida nacional por meio de suas famosas "Cartas de Inglaterra", publicadas no *Jornal do Comércio*.[65]

Em 1895, já no governo de Prudente de Morais, Rui retornou ao Brasil e ao Senado e, em 1907, foi indicado para representar o Brasil na Segunda Conferência da Paz, em Haia, que fora convocada para discutir o desarmamento diante da ameaça de guerra. Foi nessa ocasião que o nome de Rui ultrapassou as fronteiras nacionais e passou a ser conhecido mundialmente. Lá, o brasileiro se destacou pela sua defesa da igualdade jurídica das nações soberanas, apesar do forte preconceito das grandes potências.[66] Pela sua notável atuação, ganhou o apelido de Águia de Haia e foi nomeado Presidente de Honra da Primeira Comissão, com o seu nome colocado entre os "Sete Sábios de Haia".[67] Consagrou-se "como a consciência crítica do povo brasileiro" e relatos de sua participação na conferência correram o mundo, fomentando a imagem de mito popular que havia alcançado.[68]

Em 1909, Hermes da Fonseca, ministro da Guerra, lançou-se como candidato à presidência, adotando um perfil militar que preocupava Rui.[69] Apoiado pelo estado de São Paulo, que também não queria um governo militar, Rui lançou a sua candidatura ao cargo e conduziu a Campanha Civilista.[70] Foi, aliás, a primeira campanha efetiva pelo voto popular. As quatro primeiras eleições — Prudente de Moraes, Campos Salles, Rodrigues Alves e Afonso Pena — tinham candidatos únicos, apoiados por um acordo da classe política.[71] Em 1909 e 1910, o cenário era outro: havia um candidato — Rui Barbosa — desafiando o candidato oficial — Hermes da Fonseca — e efetivamente viajando pelo país para angariar votos. Foi a primeira vez que, de fato, em uma eleição presidencial, houve a contenda, e o escrutínio assumiu a forma precisa de um pleito.[72]

A campanha de Rui, como era esperado, acabou derrotada. Ele assumiu a tarefa sabendo que eram grandes as chances de perda, pois só tinha o apoio de São Paulo e da Bahia. Ao Senado, após sua derrota, registrou o motivo de sua candidatura:

> Quando praticamos uma boa ação, não sabemos se é para hoje ou para quando. O caso é que os seus frutos podem ser tardios, mas são certos. Uns plantam a semente da couve para o prato de amanhã; outros a semente do carvalho para o abrigo do futuro. Aqueles cavam para si mesmos. Estes lavram para o seu País, para a felicidade de seus descendentes, para o benefício do gênero humano."[73]

Rui chegou a contestar o resultado das urnas e escreveu um documento denunciando a fraude eleitoral vergonhosa que ocorria no Brasil, onde os votos eram contabilizados pelo Congresso Nacional, que jamais dera vitória a políticos de fora da Política dos Governadores.[74] Assim, em grande medida, a Campanha Civilista foi um importante marco para as eleições presidenciais brasileiras.

Em 1973, Carlos Drummond de Andrade escreveu uma crônica que retratava as suas lembranças da campanha de Rui em 1909 e 1920:

Na derrota, ele cresceu ainda mais. De 1910 a 1914, o Brasil teve dois presidentes: um de fato e outro de consciência, entre seus livros e papéis da rua São Clemente [onde Ruy vivia], e daí para a tribuna do Senado ou perante o Supremo Tribunal Federal, postulando, verberando, exigindo o cumprimento da lei. Esta a imagem de Ruy guardada por uma criança mineira. Surgirá outra assim, adaptada às condições do nosso tempo?[75]

Conforme eternizado no relato do poeta brasileiro, Rui Barbosa de fato tinha vocação de pedagogo. Ele sabia da importância de explicar ao povo brasileiro o valor das novas instituições, para que a República presidencialista enfim começasse a criar raízes por aqui.[76] Foi com esse espírito que ele viajou pelo Brasil ao longo da campanha de 1909 e, dez anos depois, em 1919, quando tentou o cargo pela quarta vez, perdendo para Epitácio Pessoa.

O político Rui Barbosa, portanto, lutou pelas bandeiras do abolicionismo, da reforma eleitoral, da reforma do ensino, da federação e da proclamação da República. Como ministro da Fazenda, teve uma atuação amplamente criticada, que gerou uma grave crise econômica no país. Como redator do projeto de Constituição apresentado ao Congresso pelo Governo Provisório, foi o responsável pela introdução do federalismo, do presidencialismo e da tripartição de poderes, além do mecanismo de jurisdição constitucional no Brasil. Como diplomata, foi representante do Brasil em Haia, onde adquiriu amplo reconhecimento internacional pela sua atuação consistente e técnica. De volta ao Brasil, lançou-se candidato à presidência, tornando-se o primeiro concorrente a liderar uma campanha popular, viajando o país em busca de votos.

Rui Barbosa foi, assim, um humanista que viveu para objetivos que estavam além dos seus interesses imediatos e do seu proveito próprio. Apostou em bandeiras e propostas incertas e progressistas para a sua época. Não cedeu ao medo da derrota e enfrentou a resistência dos nomes mais relevantes da política. Assim, ainda que se possam criticar pontualmente algumas de suas decisões, não há dúvida de que Rui praticou *política,* e não *politicalha*. Desempenhou a arte de gerir o Estado segundo os seus princípios e as suas regras morais. Lutou pelo respeito às leis escritas e, quando essas eram contrárias à liberdade e à igualdade, lutou para que fossem modificadas. Em nenhum momento cedeu ao impulso de explorar o Estado para benefícios pessoais e, assim, sagrou-se como um dos políticos mais notáveis da história brasileira.

Rui: o jurista

> *O culto do direito e da justiça constitui, em verdade, a base da sua vida mental e afetiva; o resto da sua obra será incidente, um desvio passageiro da sua atividade principal.*
> José Maria Belo

No imaginário popular, Rui Barbosa ficou amplamente conhecido pelo seu trabalho como político e representante do Brasil em Haia. Essas eram, por certo, as atividades que mais tomavam o seu tempo e a sua energia. Apesar disso, durante cinquenta anos de sua vida, Rui permaneceu ligado à advocacia, participando de importantes debates cujos reflexos ainda hoje influenciam a jurisprudência dos tribunais nacionais. Certa vez, chegou a confessar que tinha amado duas profissões acima de todas as outras: a imprensa e a advocacia.[77] Rui enxergava nas leis um importante meio de combate à injustiça, de proteção à legalidade e de garantia da liberdade. Tornou-se, assim, um defensor da legalidade constitucional, travando relevantes batalhas que culminaram na implementação do controle de constitucionalidade no Brasil.

A sua estreia na advocacia ocorreu em Salvador em 1872, quando foi trabalhar no escritório do conselheiro Manoel Dantas e do bacharel Leão Veloso,[78] homens de projeção política e social. Foi apenas quando se mudou para o Rio de Janeiro em 1878, contudo, que alcançou a projeção nacional que o levou a ser reconhecido como um dos maiores juristas brasileiros. Essa ascensão profissional na capital, particularmente acentuada a partir de 1891, após o advento do regime republicano,[79] deveu-se a alguns motivos principais. Em primeiro lugar, Rui havia sido o autor do projeto de Constituição apresentado pelo Governo Provisório, que acabou resultando na Constituição de 1891. Em segundo lugar, a Constituição de 1891 havia fortalecido o Poder Judiciário, conferindo-lhe atribuições amplas. Com o começo tumultuado da República, surgiu uma série de novos problemas jurídicos que Rui, como um dos idealizadores da Constituição, estava mais bem preparado para responder. Em terceiro lugar, em 1891, nos cargos de vice-chefe do Governo Provisório, ministro da Fazenda e ministro interino da Justiça, teve uma produção legislativa monumental, que abordava temas desde a publicidade imobiliária e circulação de títulos relativos ao domínio territorial, a decretos de separação entre a Igreja e o Estado, a regulamentação das sociedades anônimas e do regime hipotecário.[80] Rui foi, ademais, um dos precursores do imposto de renda, produzindo um notável estudo sobre o tema.

Após se afastar do Governo Provisório, Rui passou ao papel de oposição. Fazia, contudo, uma oposição técnica que, segundo ele próprio, "ensina a um povo educado no fatalismo da obediência ao poder, a confiança nas garantias protetoras do direito".[81] Em outras palavras, era uma oposição que tinha como objetivo mostrar que, na nova ordem constitucional, o direito impunha regras e limites ao exercício do poder. Uma das suas primeiras atuações marcantes na oposição se deu no governo de Floriano Peixoto, quando o presidente mandou prender diversos de seus opositores.[82] Uma semana depois da prisão, em abril de 1892, Rui Barbosa entregou ao Supremo Tribunal Federal o primeiro pedido de *habeas corpus* em favor dos 46 presos políticos. Era uma peça de cinquenta páginas escritas à mão, que, muito mais do que um pedido de liberdade para os presos, era um manifesto a favor do novo Estado e da legalidade constitucional. Rui destacou a importância de o Supremo Tribunal promover, quando provocado num caso concreto, a verificação de constitucionalidade dos atos do Legislativo e do Executivo.[83] Era o começo de sua missão de tentar difundir no país, inclusive nos juízes, essa nova visão do papel do Judiciário como limite ao exercício dos poderes Executivo e Legislativo.

O seu pedido de *habeas corpus*, contudo, foi indeferido por dez votos a um, em acórdão muito breve que concluía que, como havia sido declarado o estado de sítio, a matéria seria política e não seria "da índole do Supremo Tribunal Federal envolver-se nas funções políticas do Poder Executivo ou Legislativo".[84] Foi, certamente, uma derrota amarga. Inconformado, Rui publicou uma série de 22 artigos respondendo diretamente o acórdão, chegando a afirmar, em crítica direta aos integrantes da Corte, que "não há tribunais que bastem para abrigar o direito, quando o dever se ausenta da consciência dos magistrados".[85] Foi o primeiro advogado da história do Brasil a atacar tão direta e severamente uma decisão do STF.[86]

Depois dessa derrota, voltou ao Supremo Tribunal Federal algumas outras vezes durante o governo de Floriano Peixoto.[87] A mais importante delas foi em julho de 1893, quando as forças navais do Governo capturaram o navio *Jupiter*, com 48 tripulantes e passageiros, incluindo cidadãos norte-americanos e ingleses.[88] O STF, conforme argumentou Rui, não poderia recorrer à alegação de que se tratava de matéria política, pois nesse caso não havia decretação de estado de sítio. O Tribunal, assim, acabou por conceder a ordem de soltura imediata, em resultado que foi justamente o inverso do anterior: dez votos a um pelo deferimento do pedido.[89]

Rui ajuizou, também, diversas ações civis buscando a reparação de danos materiais sofridos por militares e civis que foram reformados ou demitidos compulsoriamente por meio de decretos promulgados pelo presidente. Para sustentar a sua tese, defendeu, pela primeira vez na história do país, a tese de supremacia da Constituição e o poder da Justiça Federal para examinar a conformidade de atos legislativos com o texto constitucional. A decisão proferida pelo juiz Henrique Vaz Coelho e mantida pelo Supremo Tribunal Federal deu a vitória a Rui.[90]

No governo de Prudente de Morais, Rui teve a segunda oportunidade de questionar um ato legislativo inconstitucional. Dessa vez, porém, o caso era mais complexo, pois se tratava de uma lei do próprio Poder Legislativo, o que em tese lhe conferia mais legitimidade.[91] O ato atacado era o Decreto Legislativo nº 310, que anistiava as pessoas envolvidas nos movimentos revolucionários ocorridos no Brasil até agosto de 1895, mas previa que os militares não poderiam voltar imediatamente à ativa e, enquanto não voltassem, não receberiam a integralidade de sua remuneração.[92] Era, portanto, um decreto de anistia que impunha restrições severas e prejudicava direitos previstos na Constituição. Diante dessa situação, Rui, que já havia sido o responsável pela jurisprudência de que qualquer ato do Poder Executivo que violasse a Constituição era nulo, voltou à Justiça Federal para defender a inconstitucionalidade da anistia concedida pelo Congresso. Foi mais uma derrota de Rui, pois o Supremo Tribunal Federal entendeu que o Congresso, no exercício do seu poder de anistia, não poderia ser limitado pelo Judiciário.[93] A tese de nulidade de atos legislativos que contrariavam a Constituição, contudo, começava a criar raízes no Brasil.

Rui Barbosa foi também um dos principais nomes no desenvolvimento da doutrina brasileira do *habeas corpus*.[94] Foi ele quem usou o instituto pela primeira vez, defendendo uma aplicação ampla. Para Rui, o *habeas corpus* deveria ser utilizado para proteger os indivíduos de qualquer ameaça à sua liberdade, não apenas como proteção contra ameaças à liberdade de ir e vir. Durante muitos anos, a sua tese foi reconhecida, e o instituto foi utilizado para garantir todos os direitos constitucionalmente definidos. Com a Emenda Constitucional de 1926, contudo, chegou ao fim a teoria brasileira do *habeas corpus*, que agora voltava a tutelar apenas a liberdade de locomoção.[95] Oito anos depois, na Constituição de 1934, foi introduzido o mandado de segurança, um instrumento destinado a tutelar todos os direitos líquidos e certos que reclamavam uma garantia imediata contra atos ilegais – justamente como imaginara Rui no começo do século.[96]

Ao longo de sua vida como advogado, Rui Barbosa colecionou vitórias notáveis e derrotas amargas. Chegou a ponto de confessar, em discurso proferido quando se tornou sócio do Instituto dos Advogados Brasileiros, que os frutos de sua vida eram escassos e tristes, bem que os seus ideais tenham sido grandes e belos.[97] Apesar de sua visão pessimista sobre sua atuação como advogado, não há dúvidas de que ela teve influência direta nos debates jurídicos mais relevantes de seu tempo e em sua expressiva atuação como político. O ex-ministro do Supremo Tribunal Federal, Castro Nunes, afirmou certa vez que Rui seria "com idêntica atuação e cultura incomparavelmente maior, o Marshall Brasileiro".[98] Mais do que isso, Rui foi o responsável pela propagação da ideia de que o Poder Judiciário exerce uma função crucial para o país e para a democracia. Assim, lutou para garantir-lhe a independência necessária para assegurar a supremacia da Constituição e declarar a inconstitucionalidade de atos legislativos. Foi, portanto, um homem dedicado à missão de fazer da legalidade constitucional uma realidade em um país que estava acostumado com golpes de estado, ditaduras, prisões arbitrárias e violações a garantias fundamentais.

Conclusão

Rui Barbosa foi, acima de tudo, um humanista apaixonado pelo Brasil. Disposto a lutar pelos seus ideais, jamais abriu mão do que acreditava em troca de sucesso político momentâneo. Confirmou, em inúmeras ocasiões, que as suas decisões estavam exclusivamente subordinadas à sua missão de promover os valores essenciais de liberdade e igualdade na vida dos cidadãos brasileiros. Foi, assim, protagonista de muitas das mais relevantes questões de seu tempo — que, como aqui retratado, não foram nada banais.

Rui, em 74 anos, dedicou ao Brasil, com fidelidade, as suas melhores qualidades. Concentrou aqui todos os seus mais sinceros esforços e, em atividade incansável, tentou criar no povo os costumes da liberdade e na República, as leis do bom governo, que, em suas próprias palavras, "prosperam os Estados, moralizam as sociedades, e honram as nações".[99] Rui Barbosa tem lugar de destaque na galeria de figuras iluminadas e iluministas da história política brasileira, que inclui nomes como José Bonifácio, Joaquim Nabuco, San Tiago Dantas e Fernando Henrique Cardoso.

No momento em que escrevemos essas linhas, o Brasil ainda vive os efeitos de uma tempestade política, econômica e ética que se abateu sobre nós nos últimos anos, trazendo como consequência um discurso de intolerância e obscurantismo. Em tempos de escuridão, brilha como um farol o exemplo de Rui Barbosa, um homem que lutou pela educação e pela integridade pública e privada no país. Com atraso, mas não tarde demais, as sementes que plantou ainda irão frutificar.

Notas

1 BARBOSA, Rui, *Oração aos moços*. 5ª ed. Rio de Janeiro: Edições Casa de Rui Barbosa, 1999, p. 32. Disponível em: http://www.casaruibarbosa.gov.br/dados/DOC/artigos/rui_barbosa/FCRB_Rui-Barbosa_Oracao_aos_mocos.pdf.
2 BARBOSA, Rui, *op. cit.*, p. 34.
3 Tempo e história – Ruy Barbosa. Brasília: STF, 2013. (Documentário, 33m12s). Disponível em: https://www.youtube.com/watch?v=-JiIz6qFJ3D4.
4 "O brasileiro do século". *Istoé*, Caderno Justiça e Economia. Disponível em: http://www.casaruibarbosa.gov.br/dados/DOC/artigos/a--j/FCRB_O_brasileiro_do_seculo.pdf. Acesso em: 22 mar. 2019.
5 NOGUEIRA, Rubem. *História de Rui Barbosa*. 3ª ed. Rio de Janeiro: Edições Casa de Rui Barbosa, s.d., p. 21.
6 BARBOSA, Rui, *op. cit.*, p. 32.
7 FILHO, Luiz Viana. *A vida de Ruy Barbosa*. 15ª ed. Salvador: Assembleia Legislativa do Estado da Bahia, Academia de Letras da Bahia, 2013, p. 85.
8 Academia Brasileira de Letras. "Biografia de Rui Barbosa". *Academia Brasileira de Letras*, s.d. Disponível em: http://www.academia.org.br/academicos/rui-barbosa/biografia. Acesso em: 22 mar. 2019.
9 NOGUEIRA, Rubem. *História de Rui Barbosa*. 3ª ed. Rio de Janeiro: Edições Casa de Rui Barbosa, s.d., p. 19.
10 "O brasileiro do século", *op. cit.*
11 BARBOSA, Rui., *op. cit.*, p. 22.
12 FILHO, Luiz Viana, *op. cit.*, p. 190.
13 Ibid., p. 163.
14 GANDRA, José Ruy. "De tanto ver triunfar as nulidades... o júri da *Época* resolveu escolher Ruy Barbosa o maior brasileiro de todos os tempos". *Época*, s.d. Disponível em: http://revistaepoca.globo.com/Revista/Epoca/0,,EDR75278-6014,00.html. Acesso em: 20 jul. 2019.
15 NOGUEIRA, Rubem, *op. cit.*, p. 18.
16 FILHO, Luiz Viana, *op. cit.*, p. 47.
17 NOGUEIRA, Rubem, *op. cit.*, p. 27.
18 NOGUEIRA, Rubem. *O advogado Ruy Barbosa*: momentos culminantes de sua vida profissional. 5ª ed. São Paulo: Noeses, 2009, p. 425, p. 16.

19 Idem.
20 "O brasileiro do século", *op. cit.*
21 MAGALHÃES, Rejane M. Moreira de A. "Cronologia de uma grande vida". *Casa de Rui Barbosa*, s.d. Disponível em: http://www.casaruibarbosa.gov.br/dados/DOC/artigos/k-n/FCRB_RejaneMagalhaes_Cronologia_grande_vida.pdf. Acesso em: 22 mar. 2019.
22 NOGUEIRA, Rubem. *História de Rui Barbosa*. 3ª ed. Rio de Janeiro: Edições Casa de Rui Barbosa, s.d., p. 30.
23 NOGUEIRA, Rubem. *O advogado Ruy Barbosa*: momentos culminantes de sua vida profissional. 5ª ed. São Paulo: Noeses, 2009, p. 23.
24 KAREPOVS, Dainis (coord.). *Catálogo das obras de Ruy Barbosa*: Coleção Macedo Soares, instrumentos de pesquisa nº 2. São Paulo: Assembleia Legislativa do Estado, 2003. 102 p.
25 Ibid., p. 12.
26 FILHO, Luiz Viana, *op. cit.*, p. 91.
27 KAREPOVS, Dainis (coord.). *Catálogo das obras de Ruy Barbosa*: Coleção Macedo Soares, instrumentos de pesquisa nº 2. São Paulo: Assembleia Legislativa do Estado, 2003. 102 p.
28 NOGUEIRA, Rubem. *História de Rui Barbosa*. 3ª ed. Rio de Janeiro: Edições Casa de Rui Barbosa, s.d., p. 47.
29 FILHO, Luiz Viana, *op. cit.*, p. 118.
30 NOGUEIRA, Rubem, *op. cit*, p. 255.
31 Academia Brasileira de Letras, *op. cit.*
32 KAREPOVS, Dainis, *op. cit.*
33 MAGALHÃES, Rejane M. Moreira de A., *op. cit.*
34 MACHADO, Mario Brockmann. "Rui Barbosa". *Casa de Rui Barbosa*, s.d., p. 2. Disponível em: http://www.casaruibarbosa.gov.br/dados/DOC/artigos/k-n/FCRB_MarioBrockmannMachado_Rui_Barbosa.pdf. Acesso em: 20 jul. 2019.
35 NOGUEIRA, Rubem, *op. cit.*
36 Ibid., p. 95.
37 Ibid., p. 97.
38 KAREPOVS, Dainis, *op. cit.*, p. 14.
39 NOGUEIRA, Rubem, *op. cit.*, p. 128.
40 Ibid., p. 131.
41 BARBOSA, Rui. "Despesas com o ensino público, sua incomparável fecundidade". *In*: ___. "Reforma do ensino primário e várias instituições complementares da instrução pública". *Obras completas*. Rio de Janeiro: Ministério da Educação e Saúde, vol.10, t.1, 1947, p. 143.

42 KAREPOVS, Dainis (coord.). *Catálogo de obras de Ruy Barbosa*: Coleção Macedo Soares, instrumentos de pesquisa nº 2. São Paulo: Assembleia Legislativa do Estado, 2003. 102 p.
43 FILHO, Luiz Viana, *op. cit.*, p. 182.
44 NOGUEIRA, Rubem. *História de Rui Barbosa*. 3ª ed. Rio de Janeiro: Edições Casa de Rui Barbosa, s.d.
45 FILHO, Luiz Viana, *op. cit.*, p. 201.
46 NOGUEIRA, Rubem, *op. cit.*, p. 139.
47 Idem.
48 NOGUEIRA, Rubem, *op. cit.*, p. 142.
49 Ibid., p. 143.
50 Ibid., p. 144.
51 Ibid., p. 146.
52 KAREPOVS, Dainis, *op. cit.*, p. 17.
53 NOGUEIRA, Rubem, *op. cit.*, p. 152.
54 LINS E SILVA, Evandro. "Ruy e os Direitos Humanos". *Casa de Rui Barbosa*, 2007. Disponível em: http://www.casaruibarbosa.gov.br/dados/DOC/artigos/sobre_rui_barbosa/FCRB_EvandroLins-Silva_Ruy_e_os_direitos_humanos.pdf. Acesso: 22 mar. 2019.
55 KAREPOVS, Dainis (coord.). *Catálogo de obras de Ruy Barbosa*: Coleção Macedo Soares, instrumentos de pesquisa nº 2. São Paulo: Assembleia Legislativa do Estado, 2003. 102 p.
56 MAGALHÃES, Rejane M. Moreira de A. "Cronologia de uma grande vida". *Casa de Rui Barbosa*, s.d. Disponível em: http://www.casaruibarbosa.gov.br/dados/DOC/artigos/k-n/FCRB_RejaneMagalhaes_Cronologia_grande_vida.pdf. Acesso em: 22 mar. 2019.
57 BRASIL. Decreto nº 119-A, de 7 de janeiro de 1890. Disponível em: http://www.planalto.gov.br/ccivil_03/decreto/1851-1899/D119-A.htm. Acesso em: 21 mar. 2019.
58 KAREPOVS, Dainis, *op. cit.*, p. 18-19.
59 KAREPOVS, Dainis (coord.). *Catálogo de obras de Ruy Barbosa*: Coleção Macedo Soares, instrumentos de pesquisa nº 2. São Paulo: Assembleia Legislativa do Estado, 2003. 102 p.
60 KAREPOVS, Dainis, *op. cit.*, p. 20.
61 KAREPOVS, Dainis (coord.). *Catálogo de obras de Ruy Barbosa*: Coleção Macedo Soares, instrumentos de pesquisa nº 2. São Paulo: Assembleia Legislativa do Estado, 2003. 102 p.
62 KAREPOVS, Dainis, *op. cit.*, p. 23.
63 Ibid., p. 24.

64 Ibid., p. 25.
65 Ibid., p. 27.
66 Academia Brasileira de Letras, *op. cit.*
67 Os outros seis eram: o barão Marshall, Nelidoff, Choate, Kapoes Meye, Léon Bourgeois e o conde Tornielli. (Academia Brasileira de Letras, *op. cit.*)
68 AZEVEDO, Paulo César de (coord.). *Notícias de Rui Barbosa*: um brasileiro legal. Rio de Janeiro: Fundação Banco do Brasil/Odebrecht/Fundação Casa de Rui Barbosa, 1999, p. 20.
69 KAREPOVS, Dainis, *op. cit.*, p. 29.
70 KAREPOVS, Dainis (coord.). *Catálogo de obras de Ruy Barbosa*: Coleção Macedo Soares, instrumentos de pesquisa nº 2. São Paulo: Assembleia Legislativa do Estado, 2003. 102 p.
71 WESTIN, Ricardo. "Ruy Barbosa desafiou elite e fez 1ª campanha eleitoral moderna". *Senado Notícias*, Arquivo S, 10 ago. 2018. Disponível em: https://www12.senado.leg.br/noticias/especiais/arquivo-s/ruy-barbosa-desafiou-elite-e-fez-1a-campanha-eleitoral-moderna.
72 Idem.
73 BARBOSA, Alfredo Ruy. "Recordando Ruy". *Jornal do Brasil*, 23 set. 2004. Disponível em: http://www.casaruibarbosa.gov.br/dados/DOC/artigos/a-j/FCRB_AlfredoRuiBarbosa_Recordando_Rui-Barbosa.pdf. Acesso em: 22 mar. 2019.
74 WESTIN, Ricardo, *op. cit.*
75 WESTIN, Ricardo, *op. cit.*
76 Tempo e história – Ruy Barbosa, *op. cit.*
77 BARBOSA, Rui. *Novos discursos e conferência*: coligidos e anotados por Homero Pires. São Paulo: Saraiva, 1933, p. 291.
78 NOGUEIRA, Rubem. *O advogado Ruy Barbosa*: momentos culminantes de sua vida profissional. 5ª ed. São Paulo: Noeses, 2009, p. 31.
79 Ibid., p. 49.
80 Ibid., p. 54.
81 Ibid., p. 55.
82 KAREPOVS, Dainis, *op. cit.*, p. 25.
83 NOGUEIRA, Rubem, *op. cit.*, p. 58.
84 NOGUEIRA, Rubem, *op. cit.*, p. 72.
85 NOGUEIRA, Rubem, *op. cit.*, p. 79.
86 NOGUEIRA, Rubem, *op. cit.*, p. 80.
87 NOGUEIRA, Rubem, *op. cit.*, p. 94.

88 NOGUEIRA, Rubem, *op. cit.*, p. 97.
89 NOGUEIRA, Rubem, *op. cit.*, p. 100.
90 NOGUEIRA, Rubem, *op. cit.*, p. 147.
91 NOGUEIRA, Rubem, *op. cit.*, p. 154.
92 NOGUEIRA, Rubem, *op. cit.*, p. 176.
93 NOGUEIRA, Rubem, *O advogado Ruy Barbosa*, Editora Noeses, 5ª ed.
94 KAREPOVS, Dainis, *op. cit.*, p. 24.
95 NOGUEIRA, Rubem, *op. cit.*, p. 425.
96 NOGUEIRA, Rubem, *op. cit.*, p. 439.
97 ALENCAR, Ministro Fontes de. "Rui e a pós-modernidade". *Revista do Instituto dos Advogados de São Paulo*, ano 3, nº 5, p. 157, jan./jun. 2000.
98 NUNES, Castro. "Teoria e prática do Poder Judiciário". *Revista Forense*, p. 168-169, 1943.
99 BARBOSA, Rui. *Oração aos moços*. 5ª ed. Rio de Janeiro: Edições Casa de Rui Barbosa, 1999, p. 17-18. Disponível em: http://www.casaruibarbosa.gov.br/dados/DOC/artigos/rui_barbosa/FCRB_RuiBarbosa_Oracao_aos_mocos.pdf.

IRMÃ DULCE
Fernanda Montenegro

A partir dos anos 1970, Fernando e eu passamos a excursionar pelo Brasil com nossas apresentações teatrais. Na Bahia era parada obrigatória em Salvador, cidade que nós, cariocas, amamos como o nosso primeiro útero e berço. Com as temporadas se sucedendo nessa capital baiana, ouvi muito falar de Irmã Dulce. Todos se referiam a ela como o grande socorro humanista diante da eterna e inarredável falência do atendimento social nesse nosso país.

Há coragem da minha parte, para não dizer ousadia, escrever algo sobre essa religiosa, mas eu a escolhi como tema e vou ousar falar de uma católica num tempo em que a Igreja de Roma está tão debilitada em seus bispados e, em contrapartida, tão reverenciada pela figura do grande e honrado Papa Francisco.

Não é a religião da Irmã Dulce que me leva até ela. O fenômeno é a figura de uma mulher plena diante de sua consciência — ou inconsciência — que vai em busca de sua liberdade num convento, fazendo do que seria uma prisão, a porta dessa sua libertação.

Irmã Dulce foi uma freira. Olhando na distância e não duvidando de sua fé, pergunto: essa e só essa vocação é que a define? Emblematicamente, é só uma religiosa? A mesma pergunta me faço com relação à Teresa de Calcutá. Em essência, são mulheres libertárias, arrebatadas. Sofrem e agem numa compulsão mística de realização no outro, para o outro, com o outro. Indivíduo por indivíduo e ao mesmo tempo buscando uma comunhão humana sem fronteira.

Ao receberem o hábito por sua fé em Deus, não teriam, Dulce e Teresa, talvez se livrado de uma prisão mais coerciva que era e ainda é o destino da mulher diante do poder patriarcal que continua indestrutível? As portas de uma união entre um homem e uma mulher eram e ainda são, acredito, mesmo com o divórcio, muito bloqueadas. Diante da conversão, essas duas grandes mulheres receberam outro nome e passaram a trazer no dedo anelar uma aliança onde se lê "Noiva de Cristo". Sabiamente, escolheram uma ordem religiosa franciscana que, à imitação de Francisco de Assis, lhes permitiu as estradas pelas quais, para sempre, as levaram aos necessitados, aos desprotegidos, aos moribundos, num humanismo carnificado. Amaram o próximo como a seu Cristo e a si mesmas. Só Freud e Deus explicam.

Fui aos poucos tomando consciência do "mistério" que é Irmã Dulce como personagem. Quanto mais religiosa, mais agitadora, mais independente, mais liberta. Enquanto viveu, lutou pelo socorro ao próximo não em teorias discursivas, mas num corpo a corpo inimaginável diante do fato de fisicamente ser tão frágil.

Nos dias de hoje, fazer de uma religiosa católica o tema de um artigo é tido como um assunto fora do contemporâneo, fora de uma visão feminista. E isso nos quatro cantos do mundo. Mas o que me move é justamente ver Irmã Dulce como uma inalcançável ativista feminista. Pouco me importa se é através da sua fé. Dentro daquela sua cultura burguesa, machista, absolutista, como pôr em prática a sua adesão ao próximo senão através de receber, sim, um Deus como esposo? Foi essa opção, esse "casamento" que lhe permitiu sair para o mundo e viver sua coragem, pondo em prática sua fome de justiça. Se o escolhido, como esposo, não fosse Cristo e sim um homem de carne e osso, teria vindo à tona de dentro de Mariinha, com total potência, uma Irmã Dulce?

Sua disponibilidade ao próximo lhe veio aos 13 anos, ao fazer da porta de sua casa um abrigo para alguns necessitados. Mais adiante, ampliou sua misericórdia não só aos doentes, mas aos mendigos, deficientes e prostitutas.

Na Escola Normal da Bahia, em 1932, tornou-se professora, como aconselhou seu pai, dr. Augusto Lopes Pontes. Maria Rita era seu nome — Mariinha. Irmã Dulce lhe veio, como escolha sua, ao tomar o hábito, em homenagem à sua mãe, também Dulce, que a deixou órfã aos sete anos. Penso que Maria Rita, como "mulher independente", precede Irmã Dulce, a religiosa. Mariinha nasceu no dia 26 de maio de 1914. Seu pai sempre esteve presente em sua vida, bem como sua tia Madalena, irmã de seu pai, mulher extremamente religiosa, muito atuante no atendimento social em favelas de Salvador.

Ainda adolescente, Maria Rita comunicou ao pai que desejava ser freira. Esse pedido foi aceito após sua formatura como professora. Era o ano de 1933 quando recebeu o hábito. Como freira deu aula de geografia e história e também passou a trabalhar no Sanatório Espanhol. Diante do "sim" de sua Madre Superiora ao seu pedido de entregar sua vida aos pobres, sua servidão ao próximo se consolidou e, para isso, buscou amparo de porta em porta, de uma forma obstinada. Diante de sua têmpora incansável e, sempre em nome de Cristo, as ajudas, o socorro, chegavam e, sem medo, pôs em andamento uma obra de assistência e mais uma obra de assistência e mais outra e outra obra de assistência. Com ela estavam sempre suas crianças, seus doentes, seus famintos, seus presos, suas mães abandonadas. Criou um banco de leite materno, um restaurante popular. Inaugurou dois cinemas: Cine Roma e Cine Caetano — com a renda dessas bilheterias amparava seus necessitados. Como programa no Centro Educacional Santo Antônio, criado por ela, a música fazia parte do currículo na educação das crianças — Irmã Dulce cantava e tocava acordeão, o que a levou a criar um conjunto musical.

Nunca lhe faltou destemor. Um exemplo: o presidente da República Gaspar Dutra e sua comitiva viriam a Salvador. Haveria uma visita à Igreja do Bonfim. Pois, lá se foi Irmã Dulce, com seu monte de crianças, parar a comitiva do presidente para convidá-lo a conhecer "A Obra de Deus". O presidente atendeu a seu pedido e, a partir dessa visita, se tornou o padrinho das obras sociais de Irmã Dulce.

Com o passar dos anos, fisicamente, essa criatura única foi se esgotando, sumindo dentro de seu hábito, rezando, dormindo pouco, alimentando-se mal diante dos jejuns. Dulce morreu aos 77 anos, no dia 13 de março de 1992. Seus restos mortais foram transladados para o Convento Santo Antônio, onde, em sua capela, muitos rezam, pedem socorro, agradecem uma graça recebida.

Em outubro de 2019, o Papa Francisco oficializou essa religiosa como santa. É a nossa primeira santa. Fez-se santa justamente por ter saído pela porta de um convento e caminhado em busca do próximo e de si mesma.

Na nossa avaliação contemporânea do feminino não é fácil compreender esse fenômeno religioso que envolve Irmã Dulce. Não vi e não vejo ninguém com essa dimensão em nosso país.

Abaixo, algumas anotações sobre a obra de Irmã Dulce nos dias de hoje:
1. 2,2 milhões de procedimentos ambulatórios por ano.
2. 954 leitos hospitalares.
3. 11,5 mil atendimentos por mês para tratamento de câncer.
4. 12 mil cirurgias por ano.
5. 787 crianças e adolescentes acolhidos no Centro Educacional.

Observação (ano 2019): "Obras de Irmã Dulce enfrentam a pior crise financeira dos seus sessenta anos."

JOSÉ OLYMPIO
Marcos Pereira

O ano é 1934. O Rio de Janeiro, capital federal, é centro de efervescência cultural e política. Um jovem escritor paraibano aparecera de repente com dois pequenos romances que impressionaram. Chamava-se José Lins do Rego. Os livros intitulavam-se *Menino de engenho* e *Doidinho*, e tinham sido publicados em edições de mil exemplares, custeadas pelo próprio autor.

Mas tinham chamado a atenção de um jovem editor paulista, que acabara de se mudar para a capital e inaugurar sua casa editora, e que num gesto de audácia decidiu propor a José Lins uma edição de cinco mil exemplares de seu romance inédito, bem como a reedição de suas primeiras obras. Para seus amigos, isso pareceu uma loucura. E, no entanto, a dirigir-se ao telégrafo para enviar a oferta, o editor mudou de ideia, e decidiu dobrar a aposta, propondo uma tiragem de 10 mil exemplares para *Banguê* e uma reedição de cinco mil exemplares de *Menino de engenho*.

"É um homem perdido", disseram muitos, inclusive a sua recém-esposa, Vera Pacheco Jordão. Conta-se que o próprio José Lins do Rego não quis acreditar no que estava lendo, e veio imediatamente para o Rio de Janeiro para se certificar e assinar o contrato, que previa um adiantamento de dez contos de réis por conta dos direitos autorais futuros. Esse jovem corajoso, audacioso e ligeiramente irresponsável era José Olympio Pereira Filho, sobre quem um dia escreveu Antônio de Alcântara Machado: "Será um dia o editor dos novos no Brasil."

A profecia de Alcântara Machado foi escrita em uma dedicatória ao próprio José Olympio, ou J.O., como gostava de ser chamado, quando ele era gerente de uma importante livraria de São Paulo, ainda no final dos anos 1920. O seu amor pelos livros, no entanto, é quase um acaso. Nasceu pobre em 1902, na pequena cidade de Batatais, no interior de São Paulo, e pelas circunstâncias da vida veio trabalhar aos 15 anos na capital paulista através de uma recomendação de seu padrinho, o então governador Altino Arantes, como guarda-pó dos livros da Casa Garraux, especialista em obras em francês, idioma muito popular na época.

Vai morar no palácio dos Campos Elíseos, sede do governo, dormindo no porão e comendo na cozinha, mas logo começa a conhecer os frequentadores ilustres da livraria, como Menotti del Picchia, Mario e Oswald de Andrade, Cassiano Ricardo e José Mindlin. Surge desde então uma enorme vocação para estabelecer amizades, que será marca permanente em sua vida. Por conhecer grande parte do acervo da livraria é promovido a vendedor e, em 1924, a gerente geral da Casa Garraux, com direito a participação nos lucros.

Poucos anos depois, em 1930, surge uma grande oportunidade que vai transformar sua história e dar origem a uma das mais importantes editoras do Brasil do século XX. Com a morte de Alfredo Pujol, escritor, acadêmico e bibliófilo, é posta à venda uma das mais prestigiadas e completas bibliotecas particulares da época. Sem o dinheiro necessário, J.O. recorre aos amigos, em particular a José Carlos de Macedo Soares, e consegue levar adiante o negócio. Com seu tino de negociante, começa a vender obras de Debret, Rugendas, Jean de Léry, em edições luxuosas com encadernações feitas em Paris a pedido de Pujol. Em 29 de novembro de 1931, com os recursos provenientes da venda, e após o pagamento do empréstimo dos amigos, funda a Livraria José Olympio Editora.

Mas se São Paulo era o grande centro industrial do Brasil, os grandes debates políticos e culturais se concentravam no Rio de Janeiro. E um de seus primeiros autores foi Humberto de Campos, de quem publicou, em 1933, *Os párias*, livro de crônicas. Ao longo dos anos 1930 as obras deste autor venderam mais de 1 milhão de exemplares, um número incrível para um país de então 35 milhões de habitantes.

Em uma entrevista aos *Diários Associados*, em 1934, o próprio J.O. fala de sua crença no sucesso da editora:

> Sim, chamam-me de louco, por que eu tiro edições assim. Mas estão enganados. Conheço bem o negócio. Tenho mais de vinte anos nisso. Já se foi a época em que o brasileiro não lia nada, em que uma edição de quinhentos exemplares era uma coisa de outro mundo. Hoje está tudo mudado... Nós, editores, temos o dever de prestigiar o livro nacional bom, através do arrojo, das grandes edições. Se de um grande romance como *Banguê* eu não tirasse os dez milheiros, então seria melhor fechar as portas, perder as veleidades de editor.

Em julho do mesmo ano decide se mudar para a capital federal, instalando sua livraria na rua do Ouvidor, em frente à Garnier. A inauguração é um sucesso, com a presença de jovens autores, como José Lins do Rego, Amando Fontes, Jorge Amado, e pintores como Cícero Dias e Santa Rosa. Este é o início de uma "Casa" (também como se referia J.O. à sua livraria e editora), que vai reunir a nata da intelectualidade brasileira nos anos 1930 a 1950. A marca principal de J.O. é se fazer amigo dos autores, acolhendo-os com respeito e admiração.

Publica, além dos autores já citados, os grandes nomes do romance nordestino, como José Américo de Almeida, Rachel de Queiroz e Graciliano Ramos. Este último tem seu primeiro livro lançado (*Angústia*, em 1936) quando ainda era preso político do governo de Getúlio Vargas.

Na dedicatória ao editor, Graciliano diz: "A José Olympio, o homem que, publicando este livro, se arriscou a ir para a colônia correcional, como o autor." Dois anos depois, em 1938, a editora recebe um novo original, intitulado *O mundo coberto de penas*, que é publicado com o título *Vidas secas*, por sugestão de Daniel Pereira, um dos irmãos de J.O., que também trabalhava na Casa.

Neste mesmo ano, a história da editora registra um dos episódios mais curiosos da literatura brasileira: José Olympio lança um concurso de contos, o Prêmio Humberto de Campos, que tinha em sua comissão julgadora Dias da Costa, Graciliano Ramos, Marques Rebelo, Peregrino Júnior e Prudente de Moraes Neto. Dois escritores chegam ao último escrutínio: Luís Jardim, autor e capista da Casa e detentor de outros prêmios, com *Maria perigosa*, e Viator, pseudônimo de um desconhecido médico mineiro, que se apresentou com um livro de quase quinhentas páginas datilografadas, intitulado *Magma*. Discussões acaloradas entre o júri, finalmente Viator perde por um voto.

Graciliano registra seu voto desta forma:

> Votei contra esse livro de Viator. Votei porque dois de seus contos me pareceram bastante ordinários: a história dum médico morto na roça, reduzido à condição de trabalhador de eito, e o namoro mais ou menos idiota dum engenheiro com uma professora de grupo escolar. Esses dois contos e algumas páginas campanudas, entre elas uma que cheira a propaganda de soro antiofídico, me deram arrepios e me afastaram do vasto calhamaço de quinhentas páginas.

Mas apesar disso o júri recomenda a J.O. que publique os dois títulos, por achar que ambos tinham mérito para receber o prêmio.

Misteriosamente, Viator não se manifesta, e desaparece sem deixar vestígios. Somente em 1946 o livro é publicado com o título *Sagarana*, pela Editora Universal, e o nome do autor revelado: João Guimarães Rosa. A edição final elimina três histórias da versão original, o volume de quinhentas páginas emagrece e ganha consistência em longa e paciente depuração. A partir de sua terceira edição passa a ser editado pela J.O., e vai sofrer várias alterações ao longo dos anos, ganhando seu texto definitivo em 1956, mesmo ano em que é publicado *Grande Sertão: Veredas*. Rosa tornou-se grande amigo de José Olympio e dos autores da Casa. Participava ativamente das edições de seus livros, na criação das capas, ilustrações e textos publicitários.

Uma das melhores histórias de Guimarães Rosa era contada por Geraldo Jordão Pereira, filho de J.O.:

> Em determinada ocasião, Rosa entrou na sala do meu tio Daniel, onde Luís Jardim e eu estávamos, e o recebi exclamando em alto e bom som: "Como vai o maior escritor do Brasil?" Ele, com ar grave, imediatamente respondeu: "Por que a restrição?", e caiu na gargalhada, no que foi acompanhado por todos nós.

A José Olympio a esta altura era uma referência no Rio de Janeiro, e publicava importantes obras de referência, como a Coleção Documentos Brasileiros, dirigida por nomes como Gilberto Freyre, Octavio Tarquinio de Souza e Afonso Arinos de Mello Franco. Títulos como *Raízes do Brasil*, de Sérgio Buarque de Holanda, e *Casa Grande & Senzala*, de Gilberto Freyre, se tornaram clássicos sobre o pensamento brasileiro.

Com o sucesso da editora, J.O. leva para trabalhar consigo seus irmãos mais novos, notadamente Daniel, responsável pela edição dos livros, Athos, que cuidava da parte comercial, e Antonio Olavo, à frente da filial de São Paulo. A produção da editora se diversifica, passando a publicar grandes clássicos da literatura universal. E a equipe de tradutores era composta pelos principais autores da Casa, como Rachel de Queiroz, Lúcio Cardoso, Genolino Amado e Aurélio Buarque de Holanda.

Na década de 1950, passam a integrar o elenco da José Olympio dois dos maiores poetas modernos do Brasil: Manuel Bandeira e Carlos Drummond de Andrade. Imediatamente se tornam grandes amigos da família, como demonstram as seguintes dedicatórias: "A J.O. — Dom José, grande — o maior — editor do Brasil. Grande amigo, grande figura de Batatais, de São Paulo, do Brasil, deste e do outro mundo, homenagem do Bandeira." "No Olimpo literário, José Olympio merece do louvor a nobre palma, pois soube conservar — agudo instinto — a poesia na ação e dentro dalma. A José Olympio, com a velha e grande amizade do seu, *ex-corde*, Carlos Drummond de Andrade."

Na comemoração dos trinta anos de fundação da editora, a escritora Rachel de Queiroz publicou uma crônica na revista *A Cigarra*, que resume a importância do editor na história do livro no Brasil:

> A imprensa e os escritores brasileiros têm comemorado este fim de 1961, com grandes fanfarras, os trinta anos de fundação da Livraria José Olympio Editora, ou, como a chamam os seus íntimos, "a Casa". É uma marca para a cultura nacional esse aniversário. Trinta anos de livros na rua, trinta anos a lançar nomes obscuros que se tornam ilustres, trinta anos de edições primorosas, trinta anos de traduções das obras mais importantes da cultura ocidental; obra de um grupo de homens ligados quase todos por laços de família, mas ligados principalmente por um ideal comum: a fé na cultura e a confiança nos seus valores.
>
> Curioso esse tipo de chefe de clã e da firma, o editor José Olympio. Procuro afastar, para falar nele, as interferências pessoais, meus sentimentos pessoais, os quase trinta anos de amizade e convivência que nos fazem praticamente irmãos. Procuro ver com olhos estranhos este homem grande, de fala lenta, de máscara imperial, de modos autoritários: e fico a discutir comigo o que é que faz a singularidade do homem José Olympio entre os seus contemporâneos. Não é um letrado, embora viva entre os livros, dos livros, para os livros. (Ele cultiva mesmo a faceirice de se fazer muito menos letrado do que o é — talvez para evitar qualquer ideia de competição entre seus editados...) Não é um capitão de indústria, nem político, nem militar, nem do *society*. Não possui jornal nem estação de rádio (no entanto, ninguém tem melhor imprensa neste país). O que eu acho que J.O. é, na

sua plenitude, é um homem. Na sua integridade, na sua generosa autenticidade, primeiro e acima de tudo um homem. Que participa como ninguém das angústias do seu tempo, que se aproxima como nenhum outro homem do seu semelhante. Entre os dons que Deus lhe deu, um dos mais importantes será, imagino eu, o dom de ser amigo. (...)

Dizemos que ele é editor porque ama os livros, mas isso é apenas uma parte da verdade. Pois J.O. ama os livros, mas não com aquele amor egoísta ou fetichista do bibliófilo, ou o do rato de biblioteca; o que ele ama nos livros é principalmente o seu significado social, o seu alcance e força civilizadora. Não lhe interessam grupos ou igrejinhas; não visa ao triunfo do momento, ao fácil best-seller. Pelo contrário, tem deixado lhe fugir muitos best-sellers legítimos, como se considerasse que esses não precisam mais de sua ajuda. Lançou-os, sustentou-os quando obscuros; agora já podem voar com as próprias asas (...)...

O que ele acredita é na cultura. No que ele tem fé não é neste nem naquele escritor, mas *no escritor*. O que ele procura não é vender livros indiscriminadamente, como quem vende repolhos; mas produzir, distribuir, tornar conhecidos os livros que mereçam divulgação.

O crescimento da editora e da família trouxe, no entanto, dificuldades para a editora. Os anos 1960 começam turbulentos, a capital se muda para Brasília, o país começa a enfrentar anos de descontrole da economia, com a inflação chegando a 90% em 1964. Em uma carta a Gilberto Freyre, em março daquele ano, o próprio J.O. confessa suas preocupações:

O que há, meu velho, é que 'este, ao que parece, duro 1964', é também para nós duríssimo. Duríssimo mesmo. É dura a luta. A pressão do cotidiano não é mesmo sopa, não. A Casa viva está, graças a Deus. Seu crédito, imenso, o que vem nos permitindo prosseguir. Ainda não estamos instalados em Botafogo. Se tivéssemos ido, você teria sido convidado para a festa da mudança. Para lá iremos, se Deus quiser, em maio, por empréstimo de 86 milhões obtido da Caixa Econômica Federal, para a casa da Casa, obtidos com enormes dificuldades, e à custa ainda de outros empréstimos menores, estes de bancos particulares. Quem me dera estar realmente próspero! Quem me dera, na modéstia da minha vida pessoal e particular, pois só eu sei as dificuldades que tenho para levar avante esta Casa que fundei há 33 anos, mas que espero ver com sua posição definitivamente consolidada dentro de mais alguns anos. Mas, para lhe dar uma ideia de como é quase impossível hoje uma empresa funcionar sozinha neste estado de descapitalização, pela superinflação em que todos, ou quase todos, nos encontramos, está a Casa pensando seriamente, de dois anos para cá, em desdobrar seu capital, aumentando-o em ações preferenciais, procurar seus amigos ricos e dividir com eles a Casa, embora ficando com a maioria das ações. Não creio que possamos escapar dessa solução. Mas isso é reservado. Por favor.

A casa da Casa, como se refere J.O. em sua carta, era um desejo antigo, e se materializou em um prédio na rua Marquês de Olinda, em Botafogo, no Rio de Janeiro. Como sempre, na fachada principal lia-se Livraria José Olympio Editora. O editor nunca deixou seu espírito livreiro de lado. Logo ao entrar o visitante se deparava com a célebre frase de Monteiro Lobato, "Um país se faz com homens e livros". Sua sala, no terceiro andar, passou a ser o ponto de encontro de autores, ilustradores e políticos. No quarto andar, um restaurante, apelidado de Cantina Batatais, promovia almoços semanais.

O projeto de abertura de capital permite uma sobrevida à editora, mas a crise do petróleo no início da década de 1970, a excessiva alavancagem e o inchaço administrativo (a José Olympio tinha mais de dois mil vendedores porta a porta com carteira assinada, e filiais em sete capitais brasileiras) acabam levando a empresa a pedir socorro ao governo. Embora contando com a simpatia do presidente Geisel e seus ministros Delfim Netto e Roberto Campos, as propostas apresentadas para reorganização financeira da editora não sensibilizam os técnicos, e a única solução possível é a transferência do controle acionário da família para o BNDE, em agosto de 1975.

Este homem tão extraordinário foi meu avô. Tive o privilégio de brincar em sua sala, desenhando no chão, enquanto ele recebia Drummond, Rosa, Rachel, Gilberto Freyre. Ele tinha duas pessoas fundamentais em sua vida: o secretário particular, Sebastião Macieira, seu fiel escudeiro, e Sebastiana da Conceição, uma espécie de governanta, cozinheira, e cuidadora pessoal do apartamento na rua da Glória, onde para mim J.O. sempre viveu. Já no final da sua vida, em 1984, recebeu de pijamas o eleito Tancredo Neves, que visitava o Rio de Janeiro e fez questão de prestigiar o velho editor. Foi amigo de ricos e poderosos, do mesmo jeito que adorava seus "capangas", companheiros do Cosmopolita e do Rio Minho, onde J.O. chegou a ter um prato com seu nome.

Tive a oportunidade de publicar, em 2008, um livro contando a sua trajetória como editor, de autoria de José Mario Pereira, fonte de inspiração e consulta para boa parte deste artigo. Que termina com o depoimento de Antonio Carlos Villaça, amigo, editado e biógrafo de J.O.:

> Um dos seus traços era uma espécie de isenção em face dos debates políticos, das controvérsias, quer literárias, quer religiosas, quer políticas... Não fomentou panelinhas, capelinhas ou grupos. Foi o editor de todos, de todas as orientações e opiniões... Era um dos homens mais informados do país, um espírito atento, sagaz, nada afirmativo, antes alusivo. Não era dogmático. Gostava de perguntar. Sua conversa, como a de Getúlio, era toda feita de perguntas.

BARBARA HELIODORA
Liana de Camargo Leão

De esportes, ela gostava de todos. Ganhou vários títulos na esgrima. Nadou com Fernando Lamas, mais tarde astro de Hollywood, e com João Havelange. Jogava vôlei de praia — Paulo Autran foi seu parceiro na rede de Copacabana. Não perdia uma olimpíada. No tênis, era fã de Agassi, McEnroe, Federer e Guga; na Fórmula 1, Piquet; no golfe, Tiger Woods. Mas tudo começou mesmo pelo futebol: seu pai, Marcos Carneiro de Mendonça, tinha sido goleiro da Seleção Brasileira e do Fluminense. O Fluminense, aliás, era paixão compartilhada com Nelson Rodrigues, a quem ela costumava encontrar no Maracanã, e que era fã de carteirinha do goleiro Marcos.

Não, não escrevo sobre uma atleta (senão atleta da mente). Trata-se de Barbara Heliodora, crítica teatral, ensaísta, tradutora, professora. A brincadeira com os esportes se justifica porque ela mesma se descrevia como, sobretudo, uma espectadora: "Eu sou fã do talento humano. Eu nasci para ser público. Eu adoro ver uma coisa boa. Vejo em esporte, vejo em arte. Ver o Federer jogar é uma obra de arte. Eu acho que sou uma espectadora nata."

Convivi com Barbara por 25 anos, um privilégio, tanto pelo aprendizado acadêmico quanto (e, sobretudo!) pelo pessoal. Uma grande diferença de idade e vivência nos separava, e nos unia. Uma amizade deslocada no tempo e que se construía por gostos em comum — Shakespeare, Londres e o teatro. No passado, outros amigos frequentaram com ela o teatro londrino — Sérgio Viotti, Zilda Daeir (irmã do Antônio Abujamra), Jacqueline Laurence e a inglesa Judith Hodgson. Nas duas últimas vezes em que ela foi à Inglaterra, convidou-me para acompanhá-la e cumprimos uma verdadeira maratona teatral — vinte peças em 15 dias. Planejamos outras viagens; infelizmente, sua saúde frágil não permitiu que se concretizassem.

As pessoas morrem e são rapidamente esquecidas. Algumas deixam obra; a maioria, somente um modo de ser e estar no mundo, que sobrevive na lembrança dos amigos. Barbara deixou uma obra vigorosa, que fala por si. Deixou também seu modo singular de ser e ver o mundo. E é justamente sobre isso que escrevo. Quero contar as histórias que ela me contou de viva voz e as que me mandou por escrito quando, já perto dos noventa anos, registrou passagens de sua vida e algumas das mudanças que tinha testemunhado: "Meu Deus, eu vi tanta coisa mudar. Quando penso como as coisas eram... Meus pais foram para a Europa num Zeppelin, em 1935. E, em 1969, o homem estava na Lua."

Atenta e receptiva ao novo em todos os seus aspectos, Barbara foi das primeiras a escolher um carro pequeno, apropriado para a cidade grande. Dirigiu um Twingle além dos oitenta anos de idade, estacionando com destreza nas vagas mais apertadas. Usava o computador para tudo: pagar contas, traduzir Shakespeare, escrever e enviar textos de crítica teatral aos jornais. Verdade que se confundia um pouco com os locais onde salvava os arquivos (mas quem não o faz?); bem por isso me mandava cópias dos trabalhos em andamento (o que foi fundamental quando tive que dar continuidade à edição das *Obras dramáticas completas de William Shakespeare*). Barbara foi uma das primeiras pessoas que vi se dirigir a um aeroporto sem passagem impressa, só com o código da reserva.

E, se estava antenada com o futuro, não deixava de valorizar o passado. Tinha muito claro que é o passado que desenha o presente: "As soluções mudaram, a maneira de ver as coisas, a roupa, tudo muda... mas me incomoda muito, hoje, a falta de curiosidade sobre o passado. As pessoas só querem 'hoje', 'hoje', sem saber o que veio antes. É muito empobrecedor não querer conhecer o passado."

É fato que, no Brasil, se preserva pouco o passado, o que torna especialmente relevantes iniciativas como a do livro *Brasileiros*. E, para que o leitor possa ter o prazer de ouvir a voz inconfundível de minha biografada, reproduzo entre aspas, sempre que possível, as palavras de Barbara Heliodora Carneiro de Mendonça.

Nascimento e infância: as casas, os pais, os avós

The ornament of a house is the friends who frequent it.
Ralph Waldo Emerson

Em 29 de agosto de 1923, na casa da avó Laura e pelas mãos da parteira dona Leonor, veio ao mundo a caçula dos filhos de Anna Amélia e Marcos Carneiro de Mendonça. O nome Barbara Heliodora, escolhido pela mãe, era uma homenagem à poeta e esposa do inconfidente mineiro Alvarenga Peixoto. Mas, por algum engano, na certidão de nascimento ficara apenas o nome Heliodora, enquanto na de batismo figura o nome completo, Barbara Heliodora, o que, "em fases diversas da vida, deu margem a muita confusão".

O casarão da Marquês de Abrantes hoje não existe mais. Lá moravam vários membros da família: vó Laura, as irmãs solteiras e as três filhas de Laura, entre as quais Anna Amélia, que ali vivia com o marido, Marcos, e os três filhos.

Da infância no Flamengo, Barbara se lembrava dos "imensos ficus cujos milhares de sementes cobriam o chão e faziam um barulhinho gostoso quando se pisava nelas". Lembrava-se dos verdureiros e dos peixeiros, "com andar gingado por causa da pesada canga de madeira que carregavam nos ombros; em cada ponta, ficavam penduradas as cestas". Havia, também, "na rua Clarice Índio do Brasil, um curral onde a gente comprava leite tirado das vacas que ali viviam".

Para a alegria das crianças, pertinho de casa havia um Guignol — "um teatrinho de bonecos que imitava os de Paris". E por ali sempre passava "o caminhão da Fisky, que vendia o sorvete Gato Frio" — Barbara supunha que o nome fosse uma réplica ao "cachorro-quente".

Dois eventos na infância anunciariam seu gosto pelo palco. Aos quatro anos, entretinha as visitas da família cantando tangos argentinos — há uma nota num jornal da época a esse respeito. Mais tarde, ela diria que, em se tratando de música, "gostava até de ouvir afinar piano".

O segundo episódio ocorreu quando os pais levaram a pequena Barbara ao famosíssimo circo alemão Sarrasani, em visita ao Brasil. O Sarrasani era simplesmente de tirar o fôlego: mais de duas centenas de artistas e um número quase igual de animais — zebras, camelos, cavalos, elefantes e até um rinoceronte. Após o espetáculo, a família emendou o passeio com uma visita a Coelho Neto. Quando o escritor indagou o nome da pequena, ela se apresentou sem hesitar: "Barbara Heliodora Sarrasani." Naquele momento, o mundo todo era um picadeiro e Barbara queria muito fazer parte dele. Mais tarde, com a paixão pelo teatro e por Shakespeare, o mundo todo se tornaria o seu grande palco.

Barbara descrevia os pais como "um casal memorável, de antenas ligadas para o mundo à sua volta, e que conversavam sobre toda espécie de assunto": "Sem qualquer preocupação didática, os papos que aconteciam lá em casa eram maravilhosos — sobre literatura, história, música, futebol, política."

Anna Amélia nascera no Rio, mas, pequena ainda, fora levada para Itabirito, interior de Minas, onde seu pai construiu a primeira usina siderúrgica comercial no Brasil, a Usina Esperança. Educada na fazenda por preceptores, Anna Amélia aprendeu línguas, história e literatura. Aos 14 anos, escreveu seu primeiro livro de poesias e fez a primeira tradução do inglês: as regras de um esporte recém-chegado ao Brasil, o *football*, para os operários da Usina. Sem o saber, naquele momento traçava-se o seu destino.

Pouco tempo depois, quando Anna Amélia volta a morar no Rio, passa a frequentar os jogos de futebol. É aí que conhece o futuro marido, goleiro do Fluminense e da Seleção Brasileira. Marcos Carneiro de Mendonça era um estudante de engenharia nascido em Minas, mas criado no Rio. Em pouco tempo, os dois se casaram.

O jovem casal fica morando com os pais de Anna Amélia até 1944 quando então compra "A Casa dos Abacaxis", no Cosme Velho. Como anteriormente no Flamengo, a casa dos Carneiro de Mendonça é frequentada por escritores, artistas e políticos, constituindo-se em verdadeira escola para Barbara. Eram *habitués* João Villaret, Ataulfo Alves, os Orleans e Bragança, Oswaldo Aranha, Assis Chateaubriand, Carlos Chagas, Berta Lutz, Josué Montello, Austregésilo de Athayde (cunhado de Anna Amélia), Ricardo Cravo Albin, Frans Krajcberg, Anna Letycia, Glauco Rodrigues, Fernanda Montenegro, Fernando Torres, Ítalo Rossi, Tônia Carrero e Paulo Autran. De passagem pelo Brasil, visitaram os Carneiro de Mendonça Vivien Leigh, John Gielgud e Franco Zeffirelli.

É também na Casa dos Abacaxis que nascem as três filhas de Barbara — Priscilla, Patrícia e Márcia. Mais tarde, Barbara se muda para uma casa quase em frente, no Largo do Boticário, onde permaneceu pelo resto da vida.

Admirável mundo novo: do Brasil aos Estados Unidos

> *To unpathed waters, undreamed shores.*
> Shakespeare, *The Winter's Tale.*

A par da convivência no ambiente da família, Barbara valorizava em sua formação os anos iniciais no Colégio Andrews, onde aprendeu inglês desde cedo. Aos 12 anos, ganhou da mãe um volume com as peças completas de Shakespeare no original e já conseguia ler trechos. Estava dado o primeiro passo em direção à mais duradoura de suas paixões.

Aos 17 anos, ingressou na antiga Faculdade de Filosofia da UFRJ, então Universidade do Brasil, onde estudou por dois anos com "ótimos professores ingleses, os lendários Miss Hull e Mr. Church, que me puseram no bom caminho". Em 1941, obteve uma bolsa para o Connecticut College, que lhe permitiu começar a estudar Shakespeare seriamente. A faculdade americana a impressionou, primeiramente, pelo acervo da biblioteca:

> Eu pertenço a uma geração na qual, no ginásio brasileiro, era virtualmente desconhecida a ideia de pesquisa em biblioteca e esse universo mal começava a ser transformado no Brasil quando entrei para a universidade.

Foi nos Estados Unidos que ela compreendeu o que significava pesquisar, pensar e escrever:

> A princípio tinha de "correr" umas quatro vezes mais depressa para poder alcançar o que as minhas colegas americanas achavam perfeitamente corriqueiro, mas por isso mesmo a nenhuma delas foi dada a dimensão da minha alegria em penetrar naquele admirável mundo novo. Eu jamais imaginara ter de escrever aquela quantidade de *papers*, que eram a consequência da pesquisa bibliográfica somada à reflexão. Que maravilha! Queriam que eu pensasse!

E pensar criticamente e de modo independente é coisa que Barbara nunca deixou de fazer quando, por exemplo, argumentou, em um trabalho acadêmico, que a *Electra*, de Eugene O'Neill, era muito inferior à dos gregos. Tirou nota máxima.

De Connecticut, ela guardou ótimas lembranças das professoras Rosemond Tuve, notável pesquisadora com quem estudou história do teatro inglês e do teatro europeu moderno; e, sobretudo, de Dorothy Bethurum Loomis, medievalista e shakespeariana. Eram as professoras

> duas cabeças pensantes que desafiavam os estudantes para a compreensão do que liam, não só no sentido de captarem todas as

informações contidas no texto, mas também para a compreensão imaginativa desse mesmo texto.

Anos mais tarde, já lecionando, e posteriormente em grupos de estudos, Barbara adotaria a mesma pedagogia: primeiramente, ler a peça em voz alta, visando a compreensão exata do texto, para só então partir para a aventura imaginativa, "quando se pode fazer ilações e arriscar novas interpretações".

A experiência no estrangeiro não valeu apenas pelo que Barbara aprendeu na universidade: Connecticut fica a menos de três horas de trem de Nova York e era ali, nos museus e na Broadway, que passava os fins de semana. Pelo resto da vida, Barbara seria uma espectadora encantada pelo teatro. Como ela própria diria mais tarde: "O espectador tem de ser sempre um espectador apaixonado."

O retorno ao Brasil e o trabalho de crítica

Nunca construirão monumentos aos críticos.
Sainte-Beuve

Com o diploma debaixo do braço e a honra de ter sido uma das melhores alunas da universidade, Barbara retorna ao Brasil em 1943 para uma fase de sua vida que resume em poucas palavras:

> Voltei ao Brasil e fiz aquela coisa bem de mulher brasileira daquela época: casei e tive filhos. Tempos depois, descasei. Tornei a casar. Tornei a descasar e fui parar no Tablado [escola de teatro da Maria Clara Machado].

Ela se casaria (e descasaria) ainda uma vez... mas casamento era assunto que ela não costumava comentar. Para o teatro, principalmente. Barbara subiu ao palco pela primeira vez em 1948, em São Paulo, no *Hamlet*, de Sérgio Cardoso, produzido por Paschoal Carlos Magno.

Sérgio Britto, o diretor, desempenhava também o papel de Cláudio, enquanto Carolina Souto Maior fazia a mãe do príncipe. Quando Carolina teve de ser repentinamente operada de apendicite, "o Paschoal apareceu lá em casa desatinado e, em quatro dias, eu aprendi o papel da rainha. Uma loucura, só possível com o Paschoal".

Com humor característico, Barbara conta que "foi uma experiência maravilhosa". Grávida da segunda filha, a atriz Patrícia Bueno, recorria a um vidrinho de amônia para entrar em cena. Mas "emocionante mesmo" foi a estreia:

> Quando botei o pé no palco — e não dava mais para voltar, já estava sendo vista pelo público —, a cauda do vestido vermelho enroscou num prego. Então, eu entrei assim mesmo... Abriu um rombo desse tamanho.

Maior que o problema com o vestido, era o medo de esquecer o texto. Ela era a quarta pessoa a falar. "Errou o primeiro, errou o segundo e errou o terceiro." Ela não errou o texto, mas mesmo assim, não quis continuar: "Uma semana depois — e ninguém mais no Brasil pode dizer isso — eu fui substituída por Cacilda Becker."

Mais tarde Barbara voltaria à cena no Tablado, sob a direção de Maria Clara Machado. Com quase um metro e oitenta de altura, ela fez o papel de árvore em *Chapeuzinho vermelho* e de girafa em *Arca de Noé*. Na realidade, Barbara nunca desejou ser atriz. Queria sim acompanhar os ensaios e compreender a construção do espetáculo, o momento mágico em que a palavra escrita se transforma em teatro vivo, em movimento e ação: "Para mim, a coisa mais fascinante do teatro é essa ideia de que um texto escrito passa a ser um espetáculo. Eu sempre me senti a respeito de teatro com a mesma curiosidade da criança que abre a barriga do ursinho de pelúcia pra ver como faz barulho. Eu queria conhecer o teatro por dentro."

Foi por essa época, em outubro de 1957, que vagou o lugar de crítico de teatro na *Tribuna de Imprensa*. Até aquele momento, a presença feminina na imprensa brasileira era muito pequena — apenas duas mulheres haviam feito crítica teatral e por pouco tempo: Luiza Barreto Leite, no *Jornal do Commercio*, e Claude Vincent, na *Tribuna da Imprensa*. Incentivada pelos amigos, em especial por Silveira Sampaio, Barbara pleiteou e obteve a vaga. Quando descobriu, porém, que o editor queria mesmo era que ela escrevesse "fofocas teatrais", pediu demissão. É importante destacar que até aquele momento não havia propriamente crítica teatral no Brasil: o "crítico" funcionava como um "colunista teatral", uma espécie de apresentador ou promotor dos espetáculos, informando sobre estreias e premiações, resenhando peças, elogiando os primeiros atores e, eventualmente, escrevendo artigos introdutórios sobre dramaturgos estrangeiros.

Pouco tempo depois, em março de 1958, Barbara entrou para o *Suplemento Dominical* do *Jornal do Brasil* onde, em razão de sua independência intelectual, enfrentou problemas, dessa vez com o crítico veterano Mário Nunes. Nunes que, via de regra, "elogiava qualquer produção nacional", se sentiu incomodado com a novata — "Tudo o que Mário Nunes dizia, eu escrevia o contrário" — e pediu a cabeça dela. Barbara acabou por se demitir, deixando ao mesmo tempo a Associação Brasileira de Críticos Teatrais para, junto com Paulo Francis, Gustavo Dória e Luiza Barreto Leite, fundar o Círculo Independente de Críticos Teatrais, que presidiu em 1958-1959. A "era da diplomacia em crítica de teatro", como sintetizava Francis, precisava acabar.

Barbara acabou retornando ao *Suplemento Dominical* do *Jornal do Brasil* quando, em resposta à sua demissão e às pressões de Mário Nunes, o editor estampou na primeira página do *Suplemento*: "Não haverá coluna de teatro enquanto Barbara Heliodora não voltar." Trabalhou no *Suplemento* até 1961, quando passou a fazer crítica teatral no matutino *Jornal do Brasil*, onde permaneceu até 1964. Foi um período muito rico, durante o qual conviveu com grandes nomes das letras brasileiras — Carlos Drummond de Andrade, Cecília Meirelles, Ferreira Gullar, Lêdo Ivo, Lygia Fagundes Telles, Augusto e Haroldo de Campos, entre outros.

Corajosa e independente como crítica, o foi também em sua passagem (1964-1967) pelo Serviço Nacional de Teatro. Criado em 1938, durante o governo de Getúlio Vargas, o SNT contava com um conselho de 17 membros que "gerenciava as subvenções, funcionando claramente na base do *yo te doy una cosa a ti y tu me das una cosa a mi*". Quando assumiu a presidência do SNT, em 1964, dissolveu o antigo conselho para formar outro que primava pela excelência: Décio de Almeida Prado, Carlos Drummond de Andrade, Adonias Filho, Gustavo Dória e Agostinho Olavo. É preciso dizer mais?

Pelo resto da vida, com alguns intervalos, Barbara continuou a exercer a crítica, mantendo sempre a independência de opinião; entre outros veículos, trabalhou no jornal *O Globo*, de onde se aposentou em dezembro de 2014, aos noventa anos, vindo a falecer poucos meses depois. Com sólida formação acadêmica e vasta experiência como espectadora, tornou-se exatamente o que acreditava que um crítico de teatro deveria ser: um colaborador indispensável do teatro de qualidade, capaz de sugerir caminhos para o aprimoramento dos espetáculos.

Muitas vezes tachada injustamente de tradicional e implacável, especialmente por aqueles a quem criticava, ela era exigente sim, mas tinha uma enorme receptividade para o novo: "Tento receber o espetáculo como ele se propõe. Procuro a intenção de quem realizou o espetáculo e verifico se chegou lá. Não interessa o gênero que eu gosto mais ou o que eu gosto menos. Minha postura é a de aceitar o espetáculo que está sendo realizado e tentar compreendê-lo naqueles termos. E aí, sim, avaliar se o espetáculo realizou ou não aquilo a que se propôs."

Não se impressionava com etiquetas: se achava ruim, criticava, mesmo que fossem atores consagrados ou amigos. Nunca foi condescendente, como o provam as críticas a Sérgio Viotti, Sérgio Britto, Fernanda Montenegro, Marco Nanini, Marília Pêra e Jô Soares. É verdade que sofria quando tinha de escrever sobre espetáculos de amigos próximos, mas, como ela dizia, "são os ossos do ofício e, se a gente entra na chuva, tem que se molhar".

O fato de não fazer concessões é que lhe dava credibilidade. Nunca fez ataques pessoais, mas suas opiniões fortes e corajosas lhe causaram injúrias e ofensas que revelam muito sobre o caráter de quem as proferiu. O mínimo que se pode dizer sobre ela é que aproximou o público do teatro e conferiu prestígio e reconhecimento à crítica. O rigor com que tratava o teatro nacional foi, talvez, o maior elogio que ela lhe fez: esperava de atores, diretores e de todos os envolvidos com o fazer teatral no Brasil o mesmo que esperava dos grandes nomes estrangeiros consagrados. Nada menos que oferecer ao público o melhor, com seriedade e respeito ao tempo, ao dinheiro e à inteligência da plateia. O mesmo, enfim, que ela própria nos ofereceu.

O teatro e o Maracanã: Nelson Rodrigues

> *Ser tricolor não é uma questão de gosto ou opção, mas um acontecimento de fundo metafísico, um arranjo cósmico ao qual não se pode – e nem se deseja – fugir.*
> Nelson Rodrigues

Barbara tinha envergadura para discordar de qualquer unanimidade. E se considerava Nelson Rodrigues o nosso melhor dramaturgo (não porque fosse torcedor do Fluminense), não elogiava todas as suas peças. Admirava as tragédias cariocas, em especial, *Vestido de noiva* e *O beijo no asfalto*, que tinha como obra-prima, de "construção dramática impecável e ação enxuta e implacável". Mas não gostava "do Nelson que queria ser grego".

Pois o que Barbara mais valorizava no dramaturgo era ter conseguido "ultrapassar a barreira da gramática": "Se Bernard Shaw disse que a Inglaterra e os Estados Unidos eram dois países separados pela mesma língua, a mesma ideia pode ser aplicada a Portugal e Brasil." Como repórter, Nelson conhecia a variedade da vida carioca — em estádios de futebol, nas delegacias, nas ruas —, conseguindo transformar o que ouvia em diálogos autênticos e econômicos. Até aquele momento, "o linguajar brasileiro só havia sido usado para fins regionalistas e cômicos, para caracterizar o caipira, capiau, o analfabeto". Foi Nelson quem "colocou no palco uma linguagem que reconhecemos como nossa": nascia o moderno teatro brasileiro.

Para Barbara, Nelson, como a maioria dos autores, tinha altos e baixos; entre as peças menos satisfatórias estavam aquelas em que ele perseguia "ideias obsessivas, como a do culto da pureza da virgindade e do ato sexual como devasso e pecaminoso mesmo dentro do casamento". É assim que compreendia *Perdoa-me por me traíres*, que criticou duramente.

Quando a crítica saiu no jornal, Nelson ficou um bom tempo sem falar com ela. Mas acabou perdoando: afinal, ela era filha do grande Marcos, do Fluminense. E foi num Fluminense e Bangu com o Maracanã quase vazio que, no intervalo, ele foi sentar perto dela. Não comentaram nem a peça, nem a crítica. Ficaram ali, os dois olhando o gramado. E Nelson então disse: "Sabe, Barbara, eu tenho a impressão que numa outra encarnação eu já pastei, porque eu olho para esse verde e me dá uma tranquilidade."

O DOUTORAMENTO: ANTONIO CANDIDO E DRUMMOND

Non Sans Droict
Lema do brasão de Shakespeare

Ela já ensinava no Conservatório Nacional de Teatro (1965-1967) e na Escola de Teatro da FEFIEG (1970-1971) quando as exigências de titulação a levaram a pensar em um doutoramento. Inicialmente considerou a UFRJ, porém acabou optando pela USP, que não apenas a dispensou de cumprir créditos, mas também a convidou para ministrar cursos.

Restava, é claro, fazer a tese. Mas, pasmem! Ela não queria trabalhar com Shakespeare e foi o orientador, Fred Litto, que a convenceu. Escolheu um assunto no qual Shakespeare, tantas vezes acusado de plagiador, foi absolutamente original: a peça histórica, gênero de sua criação. Analisando as duas tetralogias históricas, Barbara investigou a natureza do bom e do mau governo e a natureza do governante e do governado. E não fez feio: quase quatrocentas páginas de verdadeira *scholarship* que, em qualquer universidade norte-americana, renderia imediata contratação da autora. Publicado no Brasil em 1978, *A expressão dramática do homem político em Shakespeare* foi saudado por Antonio Candido como um livro que vale "pela segurança e brilho da erudição crítica" e que "tem a simplicidade das descobertas que chegam perto da verdade".

No elogio ao trabalho, outro gigante concordou com Candido, cumprimentando a autora. "Sempre aprendi muitas coisas com você", escreveu Carlos Drummond de Andrade, "e agora vejo redobrado o meu proveito lendo seu livro sobre o sentido político que se depreende da dramaturgia de Shakespeare. É estudo que honra a inteligência brasileira, aplicada a tema que demanda não somente cultura geral e especializada como ainda acuidade crítica. Graças a você, ficamos tendo uma obra que pode emparelhar com o melhor da bibliografia shakespeariana."

Essa não foi a única correspondência trocada com o poeta. Nos oitenta anos do amigo, ela compôs um soneto:

Só um louco, em um dia de desgraça,
Comporia um soneto pra Drummond;
Porém é louca a amiga que o traça
Tentando até o shakespeareano som.

Pra festejar de fato os seus oitenta,
Só lê-lo mais será satisfatório,
Para vibrar como a juventude atenta
E ver que o aniversário é transitório.

Que outro fala assim, tão *a son aise*,
De homem fera, terra e oceano?
Quem mais leva nas costas, sem que o pese,
Um mineirismo que é mozarteano?

Um só Drummond, que ao ver sinceridade
Abraça o bom e o mau, só por bondade.

Comovido, o poeta agradeceu: "Seu admirável soneto inglês, banhado de carinho brasileiro, tocam vivamente o velho aniversariante."

Traduções e prêmios

> *Os escritores fazem as literaturas nacionais,*
> *os tradutores fazem literatura universal.*
> José Saramago

Depois da tese de doutoramento, Barbara publicou trabalhos importantes sobre Shakespeare e sobre teatro, dentre os quais destaco dois artigos no seletíssimo anuário *Shakespeare Survey* — ela é a única brasileira a ter publicado nessa "Bíblia" shakespeariana. Publicou também no *Shakespeare Quarterly* (EUA), *Shakespeare Bulletin* (EUA) e no *Shakespeare in Translation* (Japão). Entre os livros, destacam-se *Falando de Shakespeare* (1997), *Reflexões Shakespearianas* (2004), *Caminhos do teatro ocidental* (2013) e *A história do teatro no Rio de Janeiro* (2013), além de capítulos em publicações coletivas.

Talvez sua maior contribuição ao campo shakespeariano tenha sido a tradução das obras dramáticas completas. Adotando o pentâmetro iâmbico (considerava "o alexandrino muito pesado"), observava cuidadosamente os diferentes ambientes sociais e culturais retratados nos textos; evitava, por um lado, palavras pomposas e formas arcaizantes e, por outro, gírias e expressões que tornassem facilmente datada a tradução. Equacionou a oralidade inerente ao teatro com a preservação da complexa teia imagística do poeta-dramaturgo. Injustiça suprema, não ganhou prêmio por nenhuma das 36 traduções de Shakespeare, tampouco pelo conjunto da obra, esforço por si só meritório.

Além de Shakespeare, do inglês traduziu Marlowe, Shaw, Beckett, Pinter, O'Neill, Thornton Wilder, Ann Jellicoe, Joe Orton, Peter Nichols, Peter Shaffer, Christopher Durang, Agatha Christie, Alan Ayckbourn, Paul Zindel, E.A. Whitehead, William Douglas Home, Anthony Burgess e Steven Berkoff. Do francês, traduziu Molière, Beaumarchais, Feydeau. Também passaram por sua pena Ibsen e Tchekhov e, ainda, obras teóricas da maior importância como *O teatro do Absurdo*, de Martin Esslin, *A imagística de Shakespeare*, de Caroline Spurgeon, e *A linguagem de Shakespeare*, de Frank Kermode. Frente ao mérito e ao conjunto da obra — cerca de oitenta peças e algumas dezenas de textos variados —, as premiações foram poucas. Mas, afinal, quando é que prêmios literários corresponderam mais ao mérito que às contingências?

"Meninos, eu vi... e foram experiências inesquecíveis"

> *The abstract and brief chronicles of the time.*
> Shakespeare, *Hamlet*

Um dos maiores prazeres nas conversas com Barbara era ouvir suas histórias, principalmente, para mim, as que tinham a ver com o teatro. Sua memória era estupenda!

Ela teve o privilégio de ver Laurence Olivier várias vezes; a primeira delas no lendário teatro Old Vic, fazendo *Henrique IV*. O grande ator, entretanto, dispensou o papel principal para explorar as possibilidades do inquieto e revoltoso Hotspur.

> Em uma atuação de excepcional brilho, Olivier tornou plausível a paixão pela glória que faz Hotspur agir de modo irresponsável e precipitado. A impressão constante de um temperamento explosivo, incontrolável, fazia com que as falas jorrassem de sua boca como uma torrente, mas sempre com dicção irretocável, e a mais complexa das peças históricas se transformava em teatro vivo, fascinante. Simplesmente inesquecível.

Duas décadas mais tarde, Barbara tornou a ver Olivier, desta vez em *Becket*, no papel-título, contracenando com Anthony Quinn como o rei Henrique II. Barbara contava que "o desnível entre os dois protagonistas era tão chocante que acabou prejudicando a carreira da peça, que seria mais tarde um triunfo no cinema". Quando Quinn deixou o elenco, alegando compromissos cinematográficos, ficou acertado que Arthur Kennedy entraria para a peça, mas para interpretar Becket, enquanto Olivier passaria a fazer o papel do rei: "A história maldosa que corria então era que as plateias que voltaram para ver o novo espetáculo diziam: 'Ah, agora compreendi como era o papel do rei.'"

Barbara viu Gielgud pela primeira vez em *Édipo Rei*,

> em um espetáculo infeliz, que Peter Brook parece ter dirigido mais para chocar do que para qualquer outra coisa, e que acabava com uma caricata procissão fálica na qual todos cantavam "*Yes, we have no bananas*", e na qual o ator parecia estar bastante contrafeito.

Por esse comentário fica claro que Barbara nunca se fiou na fama de um ator ou diretor, por célebre que fosse, para avaliar um espetáculo.

Na segunda vez em que viu Gielgud atuar, a peça, uma comédia, era tão ruim que Barbara "fez questão de esquecer o título"; tratava-se de *The Last Joke*, de Enid Bagnold, produção que resistiu apenas oito semanas em cartaz. Como o ator estava para vir ao Brasil, ela havia combinado conversar com ele no camarim após o espetáculo: "Foi uma situação delicada. Entrei meio sem graça, mas a autocrítica de Gielgud serviu para contornar o embaraço: ele começou a conversa com *we laid an egg*, o suprassumo da descrição de um fracasso."

Conforme esperado, o ator veio ao Brasil em 1966 para, junto com Irene Worth, apresentar no Municipal do Rio a récita *Os homens e as mulheres de Shakespeare*. Sobre o espetáculo, Barbara lembrava o domínio vocal absoluto do ator, conhecido por sua voz melodiosa. Sem trocas de figurino, "vestindo apenas um smoking, Gielgud conseguiu dar vida a uma variedade enorme de personagens e, de modo inesquecível, fez a cena da morte de Lear, com as exatas pausas e entonação do áudio de um espetáculo anterior, *As idades do homem* [que Barbara tivera oportunidade de ouvir] e não havia, no que apresentou, a mais ínfima variação do que ele havia feito na gravação — era como um pianista ou violinista apresentando duas vezes a mesma peça". A plateia, tomada de uma "arrasadora onda de emoção, ficou paralisada e no mais absoluto silêncio, diante de uma experiência que a todos parecia única". Era exatamente esse apuro técnico do ator, que obedece a uma marcação rigorosa, que Barbara admirava no teatro inglês. Muitas vezes, ao sairmos do teatro, ela dizia: "Isso parece uma emoção espontânea, mas se a gente voltar amanhã, você vai ver que eles fazem tudo exatamente igual, sem mudar uma vírgula."

Ainda, na ocasião da visita de Gielgud ao Brasil, coube a Barbara a honra de sentar ao seu lado no almoço do MAM. Ela conta que quando conversavam sobre *Hamlet*, ela comentou que "havia um ator brasileiro que achava ter plena condição de fazer bem o papel, mas não diria o nome porque [Gielgud] certamente não o conheceria". Ao que Gielgud respondeu que "havia ido ao teatro em São Paulo, ver *Quem tem medo de Virginia Woolf*, e que achava que o ator que fazia George também poderia fazer Hamlet". Os dois falavam, na verdade, da mesma pessoa: Walmor Chagas.

A última vez que Barbara viu Gielgud em cena foi para ela a mais significativa. Gielgud costumava repetir que não via oportunidade nas peças contemporâneas para um ator clássico como ele. Eis que, em 1975, ele aceita um papel na primeira produção de *No Man's Land*, de Harold Pinter. "De clássico, Gielgud se transforma em um magistral ator moderno, contido, com toda a força e o mistério que Pinter põe em seus personagens." (Vale dizer que Barbara não perdia a oportunidade de assistir às peças de Pinter, que considerava o melhor dos dramaturgos ingleses contemporâneos.)

Foram muitas as estrelas de primeira grandeza que Barbara teve o privilégio de ver no palco: além de Gielgud, Olivier e Ralph Richardson, Alec Guinness, Michael Redgrave, John Wood, Anthony Hopkins, Kenneth Branagh, Ian McKellen, enfim, nomes demais para serem aqui mencionados. O fato é que ela reputava "a vitalidade do teatro inglês, não aos atores de primeiro time, mas ao número enorme de talentos modestos que faziam os segundos e terceiros papéis de modo a fazer sobressair o conjunto". Dizia que, "no teatro brasileiro, ao contrário, apesar de haver atores excelentes fazendo os papéis principais, as produções sofrem pelo desnível entre o papel principal e o elenco de apoio". Definitivamente, Barbara entendia o teatro como arte coletiva.

A despedida

> *Se as plantas morrem uma vez por ano e tornam a viver por que nós só temos um ciclo?*
> Barbara Heliodora, em aula sobre tragédia.

Quando perguntaram a Barbara como era fazer noventa anos, ela respondeu com uma história sobre Clement Attlee, primeiro-ministro da Inglaterra, a quem um jornalista indagara como era fazer oitenta anos: "É melhor do que a alternativa", foi a resposta. Ao que Barbara acrescentou: "Eu não sei se é melhor, mas é mais agitado do que a alternativa."

Ela era assim, cheia de histórias e com um senso de humor que nem nos momentos difíceis a abandonava. Shakespeare era sua maior paixão; mas, quando lhe pedi uma definição de tragédia — e eu me referia à shakespeariana —, ela o traiu: "Acho que sou um pouco como Tchekhov, a tragédia não é aquele evento catastrófico de um momento, mas, sim, o desgaste diário, o desperdício de esforço em ninharias, o pequeno problema que se repete e vai corroendo a sua vida." Tenho para mim que essa compreensão da vida a definia.

Barbara serviu ao teatro e a Shakespeare. Foi merecida a homenagem que Fernanda Montenegro, amiga de toda uma vida, prestou em sua despedida, ao recitar um trecho de *Macbeth*, emocionando os presentes:

> A vida é só uma sombra, um mau ator
> Que grita e se debate pelo palco,
> Depois é esquecido; é uma história
> Que conta o idiota, toda som e fúria,
> Sem querer dizer nada.

Naquele momento, eu tive vontade de pedir a Fernanda que recitasse também um outro trecho, de *Cimbeline*, que para mim traduz a visão da própria Barbara sobre a vida e a morte. Se no trecho de *Macbeth* a vida é breve, ilusória e sem sentido, a canção de *Cimbeline* traz o consolo de que as agonias e as injustiças da vida sempre chegam ao fim:

> Não mais temas do sol o calor
> Nem os ventos fortes do inverno,
> Cumpriste na terra o teu labor,
> Volta ao lar, terás salário eterno.
> Nem a beleza e nem dinheiro
> É mais no pó do que o lixeiro.
>
> Do grande não temas o ultraje,
> 'Stás livre de força tirana,
> Esquece a comida e o traje,
> Iguais ficam carvalho e cana;
> Cetro, saber e cura têm
> De se tornar em pó também.
>
> Não temas raio que fulgura.
> E nem rugido de trovão.
> E nem calúnia e nem censura.
> O riso e os ais findos estão.
> Os jovens amantes também
> De virar pó na terra têm.
>
> Que não chegue exorcismo a ti!
> Nem bruxas encantem a ti!
> Fantasmas não busquem a ti!
> Que nenhum mal venha a ti!
> Sê em calma consumado,
> E teu túmulo afamado!

É... Barbara fez a sua parte. Que os anjos embalem seu sono.

SOBRAL PINTO
José Roberto de Castro Neves

Certas pessoas são feitas de algo mais do que apenas carne e osso. Possuem uma constituição mais resistente. Suportam mais. Postas à prova, em momentos difíceis, esses seres humanos se diferenciam não apenas pela coragem, mas pela resiliência — uma força interna que os transforma em exemplos, mártires, símbolos. A força deles vem, principalmente, da causa que defendem. É como se a questão se personificasse: uma pessoa se transforma na própria causa. O homem, para o mundo, vale o que ele significa. Assim são os heróis.

Heráclito Fontoura Sobral Pinto nasceu na mineira Barbacena, em 1893. Oriundo de uma família humilde — seu pai era ferroviário — e católica praticante. Apesar de seus limitados recursos financeiros, o pai de Sobral enviou seus filhos homens, o futuro advogado e seu irmão mais velho, para uma excelente instituição de ensino particular, o Colégio Anchieta, em Nova Friburgo, de orientação jesuíta. Logo, entretanto, o ferroviário ficou sem dinheiro para arcar com a escola. Escreveu ao reitor do colégio, explicando sua situação.

Como Heráclito se revelara um excelente aluno, permitiu-se que ele seguisse estudando.

Com excelente formação acadêmica, Sobral Pinto, ainda jovem, veio para o Rio de Janeiro, para cursar a Faculdade Nacional de Direito, a atual Universidade Federal do Rio de Janeiro. Diplomado em 1918, Sobral Pinto iniciou a prática de direito penal. Uma advocacia artesanal, em um escritório simples, no qual trabalhava praticamente sozinho, ajudado apenas por uma fiel secretária, que datilografava as petições que ele ditava. Sobral Pinto representava pessoas físicas, acusadas de algum crime. Logo se destacou pela sua cultura e seriedade.

Pouco depois, em 1922, Sobral Pinto se casou com Maria José Azambuja, com quem, ao longo da vida, teve sete filhos.

Quando a Ordem dos Advogados do Brasil é criada, em 1930, Sobral Pinto é registrado com o número 387.

Em 1936, assume a advocacia de Luís Carlos Prestes, um símbolo nacional do comunismo, preso por sua atuação contra o governo de Getúlio Vargas. A repressão à oposição, naquela época, era severa. Filinto Müller, designado por Vargas para chefiar o combate aos críticos ao governo, revelou incomum truculência, com prisões, torturas e assassinatos. Sobral Pinto não tinha qualquer simpatia pelo comunismo, muito ao contrário. Entretanto, tomou a defesa do comunista, porque acreditava no seu direito à liberdade. Na realidade, foi designado pela recém-criada Ordem dos Advogados do Brasil para representar Prestes. Antes dele, muitos outros advogados, que haviam sido designados para essa defesa, recusaram o encargo. Sobral Pinto, contudo, aceitou a tarefa porque tinha ciência de que os comunistas recebiam um tratamento desumano e brutal nas prisões. Isso era mais relevante que suas convicções políticas.

Conseguiu salvar também Anita Leocádia, filha de Prestes com Olga Benário. Como se sabe, o Brasil, numa das mais tristes passagens da nossa história, extraditou a alemã e judia Olga Benário, mulher de Prestes — embora não fossem formalmente casados —, entregando-a à Alemanha nazista. Olga estava grávida. Em 1937, deu à luz Anita Leocádia. Infelizmente, Olga morreu, pelas mãos dos nazistas, numa câmara de gás, em 1942. Anita, ainda uma criança, estava perdida. Sobral Pinto obteve o reconhecimento de paternidade do líder comunista, quando este se encontrava preso (o advogado levara o tabelião dentro da prisão para lavrar o ato). Cumprindo todas as formalidades, enviou os documentos à Alemanha, informando que a menor, que se tornara órfã de mãe, tinha pai brasileiro vivo, que deveria ter a sua guarda. A mãe de Prestes, dona Leocádia, foi para a Europa, a fim de recuperar a neta. Quando, finalmente, a criança conseguiu chegar ao Brasil, Prestes fez questão de levá-la para conhecer Sobral Pinto, o advogado que a salvou. Apesar de sua profunda divergência com Prestes, Sobral Pinto e o comunista tornaram-se amigos, numa relação que perdurou até a morte deste último, em 1990.

Pouco adiante, Sobral Pinto se notabilizou pelo patrocínio de Arthur Ernest Ewert, um alemão, conhecido militante comunista, que adotara o nome falso de Harry Berger (e assim tornou-se mais conhecido). Berger, um antigo deputado na Alemanha, foi preso no Brasil, em 1935, por conspirar pela causa comunista. O alemão foi duramente torturado (em um processo que contou, até mesmo, com o auxílio da polícia nazista). Não era tarefa fácil defendê-lo. Até mesmo um senador da República, Abel Chermont, do Pará, foi preso por tentar ajudar o alemão. Sobral Pinto, destemido, passou a representá-lo a partir de 1937. Numa manobra inteligente, criativa e ousada, Sobral Pinto, para proteger o comunista, suscitou um artigo da Lei de Proteção aos Animais, a fim de coibir os maus-tratos a que era submetido seu cliente. Os presos políticos não poderiam receber um tratamento pior do que era garantido a um animal. O argumento expunha o abuso.

Berger, de toda sorte, é condenado a 16 anos de prisão. Consegue, entretanto, ser anistiado em 1945. No ano seguinte, volta para a Alemanha, embora, depois das sessões de tortura, jamais tenha recuperado sua plena sanidade.

Em 1942, Sobral Pinto passa a lecionar Direito Penal e Introdução à Ciência do Direito na Pontifícia Universidade Católica do Rio de Janeiro. Permaneceu nas salas de aula até 1963, quando se afastou da academia.

Como era uma universidade católica, Sobral se recusava a receber seus proventos, em mais uma demonstração de seu desprendimento.

Sobral, por sua postura, passa a ser visto como um grande defensor das liberdades. Em 1955, diante da ameaça de tomada de poder dos militares, Sobral funda a Liga de Defesa da Legalidade, alertando aos riscos da tirania. Busca, dessa forma, garantir a democracia no Brasil. Esse movimento, em última análise, permite a chegada de Juscelino à presidência — segundo alguns, a Liga retardou o movimento dos militares rumo ao poder.

Pouco depois, em 1956, Sobral Pinto não aceita um convite do presidente Juscelino Kubitschek para compor o Supremo Tribunal Federal. Alega que sua recusa se deu para evitar a eventual alegação de que teria defendido a posse de Juscelino por algum motivo pessoal. O advogado não queria conviver com qualquer suspeita aos propósitos de seus atos.

Sobral Pinto, até o fim de sua vida, aos 98 anos, ia à igreja todos os dias. Dizia ser adepto do conceito cristão de que se deveria odiar o pecado, porém amar o pecador. Ele jamais abandonou sua formação conservadora. Foi um ferrenho opositor da legalização do aborto. Em 1985, por ocasião do lançamento do filme de Jean-Luc Godard, *Je vous salue, Marie*, que narra a história de uma virgem católica, nos dias de hoje, que aparece grávida, seguindo o arquétipo de Nossa Senhora, Sobral Pinto colocou-se favoravelmente à censura da obra. Ele desaprovava, ainda, mulheres que usavam calça comprida. Teve uma séria desavença com uma de suas filhas, quando esta passou a viver com um homem desquitado. O advogado nunca transigia com as suas posições, colhidas de sua formação.

O homem, todavia, tinha as suas fraquezas. Já casado, Sobral viveu um caso amoroso extraconjugal, em 1927, com a mulher de um amigo, o tenente-coronel Paulo Gomide. As cartas de Sobral para a sua amante foram descobertas pelo marido traído, com quem o advogado chegou a ter um embate físico. Muitos anos depois, em 1954, o fato foi usado por Lutero Vargas, filho do presidente Getúlio e seu desafeto político, que vazou o *affair* para a imprensa e para a família do advogado, com o fim de desacreditá-lo. A família perdoou o romance. Sobral, entretanto, humilhado, passou, a partir do incidente, a se vestir apenas de terno e gravata preta. Um luto pela sua falha. Dentro de seu rigor ético, que começava com o julgamento dele próprio, Sobral estabeleceu uma penitência.

Inicialmente, Sobral Pinto apoiou a tomada de poder dos militares em 1964, por temer a onda comunista. Acreditava que Jango não conseguiria manter a ordem constitucional a salvo. Contudo, logo no início do golpe militar, percebeu que as garantias individuais não seriam observadas pelos novos donos do poder. Rompeu com o governo e denunciou os abusos. Protestou contra a suspensão de direitos políticos e a cassação de políticos. Quando o movimento militar revelou sua feição perversa e sombria, o advogado enviou carta ao presidente Castelo Branco, que era também chefe das Forças Armadas, repudiando atos de seu governo. Sobral migrou para a oposição.

Chegou a ser preso por suas opiniões. Conta-se que, quando tomou a voz de prisão, Sobral Pinto, na época com setenta anos e já um ícone da advocacia, respondeu:

> Meu amigo, o marechal Costa e Silva pode dar ordens ao senhor. Ele é marechal, o senhor major. Mas eu sou paisano, sou civil. O presidente da República não manda no cidadão. Se esta é a ordem, então o senhor pode se retirar porque eu não vou.

Apesar da resistência, Sobral foi levado. Ao chegar no posto militar, um coronel, a autoridade responsável pela sua prisão, o indagou: "O senhor é um patriota?" Sobral respondeu imediatamente: "Sou muito mais patriota que o senhor, que vive às custas do Tesouro Nacional para fazer essa violência! Isso é que é falta de patriotismo!" O coronel, contudo, insistiu: "Mas o senhor vive soltando comunistas!" Sobral, então, retrucou: "O senhor chegou a esta idade e a este posto sem saber que o advogado não solta ninguém? O advogado postula, quem solta é o juiz! Aprenda a lição!"

Diante da comoção na classe dos advogados e em toda sociedade, Sobral não tardou a ser solto. A sua envergadura moral e histórica o protegia.

Durante a Ditadura Militar, Sobral Pinto foi uma voz ativa contra a tortura. Buscava, na medida do possível, dar publicidade aos casos de seus clientes, como forma de protegê-los.

No momento da abertura política, nos anos 1980, Sobral Pinto, já com idade avançada, participou de diversos eventos, subindo no palanque no famoso Comício da Candelária, em 1983. Naquela ocasião, ele leu, para a massa de pessoas que se reuniu, o artigo da Constituição que diz: "Todo poder emana do povo e em seu nome deve ser exercido." Com isso, esclarecia à população: vocês são a razão de tudo.

Sobral Pinto tinha a justa fama de incorruptível. Mais ainda, ele era conhecidamente desapegado de bens materiais. Deixava de cobrar honorários de seus clientes, parte por descuido, parte por simplesmente não considerar isso importante. Assumia causas sem qualquer valor econômico, recusando outras que poderiam trazer dinheiro. Além disso, advogava graciosamente para inúmeros movimentos católicos, apenas por convicção. Também não admitia ser endereçado como Vossa Excelência, preferindo um tratamento mais simples. Não era a riqueza ou a vaidade que o movia, porém a causa da liberdade, da justiça, a garantia dos direitos humanos.

Sobral trabalhava com o mesmo empenho para proteger pessoas que defendiam algo que ele não acreditava. A humanidade estava acima de opiniões e escolhas mundanas. Sobral Pinto advogou — sem nada cobrar — para uma série de famosos comunistas, como Prestes, Carlos Marighella e Miguel Arraes, além de ter tirado Graciliano Ramos da prisão, embora deles todos divergisse. Com efeito, tratava-se de um ferrenho anticomunista.

O vermelho, na sua vida, ficava por conta da paixão pelo América, clube de futebol do subúrbio carioca, do qual era obstinado torcedor — ouvia com os nervos à flor da pele, pelo rádio, todos os jogos de seu time. O fato de seu clube futebolístico de coração ter repetidos fracassos (seus últimos grandes êxitos foram a conquista dos campeonatos estaduais de 1935 e de 1960) jamais esmaeceu sua paixão.

No século passado, o Brasil viveu muitos momentos nos quais as liberdades e garantias mínimas da dignidade humana foram radicalmente

desprezadas. Isso se deu de forma mais crônica no Estado Novo (1937-
-1945) e durante a Ditadura Militar (1964-1985). Naqueles momentos, advogar era arriscado. Mais ainda, defender quem se colocasse contra o poder, como a proteção de presos políticos, fazia do causídico um alvo. Nesses dois períodos sombrios da história nacional, Sobral Pinto não se acovardou. Homem pequeno, magro, de aparência frágil, surgia como a personificação dos direitos humanos, valendo-se apenas da palavra como espada e de sua integridade como poderoso escudo.

Um mundo que pretende ser plural e aberto a diferentes opiniões talvez condene Sobral Pinto, em função de sua postura machista, anticomunista e muito católica (a ponto de defender a censura). De fato, era extremamente conservador nas suas opiniões e, por isso, hoje talvez fosse crucificado por suas firmes posições.

Sobral Pinto, por vezes, interagia de forma ríspida e grosseira. Eu o vi caminhando pelo Centro do Rio de Janeiro. Algumas vezes. Sempre de preto. Sozinho. Com o corpo curvado e apoiado numa bengala. Ele não sorria para um então jovem, como eu, que o reconhecia e o saudava. Limitava-se a responder com um grunhido qualquer, sem alterar o ritmo lento de seus passos. Nunca desejou ser popular. Não eram esses seus valores.

A última vez que se apresentou a uma corte de justiça, em defesa do interesse de um cliente, contava com 96 anos. Faleceu pouco mais de um ano depois.

Seus preconceitos, suas manias, seu jeito carrancudo não o impediram de defender quem a ele recorresse. Quando valores mais elevados estavam ameaçados, como a proteção da humanidade e da liberdade, o advogado enfrentou todos os desafios, a ponto de se tornar um herói para além de seu tempo, que jamais abdicou de suas crenças, mas sempre colocou a humanidade acima delas.

GILBERTO FREYRE
Joaquim Falcão

UM GRANDE LIVRO

Quem somos nós? O que nos distingue de outros países? O brasileiro é brasileiro só por que nasceu no Brasil? Quais as características básicas de nosso modo de ser? De nosso conviver social? De nossa cultura? De nosso conviver com a natureza?

Somos iguais a todo o mundo?

Esta foi a pergunta que Gilberto Freyre, pernambucano, sociólogo e antropólogo, intelectual, pesquisador, escritor, dedicou toda a sua vida para responder.

Foi o mistério que escolheu para decifrar.

Penetrou o quanto pôde em nós mesmos. Logo jovem, aos 32 anos de idade, em 1932, escreveu um grande livro: *Casa-Grande & Senzala*. Início e matriz de sua resposta.

Foi na época em que grandes pensadores sociais como Joaquim Nabuco, Sérgio Buarque, Caio Prado Junior, Florestan Fernandes, depois Raymundo Faoro, Roberto da Matta, Fernando Henrique, Darcy Ribeiro e tantos outros eram os "intérpretes do Brasil". Todos tentavam responder à mesma pergunta.

Cada um elaborando seus diagnósticos e disputando qual interpretação era a verdadeira interpretação do Brasil. A única que correspondesse à realidade.

Quem somos nós?

Casa-Grande & Senzala é um grande livro de um grande brasileiro. Pretendia mais do que interpretar o Brasil. Mas, digamos, formular uma teoria da formação humana. Decifrar o humano. O que não é pouco. Foi reconhecido mundialmente como um dos cem livros mais importantes do século XX.

Obteve o reconhecimento não só dos que concordavam com suas premissas investigativas, mas também de seus adversários, concorrentes pelo trono de "Imperador das Ideias do Brasil". O que necessariamente não implica em ser uma unanimidade. Ser contra ou a favor, não importa. Trata-se de reconhecer que suas ideias e interpretações são um patrimônio cultural. Foram decisivas para sabermos quem somos.

Como, por exemplo, reconheceu nosso imenso pensador, antropólogo também, Darcy Ribeiro, socialista, marxista, sobre o livro de Gilberto, ferrenho antimarxista. Disse Darcy no prólogo à versão venezuelana de *Casa-Grande & Senzala*:

> Abro este ensaio com tão grandes palavras porque, muito a contragosto, tenho que entrar no cordão dos louvadores. Gilberto Freyre escreveu, de fato, a obra mais importante da cultura brasileira. Com efeito, *Casa-Grande & Senzala* é o maior dos livros brasileiros e o mais brasileiro dos ensaios que escrevemos (...). Gilberto Freyre, de certa forma, fundou — ou pelo menos espelhou — o Brasil no plano cultural tal como Cervantes à Espanha, Camões à Lusitânia, Tolstói à Russia, Sartre à França.[1]

Como em seguida, o reconheceu também Fernando Henrique Cardoso, a quem Gilberto Freyre, apesar de insistentemente convidado pela USP, por Florestan Fernandes, não aceitou ser membro da banca de doutoramento:

> É inegável, contudo, que Gilberto Freyre significou uma ruptura com o pensamento predominante em sua época, tanto por ter se afastado das interpretações do Brasil que endeusavam o papel do Estado e se enamoravam do autoritarismo quanto por ter, a seu modo, repudiado o racismo e valorizado a miscigenação.[2]

UM GRANDE BRASILEIRO

Para entender — "Quem é o Brasil?" — ajuda entender "Quem foi Gilberto Freyre?". E vice-versa. Três pequenas histórias vividas podem nos dar uma boa percepção sobre quem foi Freyre.

A PRIMEIRA HISTÓRIA

A primeira ocorreu no final da década de cinquenta, no programa de entrevistas na TV Rio de muito sucesso: *Preto no Branco*, de Fernando Barbosa Lima.

O cenário, na tela, era um fundo preto. O entrevistado em plano americano, uma luz em cima e mais nada. Ouvia-se, então, apenas uma voz muito grave, pausada e pesada. Tudo dramático.

O entrevistado então respondia. Quando perguntado se acreditava em Deus, Gilberto respondeu:

— Sim, acredito.

— Como são suas relações com Deus?

— Boas. Conversamos muito.

— Como, dr. Gilberto?

Silêncio.

— São conversas de igual para igual? — provocou Barbosa Lima.
— Podemos dizer que sim — matreiramente respondeu Gilberto.

Este é o homem. Seu auto-humor revelava uma grande ambição: ser pelo menos igual a um deus... Não se escreve um grande livro mundial sem uma grande ambição.

Casa-Grande & Senzala é uma autobiografia do Brasil que ambiciona formular uma teoria social válida para o mundo todo. Uma autobiografia coletiva em oposição às biografias individuais. A autobiografia de uma nação. E mais além.

O Brasil era terreno fértil para tanta ambição. Aqui se cruzaram a cultura europeia, africana, americana e por que não também, asiática e mediterrânica?

Mesmo com ambição global, Gilberto nunca deixou de residir no Recife. Sai, mas volta sempre. Recusou ser ministro de Educação e Cultura. Recusou cargos permanentes no exterior nas melhores universidades do mundo.

Sua casa, sobrado pernambucano do século XIX no bairro de Apipucos, era o seu próprio eu.

A SEGUNDA HISTÓRIA

Para preencher tanta ambição, Gilberto optou pelo método empírico.

No século XIX, a pergunta "quem é o Brasil?" era de propriedade da pauta profissional dos bacharéis em direito. Eram os intérpretes do Brasil. De Sílvio Romero a Tobias Barreto, a Rui Barbosa, a Clóvis Beviláqua. Juristas tentavam nos decifrar. Era o direito e não a sociologia, a antropologia ou a economia que imperava. Muda muito no século XX. Esta pequena história exemplifica.

Um grupo de alunos da primeira escola de direito do Brasil, instalada em 1827, antes da de São Paulo, convida Gilberto Freyre para proferir uma conferência na própria faculdade.

Eis que estudantes contrários impedem a conferência com cartazes chamando Gilberto de "Meteco! Meteco!". Em grego, meteco é aquele que mora fora da cidade. Não é cidadão. Não pertence àquela cidade. Era o caso. O conhecimento que Gilberto começava a produzir no Brasil não era uma interpretação jurídica, mas sociológica e antropológica. Nem usava os mesmos métodos jurídicos: a metafísica.

A metafísica dos juristas interpretava o Brasil como ele deveria ser. E não necessariamente como ele era. Confundiam um com o outro. Tomavam o "dever ser" pelo "ser".

Este "dever ser" era de base católica. A Igreja estava unida ao Estado. O poder era divino. As faculdades de direito instalavam-se em conventos. Os reitores eram padres.

A socioantropologia de Gilberto pretendia ser basicamente empírica, comprovável e suficientemente física. E não além da física, uma metafísica. Pretendia ser científica.

O Brasil não estaria nas leis ou constituições. Mas nas casas, nos hábitos, nas raças, na cultura, na história do dia a dia, na medicina, na culinária, nas relações entre as pessoas, das pessoas com a natureza, entre as instituições, e por aí vamos.

Os interlocutores concorrentes, adversários do novo método empírico científico, eram os demais cientistas sociais, sobretudo os da USP. Mas o que distinguia a interpretação de Gilberto da interpretação da USP?

Dizia Gilberto:

> Considerada de modo geral, a formação brasileira tem sido, na verdade, um processo de equilíbrio de antagonismos. Antagonismos de economia e de cultura. A cultura europeia e a indígena. A europeia e a africana. A africana e a indígena. A economia agrária e a pastoril. A agrária e a mineira. O católico e o herege. O jesuíta e o fazendeiro. O bandeirante e o senhor de engenho. O paulista e o emboaba. O pernambucano e o mascate. O grande proprietário e o pária. O bacharel e o analfabeto. Mas predominantemente sobre todos os antagonismos, o mais geral e mais profundo: o senhor e o escravo.[3]

A expressão-chave seria: o Brasil resultaria de "um processo de equilíbrio de antagonismos". A USP de então considerava que prevaleceria muito mais o antagonismo, inclusive, para muitos, a luta de classes.

Mangabeira Unger classificava a interpretação de Gilberto como a "sentimentalização das trocas desiguais".⁴

Para Gilberto, a busca do equilíbrio voltaria sempre. Por isto, dizia também:

> A força, ou antes, a potencialidade da cultura brasileira parece-nos residir toda na riqueza de antagonismos equilibrados. Somos duas metades — não inimigas — confraternizantes que se veem mutuamente enriquecendo de valores e experiências diversas; quando nos completarmos num todo, não será com o sacrifício de um elemento ao outro.⁵

Eis a polêmica até hoje não equacionada. Duas metades confraternizantes ou conflitantes?

A TERCEIRA HISTÓRIA

A terceira e última história para bem compreender a resposta de Gilberto Freyre pode ser inferida de uma afirmação de Barack Obama em seu último discurso — *State of the Union Adress* — como presidente, no Congresso norte-americano, em 10 de janeiro de 2017.

Falando sobre a crise da democracia nos Estados Unidos e, em similar, no mundo, Obama aponta como um dos fatores desta crise o crescente desrespeito do cidadão pela opinião do outro.

Estaria em curso, como os últimos acontecimentos demonstram, uma crescente onda de intolerância, raiva, às vezes, ódio mesmo, entre ricos e pobres, brancos, negros e latinos, conservadores e liberais, e por aí vamos.

Obama alertou que a raça branca não seria a da maioria dos trabalhadores americanos nos anos vindouros. Não se deveria, pois, opor a *white america* contra as demais américas. E argumentava.

A política de quotas para os negros e outras raças pode e deve ter muito ajudado a conscientização sobre a igualdade racial. E aberto caminho para uma crescente tendência de miscigenação racial nos próprios Estados Unidos. No futuro, a força de trabalho da economia norte-americana seria "marrons". Mestiços.

A miscigenação racial é um fenômeno social, sexual e afetivo incontrolável por leis, decretos ou mesmo por equivocadas políticas públicas.

Casa-Grande & Senzala sempre apontou em direção dos sincretismos culturais, as sínteses raciais, a mistura entre brancos, negros e índios. A tendência predominante no Brasil, desde sua origem. E que nos distingue de muitos países. Inclusive dos europeus. Nós somos nossas complexidades e, ao mesmo tempo, nossas sínteses.

O Brasil é mestiço, como afirmou Jorge Amado na Comissão Afonso Arinos. Como afirmam Caetano Veloso e Gilberto Gil.

O que tem sido comprovado não somente por pesquisas científicas sociológicas ou antropológicas, mas por dados estatísticos e mesmo estudos de genética, como os realizados por cientistas da Universidade Federal de Minas Gerais.[6]

Esses estudos filogeográficos, seguindo o DNA dos brasileiros brancos desde o descobrimento — o que agora é possível —, comprovam que, do lado das mães, cerca de 60% dos brasileiros são de origem africana ou ameríndia. E do lado dos pais, cerca de 90% são europeia. Ou seja, a integração entre senhor e mucama nos fez mestiços.

Em resumo, um grande homem começa por uma grande ambição. Pela escolha dos métodos corretos e uma visão antecipada do futuro.

Na busca do melhor de nós mesmos.

Notas

1 RIBEIRO, Darcy. *Gentidades*. Porto Alegre: L&PM, 2011. Prólogo a *Casa-grande y senzala: 1. Formación de la familia brasileña bajo el régimen de la economía patriarcal: introducción a la historia de la sociedad patriarcal en el Brasil*. Biblioteca Ayacucho, 1985.
2 CARDOSO, Fernando Henrique. *Pensadores que inventaram o Brasil*. São Paulo: Editora Companhia das Letras, 2013, p. 132.
3 FREYRE, Gilberto. *Casa-Grande & Senzala*: formação da família brasileira sob o regime da economia patriarcal. 49 ed. São Paulo: Global, 2004, p. 116.
4 UNGER, Roberto Mangabeira. "Os três espíritos do Brasil". *Folha de S. Paulo*, Opinião, 13 de setembro de 2005.
5 FREYRE, Gilberto, *op. cit*, p. 418.
6 O artigo intitulado "Retrato molecular do Brasil" foi publicado em abril de 2000 na revista *Ciência hoje*, assinado pelos cientistas Sérgio D. J. Pena, Denise R. Carvalho Silva, Juliana Alves Silva, Vânia F. Prado e Fabrício R. Santos, da Universidade Federal de Minas Gerais.

BARÃO DE GUARACIABA
Mary Del Priore

Para muitos ignorantes —, e birrentos, também — a nossa história não passa de uma luta entre senhores e escravos, entre brancos e negros. O nosso passado, uma câmara de tortura de africanos e seus descendentes. Errado. Desde o século XVIII, a mestiçagem, as alforrias e o enriquecimento de pretos, pardos e mulatos livres foi um fato. O pequeno comércio, os ofícios, a lavoura e até o tráfico de escravos foram degraus de ascensão. Mas, não só. Apesar da proibição de cargos eclesiásticos, títulos e postos de administração régia aos "infectos de sangue", nada impediu que a gente de cor ocupasse colocações importantes. Apagavam-se os "defeitos de qualidade" que lhes eram atribuídos, pois, embora considerados inferiores, tais aliados da Monarquia, e depois do Império, foram indispensáveis para a defesa, o gerenciamento e o desenvolvimento das vastidões brasileiras.

Não faltaram autoridades que advogassem em favor da mestiçagem como forma de "civilizar" o país, entre os quais José Bonifácio de Andrada e Silva. As barreiras de cor tenderam a ficar cada vez mais porosas a partir do século XVIII, quando ocorreu uma "pardização" da sociedade colonial e a intensa mobilidade social escondeu tais "defeitos de qualidade". Estudos recentes sobre as irmandades religiosas, negras e mulatas revelam o prestígio e as posses de muitos de seus membros. Nos inventários e testamentos despontam aqueles possuidores de bens imóveis, escravos, pratarias e joias. Para garantir a constante melhoria de situação, na hora do casamento, a escolha de cônjuges levava em conta os ofícios e pecúlio das "caras-metades". Ao registrar impressões sobre a Colônia, o jesuíta Jorge Benci já apontava a preponderância de mulatos na sociedade.

O I Reinado encontrou o monarca d. João VI cercado de amigos como o mulato José da Silva Lisboa, barão de Cairu, ou o preto Antônio Pereira Rebouças, advogado e, posteriormente, conselheiro de d. Pedro II. Ou até inimigos políticos, como o mulato Natividade Saldanha. No início do século XIX, multiplicaram-se magistrados, médicos, comerciantes, jornalistas e engenheiros afrodescendentes, entre os quais se destacaram Francisco Acaiaba de Montezuma; João Maurício Wanderley, o barão de Cotegipe; Domingos Borges de Barros, o visconde de Pedra Branca; Teodoro Sampaio; José do Patrocínio; Luís Gama; Gonçalves Dias. Com a urbanização crescente, o desenvolvimento do comércio e a interiorização da metrópole foi a vez dos estrangeiros de passagem. Karl von Martius falou em "hibridismo social" para explicar o Brasil, enquanto o pintor Johann Rugendas cravava:

> Quanto à origem, as alianças, as riquezas ou o mérito pessoal permitem a um mulato ambicionar um lugar, (...) Seja ele muito escuro é registrado como branco e nesta qualidade figura em todos os seus papéis, em quaisquer negociações e está apto a ocupar qualquer emprego.

A frase cabe como uma luva para explicar a ascensão de Francisco Paulo de Almeida. Nascido em Lagoa Dourada, Minas Gerais, a 10 de janeiro de 1826, filho legítimo de José de Almeida e dona Palolina, recebeu o batismo na matriz de Nossa Senhora das Mercês de São João del-Rei (no momento do seu inventário, reconheceu como sua mãe dona Galdina Alberta do Espírito Santo, primeira esposa de seu pai). Preto, ele se casou com dona Brasília Eugênia da Silva Almeida, mulher branca com quem teve 18 filhos. Apesar de sua condição humilde, seu domínio da arte musical através do violino, e sua facilidade com o idioma francês indicam uma educação aprimorada e diferenciada dos padrões disponíveis para pessoas de baixa renda. Francisco começou a vida profissional como ferreiro, ourives — fazia botões de colarinho em ouro e pedras preciosas — e posteriormente tropeiro em época em que mulas garantiam o abastecimento de mercadorias entre a capital e o interior.

Graças à Estrada Real que cruzava Valença, o negócio ligando Lagoa Dourada, São João del-Rei e Prados incentivava contatos comerciais, monopolizava notícias da Corte e ensejava relações familiares com fazendeiros dos caminhos. Ele não teria começado a vida sem suporte. Em seus inventários, tanto sua madrasta quanto sua avó lhe deixaram quantias substanciais. Na segunda metade do Oitocentos, Francisco Paulo de Almeida passou da condição de prestador de serviços, ferreiro e tropeiro, à de fazendeiro. O acúmulo de capital lhe permitiu adquirir sucessivamente fazendas e escravos no arraial de São Sebastião do Rio Bonito, Santo Antonio do Rio Bonito e Veneza, todas na freguesia de Valença, Rio de Janeiro; Santa Fé, em Mar de Espanha, Minas Gerais; Boavista, em Paraíba do Sul, Rio de Janeiro, e Três Barras, no Rio de Janeiro. Milagre? Nenhum.

Pois, além de comerciante avisado, Francisco Paulo de Almeida construiu uma rede de sociabilidades tão importante quanto seu capital. Desde a pia de batismo, foi inserido numa rede de proteção. Seus padrinhos eram muito ligados ao marquês de Valença, chefe de um clã político em Rio das Flores, assim como sua avó. Aos 16 anos recebeu a herança materna de 257$254 réis. Era o início da tropa, que contava com apenas cinco escravos, e de sua fortuna. Nove anos depois, faleceu sua madrasta e nova herança: 99$011 réis. Aos cinquenta anos, ao receber a herança paterna, já não precisava mais de dinheiro e repartiu os 937$020 réis que lhe couberam entre as irmãs Romualda e Anita. Eram os anos 1850, e todo café colhido no Vale do Paraíba dependia das mulas para chegar ao porto do Rio. Ele se beneficiou de 18 anos de prosperidade, manipulando preços, e de informação sobre as oscilações do mercado cafeeiro para obter mais lucros. Os contatos estabelecidos ao longo das viagens, a camaradagem com outros fazendeiros e comerciantes fortaleciam seus negócios. Era comum a compra e exploração de fazendas bem como a distribuição de produtos vindos da capital, inclusive escravos, para o interior. Fazendeiros e seus parentes dominavam as eleições locais, o que lhe permitiu também exercer um papel dominante nos negócios dos municípios.

Seu pai, contudo, deixou-lhe bem maior: a inserção na Irmandade de Nossa Senhora das Mercês, em cujos enterros, ainda menino, Francisco Paulo tocava violino. Os contatos aí desenvolvidos o levaram à poderosa Irmandade da Santa Casa de Misericórdia de Valença, que reunia os prestigiosos da região. Teve, então, dois grandes aliados: o comendador Domingos Teodoro de Azevedo e José Ildefonso de Souza Ramos, o visconde de Jaguari, cuja esposa era madrinha de um dos seus filhos, a quem legou parte de sua herança. Ao falecer o visconde, Francisco Paulo deu toda a assistência à sua comadre, na direção da fazenda das Três Barras. Posteriormente, adquiriu suas terras, instalando ali criações e moderno equipamento para a agricultura. O acesso às redes sociais e ao crédito sedimentava as relações de compadrio vinculando indivíduos e famílias entre si.

Em 1870, Francisco Paulo despiu a capa de ex-tropeiro, estabelecendo-se como empresário, na Corte, à rua Bragança, 31. Fazia então negócios de importação e exportação. Nesse escritório tinha sociedade com dois outros fazendeiros da região de Valença: o capitão da Guarda Nacional, Domingos José da Silva Nogueira, e Domiciano Ferreira Souto, dono da fazenda Cachoeira. Quando os trilhos da Estrada de Ferro de Santa Isabel do Rio Preto atravessaram suas terras em Valença, fez questão de doá-los, o que lhe valeu mais tarde uma estação ferroviária com seu nome.

A consagração veio com a eleição para provedor, cargo máximo, da Santa Casa de Misericórdia. Em 1887, participou como fundador do Banco Territorial e Mercantil de Minas Gerais e dois anos depois, do Banco de Crédito Real de Minas Gerais. Apesar do advento da República, Almeida continuou a ser tratado como barão e adquiriu, em 1891, da viúva de Carlos Mayrink da Silva Ferrão, uma das mais belas residências de Petrópolis: o Palácio Amarelo, hoje sede da prefeitura. Seus filhos, como muitos meninos de famílias abastadas, foram enviados para estudar na França, para onde Francisco Paulo viajava constantemente. Ele fechou os olhos na rua Silveira Martins, 81, na casa de sua filha Adelina, e foi às filhas que legou as fazendas Pocinho e Santa Fé. Aos filhos coube dinheiro em espécie.

Longe de ser exceção, a história do barão de Guaraciaba revela a ponta de um iceberg. Outros personagens mestiços ou pretos são pouco ou nunca estudados, ocultando a mobilidade e fluidez da sociedade brasileira. No século XX, o Brasil teve competentíssimo presidente, o mulato Afonso Pena, sem contar intelectuais notáveis como Abdon Batista, Antonieta de Barros, Manuel Querino, Juliano Moreira, Nina Rodrigues, ou Mário de Andrade, entre tantos outros que circulavam com indiscutível competência na cena cultural. "Quantos brancos não têm, na gaveta, fotos de avós pretas, mulatas, pardas ou cafuzas?" — pergunta-se o africanólogo Alberto da Costa e Silva. Empenhada em apontar mais o que nos separa do que aquilo que nos une, tem gente que aposta em binarismos tão redutores quanto falsos. Cabe aos historiadores mostrar que o desenvolvimento do Brasil não foi feito de duas, mas de muitas cores.

JOÃO DO PULO
Fabio Altman

Os Jogos Pan-Americanos de 1975 são como um fio condutor a amarrar os personagens políticos daquele tempo. Deveriam ter sido realizados em Santiago do Chile, mas o truculento golpe militar de dois anos antes, que depôs Salvador Allende (1908-1973) e pôs no lugar o ditador Augusto Pinochet (1915-2006), impediu a organização de qualquer evento que soasse pacífico e cordial. Foram transferidos para São Paulo — mas a falta de dinheiro e o surto de meningite que o governo do general Ernesto Geisel (1907-1996) escondeu, censurando-o nas páginas dos jornais, nas revistas e na televisão, também forçaram o Brasil a abrir mão do torneio. Salvou-o a Cidade do México, que havia sediado a Olimpíada de 1968 e recebera algumas partidas da Copa do Mundo de 1970 — o presidente mexicano Luis Echeverría Álvarez era próximo de Allende, a ponto de ter abrigado no exílio a mulher do líder socialista chileno, Hortensia Bussi (1914-2009), antagonista contumaz dos militares brasileiros.

Mas não seria errado ressaltar, para a história que se deseja contar aqui, outro aspecto: a variação de altitudes da viagem nômade do Pan de um canto para outro, de um país a outro. Saiu dos 570 metros de Santiago, passou pelos 760 metros de São Paulo e culminou nos 2.250 metros da Cidade do México. Ali, no ar rarefeito, tão acima do nível do mar, palco de 68 recordes mundiais nos Jogos de 1968 em provas de velocidade e saltos, um brasileiro qualquer, de sobrenome Oliveira, fez história.

Era um brasileiro qualquer, um joão entre tantos, até as 16h22 da quarta-feira, 15 de outubro de 1975. Língua ostensivamente para fora, braços para trás, como se estivessem descolados do corpo, elásticos e imprevisíveis, lá foi ele. Correu 37,90 metros em menos de quatro segundos. Bateu o pé esquerdo na caixa de salto e voltou a tocar o chão 6,27 metros à frente. O segundo pulo o levou para 5,18 metros adiante. Firmou o pé direito no chão e finalizou o balé, a linda e perfeita parábola, saltando mais 6,44 metros. Tudo somado, o movimento harmonioso alcançou 17,89 metros. Era o novo recorde mundial do salto triplo. João Carlos de Oliveira, aos 21 anos, virara definitivamente João do Pulo, pelas artes do humor de um povo que vivia dias sem graça alguma (dez dias depois daquela explosão esportiva, o jornalista Vladimir Herzog seria assassinado nas dependências do DOI-CODI, dentro das instalações do II Exército, em São Paulo, a menos de 15 minutos de carro de onde treinava o campeão, no Clube Pinheiros).

O espanto da espetacular marca de João do Pulo — 45 centímetros a mais do que a anterior — foi traduzido pelo esboço de desespero no olhar dos profissionais da Federação Internacional de Atletismo, encarregados de medir os saltos. A medição eletrônica chegava a escassos 17,50 metros. Às pressas, conseguiram a trena salvadora, feita de pano. O pulo de João, aquele de 17,89 metros, virou um símbolo da capacidade de superação, da vitória de uma soma de propensão genética com força de vontade e muito treino contra todas as dificuldades de ser negro e pobre num país onde o racismo é atavicamente dissimulado. Pedro Henrique de Toledo, o Pedrão, treinador de João do Pulo, nunca escondeu as dificuldades iniciais da carreira do pupilo. Nas entrevistas, ele sempre contava:

Naquela época, tinha uma barreira difícil no Pinheiros. Era um racismo disfarçado, hipócrita. Não aceitavam. Por fim, porque a imprensa ficou em cima e porque, no fundo, o clube também ama o esporte, o João foi aceito e ficou lá, comigo. Uma vez dentro do clube Pinheiros, Deus me livre, lá dentro sempre foi uma maravilha. Todo mundo amava o João do Pulo.

Na letra do samba "João do Pulo", composto por Aldir Blanc e João Bosco: "Combate, Malê! Dá três pulos aí, Saci!/Se atira no espaço por nós, Zumbi!/Joga a chibata, João, no mar que te ampliou!"

Se não era fácil ser João Carlos de Oliveira, também não foi fácil ser João do Pulo. Antes dele, no salto triplo, houvera dois gigantes: Adhemar Ferreira da Silva (1927-2001) e Nelson Prudêncio (1944-2012). As comparações seriam inevitáveis. Ferreira da Silva melhorou o recorde mundial cinco vezes, cravou 16,56 metros em 1955, foi bicampeão olímpico em 1952 e 1956. Prudêncio conquistou fama em 1968, no México (onde João do Pulo voaria sete anos depois), ao participar de uma das mais memoráveis disputas de todos os tempos no esporte. Numa mesma tarde, o recorde máximo mudou de mãos nove vezes — duas delas nos pés do brasileiro. Ele foi a 17,27 metros e ficou com a medalha de prata. Em Munique, em 1972, Prudêncio pendurou o bronze no pescoço. Em Jogos Olímpicos, João do Pulo amealhou dois bronzes, um em Montreal, em 1976, e outro em Moscou, em 1980.

O recorde de 17,89 metros, associado à poderosa empatia do sorriso largo, talvez o tenha feito mais celebrado que seus dois antecessores. Mas houve sempre a mágoa pela ausência do ouro olímpico, jamais alcançado. Nesse capítulo, um episódio obscuro pavimentou a imagem dramática do atleta. Sem rodeios: João do Pulo foi roubado na prova de salto triplo nas Olimpíadas de Moscou, em 1980. Um acerto envolvendo o Comitê Olímpico Internacional, duas marcas de artigos esportivos — Adidas e Mizuno — e dirigentes soviéticos tirou do brasileiro a chance do ouro. Os juízes de linha deram como queimados os três últimos pulos de João — saltos de pelo menos 17,50 metros, que lhe assegurariam a vitória.

O ouro ficou com o estoniano Jaak Uudmae (17,35 metros), a prata coube ao georgiano Victor Saneiev (17,24 metros) e João subiu ao pódio, em terceiro lugar, com 17,22 metros. Em 2001, entrevistado pelo autor deste texto, Saneiev disse: "Nos últimos três saltos ele alcançou espetaculares 17,50 metros, com certeza." O soviético admitiu que não poderia confirmar se os pulos de João de fato queimaram, mas afirmou jamais ter participado de outra competição com tantos saltos perdidos. "Foi uma tarde estranha", recordou. Ouvido pelo *Jornal do Brasil* em 1992, quando apareceram as primeiras denúncias ainda não comprovadas da tal estranheza, João do Pulo afirmou: "Por causa daquela injustiça, chorei pela primeira e única vez. Depois daquilo a vida ficou diferente."

Ficaria diferente, tristemente diferente, depois de outro momento definidor, um susto, um terror — um evento que acrescentaria ainda mais drama à sua existência. Em 1982, João do Pulo perdeu a perna direita, esmagada em um acidente de carro. Era um dos atletas mais conhecidos do Brasil. Apartado do órgão longilíneo e ágil que o levara ao mundo, que o fizera internacionalmente célebre, ele sucumbiu à depressão e à bebida (não exatamente nessa ordem). Morreu aos 45 anos, solitário, com problemas familiares, em 1999. Sua história desenha um personagem clássico da difícil aventura brasileira: o sujeito que vem quase do nada, vence o preconceito, conquista o mundo, e depois cai, assaltado pela falta de sorte e pelo descaso dos que o cercam. É uma trajetória banal — de cuja banalidade se extrai a relevância de um brasileiro muito raro, esquecido, como se fosse melhor não ter existido, ao desnudar todos os nossos pecados.

João do Pulo não foi como Muhammad Ali (1942-2016) ou Arthur Ashe (1943-1993), boxeador e tenista americanos, esportistas negros que saíram dos ringues e das quadras para acelerar o movimento pelos direitos civis, contra o racismo, a favor da democracia. Estes talvez tenham sido simultaneamente totens do esporte e da política. João do Pulo era um ídolo de outra estirpe: nunca lhe passou pela cabeça que dar três saltos pudesse representar qualquer avanço no cotidiano da sociedade — ainda que, depois do México e da amputação, ensaiasse nova carreira como vereador. Bateu o recorde mundial no auge da ditadura. Morreu antes do movimento pela Anistia e das Diretas Já. Era sargento do exército e, como a maioria dos brasileiros de seu tempo, andava à margem da realidade. Foi, enfim, um herói brasileiro de um tempo sem heróis, sem voz. Aos olhos de hoje, pode parecer coisa pouca a glória medida em centímetros. Mas, em meados de 1970, no auge dos anos de chumbo, foi como um sopro de esperança sinalizando que algo podia dar certo, como um parêntese risonho abrindo uma brecha num tempo triste.

ROBERTO CAMPOS
Gustavo Franco

Faz tempo que penso em lhe escrever, e aí se misturam saudades, curiosidade sobre o que você está vendo e sobre seus conselhos, mas tudo isso se tornou mais urgente, pois se converteu, infelizmente, em um pedido de socorro.

Você não faz ideia do que se passou por aqui desde que você nos deixou em outubro de 2001. É uma bizarrice atrás de outra, como se tivéssemos sempre que consertar um desatino com outro, maior ainda, na direção contrária.

O desespero talvez se explique pela horrorosa sensação de ficar para trás, de ver os meninos irem estudar no exterior e ficarem por lá, e de ver tanta gente indo morar em Portugal e achando bom.

A estagnação é um fato. Por ora, sustamos a piora, estabilizamos a doença, mas não estamos conseguindo reverter.

Estamos parados em 25% de renda *per capita* americana há três décadas e perdendo o fôlego e o ânimo. Comemoramos 25 anos do Plano Real, que, como você acompanhou, nos tirou das drogas pesadas, mas as mudanças pararam por aí. Na sua *A lanterna na popa*, de 1994, você elogiou o plano, mas deixou registrado que a "viabilidade a médio prazo, passada a mágica inicial da mudança de moeda, (...) dependerá de três reformas estruturais: reforma fiscal simplificadora (...), reforma da previdência social (...) e reformatação do Estado".[1]

Pois é.

Eu sei que você não ficará surpreso se eu lhe disser que continuamos encalacrados com essas reformas, com alguns progressos parciais apenas.

Também não preciso lhe explicar que, no Brasil, nós continuamos a achar que as leis econômicas não valem pra nós, nem mesmo as partidas dobradas.[2] Você precisava ter visto a professora que dizia que não tinha déficit na Previdência, bem como os truques inventados pelos tribunais de contas estaduais para burlar a Lei de Responsabilidade Fiscal. Pior que tudo isso foi o governo federal, sob Dilma Rousseff, que perpetrava ilegalidades honestas, sem preocupação de guardar as aparências e de homenagear sequer o espírito da norma desobedecida. Era o caso de uma síndrome, ainda à procura de melhor definição, pelo qual o portador desfruta de uma superioridade moral autoconferida que o conduz a ignorar leis e regulamentos (da economia e da física) aos quais se recusa a submeter-se. Você sabe como sou fã do seu livro sobre a predileção brasileira pela medicina alternativa e pelas heterodoxias em economia — "As leis do Kafka" (uma espécie de "freakonomics" à frente de seu tempo) que eu tive a alegria de republicar e ampliar,[3] inclusive em razão da minha convicção de que, na sua ausência, a doença piorou.

Vamos às novidades:

Você vai achar que estou brincando se eu lhe contar que o PT ganhou em 2002 e nas três eleições que se seguiram. Dos 6.087 dias decorridos entre 1 de janeiro de 2003, quando Lula primeiro assumiu a presidência, até a data desta nossa correspondência (1.º de setembro de 2019), o PT governou durante 4.991 dias (82% do tempo), e o tempo restante pode ser dividido entre dois presidentes que foram colegas seus, também deputados federais, na 50ª Legislatura (1991–94): Michel Temer (853 dias) e Jair Bolsonaro (243 dias e contando). Dureza, hein?

Duvido que você pudesse imaginar — e não sei o que é mais surpreendente — a longa duração da hegemonia petista ou as identidades dos dois outros presidentes não petistas posteriores (ambos comandando vastas legiões de admiradores).

Lembro o que passava na sua cabeça pouco antes de deixar esse mundo, quando José Serra se preparava para suceder FHC. Os tucanos mais à esquerda não eram muito diferentes dos petistas, nós bem sabíamos disso, e daí a pressão que você mantinha sobre FHC, constantemente colocando em dúvida a convicção dele, divertindo-se com o desconforto dos tucanos em geral quando eram chamados de neoliberais: "acusação francamente exagerada", era o que você dizia, "a conversão ao liberalismo [de FHC], ainda que sincera, não é completa, (...) mas revela que o subdesenvolvimento mental, característica das esquerdas brasileiras, conquanto doença grave e contagiosa, não é incurável".[4]

Claro que era brincadeira e servia a um propósito de neutralizar o uso (da designação como neoliberal) como xingamento, transformando-a em um elogio imerecido. Era para ajudar, mas tornava ainda mais confuso o lugar do liberalismo no debate nacional. Uma vez eleito, Lula seguiu seus instintos e não seus economistas (ele mesmo dizia que eles nunca acertavam nada), e aí mesmo que virou um Carnaval.

Você certamente teria feito uma farra ao ver Lula beijar a cruz, escrever uma carta aos brasileiros cheia de ortodoxias e manter o acordo com o FMI, com superávit primário e tudo o mais, durante todo o seu primeiro mandato, e querer exportar o PROER para os americanos. Era o supremo sincretismo, que me lembra de uma de suas frases mais agudas: "O esquerdista é apenas um capitalista canhoto."[5]

Foi uma época boa, de vento a favor. Ampliaram aquele programa da Dona Ruth, aparentado da ideia do imposto de renda negativo do Milton Friedman, e surfaram uma bela onda de preços de *commodities*, e, com isso, a economia foi bem e o besouro passou a voar como uma gaivota.

Havia um estranho conforto em ter-se um governo de esquerda para praticar políticas que sempre foram as do outro lado: canhotos jogando pingue-pongue com a outra mão, cautelosos e pragmáticos, e permanentemente a se questionar sobre o que estão fazendo.

Observadores do mundo inteiro, sobretudo na Europa, debruçavam-se sobre este experimento de neoliberalismo trans: havia muito interesse na construção de um "case" de socialismo com responsabilidade fiscal, ou de neoliberalismo com responsabilidade social, ou mesmo de capitalismo de estado com dinamismo, talvez um conjunto vazio, mas tudo para se contrapor à China e manter dormente a Direita.

Não foi apenas ingenuidade achar que a esquerda tinha melhorado e que o Brasil ia decolar — houve até uma capa da *The Economist*, de novembro de 2009 (logo depois de termos passado a "marolinha"), com o Cristo transformado em foguete.

Não era esquisito se pensarmos que a essa altura já tinham se passado alguns anos da "queda do muro". As coisas estavam pacificadas no plano ideológico: a *Folha de S. Paulo* já tinha publicado (em 1993) aquele famoso caderno especial intitulado "Ok, Bob, você venceu", o Plano Real já estava consolidado, e você já tinha se tornado um tópico de tese da Unicamp (não sei bem se isso era uma homenagem, essas teses não eram propriamente amigas, nem acho que seus autores entendiam do assunto).[6]

O fato é que funcionou. Foi um milagre.

Isso você sabe bem como é.

E lá estava o Delfim novamente, cochichando nos ouvidos do Lula. O mesmo Delfim. Curiosamente eles se davam bem, unidos talvez pela experiência de desfrutar de um sucesso econômico desproporcional aos seus feitos, por conta do trabalho duro da administração anterior. Um truque velho ruim de não funcionar.

O perigo era começar a acreditar que eles estavam ungidos pelos Deuses da Economia, ou que possuíam alguma sabedoria econômica superior, ou que besouros tinham asas de verdade. Mas foi exatamente o que ocorreu quando veio Dilma Rousseff, que não creio que você conheceu.

Não vou nem tentar começar a lhe explicar essa figura, teria sido divertido se você pudesse observá-la em ação, mas não se pode perder de vista que foi trágico. Foi como se levássemos a sério e às últimas consequências os choques heterodoxos e todas as besteiras da Unicamp. Os resultados econômicos foram catastróficos: menos 3,5% no PIB em dois anos seguidos, nem na Grande Depressão tivemos algo assim.

A experiência talvez possa lhe evocar o governo João Goulart, ou o conceito de *impeachment* por deficiência técnica. No caso de Dilma, todavia, é indiscutível que ela se enrolou com a Lei de Responsabilidade Fiscal (você bem sabe que para o governo federal ter suas contas reprovadas no TCU é preciso ser muito trapalhão) e que mesmo os partidários da tese do "golpe" se sentiram aliviados com o seu afastamento: é muito mais confortável bradar contra o golpismo que defender a teoria econômica de Dilma Rousseff (amiúde designada como a Nova Matriz Macroeconômica).

Mas me permita lhe fazer uma confidência, sou grato (retoricamente, é claro) a ela por ter levado essa heterodoxia ensandecida às antepenúltimas consequências (a Venezuela e a Argentina nos ensinam o que são a últimas e as penúltimas). Estou entre os que acham que o Brasil começou a viver uma espécie de "primavera liberal",[7] inconcebível nessa nossa terra, você há de convir, sem que algum desaforo muito sério a impulsionasse...

A percepção do colapso da Nova Matriz quase coincidiu com o ano do seu centenário, 2017, quando já era claro que você tinha se tornado um sucesso na internet. Acredite se quiser, mas você se multiplicou pelas redes, através tanto de uma ferramenta nova, uma coisa chamada meme, quanto de um site chamado *YouTube* (sua aparição no *Roda Viva* em 1997 se tornaria icônica).

Ao menos três livros festejaram o seu centenário,[8] e foi como se isso desse a partida para a Primavera. Já sei que você diria que as glórias em vida são muito melhores e que não há nada de confortável em estar à frente de seu tempo e não ouvir os aplausos de corpo presente. Ok, você tem razão, mais uma vez.

Bem, a convergência de ideias econômicas durante a campanha eleitoral de 2018 trouxe muitas ilusões. Nos debates entre os assessores econômicos dos candidatos, parecia que todos tínhamos o mesmo programa. O representante do PT sempre falava muito pouco, querendo ser esquecido, e o do Ciro Gomes não conseguia ser lembrado, nem ocupar o terreno intermediário (na verdade, não era o que ele queria, senão o lugar da esquerda, onde ninguém queria estar). E havia candidatos economistas, assessores de si mesmos: seu amigo Paulo Rabello de Castro, inicialmente concorrendo à presidência pelo PSC, depois como vice de Álvaro Dias, do Podemos, e Henrique Meirelles, acho que o primeiro ex-presidente do BCB a concorrer à Presidência da República, e pelo PMDB.

Um pequeno detalhe: fomos pedir permissão à sua família para dar seu nome à fundação do Partido Novo, mas seu filho Bob, que é filiado ao Novo, nos disse que a família achava que suas ideias estavam espalhadas e entranhadas em muitos partidos, e que seria injusto que só o Novo usasse o seu nome. Perfeitamente compreensível. Uma pena, assim mesmo.

Bem, esta foi a eleição que trouxe Jair Bolsonaro à Presidência e Paulo Guedes para um superministério da economia que compreende cinco outros: Fazenda, Planejamento, Indústria e Comércio, Trabalho e Previdência.

É onde estamos agora, e as coisas não estão muito bem. A lógica dessa união pode ser entendida pelo trecho que se segue (de uma avaliação minha para o novo governo que se iniciava), transcrito com ênfases que não estão no texto original:

> O vazio foi ocupado por Jair Bolsonaro, que se apropriou do antipetismo inclusive porque foi capaz de confrontar o PT várias oitavas além do que os bons modos permitiriam, penetrando profundamente no terreno do grotesco. A partir dessa posição, e diante de perspectivas eleitorais imensas, Bolsonaro foi buscar o seu economista liberal a fim de complementar a sua "oferta eleitoral".

Não há dúvidas de que o liberalismo de Paulo Guedes foi um adorno importantíssimo para a campanha de Bolsonaro, e o símbolo do vitorioso casamento de conveniência entre o antipetismo e o liberalismo. No momento em que se desenha o ministério do novo presidente, contudo, o acessório se tornou essencial, um superministério, com poderes que nenhum outro titular da economia jamais desfrutou, e uma filosofia econômica fundamental para o destino da nova presidência.

Ainda que pudéssemos identificar determinações profundas para essa primavera liberal, tudo parece efêmero e acidental, ainda que convicto. Bolsonaro não tinha nenhuma ideia sobre economia, terceirizou o assunto e agora parece refém da eficácia desse programa liberal para lhe assegurar bons números para a economia, aos quais está associado o seu sucesso, ao mesmo tempo em que o liberalismo parece também refém desse presidente polêmico e cheio de idiossincrasias. A dependência mútua é um mero incômodo nesse momento de glória para o candidato recém-eleito, e para os liberais experimentando um inesperado chamado do Destino. Mas pode virar um pesadelo para ambos se a economia não responder.[9]

Pois bem, passados oito meses do governo de Jair Bolsonaro, é difícil alterar esse diagnóstico. A economia não anda especialmente bem e há várias polêmicas em andamento, todas elas têm a ver com o casamento arranjado aqui descrito, vale dizer, com a relação entre Jair Bolsonaro e o projeto econômico liberal.

Numa primeira aproximação, o problema de compatibilidade entre Jair Bolsonaro e o projeto liberal está relacionado às expectativas quanto à amplitude da aliança. Se aceitamos a definição de liberalismo de Mario Vargas Llosa, segundo o qual, o liberalismo "não é [apenas] uma receita econômica, mas uma atitude fundada na tolerância, na vontade de coexistir com o outro numa firme defesa da liberdade",[10] segue-se que o liberalismo teria dificuldade em conviver com o conservadorismo nos costumes e também com a belicosidade que são próprias do bolsonarismo mais radical, para não falar de traços mais caracteristicamente pessoais do Presidente. Conforme observou Marcelo Trindade, "para o liberal autêntico, os pilares da democracia, como a proteção dos indivíduos contra o preconceito e a intolerância, são inegociáveis. Ao imiscuírem-se nos costumes, Estado e políticos reprimem a diversidade e incentivam a exclusão".[11]

O fato é que não há muito protocolo estabelecido sobre como o liberalismo econômico dialoga com as pautas identitárias ou com a micropolítica deleuzeana — o partido Novo, por exemplo, resolveu simplesmente silenciar-se sobre certos assuntos, uma ótima solução, inclusive porque as pautas macropolíticas não se encerraram no Brasil —, de modo que não houve maiores problemas de incompatibilidade nesse terreno, exceto no assunto dos bons modos.

Os liberais se aboletaram nos cargos de comando da economia e ali tinham muito o que fazer, sem precisar olhar para os lados — senão para enfrentar uma espécie de "fogo amigo" que vinha de céticos quanto ao casamento de conveniência, se observado do ponto de vista estritamente argentário da noiva, ou seja, se seriam mesmo capazes de comprometer o presidente com as pautas mais polêmicas do projeto liberal, incluindo a reforma da Previdência, a redução do tamanho do Estado e as privatizações em particular.

Era uma questão objetiva que se resolvia pela entrega, ou pela execução, pouco importando as convicções, a aura, a simpatia, ou se o Presidente, quando parlamentar, votou contra o Plano Real, porque, segundo o mesmo, ficaram faltando dois meses de inflação na fórmula de conversão dos salários em URV dos militares.[12]

Não há dúvida de que há progressos a exibir, os poderes do ministro Guedes e a passagem da Emenda da Previdência são demonstrações inequívocas da eficácia do casamento (no segundo caso, com uma valiosa ajuda de Rodrigo Maia e Tasso Jereissati). Sobre privatizações, temos apenas as melhores intenções, o que não é pouca coisa. A exigência de amor sincero pareceria descabida diante disso, mas sua falta parece dar ares de artificialismo à construção conjugal e mina sua credibilidade. Dito de outra forma, a mudança de modelo econômico implícita no projeto econômico liberal parece algo profundo demais para ocorrer sem que o Presidente da República ao menos se comprometa expressamente com a mudança, a compreenda, apoie e, mais que isso, que a lidere.

O problema, todavia, tem sido justamente com as coisas que acontecem fora da bolha, onde estão se mantendo os técnicos a consertar a economia. Pode-se até conjecturar sobre a eficácia das reformas econômicas quando a liderança política é percebida como inconsistente com os planos implícitos nas reformas, ou está profundamente distraída por outros temas ainda que considerados banais.

Pense no nosso amigo Paulo Guedes, ou no seu neto na presidência do Banco Central do Brasil, para cuja criação você foi tão importante. Aqui, antes de prosseguir, um parêntese: parabéns pelo neto! É uma coincidência muito feliz que ele seja um profissional tão bem qualificado para a função, com vasta experiência prática, e que esteja (conforme seu discurso de posse) tão afinado com as missões de "construir uma economia de livre-mercado", pensar o "sistema financeiro do futuro", bem como dar continuidade ao bom trabalho de seu antecessor.

Pois bem, como eles (Paulo e Roberto Neto) se sentem quando acordam de manhã e leem sobre seu chefe insultando nas redes sociais a primeira-dama da França (numa grotesca imitação da cafajestice cometida por Donald Trump), ou a ex-presidente do Chile? Ou quando o Presidente elogia o Coronel Ustra, e pontifica sobre as métricas do desmatamento e os mercados desabam?

Nada disso parece interferir diretamente no trabalho deles, mas não venha me dizer que isso não tem importância.

Em episódio recente, o próprio ministro Guedes foi duplamente infeliz ao tentar minimizar a controvérsia levantada pelo Presidente sobre a primeira-dama da República Francesa através de um raciocínio pelo qual as falas de Jair Bolsonaro deveriam receber menos atenção, posto que se situam num território da frivolidade, diferente daquele, mais elevado, onde se discutem e se decidem as reformas econômicas realmente importantes. O ministro veio a se desculpar, e mais de uma vez, pela "brincadeira". Sua intenção, segundo nota oficial, foi "ilustrar que questões relevantes e urgentes para o país não têm o espaço que deveriam no debate público".[13]

Para além do episódio, a tese a ser verificada é sobre a efetiva existência dessa bolha protetora, ou se estão mesmo segregados o projeto econômico liberal e a esfera política, onde atua o Presidente, e que parece capturada pelo efêmero, pela internet e pelo espetáculo, e assim em nada afetaria os andamentos econômicos realmente importantes. Vargas Llosa, entre outros, diz que a cultura foi capturada pelo entretenimento, com perda de substância, e a mesma desidratação teria ocorrido na política, sendo esta a porta escancarada pelas redes sociais por onde entraram Trump e outros populistas.

Bem, não creio que valha a pena entrarmos nesses assuntos, não sei se há alguém por aí acompanhando o fenômeno Trump e seus desdobramentos, tudo parece muito novo. Ou não. A pergunta é se o ministro e sua equipe não estarão iludidos sobre a convivência com Jair Bolsonaro.

Você tem muita experiência no assunto de presidentes difíceis de tratar, e junto com você aí em cima deve estar o alemão Hjalmar Schacht, o herói da estabilização alemã de 1923, talvez quem mais entenda sobre como devem se comportar as autoridades econômicas quando se metem com políticos que não prestam. Por que você não troca uma prosa com ele sobre o que estamos vivendo no Brasil nesses dias?

Apenas para que o leitor tenha claro sobre quem estamos tratando: Schacht acumulou o ministério da Fazenda e a presidência do banco central alemão entre 1933 e 1939, trabalhando para ninguém menos que Adolf Hitler.

Schacht era uma espécie de troféu pra os nazistas, o único elo com a civilização e, segundo uma avaliação não especialmente simpática, "a única maneira de ele sobreviver à ditadura de Hitler era dar provas constantes de que era um dos poucos mestres nas artes da economia e uma roldana essencial na engrenagem dos planos ambiciosos de Hitler".[14]

Por volta de 1937, conforme o relato de Schacht, o regime nazista vai mostrando mais claramente a sua verdadeira face, e suas desavenças com Goering vão se acumulando e o levam a perder cargos e influência.

Os aliados o encontraram preso em 1945, mas assim o mantiveram, por razões que a ele pareceram inconsistentes com as da primeira prisão. Os homens que alegavam ter combatido Hitler, como Schacht se apresentava, não podiam ser confundidos com os que apoiaram o Führer até o fim, inclusive quando o regime revelou sua face mais hedionda em crimes contra a humanidade — não inteiramente conhecidos no momento do término da guerra. De outro lado, os aliados podiam entender que a indisposição de Schacht com o regime era recente. Pesaram bastante os longos anos nos quais o mundo inteiro se acostumou a vê-lo como o Czar econômico do Nazismo e um dos mais poderosos e influentes homens de Hitler. Muitos perguntavam: até que ponto Schacht era mesmo um inimigo do regime? Não seria um simpatizante que caíra em desgraça apenas por força de alguma intriga, tão comum no alto comando nazista?

O fato é que, com tantas explicações a dar, Schacht permaneceu preso durante vários anos. Dos cárceres nazistas ele migrou para as prisões aliadas até o seu indiciamento como réu em Nuremberg junto com outros potentados do Nazismo e responsáveis pelo Holocausto. Na verdade, Schacht foi um dos três réus inocentados no Tribunal de Nuremberg, que condenou à forca mais de uma dezena de criminosos de guerra, inclusive seu desafeto Goering. Mas Schacht ainda teria outros dissabores. A nova Alemanha era, então, um poço de revanchismo e ambiguidade quanto aos que participaram do regime anterior. Por sua notoriedade, Schacht era um alvo fácil, pois parecia personificar a adesão da burguesia alemã a Hitler, um retrato do oportunismo e falta de escrúpulos do empresariado alemão, um pecado ainda a merecer a justa punição. Um tribunal de "de-nazificação" novamente ordenaria sua prisão e o condenaria a uma pena de oito anos, dos quais se livraria apenas na apelação, em setembro de 1948. Foi esse o momento em que escreveu sua famosa autobiografia, um *best-seller*, fascinante, comovente e convincente, mas não deixava de soar como uma consolidação de suas diversas peças de defesa usadas nos sucessivos julgamentos nos quais foi réu.

A tradução para o português saiu em 1999, mas sua atualidade parece ainda mais gritante.[15] Do prefácio se lê:

> há muitos casos de bons economistas metidos com governos não tão bons, sempre imaginando envolver-se apenas para evitar um mal maior. Foram muitos os exemplos entre nós, mas registre-se apenas um, o do já falecido professor Mário Henrique Simonsen, que sempre repetia que era importante estar ali (no ministério do governo militar) para incutir um pouco de racionalidade a um regime que seria muito pior sem ele, como aliás ficaria claro após a sua substituição em 1979 pelo Ministro Delfim Netto.[16]

Bem, por ora, não creio que nem você, nem o companheiro Schacht recomendariam algum movimento para o ministro Guedes e sobretudo para Roberto Neto. O panorama da inflação é benigno, o BCB pratica o menor juro nominal desde a sua fundação, a tranquilidade no terreno macroeconômico dá mais tempo para assuntos regulatórios e Roberto Neto tem sido particularmente agudo e inovador no que ele próprio designou como a Agenda BC#, a continuação do que Ilan Goldfajn criou como a Agenda BC+. Seu retrato vai ficar bonito na galeria dos ex-presidentes.

Me pergunto em que momento, e em que circunstâncias, você pegaria o telefone, ou uma linha mediúnica, sei lá qual o melhor método de comunicação à sua disposição, e o aconselharia a pular fora e voltar para o mundo privado?

Nenhum de nós é inexperiente nessas coisas. Engolir sapos é mais que parte do jogo, é quase uma obrigação. Você foi diplomata de carreira, sabe bem como é a situação de trabalhar para superiores não exatamente muito preparados. Registro que, depois de muito procurar, não consegui encontrar nenhum comentário negativo seu sobre Costa e Silva, exceto a famosa e imperdível passagem sobre o Guardião da Moeda.[17]

Eu mesmo passei por uma experiência curiosa e reveladora nesse terreno, em tempos recentes, jogo aberto entre nós: fui convidado a presidir os conselhos de administração do BNDES e do BNDESPAR, missão muito interessante (o BNDES a todo momento sendo chamado de "caixa-preta" pelo Presidente da República, exatamente como Itamar Franco fazia com o Banco Central, e diante de um sério desafio de governança e transparência) e tanto estava disposto a aceitar que submeti meu nome e minha biografia à análise da Casa Civil e pelo Comitê de Elegibilidade do BNDES. Em certa altura, no entanto, quando esses exames já estavam concluídos e minha participação já aprovada, o convite foi retirado. O ministro da Educação Abraham Weintraub se opôs a meu nome, alegando que meu pai, falecido em 2001, era sócio de Jorge Paulo Lehman em uma conspiração globalista que dava dinheiro para organizações esquerdistas, inclusive Harvard, e que eu havia desdenhado de Jair Bolsonaro quando este fora entrevistado no programa *Roda Viva*, de 27 de novembro de 2017.

Quero dizer que a segunda acusação não era de todo improcedente. Eu era assessor econômico de João Amoedo, do Partido Novo (ao qual me filiei em 2 de outubro de 2017), estava colaborando na campanha, respeitosamente disputando votos no mesmo segmento da opinião pública, mas a primeira acusação era uma tolice daquelas que torna impossível a convivência com o autor do delírio.

Assim sendo, não me restou alternativa senão a de declinar, declarando-me implicitamente culpado de ser esquerdista demais para ocupar cargo público na administração Jair Bolsonaro.[18] Desisti do convite, mas não do Brasil. Passo à categoria de torcedor, e continuo um apoiador do programa econômico liberal, como tem sido a postura da bancada do Novo, que tem votado maciçamente com o governo nos assuntos das reformas, mesmo desgostando de muito do que o presidente anda falando. Note-se aqui que não há automatismo, ou coligação, tanto que, conforme explicou João Amoedo, o ministro do Meio Ambiente, Ricardo Salles, deve ser visto como escolha pessoal do Presidente, não uma indicação do Novo.

Mais importante que a minha pequena aventura, todavia, é ter clareza de que a opção do presidente, nesse tópico, foi a de *não* se aproximar do *mainstream*. Ou seja, ele optou por não aglomerar o centro político em torno de uma persona mais moderada, mas, pelo contrário, radicalizar sua presidência na direção de seus apoiadores originais mais fanáticos. Como se já estivéssemos em campanha novamente. Ele é quem decide.

Todos os analistas políticos daqui, imagino que também os daí, têm dito que o Presidente parece imitar Trump ao focar cada vez mais claramente em seus apoios primais. Ele não vai vir pra o Centro do espectro, não vai mudar, a sombra da eleição já está sobre nós.

É claro que é melhor para o país que Paulo e Roberto Neto permaneçam em seus postos, e que não olhem para os lados, melhor ainda se não houver distrações. Não sei se acredito muito nessa coisa da bolha: já fui membro de uma equipe econômica que exalava autonomia e independência, você também, e ambos sabemos que não é bem assim.

Mas é bom fazer de conta que sim, casamento arranjado é assim mesmo, pois são exatamente como as coalizões políticas. Aliás, é disso que se trata. Há fingimentos obrigatórios, aparências precisam ser mantidas a todo custo, mas é preciso cuidado com os exageros.

Não sei como era no seu tempo, na minha época toda essa dinâmica girava em torno da capacidade da equipe econômica colocar na rua um programa de estabilização — que os políticos viam como uma mágica que lhes elevava instantaneamente a popularidade, sobretudo quando tinha congelamento e episódios policialescos. O prazo de validade da equipe era limitado pelo momento em que a mágica era revelada. Éramos fortes dentro do prazo, e totalmente descartáveis no momento seguinte. A Grande Arte aqui — falemos francamente — é manter o trabalho sempre incompleto, criando agendas prolongadas e convencendo a liderança que a mágica é, na verdade, um longo processo. Nem sempre cola. O fato de ser verdade não quer dizer que será convincente. Os presidentes não gostam de se sentir tutelados, nem mesmo por um imperativo histórico. Nós fomos longe, seguindo esta receita.

Agora é diferente, pois não há mais hiperinflação. As atenções se concentram nos doze milhões de desempregados. Ficamos mais parecidos com outros países, e com isso fica mais claro, inclusive aos políticos, que não existe mágica, nem mágicos. A vida fica mais difícil para o tecnocrata.

Passei a admirar mais ainda o ministro Guedes e meus outros amigos que estão trabalhando com ele, empurrando pedras morro acima, sobretudo o Secretário de Privatização Salim Mattar, pois têm demonstrado frieza, maturidade e profissionalismo, mesmo diante das situações mais grotescas. Que tenham vida longa e infinita paciência para estender seu prazo de validade o máximo possível.

Notas

1. CAMPOS, Roberto, *A lanterna na popa*. Rio de Janeiro: Topbooks, 2019. p. 1278.
2. Lembra da "lei do Limite Geográfico da Lógica": Por ter sido inventada pelos gregos do hemisfério Norte a lógica não tem validade no hemisfério Sul.
3. FRANCO, Gustavo H. B., *As leis secretas da economia: revisitando Roberto Campos e as leis do Kafka* (Rio de Janeiro: Jorge Zahar, 2012), que estendia "uma reformulação das leis do Kafka" publicado em *A técnica e o riso*, de Roberto Campos (Rio de Janeiro: APEC, 1976).
4. Apresentação à edição brasileira de P. A. Mendonza et al., *Manual do perfeito idiota latino-americano* (Rio de Janeiro: Bertrand Brasil; Instituto Liberal, 1997, pp. 12-3).
5. De "Por que não sou de esquerda (…) nem de direita (12/02/1992)" publicado em *Antologia do bom senso*, de Roberto Campos (Rio de Janeiro: Topbooks; BM&F, 1996, p. 102).
6. Por exemplo, Pedro Hoeper Dacanal, com "A conversão de Roberto Campos", trata de trazer à luz o acontecimento de sua conversão de Campos, de desenvolvimentista em liberal. Ver também Maria Alejandra Madi, "A vanguarda do pensamento conservador: as ideias econômicas de Roberto Campos" em Tamás Szmrecsányi e Francisco da Silva Coelho, *Ensaios de história do pensamento econômico no Brasil contemporâneo* (São Paulo: Atlas, 2007), e Ricardo Bielshowsky, *Pensamento econômico brasileiro: o ciclo ideológico do desenvolvimentismo* (Rio de Janeiro: Contraponto, 2004).
7. FRANCO, Gustavo H. B., "A primavera liberal". *Interesse Nacional*, ano 11, n. 44, jan./mar. 2019.
8. ALMEIDA, Paulo Roberto de (Org.), *O homem que pensou o Brasil: trajetória intelectual de Roberto Campos*. Curitiba: Appris, 2017; MARTINS, Ives Gandra da Silva; Castro, Paulo Rabello de (Orgs.), *Lanterna na proa: Roberto Campos ano 100*. São Luís: Resistência Cultural, 2017; Ernesto Lozardo, *Ok, Roberto, você venceu: o pensamento econômico de Roberto Campos*. Rio de Janeiro: Topbooks, 2018.
9. FRANCO, Gustavo H. B., "A primavera liberal", 2019.
10. *Apud* Elena Landau, "Deixem o liberalismo fora disso". *O Estado de S. Paulo*, São Paulo, 3 ago. 2019.

11 TRINDADE, Marcelo, "O desafio liberal". *O Globo*, Rio de Janeiro, 3 ago. 2019.

12 No programa *Roda Viva* do dia 30/07/2018, o então deputado Jair Bolsonaro afirmou que votou contra o Plano Real, explicando tratar-se da Medida Provisória que criou a URV (MP 434, de 28/02/1994) convertida na Lei 8.880/94. O deputado alegou que seu voto foi determinado pelo fato de que a inflação dos meses de janeiro e fevereiro de 1994, totalizando exatos 97%, segundo suas contas, não foi considerada no cálculo da conversão em URV dos salários dos militares. A alegação não procede, conforme pode ser visto pelo texto do art. 22 da referida lei, que definia a conversão pela média dos vencimentos, soldos e salários dos servidores civis e militares. Só é possível conjecturar sobre os cálculos do entrevistado, que parecem indicar que sua expectativa era um reajuste pelo "pico" quando houve um reajuste pela média.

13 *Apud* "Guedes diz que mulher de Macron 'é feia mesmo'", *O Globo*, Rio de Janeiro, 6 set. 2019, p. E22.

14 WEITZ, John, *Hitler's banker: Hjalmar Horage Greeley Schacht*. Boston: Little, Brown and Company, 1997. p. 183. Tradução livre.

15 O personagem é polêmico, para dizer o mínimo, e há pontos de vista bem negativos sobre ele. Como em John Weitz *Hitler's banker*: Hjalmar Horace Greeley Schacht Boston, Little, Brown and Company Editors, 1997.

16 FRANCO, Gustavo H. B., Prefácio para *Setenta e seis anos de minha vida*, de Hjalmar Schacht (São Paulo: Editora 34, 1999). Registre-se que Schacht chegou a acumular a presidência do banco central e do ministério da Fazenda alemão entre 1933 e 1939, mas acabou preso pelos nazistas, pelos aliados e depois pelos tribunais alemães de de-nazificação. Schacht foi um de três réus absolvidos em Nuremberg.

17 Trata-se do relato, no capítulo 12 de *A lanterna na popa*, quando você conta sobre a criação do Banco Central e começa dizendo que "no Brasil, há leis que pegam e leis que não pegam. A que criou o Banco Central não pegou. É que o Banco Central, criado independente, tornou-se depois subserviente. De austero xerife passou a devasso emissor" (Rio de Janeiro: Topbooks, 2019. p. 669). Em seguida você conta que Costa e Silva, por influência do Delfim, queria trocar todos os dirigentes do BC, mas eles tinham mandatos. Você foi dizer ao general que isso ia pegar mal,

pois o BC era o "guardião da moeda", quando Costa e Silva o interrompeu e exclamou: "O Guardião da moeda sou eu" (*ibid.*).

18 Curiosamente esta mesma conclusão emergiu em uma audiência no Senado, quando o ministro Guedes afirmou que os governos que antecederam o de Bolsonaro eram todos de esquerda e "social-democratas". Primeiro a perguntar na audiência pública da Comissão de Assuntos Econômicos (CAE) do Senado com Paulo Guedes, Tasso Jereissati (PSDB) mostrou um certo incômodo com a fala do ministro, que tratou o governo de Fernando Henrique Cardoso como "de esquerda". "Eu queria entender", disse Tasso, "como um governo que tinha na equipe econômica gente como Pedro Malan, Edmar Bacha, Pérsio Arida e outros, pode ser tratado como de esquerda?" "Gustavo Franco é um comunista perigosíssimo", brincou Tasso em tom de ironia. (Em Fábio Campos, "Guedes diz que era FHC foi de esquerda e Tasso ironiza: 'Gustavo Franco é comunista perigoso'". *Focus.jor*, 27 mar. 2019.)

VISCONDE DE MAUÁ
José Luiz Alquéres

Irineu Evangelista de Sousa nasceu em 1814 no atual estado do Rio Grande do Sul. Sua mãe era de uma família bem estabelecida e culta, tendo sido ela quem ensinou as primeiras letras ao filho. Devia ser muito boa nisso, pois foi este o período em que Irineu teve maior orientação em seus estudos. Foi praticamente um autodidata em tudo mais que aprendeu pelo resto da vida. Seu pai era um simples comerciante de gado.

O gado para fabricação do charque (charque é uma carne salgada e seca ao sol com o objetivo de mantê-la própria ao consumo por mais tempo) era o produto de maior importância da região dos pampas. Quando Irineu mal completara cinco anos, seu pai foi assassinado no Uruguai. A história consagra uma versão de que o crime se deu "por engano". Há, porém, outra versão que conta que o assassino era um ladrão de gado. Nas frequentes tropelias pelo vasto pampa, onde brasileiros e uruguaios viviam comercializando, guerreando ou roubando gado uns dos outros, esta morte ficou mal explicada. Talvez por isso, a fixação de Irineu, pelo resto da vida, em ter um nome limpo. Isto o levou a um extremo rigor em suas práticas comerciais. Muitas vezes tomou para si responsabilidades financeiras além das que lhe competiam. Tinha por intuito evitar de qualquer maneira causar prejuízos para terceiros. Nunca pediu a falência de ninguém.

Às vezes, um ou outro comentário maldoso sobre o pai, ao ser captado pelos sensíveis ouvidos de uma criança, deixa marcas profundas. O que sabemos é que Irineu era obsessivo tanto no trabalho como na defesa de sua reputação, preocupado em legar a seus filhos um nome ilibado.

Órfão, suas companhias eram a irmã Guilhermina, um pouco mais velha, e a mãe, sempre presentes. Aos nove anos, porém, sofre outro choque. Um pretendente que queria desposar sua mãe deixa claro que só o faria se não tivesse que "criar filhos de outro". A mãe providencia rapidamente um casamento para Guilhermina, de apenas 12 anos de idade, e coloca o menino Irineu sob a guarda de um tio, piloto de um navio a serviço da Casa Pereira de Almeida, grande atacadista no Rio de Janeiro.

Deveria certamente ser muito sem perspectivas a vida de uma viúva solitária na sociedade machista do século XIX. Aceitar tal afastamento dos próprios filhos é algo que nos surpreende. Naturalmente, a separação da família pesou em Irineu e influenciou o seu comportamento ao longo da vida.

A convivência até nove anos de idade em uma casa sem a figura masculina do pai não só o estimulou a perseguir conhecimentos de leitura, escrita e contas, mas, sem dúvida, fez com que o menino captasse também a visão pragmática da vida que a mãe possuía. Certamente, as condições nas quais vivia o faziam sentir como o homem da casa. O afastamento marcou, além do precoce rito de passagem para homem, o desejo de recompor sua família quando possível.

Graças às boas relações do tio, irmão da mãe, que o trouxe para o Rio de Janeiro, foi empregado na importante casa comercial do português Antonio Pereira de Almeida, emprego na época restrito a aprendizes naturais de Portugal.

Desde o início, o jovem se distinguiu pela dedicação ao estudo e ao aprendizado com os mais experientes. Dormia sobre os balcões do armazém. Com a pequena poupança que conseguia fazer, comprava livros para estudar e enviava todo mês uma pequena quantia para a mãe.

Aos 13 anos já era o principal empregado da casa, tendo aproximado seu empregador dos parentes que produziam charque no Rio Grande, o que gerou bons resultados. Os negócios do patrão português, porém, não sobreviveram ao fim da economia mercantilista e às crescentes restrições ao tráfico promovidas pela Inglaterra, que, na época, estava focada em garantir mercados para sua indústria nascente e queria dominar o comércio de ambos os lados do Atlântico Sul.

Quando seu patrão foi forçado a liquidar os negócios, Irineu, com apenas 14 anos, já era seu principal assessor. Ele orientou o ex-chefe a melhor vender seus ativos comerciais preservando fazendas em Minas para as quais ele se retirou. Tempos depois, o imperador conferiu a Pereira de Almeida o título de barão de Ubá.

Naqueles anos que se sucederam à proclamação da Independência, sob o reinado de Pedro I, o país vivia um conturbado período de rivalidade política entre portugueses (predominantes no comércio) e brasileiros.

O patrão, ao vender a sua casa comercial a um negociante escocês — Richard Carruthers —, recomendou, "como uma joia", Irineu, o seu melhor empregado. A ida para a Casa Carruthers — comercial e financeira (pois esta fornecia crédito para as empresas e pessoas com quem comercializava) — vai representar uma nova revolução na vida de Irineu.

Em Carruthers ele encontrou sua maior referência profissional e, afetivamente, o pai que não teve. Aprendeu inglês, contabilidade e teve acesso a livros de economia, na época onde se respirava um ar liberal trazido pela abertura dos portos, pelos pequenos manuais para o comércio escritos por José da Silva Lisboa, conhecido como Visconde de Cairu, e pelos conceitos de Adam Smith.

Havia na época a proteção alfandegária aos comerciantes ingleses e os negócios de Carruthers dispararam de valor. Sua casa comercial na rua Direita (hoje Primeiro de Março) tornou-se uma das maiores e das mais respeitadas do Rio. Irineu aprendeu que, além de negociar, ter um olho nas regras do jogo definidas pelo governo é essencial para antecipar seus movimentos comerciais. Uma das suas inovações foi acompanhar os negócios fazendo a dupla contabilidade, em libras e em contos de réis. No futuro, acrescentou também a contabilidade indexada no ouro.

Em 1839, Carruthers regressou para sua terra de origem e deixou aqui Irineu na qualidade de sócio minoritário, em vez de pura e simplesmente vender a empresa, o que seria o usual. O jovem Irineu, administrando os prósperos negócios, adquiriu uma boa chácara em Santa Teresa, então bairro elegante da cidade. Ele já havia conseguido fazer com que sua mãe (viúva novamente) viesse do Sul para viver com ele, reunindo novamente a família. Com a mãe veio a neta, Maria Joaquina, ainda no colégio. Todos os dias levava sua sobrinha à escola. Vendo-a na mesma idade em que se separara da irmã, ele volta a sentir aquelas distantes sensações da criança que ele fora até sair do Rio Grande. E começa a redescobrir o que é uma vida familiar, ele que fora dela arrancado tão cedo.

Os negócios decolaram. A frequente correspondência entre Irineu e Carruthers supriu Irineu de conselhos e lhe deu uma visão do que se passava no mundo naquele século do esplendor da Revolução Industrial e da predominância mundial da Inglaterra. Esta, recuperada e de certa forma liberada de seus encargos com sua colônia norte-americana, transformou-se em um império comercial global. Lá se sucediam grandes invenções no campo fabril e da infraestrutura que mudaram a face do mundo. Irineu atravessou bem, do ponto de vista comercial, os anos da menoridade de Pedro II, apesar de todas as flutuações na economia que as inúmeras crises políticas provocaram.

Quando Pedro II subiu ao trono, em 1841, sua vida estava financeiramente consolidada. Sua irmã, agora viúva, já se juntara à mãe e à filha e a união familiar, rompida pela distância, se restabeleceu, dando a Irineu — ao lado do orgulho profissional — a realização do sonho que desde a infância havia acalentado.

Nessa ocasião Irineu fez sua primeira viagem à Inglaterra onde, por meio dos contatos de Carruthers, se relacionou com a elite de comerciantes e banqueiros. Ficou deslumbrado com as indústrias mecânicas e metalúrgicas que visitou. Descobriu nas residências em que foi acolhido que a vida familiar era perfeitamente passível de ser harmonizada com o mundo de negócios. Carruthers, um misantropo, poderia ser modelo para o mundo comercial, mas não era para a vida de família. Daí em diante Irineu passou a ver a vida e os negócios de forma diferente.

Quando voltou ao Brasil, tinha claro o que queria fazer. Casou-se com a sobrinha, com quem viveu muito bem. O casal teve 18 filhos, muitos falecidos no parto ou tão pequenos que sequer conhecemos seus nomes. May, como ele tratava a mulher, foi uma esposa exemplar, boa mãe, boa companheira em todas as vicissitudes que a vida lhe proporcionou. E, quando necessário, independente, viajando sozinha para fazer companhia na Inglaterra à filha quando esta foi para lá estudar ou, mais tarde, passando temporadas com a moça, depois que ela se casou.

Ele se mudou em 1845 para uma casa maior na rua do Catete, para poder frequentar mais amiúde a sociedade. Foi um pai amoroso que mimou os filhos. Era assinante de dezenas de revistas técnicas e de negócios que lia até altas horas para se manter ao corrente do que se passava no mundo.

Poucos anos depois, colocou em prática uma total guinada nos negócios. Afastou-se das transações comerciais e tornou-se o que hoje denominaríamos um "banqueiro de investimentos" e acionista controlador de um conglomerado de empresas.

Este ponto é importante porque é comum vermos decantadas as virtudes de "Irineu, o industrial", quando, na verdade, de seus 22 negócios principais apenas quatro foram indústrias — das quais duas ligadas à agropecuária. Ele foi eminentemente um banqueiro.

Seu primeiro grande negócio nesta nova fase, no entanto, foi de fato uma indústria. Ali ele incorporou muito do que aprendeu no Brasil e na Inglaterra. Ciente que a elevação das tarifas de importação instituída pelo ministro da Fazenda Alves Branco, do novo ministério liberal de Pedro II, criaria a oportunidade de "substituir importações" e favorecer a produção no Brasil de várias máquinas e equipamentos até então vindos do estrangeiro, Irineu adquiriu pequenas oficinas em 1846 e construiu o estaleiro e as instalações fabris da Ponta da Areia. Teve a prudência de lançar o negócio apenas depois que obteve o contrato de fornecimento de tubos para o abastecimento de água no Rio de Janeiro. Importou técnicos da Inglaterra e operários especializados. Dividiu o capital do estaleiro com outros investidores.

Da fabricação dos tubos em ferro fundido para a água no Rio se sucederam a fabricação de rebocadores para a companhia que criou com comerciantes no Porto do Rio Grande e navios para a empresa de navegação do Amazonas, que fundou a pedido do governo. Produziu também navios para a Marinha de Guerra do Brasil. Empregou sempre os melhores engenheiros, os ingleses, e valorizou o mérito de seus colaboradores, os quais fez participar do resultado dos negócios.

Foram incontáveis as dificuldades de treinar operários nas especializações necessárias para esta produção diversificada. Em alguns casos, teve que treinar escravos face à recusa dos brasileiros em relação a este tipo de trabalho industrial, considerado indigno.

O país teve um surto de progresso e melhoria das finanças, o que ensejou obras públicas. A principal receita do Tesouro era a renda da Alfândega, que, com as alíquotas de importação mais altas, subiu expressivamente. Irineu montou em seguida, com acionistas privados, o Banco do Comércio e Indústria do Brasil, em 1851, que, anos depois, foi estatizado como Banco do Brasil.

Nesta época seu relacionamento com os políticos e com os ministros já era grande e seu modelo de negócios passou a ter como característica o empreendedorismo pelo lado da produção ou execução dos serviços, conjugado a criar um bom *network* com o governo. Amarrou sempre a destinação do que produziu com contratos de fornecimento para o governo, para empresas do seu grupo ou para consumidores atendidos em concessões do serviço público.

A aproximação com o governo foi, desde então, fonte de lucros e prejuízos, mas sempre trazendo como "subproduto" defeitos muito humanos, especialmente comuns no Brasil: inveja e maledicência, como nossa sociedade costuma brindar os bem-sucedidos. Irineu não conseguiu seguir a lição de Carruthers — "manter o governo à distância". A escala de seus negócios, os apelos de ministros que passou a atender (mesmo com a opinião contrária de seus associados) fizeram com que seu envolvimento com os gestores do governo aumentasse continuamente.

Neste clima, a assistência humanitária que ele havia prestado aos líderes da Revolução Farroupilha em 1843, alguns ligados a seus parentes gaúchos e que então estavam presos na fortaleza das Lages, voltou a ser explorada pelos áulicos interessados em torná-lo, para sempre, suspeito aos olhos do imperador. Além de ganhar dinheiro — um pecado naquela sociedade atrasada — o fato de tê-lo gasto com inimigos do imperador foi uma pecha da qual nunca se livrou. Apesar de ser monarquista e na ocasião das visitas aos presos ter publicado um artigo se eximindo de qualquer adesão política aos Farrapos, neste episódio acabou sendo mal falado por ambos os lados.

A Companhia de Navegação do Amazonas foi um de seus bons investimentos desta época porque para ela recebeu o monopólio da navegação no rio e em seus afluentes. Para o governo, a companhia monopolista foi uma saída importante, pois o país estava envolvido em uma política dúbia: ao mesmo tempo em que, praticando o monopólio, fechava o Amazonas às pretensões estrangeiras, na mão oposta, defendia no Sul do país a internacionalização da navegação no Rio da Prata (o que contribuiu para o início da Guerra do Paraguai).

Irineu também venceu a licitação para a lucrativa concessão de iluminação pública a gás para o Rio de Janeiro. Tornou-se assim, em poucos anos, a maior expressão econômica do país, controlador das suas cinco maiores empresas privadas.

Foi aclamado em 1846 para presidir a Associação Comercial do Rio de Janeiro, que iniciou uma nova fase da sua existência e teve anos gloriosos sob a sua presidência e de vários sócios seus até a longa gestão do Visconde de Tocantins, irmão do Duque de Caxias, que a presidiu de 1862 a 1884. Mauá e Caxias foram companheiros da maçonaria, uma das formas de se construir relacionamentos e participar da vida política naquela época.

Muito próximo aos ministros do gabinete liberal — que deve ser entendido como federalista e internacionalista — além de ter atendido a muitos pequenos pedidos do governo, Irineu atendeu a um pedido insólito em 1850: com a condição de não mencionar que teria agido por solicitação do governo brasileiro (apelo do então poderoso amigo ministro Paulino de Sousa), abriu uma casa bancária no Uruguai e aplicou uma discricionária política de crédito em benefício de uma das facções políticas locais.

É importante lembrar que os bancos na época emitiam moeda ou títulos que eram negociados como se fossem moeda. Isto expandia o meio circulante. Este negócio bancário no Prata, em particular, e seus desdobramentos o envolverão praticamente até o fim da vida, ora ganhando ora perdendo, sempre com grandes créditos a receber do governo uruguaio. E sempre carente do apoio oficial brasileiro para receber seus créditos.

A partir de 1855, passou também a ser eleito e sucessivamente reeleito por quase vinte anos como deputado pelo Rio Grande do Sul, filiado ao Partido Liberal. Publicou frequentes artigos nos jornais onde defendia teses liberais, as suas empresas e, quando necessário, o seu bom nome.

A frequência com que visitou o Uruguai e suas planuras, que o remetem às da sua infância, o fez adquirir grandes extensões de terra e acumular a enormidade de 250 mil cabeças de gado nos seus 250 mil hectares em torno da estância, em Mercedes.

Em 1852 implantou a primeira ferrovia do Brasil, um trecho plano ligando um porto no interior da baía de Guanabara — hoje chamado Mauá — à raiz da Serra da Estrela. Em Mauá se chegava por uma linha de pequenos barcos a vapor, também de sua propriedade, que partiam da Prainha, hoje a praça Mauá, no Centro do Rio de Janeiro.

Na cerimônia de início das obras da ferrovia, fez com que o ilustre convidado imperador manuseasse uma pá (a verdade é que era feita de prata) e um carrinho de mão (de jacarandá, madeira nobilíssima). Fez também um belo discurso enaltecendo o trabalho como fonte do mérito e criação de riquezas. Tudo isso, porém, serviu de combustível para que seus detratores espalhassem maledicências no sentido de que a intenção de Mauá era diminuir o popular imperador, o que aumentou a rejeição pessoal de muitos contra Irineu.

O discurso apologético do valor do trabalho sobre o capital, que fez no lançamento da pedra fundamental da ferrovia, não deixa de ser interessante se a ele referenciarmos os versos da então já velha de dois séculos fábula de La Fontaine: *Travaillez prenez de la peine. C'est le fonds qui manque le moins* — que toda criança instruída recitava de cor no original em francês para celebrar a primazia do trabalho sobre o capital.

Lembremos que este discurso de Mauá ocorreu quatro anos após 1848, o ano das revoluções sociais na Europa e do Manifesto do Partido Comunista, de autoria de Marx e Engels, obra certamente do conhecimento de Irineu e do imperador. O imperador, partidário da aristocracia das grandes propriedades rurais, conservador, pressionado por seus ministros (que reconheciam a fundamental importância de Mauá para a concretização de qualquer projeto público de grande porte), neste dia concedeu a Irineu o título de barão de Mauá. O povo, despeitado, invejoso e já impregnado pelas versões que manchavam o nome de Irineu, comentava: "Certamente mal há!"

Em verdade, o espírito do partido conservador era retrógado e fixado no imobilismo social, desprezando as novas formas de enriquecer. Vale citar o ponto de vista de célebres intelectuais ingleses, conforme destacado no livro *The Club — Johnson, Boswell And The Friends Who Shaped An Age*,[1] que trata dos encontros havidos entre uma confraria de personagens ilustres da vida cultural britânica cerca de sessenta anos antes do momento histórico de Mauá. Este livro destaca o seguinte: "*Conservative Whigs, like Gibbon and Burke were convinced that power must be centered in a landed oligarchy. That was the class they thought, that has the greatest stake in the good of the nation, whereas merchant and speculators were enriching themselves at the nations expense.*" Em tradução livre, quer dizer que Burke e Gibbons (renomados político e historiador, respectivamente) ambos adeptos do mais puro pensamento conservador, acreditavam que o poder deveria estar fundamentado em uma oligarquia proprietária de terras. Esta seria a classe social que, segundo estes pensadores, detém o maior interesse no bem da nação — enquanto a classe dos que vivem de comércio e especulações financeiras visavam somente enriquecer às custas da nação.

Mauá, estando com frequência no Uruguai, acabou se envolvendo em negócios na vizinha Argentina. Lá, tornou-se o banqueiro pessoal de Urquiza, o todo poderoso da província de Entre Rios e, a um tempo, presidente da República Argentina. Criou um Banco na Argentina com três filiais.

Suas dificuldades políticas se agravaram a partir do momento em que os ministros brasileiros tomaram ciência de seus negócios na região do Prata. Este local era o palco de um conflito que opunha o Brasil e o governo da província de Buenos Aires. Onde o homem forte era Rosas, defensor de um estado unitário sob sua presidência e inimigo de Urquiza. Adicionalmente, no Uruguai, o banco de Mauá havia dado apoio financeiro ao presidente Berro (do Partido Blanco), que veio a ser deposto e substituído pelo presidente Venancio Flores (do Partido Colorado), este apoiado pelo governo brasileiro. Tal manobra foi desastrosa para os negócios locais de Mauá, pois impediu que ele recebesse os créditos referentes a emissões de títulos ordenadas pelo antigo presidente.

Neste período abundaram suas idas e vindas à região. Na Argentina, também na visão do governo brasileiro, se alinhou do lado errado, pois lá se consolidou o domínio de Bartolomeu Mitre com a predominância da província de Buenos Aires sobre as demais, enquanto Mauá — ainda que discretamente — preferia a formação de uma federação entre Uruguai, Entre Rios (de Urquiza) e Corrientes. Hoje estes personagens vivem na nomenclatura de ruas no bairro do Leblon, no Rio de Janeiro.

Deste momento em diante, Mauá não se livrou de acusações de querer colocar o governo a seu serviço. O Brasil, esquecido da origem de tudo, se recusou a apoiá-lo em suas demandas aos novos governos da região, coisa que os Estados Unidos, a Inglaterra e a França sempre faziam em defesa do interesse de suas empresas.

No Brasil ele havia sido solicitado a ajudar, apesar de não ter interesse econômico, no projeto estatal da ferrovia para São Paulo, a Estrada de Ferro Pedro II. Ele não deixou de notar que esta empresa estatal que ainda não começara as operações já contava com 11 diretores enquanto a sua própria, uma empresa operante, tinha apenas dois. De toda forma, ajudou o seu presidente, Cristiano Ottoni, em várias oportunidades. Com

Cristiano e com os irmãos Rebouças, grandes engenheiros do Império, teve sempre as melhores relações e facilitava o acesso a seus contratados, os engenheiros ingleses que invariavelmente trazia para seus projetos.

Em uma decisão mal pensada, ele pagou, a pedido de seus contatos ingleses, um reajuste solicitado pelo empreiteiro inglês da Estrada Pedro II. Esse pagamento se referia a *claims*, ainda não aceitos pelo contratante brasileiro, da Estrada de Ferro Pedro II. Mauá adiantou o pagamento a pedido dos ingleses porque sabia que a recusa afetaria a credibilidade do país. Muitos anos depois, esgotadas as tratativas amistosas, a ação judicial que Mauá propôs para receber este substancial adiantamento mobilizou o governo contra o pagamento. A causa se arrastou por mais de uma década sem sucesso para Mauá.

Ele promoveu a construção da ferrovia Santos-Jundiaí com muita dificuldade na relação com o governo. Esta só deslanchou quando acolheu um bem relacionado barão como acionista principal, o que assegurou a garantia do Tesouro ao pagamento de dividendos mínimos por parte da empresa. A pedido de investidores ingleses, ainda se envolveu em uma problemática ferrovia do São Francisco a Recife.

Cabe esclarecer que estes pedidos dos investidores ingleses mencionados nos parágrafos anteriores eram atendidos porque, na Europa, Mauá era considerado Brasil. Um eventual *default* do Brasil repercutiria em todos os seus negócios. E isso é o que ele procurava prevenir, embora desconfiado da veracidade das promessas de seus amigos no governo — que diziam que o Brasil honraria as dívidas. Mauá, diga-se de passagem, nunca criticou no exterior o seu país, cioso da dificuldade de se manter a reputação frente aos mercados. Quanto a isso nada mudou nos mercados financeiros: o risco país contamina o *rating* de suas empresas.

Em 1861, ao receber as notícias do início da Guerra de Secessão nos Estados Unidos, previu que seria longa e cruenta e ofereceu aos sócios saírem da sociedade. Fez operações financeiras e cambiais arriscadas, mas condizentes com suas expectativas. Com isso, auferiu pessoalmente grandes lucros financeiros, que aportava em suas companhias que sofreram com a recessão dos negócios.

No Sul, o Brasil enfrentou entre 1864 e 1870 a Guerra do Paraguai. Houve sucesso na frente naval — a Batalha do Riachuelo em particular — graças aos navios construídos na Ponta da Areia. Mauá foi, porém, excluído de qualquer suprimento lucrativo ao Exército, o que foi na ocasião o maior sorvedouro de recursos públicos. Nem por isso deixou de acudir necessidades de suprimento ao Exército brasileiro a pedido se seu amigo o Duque de Caxias.

Em 1870, ao final da Guerra do Paraguai. A retomada dos negócios encontrou um país endividado. Uma nova classe política emergente, formada de militares e classe média, e uma maior pressão pela abolição da escravidão. Aos 56 anos de idade, Mauá estava esgotado, com problemas de saúde e suas empresas com enormes créditos a receber na Argentina, no Uruguai e da estatal Estrada de Ferro Pedro II. Além disso, absorveu sua quota de sacrifício na falência da Casa Bancária de Antônio de Sousa Ribeiro, envolta em longa disputa judicial, plena de chicanas e procedimentos protelatórios, já usuais desde aquela época em nossa justiça.

Todo este tempo foi hostilizado pelo governo, pelo Congresso e pela imprensa. Tendo usado fundos próprios para pagar dívidas da Ponta da Areia e da Ferrovia Pedro II, estava com um permanente e dramático problema de liquidez.

Ele havia também, apesar das resistências domésticas, adquirido o antigo palacete da Marquesa de Santos, tendo se tornado vizinho do imperador. Construiu também uma bela casa em Petrópolis em frente ao Palácio de Cristal. A mãe e a "sogra-irmã" moravam com ele e se implicavam o dia inteiro. Com a inata espertezza matuta, ficaram temerosas da interpretação que o "desafeto e vizinho" (nada menos do que o imperador d. Pedro II) poderia dar a esta iniciativa de Mauá se aproximar fisicamente de seus domínios. Irineu tinha que frequentemente acalmar as duas velhas ranzinzas. A esposa May o ajudava no que podia...

Nestes anos e nos subsequentes, sempre batalhando em todas estas frentes, Mauá seguiu inovando. Em primeiro lugar, consolidou as participações nas diversas empresas que detinha em uma única empresa holding do conglomerado de suas participações, o que lhe proporcionou musculatura financeira e patrimonial.

Segundo, para reforçar o caixa do conglomerado, alienou participações extremamente lucrativas como a da iluminação a gás no Rio de Janeiro e a da Companhia de Navegação do Amazonas.

Terceiro, promoveu investimentos em pesquisa de métodos de conservação da carne e aumento da eficiência nas enormes propriedades agrícolas que agora a empresa holding possuía. Obteve grande sucesso nesta área com sistemas de cozimento das carnes, viabilizando um maior tempo de conservação, ampliando o seu alcance comercial e com a pioneira utilização de tratores a vapor para arar o campo.

Por fim, o quarto ponto foi recorrer frequentemente a negociações diretas das dívidas com credores e investidores para redefinir termos de operações anteriores, ou para ganhar mais prazo. Obtinha sucesso em tais negociações graças ao seu excelente conceito.

Foi apologista de uma posição muito liberal no tocante ao meio circulante, advogando uma liberdade de emissão por bancos privados. Ele explorou esta tese em vários artigos publicados em jornais. Como sabemos, não vingou.

Com filhos pequenos e adolescentes e ainda enfrentando um período de enfermidades recorrentes de sua esposa (que vão inclusive requerer sua internação na Suíça), encontrou ânimo para propor a criação de um grande banco internacional em sociedade com os maiores financistas de então — Lionel Rothschild e outros — e investidores de prestígio, como o ex-primeiro ministro inglês Gladstone. Visava com isso neutralizar bancos concorrentes estrangeiros que já haviam causado perturbações no mercado uruguaio e se instalavam então no Brasil.

O projeto deste grande banco acaba não saindo do papel frente a pressões do barão de Penedo sobre os sócios estrangeiros. Penedo, o embaixador brasileiro na Inglaterra, era intermediário remunerado por Rothschild nos empréstimos que este fazia ao Brasil. Ele deixou claro para os possíveis sócios de Mauá o risco de não mais haver operações com suas casas matrizes caso persistissem em se associar a Mauá. Se o fazia em interesse próprio, a pedido de Pedro II ou do Brasil, nunca ficou claro.

Surpreendentemente, neste período recebeu a concessão do cabo submarino Brasil–Inglaterra, porque, gostando ou não, o governo sabia que ele era o único capaz de levá-la a termo. Abriu mão de qualquer remuneração, mas, nem por isso, se livrou de ataques e acusações de favorecimento. Realizou o trabalho em prazo recorde. Na inauguração, em 1874, recebeu do imperador, reconhecido, o título de visconde (com grandeza) de Mauá. No evento, d. Pedro II trocou telegramas com o Papa e com a rainha Vitória. Desta vez foi do próprio imperador (e não de seus ministros) a iniciativa da comenda.

O peso de dívidas passadas assumidas em resposta a apelos governamentais se tornou insustentável e ele não conseguiu vender ativos na velocidade que produzisse fundos para quitá-las. Impossibilitado de honrar seus compromissos financeiros pela recusa do Banco do Brasil lhe emprestar três mil contos (sobejamente cobertos pelas garantias que oferecia, diga-se) teve que requerer concordata. Esta lhe foi deferida em 1875 para ser cumprida no prazo de três anos.

Ao final deste período de três anos, honrou 61 mil contos de um total de 98 mil contos, ou seja, cerca de 60% do total do descasamento que havia gerado a concordata. Para dar uma ideia da escala, os 98 mil contos equivaliam a 94% das receitas anuais do governo brasileiro.

Solicitou então prazo adicional para quitar o resto, o que não lhe foi deferido, tendo sido decretada a sua falência em 1878. Isto lhe causou extrema comoção. Todos os seus bens, inclusive roupas e alfaias domésticas, foram vendidos em leilão. Algumas peças foram adquiridas por amigos e devolvidas ao visconde. Ali escreveu sua memorável *Exposição aos credores e ao público*, por vezes denominada sua autobiografia, que acaba com um penúltimo parágrafo memorável:

> Só me resta fazer votos para que, no meio século que se segue, encontre meu país quem se ocupe dos melhoramentos materiais de nossa terra com a mesma fervorosa dedicação e desinteresse (digam

o que quiserem os maldizentes) que acompanhavam os meus atos durante um período não menos longo, serviços que tiveram por recompensa um procedimento desnecessário, pois este ato de poder judiciário (a falência) só pode dar-se porque a legislação insuficiente que possuímos a respeito dos interesses monetários, desconhece o verdadeiro princípio em que se assentam esses interesses — a liberdade das convenções.

Colaborou com os liquidantes na alienação de ativos remanescentes e com as receitas obtidas quitou todas as pendências, caso absolutamente inusitado. Com isso, em 1884 recebeu do amigo e ministro Miguel Calmon du Pin e Almeida a carta de reabilitação plena para exercício de qualquer atividade comercial e bancária. Pela primeira vez na vida pública, chorou de emoção. Tinha sua esposa May ao lado nesta hora.

Ele ainda realizou com sucesso operações através de uma empresa financeira que tinha aberto com 19 sócios, amigos e parceiros de toda vida, na Inglaterra. Em paralelo, no plano pessoal, conviveu mais com a família acrescida de muitos netos.

Sofrendo de diabetes e envelhecido por esta exaustiva vida, o visconde faleceu no dia 21 de outubro de 1889, em Petrópolis. Havia neste dia descido e subido a serra para atender a um compromisso no Rio.

Foi a maior expressão econômica que o Brasil já possuiu, um homem de negócios como os mais avançados do mundo, ético no mais alto grau e marcado pelo trabalho. Meio século depois da morte de Mauá, em 1936, referindo-se a outro contexto, embora aplicável neste, Lorde Keynes escreveu em seu livro *General Theory* (Teoria geral do emprego, do juro e da moeda): "*Most probably our decisions to do something positive, the full consequences of which will be drawn out over many days to come, can only be taken as the result of animal spirits — a spontaneous urge to action rather than inaction, and not as the outcome of a weighted average of quantitative benefits multiplied by quantitative probabilities (...)*" Da mesma forma, e sintetizando tal pensamento de Keynes vemos que esta espontânea decisão de agir em vez de não agir, que caracteriza a essência do chamado "espírito empreendedor", foi também definida por Joseph Schumpeter como "o atributo do empresário dinâmico, a personalização da vitalidade empresarial", conforme descrito em seu livro *Capitalismo, socialismo, democracia*, de 1942.

Mauá foi um homem, portanto, muito avançado para o seu tempo. Viveu no século de grandes mudanças na economia, nas tecnologias, nas relações sociais e trabalhistas. Foi também o momento da consolidação dos países da América do Sul, da partilha da África pelas grandes potências e da formação da Europa Moderna.

A Associação Comercial do Rio de Janeiro — com o orgulho que tenho de antigo presidente — desde seu falecimento se denomina "Casa de Mauá", aquele que sonhou um Brasil grande e rico, eticamente construído pelo trabalho, pela iniciativa privada e inserido na economia mundial.

Nota

1   DAMROSCH, Leo. Connecticut: Yale University Press, 2019.

JOSÉ DA SILVA LISBOA
Pedro Henrique Mariani

Diante do escopo desta coletânea de textos, me ocorre que a escolha da personagem sobre a qual pretendo escrever deve obedecer a três condições: ter para mim algum significado sentimental, ser um economista (minha formação acadêmica e profissional) e representar um tema contemporâneo.

José da Silva Lisboa, o Visconde de Cairu, atende a essas três condições.

Primeira condição

Desde a infância convivi com um quadro que atualmente se encontra na Associação Comercial da Bahia, retratando a chegada de D. João VI à cidade de Salvador da Bahia, em 24 de janeiro de 1808. Foi pintado por Candido Portinari a pedido de meu pai, Clemente Mariani, para ficar exposto na matriz do Banco da Bahia, em Salvador. De forma sistemática, levando-se em conta que na minha infância a economia baiana era fortemente exportadora, era-me ensinado que aquele momento, anterior ao estabelecimento da Corte no Rio de Janeiro, era tão, ou mesmo mais importante, que o objetivo da viagem do Príncipe Regente de Portugal. A minha atenção, ao olhar para o quadro no qual sobressaía para mim a feiura da mãe do Príncipe, era desviada por meu pai para a figura do Visconde de Cairu, que junto com outros saudava a família real. Se eu não entendia então absolutamente nada de economia ou comércio, guardei desde então esse nome como sendo tão ou mais importante que os que pertenciam à realeza portuguesa. O motivo desse destaque na narrativa da transferência da corte portuguesa para o Brasil era a abertura dos portos brasileiros para todas as nações amigas de Portugal, ocorrida naquela cidade quatro dias após a cena retratada.

Segunda condição

José da Silva Lisboa foi o principal divulgador do pensamento de Adam Smith em língua portuguesa no século XIX. A célebre afirmação do pensador escocês, de que os esforços ultramarinos asiáticos dos portugueses e as consequentes novas rotas e competição comerciais eram um dos dois mais importantes eventos da história da humanidade,[1] não o popularizou no governo luso, convicto de que o sistema exclusivo de comércio, monopolizando todas as transações comerciais das colônias através da metrópole, atendia, se não aos interesses estratégicos de Portugal, aos interesses de curto prazo da corte, de contrabandistas e de alguns comerciantes capazes de se beneficiarem com o dito sistema.

De fato, em 1804, 28 anos após a publicação do *Inquérito sobre a natureza e as causas da riqueza das nações*, de Smith, José da Silva Lisboa já expressava no seu *Princípios de economia política* a rejeição aos monopólios como forma de enriquecimento, seja da colônia, seja da metrópole.

É interessante observarmos que, ao longo dos debates sobre a História Econômica Brasileira, duas falácias são utilizadas para diminuir a influência do pensamento de Adam Smith e, consequentemente, do protagonismo de José da Silva Lisboa nos eventos que levaram à Abertura dos Portos Brasileiros através da Carta Régia de 28 de janeiro de 1808.

A primeira é quando a Carta Régia é vista apenas como uma mera troca de metrópole entre Portugal e Inglaterra, um exclusivo comercial idêntico ao anterior, conforme negociado na convenção secreta de 22 de outubro de 1807, ou quando o acordo é confundido com o Tratado de Comércio e Navegação de 19 de fevereiro de 1810, entre os mesmos países.

Sabemos que a proposta inglesa na negociação da convenção secreta de 1807 era a da manutenção de um porto na Ilha de Santa Catarina apenas para navios ingleses, permanecendo todos os outros portos brasileiros fechados para a importação de produtos de qualquer outra nação. O principal objetivo dessa proposta era manter a atividade de contrabando com as colônias espanholas, a qual provavelmente seria exercida também no Brasil. Tal proposta não foi ratificada pelo Príncipe Regente, que, ao embarcar em 29 de novembro, continuava sem um conceito claro de como lidar com o fim do exclusivo comercial metropolitano.

Ao contrário do Tratado de Comércio e Navegação de 1810, a Carta Régia de 1808 não se refere a nenhuma discriminação quanto a países. A única condição é não estarem em guerra com Portugal, ou seja, não submetidos a Napoleão Bonaparte. A ideia de que o conceito de Nação Amiga se referia apenas à Inglaterra é desonesta intelectualmente, ao deixar de considerar os Estados Unidos (à beira de uma guerra com a Inglaterra) e as Índias Ocidentais. O posterior tratado de 1810, sem dúvida um tratado de "reciprocidade cômica" e submissão ao poderio inglês, veio a conceder vantagens tarifárias e legais exclusivamente a pessoas e empresas da Inglaterra; entretanto, esse não foi de responsabilidade de José da Silva Lisboa, mas de Rodrigo de Sousa Coutinho, e a confusão entre os dois é feita por ignorância ou desejo de depreciar a iniciativa de 1808.

A segunda falácia é a da inevitabilidade, ou seja, a Abertura dos Portos ocorreria com ou sem a participação de qualquer protagonista português ou brasileiro, pois, com as tropas francesas em Portugal, não seria possível manter o monopólio da metrópole no comércio com o Brasil. Tal ideia peca por adotar a lógica da falta de alternativas de uma engenharia reversa, ou seja, o projeto da obra só pretende explicar o que observamos quando concluída. A perda dos portos de Portugal para os franceses, ou a constante ameaça de perdê-los, não tornava obrigatório que a abertura do comércio fosse baseada no princípio da isonomia entre nações amigas, muito menos de isonomia com a própria metrópole. Alternativas foram aventadas, como, por exemplo, mudar o destino exclusivo das frotas de comércio com o Brasil para Madeira. Sem dúvida, por determinado preço, a Inglaterra (nem um pouco conceitualmente alinhada com o pensamento do escocês Adam Smith) estaria disposta a propor soluções que mantivessem o monopólio da metrópole, mesmo que sem a participação do território continental português.

Na maturidade de seus 52 anos, José da Silva Lisboa foi o homem certo, com as ideias certas, no lugar certo. Se os conceitos de 1808 viriam a ser desprezados em 1810, ou mesmo se fossem inviáveis no longo prazo pela sua simplicidade de isonomia, eles traziam uma mensagem de privilégio ao livre-comércio, da valorização das trocas entre nações e, em última instância, de busca de otimização das relações econômicas, que guia até hoje os bons economistas. Uma tempestade impedindo a frota do Príncipe Regente de chegar diretamente ao Rio de Janeiro, forçando-a a aportar em uma cidade comercial exportadora com seus armazéns cheios de mercadorias e navios parados, aguardando as novas regras de comércio, criou as condições necessárias para a nossa "tea party", sem fantasias de índios e destruição de propriedade como foi a de Boston em 1773.

O reconhecimento da importância intelectual do futuro Visconde de Cairu foi praticamente imediato, pois apenas um dia após a assinatura da Carta Régia, antecedendo os principais países europeus, um decreto do Regente cria uma "Aula de Economia Política", a ser regida no Rio de Janeiro por José da Silva Lisboa.

Terceira condição

Por último, qual a contemporaneidade de nosso personagem?

Em 2017, último ano do qual temos dados econômicos do Banco Mundial, passados 209 anos daquele 24 de janeiro de 1808, quando foi assinada a Carta Régia de curta vida, sucedida por todo tipo de leis e regulamentos opostos a ela, o Brasil continuava uma economia fechada.

Não pretendo tecer comparações com países menos populosos, voltados para a importação por motivos logísticos ou de especialização, como Holanda, Cingapura, Coreia do Sul e Taiwan. Entretanto, comparando o Brasil com países populosos e de grande PIB, cujo mercado interno poderia permitir a prosperidade da economia com menor abertura para o exterior, encontramos que as quatro maiores economias do mundo — Estados Unidos, China, Japão e Alemanha — são as quatro maiores economias importadoras.

Podemos ignorar também os países seguintes na ordem de PIB, mas com populações menores, França e Reino Unido, que são o quinto e o sexto maiores importadores, e nos voltarmos para uma comparação com países de grandes populações porém não economicamente avançados: Índia, Indonésia, Paquistão, Nigéria, Bangladesh, Rússia e México. O Brasil tem o oitavo maior PIB global, mas está na 29ª posição como importador, e se compara de modo favorável apenas com a Nigéria, 30ª economia e 59ª importadora. Em todos os outros países citados, essa diferença dos dois rankings não ultrapassa 14 posições.

Ao nos compararmos com cada um desses países, observamos que foi criada alguma retórica para justificar termos uma economia mais fechada. Desde 1810 temos sido muito produtivos em elaborá-las e defendê-las, e derrotamos politicamente, como nação, as ideias de Adam Smith e de José da Silva Lisboa, de que as trocas comerciais são a base do aumento de produtividade de um país. Vivemos até hoje submetidos à vitória política, e de forma alguma intelectual, de Roberto Simonsen sobre Eugênio Gudin em 1945, quando Getúlio Vargas promoveu um debate sobre os caminhos da economia brasileira no pós-guerra.

Tal debate, que versou também sobre a oposição entre planejamento *versus* liberalismo econômico e origem monetária *versus* origem real da inflação, era, sobretudo, conforme afirmou o próprio Eugênio Gudin, sobre protecionismo industrial *versus* liberalização do comércio exterior. Contribuindo para a vitória política das ideias de Roberto Simonsen, em 1949 a Comissão Econômica para a América Latina e o Caribe (CEPAL), órgão da ONU, reforça a ideia do protecionismo industrial no documento "O desenvolvimento econômico da América Latina e alguns de seus principais problemas", de autoria do argentino Raul Prebisch.

Essas ideias preponderaram na maioria dos governos brasileiros desde 1945, e tentou-se creditar a elas os períodos de crescimento acelerado da economia brasileira, causados pela urbanização e o aumento de produtividade agrícola.

Ocorreram brevíssimos interregnos liberais quanto ao comércio exterior nos governos Café Filho (1954-1955) e Jânio Quadros (1961), e a eles se somaram o governo Castelo Branco (1964-1967) e o período contínuo dos governos Collor, Itamar Franco e Fernando Henrique (1990-2003). Em cada um deles, os avanços na liberação do nosso comércio exterior foram limitados pela preponderância das ideias nascidas na década de 1940, entre elas a teoria da industrialização por substituição de importações. Tais ideias permitiram o quadro de fechamento relativo da economia brasileira aqui descrito. Sua força, a simplicidade da ideia de que uma economia autárquica, fechada em si, gera empregos e riqueza, confirma o dito de que para cada problema complexo existe uma solução simples, e errada.

À força da simplicidade dessa ideia se soma a articulação sistemática, como a atividade dos jardineiros que trabalham os belos gramados ingleses, dos grupos de interesse para divulgá-la e aplicá-la. A vitória da articulação política a favor do protecionismo, desde a academia até os órgãos políticos e administrativos, é uma das causas mais relevantes para o nosso baixo crescimento, mantendo-nos na chamada "armadilha da renda média", estagnação econômica após deixarmos o campo de pobreza extrema.

Final

Afinal, por que escolher José da Silva Lisboa para estar nesta coletânea?

Poderíamos citar a frase de Isaac Newton homenageando seu predecessor Descartes, "*If I have seen further it is by standing on the shoulders of giants*", e qualificar José da Silva Lisboa como o pai da ideia de um comércio exterior liberal no Brasil, conceito necessário para que nossa economia não seja mais e mais retardatária na economia global, "permitindo-nos atender às carências uns dos outros, aumentar os prazeres uns dos outros e incentivar a indústria uns dos outros", novamente citando o economista escocês.

Sabemos que a ideia original de Adam Smith, da qual José da Silva Lisboa foi divulgador, executor corajoso e vitorioso, mesmo que apenas por um breve período, não gerou em nosso país, a partir de sua lógica, uma sequência contínua de divulgações e aprimoramentos, como a frase de Newton pretende descrever.

Entre tantos "exemplos positivos tão importantes para a construção da identidade do nosso país", escolhi José da Silva Lisboa por ter ele atuado para estabelecer e manter acesa a racionalidade da ciência econômica no Brasil, podendo ser considerado um grande homem, membro de "uma república de mentes criativas: cada gigante chamando seu irmão através dos intervalos desolados do tempo".

Carta Régia de 28 de Janeiro de 1808

Abre os portos do Brazil ao commercio directo estrangeiro com excepção dos generos estancados.

Conde da Ponte, do meu Conselho, Governador e Capitão General da Capitania da Bahia. Amigo. Eu o Principe Regente vos envio muito saudar, como aquelle que amo. Attendendo á representação, que fizestes subir á minha real presença sobre se achar interrompido e suspenso o commercio desta Capitania, com grave prejuizo dos meus vassallos e da minha Real Fazenda, em razão das criticas e publicas circumstancias da Europa; e

querendo dar sobre este importante objecto alguma providencia prompta e capaz de melhorar o progresso de taes damnos: sou servido ordenar interina e provisoriamente, emquanto não consolido um systema geral que effectivamente regule semelhantes materias, o seguinte. Primo: Que sejam admissiveis nas Alfandegas do Brazil todos e quaesquer generos, fazendas e mercadorias transportados, ou em navios estrangeiros das Potencias, que se conservam em paz e harmonia com a minha Real côroa, ou em navios dos meus vassallos, pagando por entrada vinte e quatro por cento; a saber: vinte de direitos grossos, e quatro do donativo já estabelecido, regulando-se a cobrança destes direitos pelas pautas, ou aforamentos, por que até o presente se regulão cada uma das ditas Alfandegas, ficando os vinhos, aguas ardentes e azeites doces, que se denominam molhados, pagando o dobro dos direitos, que até agora nellas satisfaziam. Secundo: Que não só os meus vassallos, mas também os sobreditos estrangeiros possão exportar para os Portos, que bem lhes parecer a beneficio do commercio e agricultura, que tanto desejo promover, todos e quaesquer generos e producções coloniaes, á excepção do Páo Brazil, ou outros notoriamente estancados, pagando por sahida os mesmos direitos já estabelecidos nas respectivas Capitanias, ficando entretanto como em suspenso e sem vigor, todas as leis, cartas regias, ou outras ordens que até aqui prohibiam neste Estado do Brazil o reciproco commercio e navegação entre os meus vassallos e estrangeiros. O que tudo assim fareis executar com o zelo e actividade que de vós espero. Escripta na Bahia aos 28 de Janeiro de 1808.
    PRINCIPE.

Para o conde da Ponte.

Nota

1 "By uniting, in some measure, the most distant parts of the world, by enabling them to relieve one another's wants, to increase one another's enjoyments, and to encourage one another's industry (…)". SMITH, Adam. *An Inquiry Into the Nature and Causes of The Nealth, Volume 2*. Editora: Liberty Fund.

LUIZ GONZAGA
Ancelmo Gois

Seu doutô, os nordestino têm muita gratidão
Pelo auxílio dos sulista nessa seca do sertão
Mas, doutô, uma esmola a um homem qui é são
Ou lhe mata de vergonha ou vicia o cidadão
"Vozes da seca", de Luiz Gonzaga

Peço todas as vênias — como diria aquele ministro do STF, ou seria o prefeito Odorico Paraguaçu, do nosso Dias Gomes? — a Rachel de Queiroz, Zé Lins do Rêgo, Jorge Amado, Euclides da Cunha, Amando Fontes, João Ubaldo Ribeiro, Ariano Suassuna, João Cabral de Melo Neto e tantos outros notáveis das letras nacionais que produziram obras imortais sobre o Nordeste. Mas quem mais contribuiu para tornar o Nordeste conhecido, principalmente no Sul maravilha, foi o herói dos versos acima: Luiz Gonzaga do Nascimento (1912-1989).

O "Rei do Baião" será sempre lembrado como o sanfoneiro que amou e cantou seu povo, na alegria e na tristeza, na saúde e na doença. O Nordeste de Gonzaga, em suas mais de quinhentas canções distribuídas em 56 discos, tem sertanejos valentes e covardes, padres, moças e aves, como a asa-branca e o assum-preto, "cego dos óio". Isso num cenário em que permeiam feiras, como a de Caruaru, "onde de tudo que há no mundo, nela tem para vendê",[1] comidas típicas, batizados, casamentos e outras festas — muitas festas. Ele ajudou a propagar a festa junina pelo país inteiro, superando (pelo número de participantes) talvez até mesmo o carnaval. Afinal, até escola da colônia alemã no Sul do país sempre tem uma festa de São João.

Do ponto de vista musical, sua sanfona — sempre acompanhada de zabumba e triângulo — fez o Brasil cantar e dançar o baião, o xaxado, o xote e o forró. Para não ficar uma ladainha meio bairrista, apelo ao carioca Paulinho da Viola, membro do olimpo do samba. Segundo o autor de "Foi um rio que passou em minha vida", Gonzaga era Deus. "Há duas músicas brasileiras que merecem ficar expostas numa grande praça pública: 'Carinhoso' (Pixinguinha/João de Barro) e 'Asa Branca' (Luiz Gonzaga/Humberto Teixeira)."[2]

"Asa branca" é um poema-manifesto contra uma situação injusta com a força equivalente de um "Vozes d'África", de Castro Alves contra a escravidão. Aliás, ambos cobram do Divino. Enquanto o poeta baiano pergunta "Deus! Ó Deus! Onde estás que não respondes? Em que mundo, em qu'estrela tu t'escondes?", o pernambucano Gonzaga e o cearense Teixeira demostram um profundo inconformismo com a seca: "Quando oiei a terra ardendo/ Qual fogueira de São João/ Eu perguntei a Deus do céu, ai/ Por que tamanha judiação?" É claro que esta "judiação" aí é coisa do falar antigo, sinônimo de sofrimento, sem a carga do antissemitismo.

No centro dessa toada, o canto triste do sertanejo fugindo da seca nordestina, deixando no caso a mulher, Rosinha, na esperança de que a chuva caia de novo "Pra mim vortar, ai, pro meu sertão". O Nordeste, que tem a segunda maior população do país e o menor IDH, vem sendo palco — antigamente, mais do que hoje — de um dos maiores movimentos migratórios internos da história da Humanidade.

Longe muitas léguas, o imigrante, independentemente do estado de origem, perde um pouco sua identidade. É tudo "nordestino" (você já ouviu algum carioca ser chamado de "sudestino"?), quando não "baiano" ou "paraíba", nos últimos casos traduzindo uma carga de preconceito. O próprio presidente Bolsonaro, lembra-se?, chamou o governador do Maranhão de "paraíba".

Luiz Gonzaga foi um sucesso improvável. Pobre, analfabeto e negro, nasceu no sertão pernambucano, em Exu, no sopé da Serra do Araripe, que inspiraria uma de suas primeiras composições, "Pé de Serra". Aos 17 anos, fugiu de casa — acusado de "ter feito mal a uma moça" —, sentou praça no Exército como corneteiro e, depois de muito andar neste país durante a Revolução de 1930, terminou no Rio e começou a tocar sanfona em troca de uns trocados (foi num cabaré na Lapa que ele conheceu a cantora Odaleia Guedes dos Santos, a mãe do Gonzaguinha). Ralou muito até se eternizar no coração e na mente dos brasileiros.

As palmas também vão para os parceiros Nelson Valença, João Silva, Zé Marcolino, Zé Dantas, Humberto Teixeira e o povo nordestino.

Notas

1. Trecho da canção "A feira de Caruaru", de Luiz Gonzaga.
2. VIOLA, Paulinho. "Nova geração talvez não saiba, mas Gonzaga era um deus, diz Paulinho da Viola". *Folha de S. Paulo*. Disponível em: <https://www1.folha.uol.com.br/ilustrissima/2018/12/nova-geracao-talvez-nao-saiba-mas-gonzaga-era-um-deus-diz-paulinho-da-viola.shtml>.

LYGIA CLARK
Vanda Klabin

Lygia Pimentel Lins Clark nasceu em Belo Horizonte, no dia 23 de outubro de 1920, e teve uma sinuosa trajetória pela sua posição emancipada no interior do circuito da arte, dado o seu campo diversificado de interesses. Lygia nos surpreende por sua radicalidade, seu apetite voraz para traçar rotas divergentes e deslocamentos de conceitos preestabelecidos na busca de novos campos de investigação. Trouxe uma notável contribuição para as novas questões artísticas ao problematizar a experiência estética, diluir fronteiras, interrogar o mundo e delinear um novo perfil para o cenário contemporâneo.

Irônica, inquieta, erosiva, busca novos instrumentos conceituais e metodológicos, e sua envergadura teórica é fundamentada pela veia dominante de Mário Pedrosa e pela fenomenologia de Maurice Merleau-Ponty como fonte de conhecimento. Expoente do neoconcretismo brasileiro no conturbado período de tensões políticas e mudanças no país, a artista traz uma proposta radical de reinventar o corpo ao afirmar que a obra de arte deve exigir participação imediata do espectador.

No início dos anos 1960, a prática artística proporcionou novos diálogos para a arte brasileira, e passamos a ser envolvidos por um processo de rupturas, de articulação/desarticulação, um verdadeiro curto-circuito, em que o corpo, agora, é um território de experiências sensoriais, os objetos do cotidiano não convencionais ganham nova significação e, nós, presenciamos o deslocamento da oposição entre sujeito e objeto.

São poéticas com novos desdobramentos semânticos. A arte não é aquilo que acreditamos ser; não se trata do que ela representa, mas o que transforma. A arte divorcia-se da sua natureza ao questionar o presente e trazer à superfície uma espécie de desconforto ao contrariar as noções estabelecidas e convertendo-as em novos dilemas.

Aberta a infinitas possibilidades de sentido, a obra de arte deixa de ser um objeto de contemplação estética para se transformar no território de experiências participativas do espectador, que sai da sua posição de observador para integrar e vivenciar a obra como um campo ativo de ações de experiências táteis e sensoriais. Ao problematizar a experiência estética do espectador e inserir o corpo como suporte da obra de arte, as possibilidades se tornam muito mais amplas, buscam seus novos significados. É como abrir novas gavetas simultaneamente, são diferentes experimentações participativas que se sobrepõem às áreas estéticas.

A arte brasileira na década de 1960 incorpora novo vocabulário marcado por uma vontade experimental. Um núcleo com ressonâncias construtivistas apresenta algumas exposições e manifestos que buscavam esse curto-circuito e propiciavam inquietas explorações no campo estético. Com o fortalecimento do pensamento crítico de Mário Pedrosa, da fenomenologia e da presença do poeta Ferreira Gullar — que desenvolveu a "Teoria do não objeto" e escreveu o "Manifesto neoconcreto", um texto icônico de 1959 para apresentar um grupo de artistas radicados no Rio de Janeiro —, estão evidenciadas as bases da transformação da arte brasileira e os fundamentos da sua produção contemporânea.

Nesse período ganham absoluta importância o movimento concreto, que teve sua origem em São Paulo, e sua dissidência, o movimento neoconcreto. As divergências entre os dois grupos foram justamente o ponto de partida e também a cristalização estética dessas tendências, resultando em obras bastante originais, ousadas e de grande força poética. Ambos os movimentos são tributários das experiências do construtivismo internacional e da significativa presença de Max Bill na I Bienal de São Paulo, em 1951. Ali estão representados artistas brasileiros, hoje todos de grande reconhecimento internacional: Hélio Oiticica, Lygia Clark, Mira Schendel, Sérgio Camargo, Lygia Pape, Franz Weissmann, Amílcar de Castro, Willys de Castro, Hércules Barsotti, Alfredo Volpi, Aluísio Carvão, Milton da Costa, Geraldo de Barros, entre outros.

Inovadores, esses artistas *desmolduraram* o quadro, *penetraram* na obra, criaram disponibilidade para o uso de novos materiais e suportes, exercitaram a geometria, incluíram a participação do espectador como parte da obra, estabelecendo nova relação para os diversos continentes da sabedoria. Ferreira Gullar, importante para todo o desenrolar do neoconcretismo, falava em "surpreender a forma em seu nascedouro". Esse é o momento de implementação do projeto construtivo no Brasil e suas efervescências culturais, derivadas do postulado do crítico Mário Pedrosa — "a arte como exercício experimental da liberdade" —, determinantes para a formação posterior da arte brasileira.

Impasses críticos, contundentes, acaloradas discussões em um universo que estava prestes a se revelar trazem a consagração de uma poética que começa a tomar consciência e aglutinar expoentes do meio de arte que desestabilizaram a ideia da obra como objeto acabado, e incluem a sensorialidade como agenciadora de uma multiplicidade de mundos possíveis e sua imersão em ambientes cognitivos. Diversas exposições significativas, como "Exposição nacional de arte neoconcreta", "A nova objetividade brasileira", "Opinião 65", "Opinião 66", "Apocalipopótese", entre outras, traziam as novas propostas estéticas dos componentes dessa vanguarda artística radical e demarcaram uma nova ordem de questões para a arte brasileira.

Lygia Clark estuda pintura no Rio de Janeiro sob a orientação de Burle Marx e Zélia Salgado, em 1947, e logo depois se muda para Paris, onde se torna aluna de Isaac Dobrinsky, Arpad Szenes e Fernand Léger.

Retorna ao Brasil em 1953 e estabelece um núcleo importante de amizades por intermédio de Mário Pedrosa, passando a integrar o Grupo Frente e, nesse ano, expondo na II Bienal de São Paulo e, em seguida, na Bienal de Veneza. Em 1961, recebe o prêmio de melhor escultura nacional na VI Bienal de São Paulo, quando suas obras já apresentam a decomposição do sistema representacional e os múltiplos deslocamentos perceptivos do espectador.

Lygia Clark, ao sequenciar conceitos que impulsionam o desmonte do plano pictórico, coloca as categorias tradicionais dos meios tradicionais da arte, como a pintura e a escultura, no vetor de insegurança. Os livros-poemas de Ferreira Gullar, objetos manuseáveis, decomponíveis em partes e com uma mobilidade aberta, ganham significação como uma espécie de *organismo vivo,* pois estabelecem contato direto com a subjetividade de cada participante. Nesse momento intervalar, a inclusão do corpo fica imerso nos limites da arte, e a dissolução do objeto artístico é resultante de uma interação participativa do espectador, agora sujeito de sua experiência e situado em um universo subjetivo que está prestes a se revelar, algo "eminentemente contemporâneo", como afirmou Mário Pedrosa.

> O conceito de espaço, como o de realidade, sofreu em nossa época profunda alteração. Já não são conceitos estáticos ou passivos, nem no sentido literal ou mesmo cinético, nem no sentido subjetivo. Não se trata mais de um espaço contemplativo mas de um espaço circundante.[1]

A questão do deslocamento torna-se essencial em seu trabalho. Um jogo entre as formas bidimensionais e tridimensionais traz novas questões para a arte; as esculturas flexíveis de Clark, conhecidas como *Bichos* — placas de alumínio articuladas por meio de dobradiças que possibilitam a incessante criação de novas formas —, exigiam a participação ativa do observador para instaurar o equilíbrio instável da obra por meio de um processo de manipulação — "manusear o objeto para desvelá-lo". Clark dizia: "Quando me perguntam quantos movimentos o bicho pode efetuar, eu respondo: Não sei nada disso, você não sabe nada disso; mas ele, ele sabe..."

A partir dos anos 1960, o corpo na qualidade de um elemento fenomenológico, como uma forma de conscientização do Eu, teve um forte impulso. A psicanálise foi um terreno fértil para Lygia Clark, que propõe o corpo como suporte e o uso de objetos relacionais nas suas sessões terapêuticas como um método de estruturação do *self* com os objetos relacionais.

Em 1970, a artista fixa residência em Paris e leciona na Faculté d'Arts Plastiques St. Charles, na Sorbonne. Nos anos que viveu em Paris, o seu psicanalista era Pierre Fédida, membro do grupo de Laplanche e Pontalis. Nos múltiplos desdobramentos do percurso do seu trabalho, Fédida comentou em seu depoimento que Lygia vivia na insegurança das categorias.

As referências psiquiátricas e psicanalíticas encontravam ressonâncias em Sigmund Freud, mas Lygia aprofunda seus conhecimentos de psicologia com as leituras de Georg Groddeck, que publicou *O livro do id*, um tratado sobre as pulsões e os desejos que foi depois censurado e de onde Clark retira a terminologia do *self*, e de Ludwig Binswanger, psiquiatra suíço que tratava da teoria dos mundos e da psicopatologia fenomenológica.

Segundo o relato de seu grande amigo, o crítico e historiador de arte francês Yve-Alain Bois, que teve um convívio muito próximo com Lygia,

> Ela passou longos períodos de sua vida fazendo análise, sempre com analistas muito conhecidos, mas não gostava de Lacan. Ela tinha feito análise com Daniel Lagache, nêmesis de Lacan, durante sua estadia anterior em Paris. Seu analista naquela época era Pierre Fédida, então membro do grupo de Laplanche e Pontalis. Fédida morava em uma pequena rua, onde também vivia Miterrand e onde eu possuía um quarto. Lygia costumava ver Fédida cinco vezes por semana e almoçar num pequeno café na place Maubert, por isso eu a via o tempo todo. Lygia tinha um modo sempre especial de olhar as coisas, de entrar em outros mundos.[2]

Depois de seu retorno da temporada na França, em 1976, expõe o seu método de trabalho e inicia as suas experimentações psicanalíticas heterodoxas utilizando os objetos relacionais. Para ela, o campo da arte agora teria de ser revitalizado por técnicas psicoterapêuticas, mesclar a centelha poética da arte com a vida. Seu trabalho com os objetos sensoriais, criados nos anos 1960, já se distanciava dos anteriores. Lygia mais uma vez rompe com os paradigmas tradicionais, e suas certezas estáticas são, usualmente, colocadas em dúvida. Suas experiências terapêuticas particulares foram desenvolvidas entre 1978 e 1985, sempre escutando vozes heterogêneas. Situa as suas obras na fronteira entre arte e terapia, desenvolve o seu trabalho e seus métodos baseados nas relações com os objetos e no universo da intersensorialidade corporal.

Nos seus exercícios de sensibilização para estimular a percepção do corpo, os objetos eram considerados elementos de rituais de iniciação; macacões e máscaras sensoriais eram utilizados com finalidades terapêuticas como almofadas, meias-calças, tubos de borracha, sacos plásticos repletos de ar, bolinhas de isopor, sementes, conchas, mariscos, pedras de rio que, de alguma forma, eram desdobramentos para "ressituar" o próprio corpo, ao alterar a audição, a visão, exalar odores — o importante era o contato com o objeto sensorial e o efeito psíquico da experiência ao convocar a nossa subjetividade que aos poucos vai se descortinando, embora mergulhada em ambiguidades.

Conheci Lygia Clark e realizei, durante um período, algumas sessões experimentais psicanalíticas que a artista conduzia em seu apartamento, na rua Prado Júnior, 16, em Copacabana. Nessa época, 1984, Lygia realizou uma exposição individual na Galeria Paulo Klabin e tivemos uma estreita convivência. O contato físico com os objetos relacionais provocava uma reativação da memória individual ou familiar, e sacos plásticos cheios de ar ou água foram utilizados nas sessões, como estímulos sensoriais — "Nós somos os propositores: nós somos o molde, cabe a você soprar dentro dele o sentido da nossa existência."[3] Clark pediu para que eu segurasse alguns sacos, que eram uma espécie de rede, dessas que vendem limão nas feiras e supermercados, e algumas pedras de rio foram colocadas no seu interior. Solicitou que eu ficasse deitada em uma cama mole, com bolas de isopor, e eu, com os olhos vendados, dissolvida agora de qualquer forma identitária, despida dos meus sucessivos abrigos, recebi os objetos em minhas mãos. Ela então pediu para que eu pressionasse o saco para cima ou para baixo, estimulando as sensações e procurando travar uma relação com o meu corpo, uma espécie de estímulo sensorial. Dizia para eu respirar junto com ela. *Ser sentida*, detonar uma nova relação com o mundo em contexto regressivo, uma espécie de memória encapsulada e descrever o efeito e os estímulos sensoriais do contato com os objetos, através das sensações que ficavam registradas na memória do corpo, um canalizador de experiência.

Era uma espécie de renascer psíquico, desbastar as paredes que nos aprisionam, ficar flexível — como as suas esculturas articuladas. Jamais esquecerei a sensação psíquica de entrever outros mundos através de Lygia Clark, sem haver um deslocamento físico. Uma ruptura com o suporte parece ganhar espessura. Estar dentro e fora ao mesmo tempo. Um circuito pulsional, feito de lacunas e fissuras, onde a obra se realiza na experiência. Aproximar o inaproximável. O imaginário pelo avesso. Erosão dos contornos. Imbricação. Linha orgânica. Fita de Moebius. Clark interativa. Convocar a subjetividade. Desterritorialização do espectador. Habitar o entrelugar. Em 25 de abril de 1988, Lygia Clark falece de uma parada cardíaca aos 67 anos, na sua residência em Copacabana, no Rio de Janeiro.

> O que me toca na escultura "dentro e fora" é que ela transforma a percepção que eu tenho de mim mesma, do meu corpo. Ela me muda, eu fico sem forma, elástica, sem fisionomia definida. No meu diálogo com a minha obra "dentro e fora" o sujeito agindo reencontra sua própria precariedade. Ele descobre o efêmero, por oposição a toda espécie de cristalização. O espaço é agora o tempo sem cessar metamorfoseado pela ação. Sujeito e objeto se identificam essencialmente no ato. (Trecho dos *Diários*, 1965)[4]

Notas

1. PEDROSA, Mario. "Significação de Lygia Clark". In: *Lygia Clark*. Funarte.
2. BOIS, Yves-Alain. *Ideologias da forma*. Folha de São Paulo, São Paulo, 05 fev. 2006. Entrevista concedida a Jane de Almeida. Disponível em: https://www1.folha.uol.com.br/fsp/mais/fs0502200610.htm
3. CLARK, Lygia. "Nós somos os propositores", *Livro-obra*, 1964.
4. CLARK, Lygia. ''Do ato", 1965. Disponível em www.lygiaclark.org.br.

ELIEZER BATISTA
Luiz Cesar Faro

Quem não viu Pelé jogar não entende como se faz magia em um campo de futebol. Vários paralelos poderiam ser traçados para mostrar que o impossível somente existe como categoria de superação. A título de exemplo, o ator Sérgio Cardoso foi simplesmente celestial em sua representação de Hamlet, e Elis Regina fez chorar as estrelas, cantando de forma sublime "Boa Noite Amor", originalmente interpretada por Francisco Alves, sempre no horário de meio-dia, na Rádio Nacional. O engenheiro Eliezer Batista foi uma dessas forças vivas da natureza, cujos atributos são superlativos. É provável que os leitores desse breve capítulo não acreditem em todos os seus predicados. Quem não viu Eliezer em ação duvida que um personagem possa ser tão prodigioso.

Comecemos essa narrativa revelando seus acordes maiores. Diríamos que Eliezer Batista ficou notoriamente conhecido por ter sido um dos *founding fathers* da Companhia Vale do Rio Doce, além de ser seu mais emblemático presidente. Outro dos seus feitos foi a construção do gigantesco complexo minero-logístico de Carajás. São títulos de realeza, sem dúvida, mas é nas definições miúdas do protagonista que se encontra sua melhor essência. Batista, o criador, era maior do que suas criaturas.

Eliezer foi uma personalidade de vulto amazônico, transversal à esquerda e à direita, aos liberais e aos planificadores, a quase uma dezena de línguas, à engenharia, à física, à botânica, à matemática, ao humor refinado e ao escrachado, à visitação de metade dos países do mundo, ao conhecimento de acadêmicos famosos e celebridades, entre tantos outros somatórios e travessias. Não corre o risco de ser desmentido quem afirmar que inexiste entre os tecnoburocratas construtores do moderno Estado nacional alguém com a vida espetaculosa de Mr. Batista.

Nascido na cidade de Nova Era — a qual chamava de forma bem-humorada de "New Was" —, Eliezer começa a moldar sua formação cursando o antigo científico, hoje ensino médio, em um colégio interno, dirigido por padres franciscanos. Ao fim do primeiro ano letivo, foi mandado embora pelos religiosos, sendo considerado uma má influência para os demais alunos. Depois de anos "tresloucados" — conforme seu próprio relato — em Curitiba, no início da década de 1940, quando foi "hippie antes dos hippies", Eliezer ingressou na Universidade Federal do Paraná, na época um centro de excelência. Começa nesse ponto da sua biografia o capítulo sobre a "construção do construtor" ou, melhor dizendo, a construção do engenheiro.

Mr. Batista foi um apaixonado pela profissão:

> A engenharia é a apoteose da física e da matemática. Em uma exuberante metamorfose, números e cálculos rompem o casulo da teoria e se revelam em resultados práticos. A diferença entre o advogado e o engenheiro é que o advogado nos ensina a "viver com" e o engenheiro nos ensina a "viver de" (…) eu rimava engenharia com poesia. Ser engenheiro era ser poeta.[1]

Em Curitiba, Eliezer aprendeu, na teoria, sua profissão. Foi na mesma capital paranaense que ele se perdeu de amor por outra grande paixão. Tem início naquelas terras do Sul o encantamento com a cultura russa. Na realidade, o russo sucede o desamor com a música instrumental. Depois de insistir durante dois anos em tocar piano, desacreditado pelo seu professor, aquiesceu, infeliz, que suas mãos eram muito pequenas para os teclados. "Olha sua mão de moça, não pega nem uma oitava."[2]

Como a música era uma atração fatal, fez uma oportuna inflexão e partiu para o bel canto, muito estimulado pelo timbre de voz de barítono, quase baixo. Procurou então ingressar no coro ortodoxo. Ocorre que todas as peças do canto gregoriano eram cantadas em russo. Sem escolha, começou a estudar sozinho a língua eslava, inclusive a gramática, aprendendo a escrever no alfabeto cirílico.

A aprendizagem da língua russa rendeu a Eliezer episódios díspares de alegria e descontentamento. Estudou uma matemática avançada para a época e, mais tarde, viria a ser o único estrangeiro eleito para a Academia Russa de Ciências. Mas foi a fluência na língua dos cossacos que o levou a passar poucas e boas durante o regime militar, com a proibição de exercer cargos públicos e a pressão para que partisse para o exílio. Ficou com a pecha de comunista.

A língua falada no norte da Eurásia o perseguiu durante muito tempo ainda. Na Vale do Rio Doce, devido aos cantochões que entoava repentinamente no fim das reuniões, seu biotipo caucasiano, olhos azuis pequenos e sobrancelhas florestais valeram-lhe o apelido de "Boris". No final da vida, Eliezer dizia que as melhores recordações do russo foi ter cantado em igrejas e templos com sonoridades fantásticas. Tinha várias fitas gravadas para provar o que dizia. Gostava de ouvir a si próprio soltando o dó de peito nos gabinetes de trabalho.

O ex-ministro do Planejamento, Roberto Campos, amigo, admirador e participante de almoços acalorados pelos campeonatos de piadas picantes, relata um episódio, em sua biografia *A lanterna na popa*, que bem define a personalidade de Eliezer e os percalços sofridos no regime militar pela fluência em língua russa, uma extravagância perigosa nas décadas de 1960 e 1970.

Um dos meus primeiros problemas (no Ministério do Planejamento) era escolher o chefe de gabinete, que era personalidade fundamental do ministério, exercendo a função de vice-ministro. Castelo me havia dado liberdade para escolher os auxiliares, dizendo-me que a mim caberia organizar-me e a ele cobrar resultados. A primeira ideia que me surgiu foi convidar um dos mais brilhantes profissionais do serviço público, o dr. Eliezer Batista, que tinha sido presidente da Vale do Rio Doce e ministro das Minas e Energia durante o curto lapso de tempo do governo parlamentarista. Tinha-o conhecido muitos anos antes, quando era simples engenheiro na Vale do Rio Doce. Sempre me fascinaram sua enorme bagagem de conhecimentos técnicos e seu refrescante *sense of humour*. Era sobretudo um homem de grande imaginação criativa...

Cometi o erro de fazer a indicação a Castelo Branco para dele obter a luz verde sem antes consultar Eliezer. Castelo Branco, ao verificar que Eliezer tinha sido ministro de João Goulart, ponderou que poderia haver objeções nos setores militares... "Nessas condições", disse ele, "gostaria de ouvir primeiro a opinião da Secretaria do Conselho de Segurança." Adiantei que, se a objeção era a participação no governo Goulart, eu deveria ser impugnado, pois tinha sido embaixador em Washington. E ele próprio, Castelo, fora chefe do Estado Maior das Forças Armadas...

Castelo chamou-me para dizer que se eu considerava os serviços de Eliezer indispensáveis poderia convidá-lo, ficando responsável como avalista. Fui pressuroso em dar a boa-nova a Eliezer Batista, que me recebeu indignado. "Que é que levou você a pensar", disse ele, "que eu consentiria em trabalhar com esses gorilas, que fabricam fofocas sobre a lisura funcional dos membros das administrações anteriores? Risque meu nome da lista", concluiu em uma lufada de mau humor, traço característico da sua personalidade.[3]

Eliezer e os militares veriam depois que tinham mais em comum do que poderiam imaginar. O ponto de concordância seria a grandiloquência dos projetos. O que ligava partes tão distintas era, para não variar, uma palavra russa, *Gosplan*, nome da política econômica planejada da União Soviética. Por essas bandas, a concepção *gosplânica* foi traduzida pelos militares, ainda que de jeito bem menos radical, sob a forma dos Planos Nacionais de Desenvolvimento Econômico (PNDE). Os PNDE I e II foram fontes de erros e acertos. O Projeto Carajás, maior empreendimento de mineração a céu aberto do mundo, é filho dileto do modelo de planificação centralizada. Foi um grande acerto. Verdade seja dita, a maioria dos países que interessavam no concerto internacional das nações praticava ou flertava, nessa época, com o planejamento centralizado da economia.

Recuando no tempo para o final dos anos 1940, o general Juracy Magalhães, primeiro presidente da Vale do Rio Doce, envia Eliezer, ainda um engenheiro inexperiente, para estudar nos Estados Unidos. Encantado com a inteligência e criatividade do rapaz, tinha planos para ele na companhia.

Pausa para uma menção sobre Juracy Magalhães: Eliezer o considerava a maior referência de homem público do Brasil. Tinha sido o primeiro presidente da Petrobras. Em sua passagem pelo exterior, Eliezer estagiou na Pennsylvania Railroad, modelo mundial de estrada de ferro. Na volta, foi convidado pelo general Juracy para usar seus conhecimentos na construção de um colosso à época: a ferrovia Vitória-Minas. Eliezer torna-se então superintendente da estrada de ferro, acumulando o cargo com as atribuições de superintendente da Vale do Rio Doce.

O projeto da ferrovia Vitória-Minas foi feito em conjunto com a empresa de engenharia norte-americana Morrison-Knudsen. Nessa época Eliezer teve que acumular conhecimentos ciclópicos. Provém desse período o conceito de operação integrada da Vale, ou seja, a extração mineral, o transporte ferroviário e o sistema portuário, além da inovadora logística *Door-to-Door*. Quando a Morrison-Knudsen foi embora, o projeto ficou entregue às baratas. Não havia dinheiro para nada. O Brasil não tinha crédito internacional. Foi nessa época que a influência do general Juracy Magalhães se fez sentir, um dos poucos que acreditou nessa Vale multimodal embrionária. "É o verdadeiro São Juracy da Vale do Rio Doce", costumava dizer Eliezer. "Foi o primeiro a entender que antes de uma mineradora, a Vale era uma empresa de logística."

A aventura no comando da Vale do Rio Doce começa em 1961, quando o ministro de Minas e Energia do governo Jânio Quadros, João Agripino, convida Eliezer para presidir a companhia. Eliezer conta que os desafios eram monumentais. Para início de conversa, queria fechar contratos de longo prazo com siderúrgicas japonesas e alemãs, algo impensável até ali. Para atender aos contratos, tinha que ampliar a capacidade da ferrovia e viabilizar o aumento de produção. Ninguém sequer sonhara em atingir uma escala tão grande na extração mineral da Vale do Rio Doce.

Mr. Batista gostava de definir, no melhor estilo napolitano, seus sentimentos de apreensão naquele período: "Il coraggio è l'arte di avere paura senza che gli altri se ne acorgano", ou seja, coragem é a arte de ter medo sem que ninguém perceba. Eliezer seguiu suas ideias e transformou a Vale do Rio Doce em uma das primeiras companhias do mundo a funcionar de forma integrada (*supply chain*). A chave de tudo era a logística no seu sentido mais pleno, palavra que preferia chamar de "logísticos" (tradução do grego: aquele que sabe calcular racionalmente). Foi esse conceito eliezeriano que permitiu, através das interligações ferroviárias e rodoviárias e dos investimentos em energia, colocar lenha na fornalha da Vale, com enormes saltos de escala, e trazer, como resultante, o progresso para o cerrado de Minas Gerais. Anos depois, comandando uma Vale bem mais diversificada, Eliezer buscou na semente do Cerrado em Minas Gerais a inspiração para criar o Projeto Cerrados, que trouxe uma febre benigna de investimentos japoneses ao agrobusiness dos estados de Mato Grosso e Goiás.

A próxima estação de Eliezer é outro épico: a construção do porto de Tubarão. Vivia-se o período imediatamente pós-Segunda Guerra. Os americanos manipulavam a economia dos derrotados. Não queriam permitir o soerguimento da siderurgia japonesa. Eliezer intuiu que os orientais, ao contrário da paranoia norte-americana, precisavam de ferro, não para balas, canhões e tanques, mas para construir prédios, pontes e ferrovias. Partiu então para o Japão repleto de estudos sobre a economia daquele país. Foi a primeira das 177 viagens que fez ao "império do sol nascente".

Conseguiu um encontro com Takashi Imai, que anos depois viria a ser o todo-poderoso presidente da Nippon Steel e *chairman* da Keidanren, a precursora da Federação das Indústrias do Japão. Os orientais compraram o projeto de Eliezer, sem garantias físicas nem financeiras. Posteriormente, Mr. Batista buscou o aval da siderúrgica alemã Korf e do banco germânico KFW. Nas conversas com os japoneses, surpreendeu-os com uma ideia inusitada: tinha o projeto do porto — que somente foi concluído em 1966 —, mas não existia um navio com grande calado para ter o ganho de economicidade com um atracadouro de enorme dimensão. Ou seja, tinha um porto no papel com um navio desenhado na sua imaginação. No mar mesmo não tinha nada. A ideia do Porto só fazia sentido se existissem navios compatíveis. Conseguiu o drible em situação de córner com uma engenharia de projeto tão simples quanto genial: os japoneses davam o suporte para a construção do navio e o dinheiro para o investimento no porto; a Vale construiria o porto. O saldo dessa ousadia foi que o Brasil saltou de uma exportação de cerca de 1,5 milhão de toneladas de minério de ferro por ano para vendas de cinco milhões de toneladas/ano, somente para o Japão.

Convém lembrar que o porto apenas tornou-se realidade devido à travessura de outro amigo de Mr. Batista, o ministro da Fazenda no governo Jango, San Tiago Dantas. O Brasil era um deserto de recursos quando o presidente da Vale foi pedir recursos para Dantas de forma a complementar os investimentos japoneses. O ministro ouviu uma longa apresentação do projeto e, como quase meio mundo, foi seduzido pela inteligência de Eliezer. Decidiu então "rodar a guitarra" (emitir moeda) para financiá-lo, mandando às favas a potencial carestia. A operação pode ter gerado alguma inflação, mas seu resultado foi espetacular. Tubarão foi o berço do conceito holístico de mina-ferrovia-porto, que encontraria sua apoteose, pouco mais de uma década depois, na construção do Projeto Carajás. Parece exagero, mas, reconhecidamente, o porto capixaba recriou todo o modelo de transportes de granéis no mundo.

Os neurônios e a capacidade de articulação de Mr. Batista também estiveram por trás da construção da grande maioria das siderúrgicas brasileiras, ou seja, a Companhia Siderúrgica de Tubarão, Usiminas, Açominas, Acesita e Belgo-Mineira. Eliezer também foi o responsável pela aproximação de Hans-Günther Sohl, presidente da megassiderúrgica ThyssenKrupp, com Jorge Gerdau, que se tornaram parceiros na Cosigua. Segundo Eliezer, foi o sangue alemão de ambos que batizou a associação. Mas o matrimônio durou pouco, e Gerdau tornou-se algum tempo depois o único controlador da siderúrgica.

Logo após o golpe de 1964, quando dizia que tinha se tornado "morfético" — palavras do próprio — devido à pecha de comunista, Eliezer foi resgatado pelo empresário Augusto Trajano de Azevedo Antunes, que o levou para o potentado Caemi Mineração. Talvez nenhum outro empreendedor tivesse o "poder de proteção" do dr. Antunes durante o regime militar. Posteriormente, falava-se que o dono das Organizações Globo, Roberto Marinho, também cuidava dos "seus comunistas". Uma das cenas de maior imanência do poder empresarial foi a subida das escadarias do Palácio do Planalto, em um 1.º de janeiro da década de 1980, de Antunes, Roberto Marinho e Amador Aguiar, de braços dados, para visitar o presidente Figueiredo. Uma pintura.

A combinação do engenheiro com o megaempresário gerou um par perfeito. Eliezer venerava o dr. Antunes, e este adorava Eliezer. Dois testemunhos a este escriba atestam o encantamento de Antunes, um personagem vetusto, lacônico e imperial, por Eliezer: o do vice-presidente da FGV, Sergio Quintella, e o do diplomata Rodrigo Amado, já falecido, que assessorou Antunes por décadas. Diziam ambos que Eliezer era a única pessoa que fazia o dr. Antunes sorrir. É bem verdade que Mr. Batista fazia todo mundo rir, quando não gargalhar.

Azevedo Antunes era um daqueles empresários bandeirantes, que colocava suas botas e adentrava os sertões para levantar inimagináveis projetos de infraestrutura e produção de matérias-primas. Com o auxílio de Eliezer Batista, reproduziu o modelo de Tubarão — com sua logística mina-porto-ferrovia — nos rincões do Amapá. A mineradora foi batizada de Icomi.

Na Serra do Navio, em sociedade com a empresa norte-americana Bethlehem Steel, Azevedo Antunes construiu um lendário porto que levava o manganês explorado nas minas locais para os Estados Unidos. Mas o maior ainda estava por vir. No início da década de 1960, Eliezer convence o dr. Antunes a construir o que seria a segunda maior produtora de minério de ferro do país, atrás apenas da Vale do Rio Doce. Ganha vida a Minerações Brasileiras Reunidas (MBR), nascida da célula-tronco da própria Vale. As minas de ferro estavam no Quadrilátero Ferrífero e pertenciam à norte-americana Hanna Mining. A produção mineral precisava ser integrada. Antunes se associou à Hanna, tornando-se majoritário na companhia, e chamou Eliezer para equacionar o projeto. O caminho foi a construção do Terminal da Ilha Guaíba, que permitiu a exploração de reservas mais alvissareiras, tais como a Mina de Águas Claras, em Nova Lima; e a construção de novas plantas de beneficiamento do minério, como o Complexo Tamanduá, também localizado naquela cidade mineira. Eliezer e Azevedo Antunes, mesmo depois de separados, firmaram uma aliança para toda a vida.

Ainda com relação ao dr. Antunes, para quem conhecia o sisudo biliardário, Eliezer gostava de contar uma história que parecia de outro mundo. Relatava um episódio acontecido com ele, dr. Antunes e o empresário Agostino Rocca, lendário siderurgista fascista, que teve de fugir da Itália depois que Mussolini foi derrotado. Rocca se instalou na Argentina, onde construiu o Grupo Techint, um dos maiores produtores de tubos do mundo. Azevedo Antunes, nessa época, era presidente da Associação Brasileira de Beija-Flores. Proteger e cultivar os pássaros eram o seu hobby. Eliezer arrastou o dr. Antunes para um jantar com seu amigo Rocca e empresários argentinos. Em seu discurso para apresentar Antunes à plateia, o empresário ítalo-portenho o anunciou como "El presidente de la Associación Brasileña de Pica-Flores". Os argentinos aplaudiram; os brasileiros enrubesceram. Antunes nunca mais conseguiu sair dessa gaiola! Durante muito tempo teve de ouvir de Eliezer "dr. Antunes, como vão seus pica-flores?".[4]

Entre um projeto de mineração, um porto, uma siderúrgica, uma pequena hidrelétrica e outros bom-bocados da engenharia, Eliezer dedicava-se a atividades paralelas. Uma delas foi a redação da Lei Florestal, a quatro mãos, com Antônio Dias Leite, que viria a ser, tal qual Eliezer, presidente da Vale do Rio Doce e também ministro de Minas e Energia. Mr. Batista tinha desenvolvido um grande conhecimento sobre o plantio de eucaliptos durante sua passagem pela superintendência da ferrovia Vitória-Minas. Conhecia profundamente botânica e cultivou a árvore ao longo da ferrovia. Até aquele momento o Brasil não dispunha de uma regulamentação capaz de estimular a conversão de recursos naturais em produtos industrializados. Ele levou suas experiências a Dias Leite, e decidiram os dois redigir o texto que viria a ser a Lei nº 5.106, de 2 de dezembro de 1966. O Brasil, enfim, tinha uma Lei Florestal.

Escrita a peça regulatória, saíram os dois à caça de apoio para a implementação da Lei. Eliezer conta que dois personagens tiveram importante participação nesse episódio: o ministro da Fazenda, Octávio Gouvêa de Bulhões, de quem Dias Leite era muito próximo, e Ney Aminthas de Barros Braga, do círculo do ex-presidente da Vale. Eles ajudaram muito a persuadir o governo militar sobre o acerto da medida.

A Lei Florestal levou a um filhote imediato: a produção de celulose no Brasil. Repetia-se a dobradinha Eliezer e Dias Leite na montagem do projeto. Foram buscar alguns amigos para garantir o primeiro empreendimento, a Aracruz Florestal. Foram eles: Olivar Fontenelle, da Casa Sloper; Octávio Lacombe, fundador da Paranapanema; e o empresário Erling Lorentzen, que — segundo Eliezer — teve os maiores méritos na edificação da companhia. Lorentzen avalizou o empréstimo do International Finance Corporation (IFC), braço do Banco Mundial para iniciativa privada, e o financiamento do Den Norske Bank, o banco estatal da Noruega. Foi ele quem ordenou aquele vasto pedaço de mata plantada de eucalipto: levanta-te e anda. Resultado: o Brasil entrou no mapa mundial da celulose.

Nos governos dos generais Costa e Silva e Emílio Garrastazu Médici, Dias Leite foi convocado a prestar seus serviços à Nação. O então ministro de Minas e Energia era osso duro de roer. Turrão, mal-humorado, intransigente, pronto para a briga. Para se ter uma ideia da sua disposição, foi o único ministro que enfrentou o general Ernesto Geisel, quando este era presidente da Petrobras. Geisel considerava que a estatal era uma república independente do Brasil. Dias Leite mostrou suas armas e acabou com o banimento de Eliezer. Convidou-o a retornar aos quadros da Vale. Dessa vez com uma nova missão: montar a malha de negociação da companhia na Europa. Iria para Bruxelas, capital onde criaria e dirigiria a Vale do Rio Doce Europa. Tem início nesse período a montagem de um dos maiores networkings já construídos por um brasileiro. Eliezer montou sua caravana e partiu para seduzir o Ocidente e o Oriente.

Entre os anos 1950 e o início dos anos 1970, Mr. Batista tinha aprendido a falar fluentemente uma língua, em média, a cada dois anos. Começou com o supracitado russo, passou para o inglês, seguiu com o italiano, emendou com o latim, falava a língua grega antiga e a moderna, dominava o francês, tinha o alemão como seu segundo idioma, se virava bem em japonês e arriscava conversar em mandarim, língua que o incomodava devido aos intrincados ideogramas desenhados em lugar das letras. "Sou um sujeito de circo", dizia. Esse arsenal poliglota lhe permitiu falar com os poderosos dos quatro cantos em suas línguas nativas. Nessa fase de globe-trotter, tornou-se amigo de Willy Korf, chamado de "o Napoleão da indústria do aço". Criou laços estreitos com Josip Broz, que entrou para a história como Marechal Tito — Eliezer foi o engenheiro do Porto de Rijeka, na Iugoslávia. Mr. Batista frequentava a bela casa de veraneio do Marechal, localizada nas ilhas Brioni, na costa da Dalmácia. Outro fã da companhia do engenheiro, o ditador romeno Nicolae Ceausescu, também adorava ouvir as piadas de Eliezer.

Na Polônia, conheceu e privou a amizade do líder comunista Wladyslaw Gomulka, a quem apresentou San Tiago Dantas como o "ex-ministro da Fazenda do Brasil, único país capitalista do mundo que não tem capital". Para não perder o hábito, construiu o terminal de granéis no porto de Gdansk. No lado oriental, fez-se afeiçoar pelo general Park Tae-joon, comandante da siderúrgica coreana Posco, terceira maior do mundo.

Na Itália, tornou-se próximo do primeiro-ministro italiano, Giulio Andreotti, acusado de ter ligações com a máfia. Quando perguntado sobre as ligações perigosas de Andreotti, Eliezer respondia ostentando o seu irresistível sorriso: "E eu com isso, o que interessa é que ele é aliado do Brasil." Mr. Batista frequentou o xá Reza Pahlavi, em jantares em Paris, junto com o embaixador Hugo Gouthier, e criou uma amizade siderúrgica com Akio Morita, o lendário fundador da Sony. Só para citar as personalidades mais votadas no leque da sua diversidade, além de tornar-se amigo de telefonemas semanais de Shinzaburo Kato, diretor da Kawasaki Steel.

Em 1979, Eliezer Batista recebeu, em sua base de Bruxelas, um telefonema que mudou a história. Era o presidente da República, general João Batista Figueiredo, convocando-o para que retornasse a navegar nas águas do rio Doce. Eliezer faz um relato bem-humorado, ao seu estilo, de como foi o chamado de Figueiredo: "Olha aí, você vai receber uma missão. Estamos com esse projeto Carajás enguiçado; vê se dá um jeito nisso." Mr. Batista identificou a influência do general José Costa Cavalcanti, ministro de Minas e Energia entre 1967 e 1969 e diretor geral da hidrelétrica binacional de Itaipu, no convite feito pelo "João". Ele e Cavalcanti eram muito amigos. O fato é que voltou animado a dirigir a Vale do Rio Doce. Carajás teve início com suas ideias e iria ser concluído sob sua regência.

Antes do retorno ao comando da Vale do Rio Doce, Eliezer já tinha participado de uma batalha, junto com Costa Cavalcanti e Dias Leite, para convencer a empresa norte-americana U.S. Steel a abandonar a mineração de Carajás. A U.S. Steel tinha 49,9% do projeto, mas seus planos eram bem diferentes do que os do governo brasileiro.

A Vale, já sob o manto das ideias de Eliezer, tinha expectativas superlativas para a exploração da maior província metalogenética do mundo. Mas foi o economista Fernando Roquete Reis que o antecedeu na presidência da companhia o retorno de Eliezer, o responsável pela operação no estilo *shot gun*. Fechou a compra das ações da U.S. Steel por US$ 50 milhões. Vencida a verdadeira guerra com os norte-americanos, era preciso colocar de pé o gigantesco o projeto. Eliezer dizia que os dois ministros da Fazenda com quem dialogou à época do épico de Carajás, Mario Henrique Simonsen e Delfim Netto, tinham dúvidas em relação à sua viabilidade. Estavam assessorando os presidentes militares, mas não gostavam de economia física. Relatava que alguns integrantes do governo chegavam a dizer que o empreendimento era "uma gaveta de sonhos".

Eliezer conseguiu convencer o presidente Figueiredo e os principais ministros militares sobre a perfeição da logística do sistema de mina-porto-ferrovia que levaria o Brasil a uma situação excepcional na competição pelo mercado de minério de ferro. Chamava a atenção de Figueiredo a argumentação de que o país teria uma reserva mineral para mais de quatrocentos anos. Eram os idos dos primeiros anos da década de 1980. O presidente da Vale, segundo suas memórias, dizia: "Carajás se paga por si próprio em um curto prazo." A resposta que Eliezer ouviu foi a de que o governo aprovava o projeto, mas não tinha recursos para financiá-lo. Mr. Batista lembra que ouviu do presidente Figueiredo: "Se vira". Foi o que fez. O resultado foi um verdadeiro país com 900 km² de área mineralizável, uma extensão que corresponde a 1/10 do território brasileiro, suportada por uma gigantesca ferrovia que cortava a Amazônia para desovar os minérios em um dos grandes portos privados do mundo.

Nessa esquina da história acontece um dos mais notáveis encontros da narrativa dos grandes projetos extrativos e de infraestrutura do país. O Brasil sofria enormes dificuldades de aprovação de crédito na década de 1980. Carajás quase foi engolfado por essa onda saárica de falta de dinheiro.

Eliezer então começou a tirar seus infindáveis coelhos da cartola. Buscou o apoio do presidente do Banco Mundial, o mítico Robert McNamara, que tinha sido secretário de defesa dos presidentes dos EUA, John Kennedy e Lindon Johnson. No primeiro encontro entre os dois — relembra — quase foi expulso do seu gabinete. "Havia um componente de Joseph McCarthy em Robert McNamara", rememora Eliezer. De acordo com Mr. Batista, o presidente do BIRD também suspeitava que o minério de Carajás pudesse ir abastecer a indústria bélica japonesa.

Eliezer buscou sua mefistofélica — segundo ele mesmo — rede de relacionamentos. Entrou em contato com seu amigo Saburo Okita, ex-ministro das Relações Exteriores do Japão, que tinha relações de amizade com McNamara. Ao mesmo tempo, entrou em contato com Wilhelm Haferkamp, comissário da Alemanha na Comissão Europeia, fã da engenharia de Carajás, para que expressasse junto ao presidente do BIRD suas impressões.

Na segunda reunião de Mr. Batista com McNamara, após uma apresentação bem mais amigável do projeto, os dois passaram algum tempo se divertindo com a resolução de problemas de matemática. Na terceira reunião, o crédito de aproximadamente R$ 300 milhões, o maior financiamento do banco para uma empresa privada, tinha sido aprovado. Quase simultaneamente, uma montanha de recursos foi aprovada pela Comunidade Europeia. Eliezer voltou a Brasília com a garantia de dinheiro de sobra e mais um bordão: "Carajás foi a vitória de um Brasil grande sobre um Brasil que insiste em ser minúsculo."[5]

Ao deixar a presidência da Vale do Rio Doce, no seu segundo mandato, Eliezer assumiu informalmente a presidência do Conselho de Administração da companhia. Como "honoris chairman" tratou logo de inventar um projeto de dimensões ainda superiores ao de Carajás: o corredor de exportação da Amazônia Oriental ou o "Grande Carajás". A ideia era construir dezenas de indústrias transformadoras de riquezas naturais com a produção dirigida ao exterior em torno da ferrovia de Carajás, que terminava no Porto de Itaqui. Uma trilha de riqueza industrial no coração da selva. Com a logística equacionada, a questão era o financiamento, já que a matéria-prima para as plantas industriais era ofertada pela prodigalidade amazônica.

Eliezer engajou dois pesos-pesados no apoio ao empreendimento: o empresário Eudoro Villela, principal acionista controlador do banco Itaú; e o poderoso Azevedo Antunes. Com esse poder de fogo, juntou dezenas de grandes empresários dispostos a participar do megaprojeto e foi ao presidente José Sarney pedir para que o governo participasse da iniciativa. Foi criada então a Secretaria do Grande Carajás e convidado o ex-ministro do Planejamento, João Paulo dos Reis Velloso, para coordená-la. Quando parecia que o Carajazão iria decolar, o país ingressou em uma crise econômica sem precedente. O dinheiro secou. A ideia murchou por inteiro. E o Brasil deixou de acrescer sabe-se lá qual percentual de crescimento no seu Produto Interno Bruto (PIB).

No finzinho de sua passagem como "*chairman* por conta própria" da Vale do Rio Doce, na segunda metade dos anos 1990, Mr. Batista, participou de quixotesca conspiração contra a privatização da companhia. Primeiro tentou convencer o presidente Fernando Henrique Cardoso, acompanhado pelo ex-ministro da Previdência, Raphael de Almeida Magalhães, amigo do príncipe dos sociólogos. FHC, com a sua conhecida manha, os enrolou para cá e depois os enrolou para lá, equilibrando-se em cima do muro, seu lugar favorito. Os ministros e assessores do presidente eram todos furiosamente a favor da privatização.

Sem sucesso no pleito, Eliezer decidiu encontrar-se, sigilosamente, com aliados na batalha antiprivatista. Ninguém imaginava que Eliezer ocupava o centro da conspiração. Mas ele era o ator central das articulações. Na casa do autor deste capítulo, no bairro do Flamengo, reuniu-se secretamente com o alcaide César Maia, para traçar planos comuns, em um encontro no mínimo improvável. Maia apresentou um vídeo em VHS com dados geológicos. Eliezer não era contra a privatização em si, mas a forma como ela se realizaria. Dizia que a Vale mais valiosa estava debaixo do solo e este não tinha sido precificado. Reportava-se à Docegeo, subsidiária da companhia que detinha todos os alvarás de pesquisa mineral da empresa.

O tempo mostraria que Eliezer tinha certa razão. De lá para cá, a Vale explorou diversas jazidas de minerais não ferrosos e construiu o projeto S11D, o maior complexo minerador do mundo, no município Canaã dos Carajás, no sudeste do Pará, entre outras incursões minerais menos votadas. Essa monumental riqueza não estava no preço de venda da companhia.

Cabe nesse trecho da história uma pitada de tempero. Para evitar que a Vale do Rio Doce fosse vendida, Mr. Batista praticou travessuras e montou artimanhas, surpreendendo até o autor destas linhas, que se considerava seu escudeiro na empreitada. Eliezer não dava entrevistas à imprensa, mas a acarinhava, contando uma piada ou distribuindo seus sorrisos irresistíveis em encontros relâmpagos.

Eis que de repente começaram a pipocar nas mídias nacional e estrangeira notas, matérias e até um editorial contra a privatização, que pareciam ditados por ele. Perguntado sobre o assunto, Eliezer fazia que não era com ele. Pouco tempo depois, o *Estado de S. Paulo*, cruzado do liberalismo econômico, um dos jornais mais privatistas do país, soltou uma manchete bombástica: era uma matéria do jornalista Alberto Tamer, veiculando as teses de Eliezer, sem citá-lo, além de uma lista dos tesouros da Docegeo, que não estavam no *valuation* do ativo. Bomba! Bomba! Este jornalista, voltando de São Paulo, partiu direto para se reunir com Mr. Batista. Afinal que diacho era aquilo?

Na fila do táxi, encontrei o presidente do BNDES, com quem tentei trocar algumas palavras. O diretor do BNDS à época respondeu furioso: "Aquele seu amigo joga sujo, fica plantando notícia em jornal, está defasado, fora do tempo." Só para mencionar as palavras mais suaves. Rebati com igual irritação, afirmando que o Eliezer não falava com a imprensa, que a privatização não tinha sido discutida suficientemente e que ele, Pio Borges, não estava à altura do dr. Eliezer. Sem perder mais tempo, rumei para o seu escritório na Federação das Indústrias do Rio de Janeiro (Firjan). A entidade tinha cedido o espaço para que ali se instalasse o quartel general da Coordenadoria de Ações Empresariais no Estado do Rio.

Convidado por FHC, Eliezer, que já não tinha ambiente em uma empresa às vésperas da privatização, tinha migrado para a nova função, indo somar esforços com Mario Henrique Simonsen e Raphael de Almeida Magalhães na empreitada. Chegando lá relatei o episódio. "Mas veja só, estão dizendo agora até que o senhor está distribuindo informações para os jornais. Tive que reagir duramente." Estupefato fiquei quando Eliezer confirmou a armação. "Fui eu, sim. Falei com o Ruy Mesquita, meu amigo, e o convenci que ele podia dar o furo em um dia e continuar apoiando a venda da Vale nos outros. Esse escândalo tinha que vir à tona." E soltou seu tradicional sem-número de palavrões, alguns em outras línguas. A partir daí aprendi que não custava desconfiar, um pouquinho pelo menos, de "Boris", o czar das soluções da economia física. Um detalhe: Eliezer tornou-se depois um privatista convicto.

No final de 1992, Eliezer participava de nove conselhos empresariais e estava às voltas com um projeto para construção de um porto em Sepetiba, quando recebeu um telefonema do senador Jorge Bornhausen. O parlamentar o convocava para assumir posição de destaque no governo Fernando Collor de Mello. Seria o ministro da Secretaria de Assuntos Estratégicos (SAE), uma espécie de general Golbery do planejamento e da infraestrutura. Teria ascendência sobre todos os demais ministros. Collor de Mello atravessava o seu inferno político. Por sugestão de Bornhausen tentava uma última cartada para driblar um eminente pedido de impeachment: montar um ministério estelar, que assumiria o governo emprestando sua grife. Foram convidados e aceitaram nomes como o Adib Jatene, Célio Borja, Marcílio Marques Moreira, Celso Lafer e Hélio Jaguaribe, entre outros. O ministro da SAE se envolve com a implantação do Sistema de Vigilância Amazônica (SIVAN) e o zoneamento ecológico da região amazônica, projeto fundamental para os planos de desenvolvimento sustentável, além de linhas de transmissão, gás da Bolívia, termelétricas e navegação fluvial. "Aqui eu sou o "*strategos*" (que em grego significa general), dizia.

Nessa fase, Eliezer pinta uma Capela Sistina pouco conhecida. Ele desenvolve o conceito de eixos econômicos e os grandes "*belts*", os cinturões de desenvolvimento econômico. Cercado de geógrafos, demógrafos, matemáticos e engenheiros, começou a pensar a descentralização de regiões saturadas, como a grande São Paulo, ou a concentração de regiões que não tinham nenhum ordenamento ou racionalidade econômica. O Brasil "pé de galinha", disforme, sem sentido, deveria tornar-se, na medida do possível, no "Brasil espinha de peixe", com simetria e noção de conjunto.

O planejamento regional deveria levar em consideração cada veia e artéria da localização. Seriam analisados a demografia, a logística, a vocação econômica, o estágio cultural da comunidade etc. Um dos "*belts*", que estava bem delineado à época, foi a ligação entre Sepetiba, Santos, Corumbá, Santa Cruz de la Sierra e Ilo, no Peru. Com a chegada de Itamar e posteriormente FHC, muito pouca coisa se aproveitou desse arsenal de estudos. A hiperinflação atropelou todos os projetos de infraestrutura e economia física do país.

Uma história pitoresca ocorrida nos tempos da SAE foi presenciada pelo autor destas linhas. A professora Maria da Conceição Tavares, com quem eu tinha longa amizade, procurou-me pedindo para conhecer Eliezer, personagem mitológico de quem sempre tinha ouvido falar maravilhas. Levei o pleito a Eliezer, que respondeu, com seu segundo sorriso, o metálico: "É aquela portuguesa. Vamos nos encontrar, sim, ela é muito engraçada." Marquei o inusitado encontro e, pela manhã, ainda cedo, fomos eu e Conceição para o último andar da Vale, onde, por cortesia da empresa, Mr. Batista mantinha uma sala cheia de mapas feitos especialmente para ele. Um verdadeiro parque temático do Brasil virado de cima a baixo.

Conceição e Eliezer iniciaram o tour em torno dos mapas, com ele explicando os detalhes das riquezas naturais, das saídas logísticas, da oferta de energia, das potencialidades econômicas etc. Conceição ficou deslumbrada e, a cada comentário, dava uns tapas nas costas de Eliezer. Este dizia: "Professora, eu já estou caquético, a senhora ainda quer me derrubar." Ao término da aventura, os dois se voltaram para um quadro branco no fundo da sala, no qual começaram a desenhar equações. E tome de matemática não linear. Um espetáculo que deveria ser gravado.

Com a chegada de Eliezer Batista à SAE, o Palácio do Planalto nunca mais foi o mesmo. O todo-poderoso ministro impôs o seu ritmo de trabalho alucinante, cercado de múltiplos colaboradores, e transformou o gabinete em um palco de stand-up show.

Quem viu Eliezer trabalhando sabe que era impossível laborar ao seu lado sem se divertir. As gargalhadas ecoavam da sua sala pelo Palácio. Reza a lenda que o ascensorista do Palácio do Planalto passava mal quando o ministro entrava no elevador e desfiava sua enciclopédia de piadas. Uma vez o senhor teve que ser atendido devido a um disparo cardíaco. Eliezer, que não perdia uma, afirmou: "Minhas anedotas são satânicas e mortais." Em tempo, Eliezer se gabava dos seus três sorrisos: o primeiro, entredentes, com os lábios paralisados, como que antecedendo o segundo ato; o segundo, o riso metálico, amarelado, ressaltando os seus caninos um tanto vampirescos; e o terceiro era a apoteose da risada larga, sonora, gostosa. Mr. Batista achava graça das suas travessuras com terceiros, mas ria à larga é de si mesmo. Usava e abusava do expediente da autorridicularização tão comum no humor inglês. Ele era o maior alvo de suas piadas. Eliezer não ficou nem um ano à frente da SAE. Devido ao impeachment de Collor, o "ministério de gregos" se dissolveu.

Eliezer era o homem das amizades improváveis. Adorava conversar com Marcello Mastroianni sobre "don juanismos". Dizia que "Macciello" era um "pica doce". Os dois gargalhavam de doer. Normalmente jantavam juntos em Roma. Em Paris, os seus quindins era Jeanne Moreau. Quando visitava a atriz, Mr. Batista ainda fumava — quando não tinha o cigarro, filava com os dizeres: "Me vê aí um câncer." Falava-se que ele e a atriz enchiam a sala de fumaça. A atriz contribuía mais para o cenário de queimada na mata. Ela fumava o cigarro francês Gauloises, que produzia uma tremenda fumaça azulada. Eliezer se gabava de que a atriz e as mulheres em geral gostavam de conversar com ele. "Simplesmente porque eu as ouço."

A relação com Salvador Dalí começou de forma deliciosamente pitoresca. Em um voo muito ruim de Nova York para Madri, em um daqueles antigos e menores aviões, sentou-se do lado do pintor. Segundo ele, o tempo estava tenebroso, e Dalí morria de medo de avião. Os dois se entregaram ao copo, o único remédio possível na ocasião contra temores aéreos. Palavras de Eliezer:

> Após meia dúzia de palavras — e goles — já estávamos nos chamando de Dom Batista para lá, e Dom Salvador, para cá. Lá pelo quinto copo de uísque, não me contive: (…) Quero aproveitar para lhe fazer uma pergunta. Confesso francamente que não consigo entender seus

quadros". Dalí respondeu: "No te preocupes, Dom Batista, tampoco yo!" Próximo a chegar a Madri, quando já parecíamos amigos desde a infância, nas acanhadas ruas de Figueres, na Catalunha, perguntei a ele: "Dom Salvador, por que você usa esses bigodes cantantes?" "Eso, Dom Batista, és para passar despercibido!"[6]

Já em meio ao crepúsculo da vida, Eliezer sofreu o seu maior baque, com o imbróglio empresarial do seu filho Eike Batista, que terminou sendo preso devido a uma série de insucessos nos negócios e ligações perigosas. Eliezer tinha um carinho todo especial por Eike. Tinha também uma permanente preocupação por achá-lo o mais frágil de saúde entre os filhos. A construção do império "X" — letra associada ao nome de todas as empresas de Eike — o enchia de orgulho. Os projetos obedeciam a diversos dos seus conceitos e eram todos grandiosos. Eike colocou de pé muitos dos seus sonhos. Talvez a sua única dúvida fosse em relação a OGX, companhia de exploração de petróleo. Mas Eike tinha acertado tanto, estava assessorado por tantos quadros, que seu crédito era imenso. Pois foi a OGX que afundou toda a embarcação. Eliezer fazia parte de todos os conselhos empresariais do filho e por isso acabou sendo citado em vários processos da Comissão de Valores Mobiliários.

Milhões de menções na imprensa. Um mar de desassossego. Seus miúdos olhos azuis podiam, volta e meia, ser vistos marejados. Mas Mr. Batista, mesmo que machucado, ainda conseguia dar o seu sorriso de número três, aquela gargalhada usada especialmente nas piadas em que se autorridicularizava. No último dos almoços realizados no escritório do jurista José Luiz Bulhões Pedreira, às sextas-feiras, que contou com a presença de Eliezer, juntamente com os demais assíduos frequentadores, Raphael de Almeida Magalhães e o jurista Alfredo Lamy — este, coautor da Lei das S/A juntamente com Bulhões de Pedreira — (por pura generosidade dos presentes, o autor participava esporadicamente dessa Disneylândia da cultura e da inteligência), o vendaval de risadas tinha se silenciado. O acordo tácito é que nenhuma palavra sobre Eike seria dada. O almoço transcorria contido e modorrento, comparado ao oceano de alegria de todas as reuniões anteriores. Eis que Mr. Batista, bem ao seu estilo, agradece a qualidade da refeição, mas está tendo dificuldade em engolir, pois a garganta estava entalada. "O que houve? Entalada de quê? Tome uma água!" Eliezer então se sai com a menção a uma fileira de nomes do órgão masculino em pelo menos dez línguas. Gargalhadas que podiam ser ouvidas a quilômetros. Irresistível!

Não deve ter existido lugar no mundo em que Eliezer Batista se sentiu tão realizado quanto no seu sítio em Pedra Azul, uma reserva ecológica construída por ele no Espírito Santo. Em suas incontáveis viagens ao exterior trazia mudas de todos os tipos de árvores e flores para testar no solo fértil da região. Dizia que 50% vingavam, o que já permitia um colosso de diversidade botânica, talvez o maior do Brasil. Mr. Batista viu seus filhos crescerem gozando suas férias escolares naquele paraíso, onde todos desfrutavam, em uma mesa enorme, as refeições do dia. Partilhavam dos alimentos os meninos, a esposa Juta, eventuais convidados e, invariavelmente, todos os empregados do estabelecimento. Pelas manhãs, Eliezer, vestido com seu chapéu de tirolês, acordava quem lá estivesse soprando o berrante. Era o convite para montar no cavalo e assistir ao espetáculo colorido da natureza.

A conformação da região lembra os Alpes austríacos em uma versão reduzida: uma montanha ao fundo, ladeada por um lago, ambos cercados pelo maior número de plantas não nativas que se tem registro no país. Eliezer, apaixonado pela música clássica, cercou o lago com caixas acústicas. Ao entardecer recostava-se em uma cadeira e repousava, com a vista semicerrada, ouvindo a sinfonia de Sibelius, em um concerto lacustre. Quando descortinava os olhos azuis e fixava aquele espelho d'água, abria seu sorriso número um, o mais plácido deles. Estava com os seus entes mais queridos, usufruindo do projeto dos sonhos, um Éden particular. Pedra Azul, um concerto das árvores, flores, águas, o céu e a montanha é a mais profunda definição de Eliezer Batista.

Notas

1. FARO, Luiz Cesar; FERNANDES, Claudio; POUSA, Carlos. *Conversas com Eliezer*. Insight Engenharia da Comunicação, 2005
2. Ibid.
3. CAMPOS, Roberto. *A lanterna na popa*. Editora Topbooks.
4. FARO, Luiz Cesar; FERNANDES, Claudio; POUSA, Carlos. *Conversas com Eliezer*. Insight Engenharia da Comunicação, 2005
5. Ibid.
6. Ibid.

OSWALDO ARANHA
Pedro Corrêa do Lago

Com que objetividade pode um neto evocar a vida de um avô que não conheceu? Ocorreu-me muitas vezes essa pergunta ao preparar a fotobiografia de Oswaldo Aranha publicada em 2017. Meu esforço foi então facilitado pelo formato do projeto: para diluir minha participação, vali-me do impacto de mais de seiscentas imagens e das opiniões expressas em mais de quinhentas citações da imprensa da época, assim como de contemporâneos e de historiadores que fizeram a sua posteridade. Ciente da impossibilidade até mesmo teórica de um relato isento, preocupei-me especialmente com os momentos em que sua atuação ou postura pudessem ter sido polêmicas, mas acabei encontrando poucas críticas ou depoimentos desfavoráveis diante de uma avassaladora maioria de considerações positivas.

Poucas trajetórias foram tão vertiginosas na história do Brasil quanto a de Oswaldo Aranha. A partir dos seus 35 anos, esteve envolvido por três décadas num intenso turbilhão de acontecimentos políticos nacionais e internacionais, nos quais sua atuação foi, em vários momentos, decisiva. Poucos ou talvez nenhum brasileiro, entre aqueles que não foram chefes de estado, terão tido uma participação tão influente e tão variada na história de seu tempo. Após ter sido, aos 36 anos, o principal organizador da Revolução de 1930, que abre para o Brasil a era moderna, tornou-se, doze anos mais tarde, o maior responsável pela decisão brasileira de juntar-se às democracias contra o Eixo na Segunda Guerra Mundial. Corajoso Ministro da Fazenda em dois momentos de grande turbulência econômica, chanceler por seis anos num período crucial, Oswaldo Aranha foi também o brasileiro de maior expressão no cenário mundial de sua época e exerceu um importante papel como presidente da ONU na decisão da partilha da Palestina e, por consequência, na criação do Estado de Israel. É essa a trajetória que se desenvolverá nas próximas páginas, na tentativa de relembrar um homem público cuja segunda metade da vida mesclou-se de tal forma com a evolução de seu país que um jornal pôde dizer no dia de sua morte: "Quando alguém se dispuser a escrever a história do Brasil desses últimos trinta anos poderá escrevê-la através da vida de Oswaldo Aranha. E constatará então que sua presença é constante em todos os acontecimentos históricos dessa época."[1]

INFÂNCIA, MOCIDADE E CASAMENTO

Aranha é produto das elites brasileiras do final do século XIX, cafeeira por parte de pai e pecuária por parte de mãe. Numa época em que famílias abastadas não hesitavam em ter muitos filhos, sua mãe, Luiza, ficou grávida 21 vezes a partir dos quinze anos de idade, e criou uma família de catorze filhos que superaram a primeira infância. Seu pai, que crescera entre Campinas e São Paulo, neto da Baronesa de Campinas, maior produtora de café do Brasil em sua época, era um jovem aristocrata amante dos prazeres urbanos, transplantado para o campo quase à força, diante da pujança dos negócios rurais da família de sua jovem mulher. Sua nova vida no ritmo lento da fazenda na fronteira com a Argentina certamente o privou daquilo que sua adolescência e juventude mais o fizera prezar na cidade grande: concertos, saraus, vida social e literária.

Isso fez dizer o próprio Oswaldo Aranha, nascido em 15 de fevereiro de 1894, que fora criado pela "bondade de minha mãe e pela ansiosa curiosidade de meu pai, entre irmãos igualmente fortes e felizes em meio de uma multidão de criados e peões".

"Nossa estância era uma grande família, quase uma cidade", foi o centro da infância de Oswaldo até sua ida para o internato aos onze anos e para o Colégio Militar do Rio de Janeiro, aos catorze. Arrancando-o a uma existência idílica que lhe deixou profundas marcas íntimas, o Colégio Militar moldou o adolescente. A Faculdade de Direito no Rio de Janeiro preparou o homem feito que, aos vinte anos, viajou com um amigo para a Europa por um ano, em 1914, privilégio que só os filhos de famílias ricas podiam se permitir. Já falava francês e fez em Paris um curso de nível universitário que certamente lhe abriu horizontes que poucos de seus contemporâneos no Brasil podiam vislumbrar. Também se destacara no Rio de Janeiro em meio a seus colegas do Colégio Militar e da Faculdade de Direito, onde fez sólidas amizades que o acompanhariam por toda a vida. Seguiu o padrão já trilhado na geração anterior por Joaquim Nabuco e por grande parte da classe dominante brasileira de sua geração, pois a vida política, econômica e cultural concentrava-se no Rio de Janeiro, capital da República.

Foi nesse ambiente que Oswaldo passou cinco profícuos anos que ligariam profundamente ao Rio o jovem gaúcho de pai paulista, muito antes que as circunstâncias de sua fulgurante ascensão política impusessem sua mudança para a capital. Mas não era no Rio de Janeiro, mas sim no seu estado natal que Oswaldo antevia seu futuro ao voltar da Europa.

Já noivo da namorada que conhecera em Itaqui, cidade mais próxima da estância de seus pais, Oswaldo casa-se aos 23 anos com "Vindinha" Gudolle e estabelece-se entre Alegrete, sua cidade natal, e Uruguaiana, a cidade mais importante da região. Abre banca de advogado e envolve-se nos assuntos locais, não parecendo destinar-se ou desejar uma carreira política nacional. Ganha fama profissional e começa a formar família: seus quatro filhos com Vindinha nascem num período de cinco anos, de 1918 a 1923. Interessa-se pelos assuntos de sua cidade e revela-se rapidamente uma liderança local de peso. Mesmo assim, não era esperado que o jovem advogado de maneiras elegantes e frases inspiradas fosse em breve embrenhar-se como combatente nas lutas internas da política gaúcha, lembradas hoje como as revoluções de 1923 e de 1926. No entanto, como se atendesse a um chamado, Oswaldo envolve-se pela primeira vez, a partir de 1923, nos conflitos da vida política de seu país, aos 29 anos.

REVOLUÇÕES NO RIO GRANDE DO SUL

Uma transformação surpreendente opera-se de fato em 1923 com o jovem advogado de origem aristocrática quando as contendas políticas do Rio Grande do Sul assumem ares de guerra fratricida e Oswaldo Aranha toma as armas para defender suas ideias e a posição de seu partido. Demonstrando uma naturalidade semelhante àquela com que se vestira a rigor em viagem à Europa ou na vida social da capital, Oswaldo parece agora também à vontade para endossar o poncho, o uniforme de campanha e as botas de combatente de campo.

A metamorfose impressiona seus contemporâneos e contrastará fortemente também, apenas vinte anos mais tarde, com a imagem do respeitado estadista vestido num terno elegante à frente de algumas das maiores questões diplomáticas mundiais, em Nova York, em 1947, na recém-criada Organização das Nações Unidas (ONU). Nas palavras de Pedro Calmon:

> Cavaleiro e doutor, representava, na harmonia pessoal, ou, antes, na história fascinante, a aliança que só nos pampas se deu, do estudante, que lia os filósofos, e do capitão de bombacha e botas, lenço ao pescoço, faca na cinta, largo chapéu e rebenque estalando: uma força da terra.

Aliado do partido governista encabeçado pelo eterno líder Borges de Medeiros, Oswaldo participa das revoluções de 1923 (com combates que se estendem até 1925) e de 1926, fortalecendo seu prestígio no estado natal e criando, devido à sua lealdade, uma relação de confiança com o "velho Borges". Ferido duas vezes, liderou corajosamente combates contra milhares de insurgentes, fazendo dizer a um de seus comandados: "Jamais vi um comandante tão querido pelos seus homens e tão respeitado."

Nos intervalos das lutas, convive com a mulher e os quatro filhos pequenos, dá aulas de direito internacional na faculdade de Porto Alegre, torna-se prefeito de sua cidade natal e é eleito sucessivamente deputado estadual e federal, além de ser escolhido secretário de governo em seu estado, etapas iniciais de uma fulgurante carreira política cujo brilho nada deixava ainda antever.

ARTICULADOR PRINCIPAL DA REVOLUÇÃO DE 1930

Tanto seus contemporâneos quanto os historiadores do período concordam que a liderança da Revolução de 1930 foi indiscutivelmente exercida pelo jovem Oswaldo Aranha, diante de um Getúlio Vargas mais do que hesitante. A cautela de Vargas era explicável: candidato recém-derrotado à presidência, tinha de fato muito a perder com o eventual fracasso da tentativa de derrubar um regime no qual havia chegado à alta posição de ministro da Fazenda.

Num curto período de dois anos (1928-1930), Oswaldo Aranha, dos 34 aos 36 anos, mobiliza-se pela campanha da Aliança Liberal, chapa presidencial encabeçada por Vargas, com João Pessoa como vice-presidente, candidatos do Sul e do Nordeste. Adversária da tradicional aliança Minas Gerais–São Paulo, a chapa de oposição tinha poucas chances de vencer uma eleição decidida antecipadamente pelas práticas eleitorais manipuladoras da chamada "política do café com leite", que caracterizaram a República Velha.

Dinâmico, entusiasta, hábil e incansável negociador, Aranha tem um papel decisivo na articulação e materialização da Revolução de 1930, momento fundamental da evolução política do Brasil no século XX. Muitos historiadores especulam que, se assim o pretendesse, Oswaldo Aranha teria tido força política para encabeçar o governo provisório logo após a vitória da Revolução. Juarez Távora, o líder militar do movimento no Nordeste, chegou a dizer mais tarde: "Se houvesse votos na questão, teria dado o meu a Oswaldo Aranha."

No entanto, a amizade e lealdade integral a Getúlio Vargas, onze anos mais velho, nunca deixaram Aranha cogitar de alijá-lo da chefia do movimento revolucionário, que Vargas só abraçou plenamente quando teve a certeza da vitória, devida em grande parte a seu jovem correligionário, chamado diversamente por seus contemporâneos de "mola-mestre da Revolução", "alma da conspiração", "principal articulador e animador do movimento" e "maior dos revolucionários de 1930".

MINISTÉRIO DA JUSTIÇA E MINISTÉRIO DA FAZENDA

Com a vitória da Revolução de 1930, Oswaldo Aranha torna-se, aos 36 anos, ministro da Justiça do governo provisório e homem forte do novo regime. Mas, ao escolher subordinar-se plenamente a um Getúlio Vargas que logo trata de consolidar seu poder em todas as instâncias, Aranha, tanto por índole como por determinação, deixa escapar progressivamente ao longo desse ano qualquer chance de impor-se sobre o novo líder, o que não parece ter desejado, ainda que muitos achem que lhe teria sido possível.

Uma vez reconhecido na imprensa como o principal articulador do movimento revolucionário e depois de nomeado para a pasta da Justiça, Oswaldo Aranha tornou-se objeto de intensa adulação e das mais variadas homenagens. Não faltaram áulicos e postulantes à sua proteção. Foram compostas marchinhas em sua homenagem, o Correio emitiu selos com sua efígie, e a imprensa passou a apresentá-lo como paradigma da nova elite no poder. Sua figura despontou com tal clareza como a do organizador da vitória que chegou a despertar certa ciumeira até mesmo em Getúlio Vargas.

Apenas iniciada sua gestão no Ministério da Justiça, foi promulgada a "Lei Orgânica", que regulamentava os poderes do novo regime. O Governo Provisório passava a exercer as funções tanto do Executivo quanto do Legislativo, até a eleição de uma Assembleia Nacional Constituinte (na qual Aranha se tornaria líder do governo em 1933).

Sucederam-se outras iniciativas importantes para o ordenamento jurídico do país, com as quais se procurou "institucionalizar a revolução e cercear o arbítrio". Não houve perseguição aos funcionários das administrações passadas e foi criada a Ordem dos Advogados do Brasil (OAB). Após um ano na pasta da Justiça, Aranha assume o Ministério da Fazenda em novembro de 1931 e permanece no cargo até junho de 1934. Durante esses quase três anos, o ministro teve intensa atuação nas áreas econômica e administrativa, e fez o Brasil reagir à crise internacional de 1929. Promovida por sua gestão, a necessária queima dos estoques excedentários de café inflamou as imaginações no Brasil e no mundo e permanece até hoje como um marco do período.

Por outro lado, Aranha foi ousado com relação à dívida externa e renegociou pagamentos, para grande insatisfação de muitos credores estrangeiros, sobretudo ingleses. Superando a reação internacional negativa, o chamado "Esquema Aranha" resultou numa significativa redução do saldo devedor e do serviço da dívida nos anos seguintes, com a resultante consolidação da dívida externa do país. Segundo Mario Henrique Simonsen,

> Aranha não era um economista(...) Era um advogado culto, um espírito liberal que conhecia o mundo, e com bom trânsito entre as classes produtoras. O que(...) percebeu, em 1931, é que cabe ao governo articular os mercados em época de crise(...) Entre 1931 e 1934 o governo(...) interveio fortemente na economia(...) Mas, se sua vida se tivesse limitado ao que fez no Ministério da Fazenda, Aranha já teria conquistado cadeira cativa na História do Brasil.

Um desentendimento com Vargas a respeito da sucessão mineira leva Aranha a renunciar uma primeira vez ao Ministério da Fazenda, em dezembro de 1933, ainda que aceite permanecer no cargo por mais um semestre até junho de 1934. Sua posterior nomeação como embaixador nos Estados Unidos abre o caminho para um redirecionamento imprevisto de sua trajetória política.

EMBAIXADOR EM WASHINGTON

O posto de embaixador do Brasil nos Estados Unidos trouxe a Oswaldo Aranha novas oportunidades num momento decisivo de sua carreira política. Por afastá-lo fisicamente da vida pública nacional, da qual fora um dos principais protagonistas nos quatro anos anteriores, essa nova função foi interpretada por alguns como desprestígio — ou até mesmo uma punição —, para quem havia sido antes ministro da Justiça e da Fazenda.

Na verdade, ao confrontar Vargas na crise da sucessão mineira e renunciar à pasta da Fazenda, não restaram muitas opções a Aranha. Para Vargas, empenhado em consolidar seu poder, a ausência do país de seu mais óbvio concorrente trazia-lhe alguma comodidade. Mas a embaixada em Washington acabou revelando-se uma oportunidade imprevista de aprendizado e fortalecimento da experiência de Oswaldo Aranha na política externa, o que não teria ocorrido se tivesse continuado no país. Aranha descobriu fascinado a pujança da economia americana, em franca recuperação sob o *New Deal* promovido pelo governo Roosevelt. Entusiasmou-se pelo modelo americano, no qual via semelhanças com o Brasil, e preparou-se decisivamente para a posição de campeão da aliança pragmática com os Estados Unidos, que confirmaria ao se tornar ministro do Exterior em 1938.

Nada disso, contudo, podia prever ao aceitar o cargo. Aprendeu inglês em tempo recorde e logo tornou-se um dos mais destacados e populares embaixadores estrangeiros em Washington. Incrementou as relações econômicas bilaterais ao negociar e assinar um tratado de comércio em 1935 e divulgou a imagem do Brasil ao visitar diversas regiões dos Estados Unidos em longas viagens de automóvel, e ao proferir numerosas conferências em universidades. Nos três anos em que permaneceu no posto, estabeleceu uma relação próxima com os gestores da política externa americana, o secretário de Estado Cordell Hull e o subsecretário Sumner Welles, e com o próprio presidente Roosevelt.

Quando em Washington, viajou duas vezes ao exterior. A primeira como delegado à Conferência Interamericana para a Consolidação da Paz, realizada em Buenos Aires, em dezembro de 1936. De lá, passou alguns meses no Rio de Janeiro, quando se considerava certa a sua candidatura à presidência nas eleições de 1938. Permaneceu no Brasil até abril de 1937, mas, apesar do apoio de líderes políticos e segmentos da opinião pública, viu-se sem a necessária sustentação partidária e regional, em função de seu longo afastamento do país. Retornou a seu posto em Washington por mais sete meses, renunciando ao cargo de embaixador com a proclamação do Estado Novo, por discordar da Constituição autoritária de 1937, recém-promulgada por Vargas.

MINISTRO DAS RELAÇÕES EXTERIORES

Após demitir-se do cargo de embaixador nos Estados Unidos, em protesto contra a proclamação do Estado Novo em novembro de 1937, Aranha voltou ao Brasil, mas só resistiu três meses às injunções de seus amigos e aliados, que viam como essencial sua participação no governo num momento de clara ameaça de guerra mundial. Em março de 1938, aceitou o cargo estratégico de ministro das Relações Exteriores, que Vargas lhe oferecia havia meses, e logo assumiu uma clara postura de intensificação da relação com os Estados Unidos, num contexto em que os mais importantes chefes militares brasileiros, como Eurico Dutra e Góes Monteiro, não disfarçavam a admiração pela Alemanha nazista e a Itália fascista.

Pouco depois de assumir, entrou em conflito com o arrogante embaixador alemão Karl Ritter e o declarou *persona non grata*, passando a ser identificado pelo governo alemão como o seu principal inimigo no Brasil, conforme registra em seu diário o poderoso ministro da propaganda de Hitler, o tristemente célebre Joseph Goebbels.

Vale aqui evocar a marca intensa que Oswaldo Aranha parece ter deixado em quase todos que o conheceram, seja por breves momentos ou em convívio mais longo. Os testemunhos são inúmeros e todos parecem congruentes, pois o fascínio que sua personalidade exerceu sobre seus contemporâneos é confirmado em quase todos os relatos. A própria abundância de manifestações a esse respeito permite atestar a quase unanimidade de seus contemporâneos quanto a seu carisma e encanto pessoal, reconhecidos inclusive por seus desafetos e por observadores mais severos de sua personalidade, como Carlos Lacerda, que escreveu: "Conversar com este homem que fazia do charme um ponto de honra era um privilégio e um encanto." Manuel Bandeira, Gilberto Freyre e Evandro Lins e Silva usam todos a expressão "fascínio pessoal" ao referir-se a Aranha. Outros falam em "simpatia envolvente", "domínio... que se exerce sobre homens e mulheres", e figuras tão díspares quanto Jânio Quadros ("Quem não quiser admirá-lo que evite conhecê-lo") e João Goulart ("Um verdadeiro colecionador de amigos e admiradores") manifestaram-se sobre o magnetismo de Aranha.

Em julho de 1938, o chanceler contribui para o tratado de paz que pôs fim à Guerra do Chaco entre o Paraguai e a Bolívia e conclui mais tarde um importante acordo de fronteiras entre o Peru e o Equador. Nos seis anos de sua gestão, visita vários países latino-americanos e volta aos Estados Unidos, em 1939, na chamada "Missão Aranha", de grande alcance econômico. Reorganiza internamente o ministério do Exterior e estabelece um quadro único de servidores de carreira, numa reforma que permaneceu inalterada por décadas.

Mas o ponto alto de sua gestão é certamente o da Reunião de Consulta dos Ministros das Relações Exteriores das Repúblicas Americanas, ocorrida no Rio de Janeiro em 1942, logo após a entrada dos Estados Unidos na guerra contra o Eixo. Em seguida à chamada "Conferência dos Chanceleres", o Brasil rompe relações com o Eixo, e nos meses seguintes Aranha desempenha um papel fundamental na decisão do Brasil de entrar na guerra ao lado dos Aliados. Ao longo de sua gestão, consolidam-se as iniciativas culturais entre o Brasil e os Estados Unidos, no âmbito da política de Boa Vizinhança, liderada pelo jovem Nelson Rockefeller. Nesse contexto ocorrem as visitas de Orson Welles e Walt

Disney ao Brasil, com o objetivo de realizar filmes de temas nacionais. Aranha também mantém contato privilegiado com escritores, músicos e artistas e se interessa por manifestações que divulguem nossa cultura brasileira no exterior.

De 1938 a 1941, Aranha resiste à política que o ministro da Justiça, Francisco Campos, quer impor à imigração estrangeira. Campos convencera Vargas da necessidade de maiores limitações à entrada de refugiados judeus. Aranha flexibiliza a legislação que encontra ao chegar ao Itamaraty, permitindo com isso a entrada de dez mil judeus nos anos seguintes — maior contingente recebido por qualquer país do mundo em 1939 e 1940 depois da Palestina e dos Estados Unidos. Os adversários dessa política de maior abertura de Aranha denunciam sua "liberalidade" a tal ponto que Vargas resolve transferir a responsabilidade da concessão dos vistos de imigrantes ao Ministério da Justiça em 1941. Vargas registra em seu diário no mesmo ano as resistências de Aranha: "Oswaldo está recalcitrando em assinar o decreto restringindo a imigração para o Brasil. Nova crise?"

Por outro lado, Aranha trata de esvaziar qualquer consequência prática do inquérito do governo contra o embaixador Souza Dantas, que concedera centenas de vistos a refugiados judeus na França.

Com a aproximação do fim da guerra, o prestígio de Aranha cresce de tal forma que Getúlio Vargas cria um pretexto para forçá-lo a renunciar ao Ministério das Relações Exteriores, o que ocorre em agosto de 1944. Ao eliminar aquele que identifica como seu principal sucessor potencial, Vargas imagina fortalecer sua permanência no poder. Sua presidência, no entanto, perduraria apenas por pouco mais de um ano, antes de ser deposto em outubro de 1945, pelos mesmos generais, ex-germanófilos, Dutra e Góes Monteiro, que sobreviveram incólumes às suas antigas simpatias pelo Eixo, agora evidentemente incômodas.

Além de seu papel fundamental na entrada do Brasil na guerra com os Aliados, os seis anos de Oswaldo Aranha à frente do ministério do Exterior fizeram dizer a Rubens Ricupero: "Depois do Barão do Rio Branco, Aranha foi o maior chanceler brasileiro na República."[2]

Outro aspecto ressaltado por historiadores recentes é a clareza da noção de Oswaldo Aranha quanto às vantagens econômicas e geopolíticas que uma postura firme de apoio aos Aliados traria ao Brasil. Segundo Neill Lochery: "Aranha possuía um dom raro para a época no Brasil e para a América do Sul como um todo: uma visão do mundo."[3]

O chanceler preparara para Vargas uma lista secreta, hoje famosa, de onze grandes objetivos de guerra brasileiros, que muitos teriam achado absurdamente ambiciosos se divulgados na época, mas que foram em grande parte alcançados. Ainda segundo Lochery, "tomados em conjunto, os itens da lista de Aranha constituíam uma afirmação corajosa do lugar que o Brasil merecia ocupar na ordem internacional. Eles representavam uma tentativa coordenada para transformar a nação e levá-la ao século XX".

Aranha havia também obtido de Roosevelt a promessa de inclusão do Brasil no grupo restrito de grandes nações que ditariam a nova ordem mundial após a guerra, o que teria equivalido a um lugar no Conselho de Segurança das futuras Nações Unidas. Infelizmente, após a morte do presidente americano em meio ao mandato, em 1945, seu sucessor, o vice-presidente Truman, não se sentiu comprometido com o acordado com o ex-chanceler brasileiro.

AS ASSEMBLEIAS DA ONU E A VOLTA À VIDA PRIVADA

Ao deixar o Ministério das Relações Exteriores em 1944 e assistir de longe à deposição de Getúlio Vargas no final do ano seguinte, Oswaldo Aranha pouco esperava ainda da vida pública, pois deixara de apoiar a candidatura vencedora de Eurico Dutra, eleito em 1946. O general fora seu adversário constante durante o Estado Novo, sempre pendendo para o apoio ao Eixo, mas nunca se tornara um inimigo pessoal.

Talvez por isso o presidente Dutra tenha surpreendido Aranha, alguns meses após sua posse, com o convite para a chefia da delegação do Brasil junto à ONU, em Nova York, em fevereiro de 1947.

Sem o imaginar, Dutra dava a Aranha uma extraordinária oportunidade de demonstrar seus talentos de diplomata e estadista, justamente no palco que mais atraía naquele momento a atenção mundial: a recém-criada Organização das Nações Unidas, sobre a qual concentravam-se agora todas as esperanças de reconstrução de uma paz mundial. Por um misto de competência e acasos felizes, Aranha, de quem só se esperava que presidisse o Conselho de Segurança da ONU (posição que cabia ao Brasil por rodízio), é eleito sucessivamente por seus próprios méritos para presidir duas Assembleias Gerais, órgão máximo das Nações Unidas. As assembleias presididas por ele são hoje especialmente memoráveis por terem discutido e votado a partilha da Palestina, antiga aspiração de árabes e judeus, que almejavam ambos a criação de Estados próprios na região então sob administração britânica havia trinta anos.

O desempenho de Aranha trouxe-lhe aquele que foi, sem dúvida, o seu momento de maior projeção mundial. Granjeou-lhe também o reconhecimento dos líderes judeus por seu decisivo apoio ao plano de partilha da Palestina elaborado pela ONU, cuja aprovação em novembro de 1947 criou as condições internacionais imprescindíveis à criação do Estado de Israel, em maio de 1948.

A causa da partilha, que previa o estabelecimento de um estado árabe e outro judeu na Palestina, era particularmente cara a Aranha, que se empenhou em aprová-la com todas os meios ao seu alcance. Usou inclusive de seu poder discricionário como presidente da Assembleia para adiar a votação por dois dias, ao sentir que o projeto da partilha, que precisava de uma maioria de dois terços, não teria votos suficientes para ser aprovado na data inicialmente marcada para a decisão do plenário. Três votos decisivos pró-partilha foram obtidos nesse novo prazo. Outro presidente da Assembleia que fosse indiferente ao resultado do plano de partilha não teria agido como Aranha nos bastidores e não teria adiado a votação. Sem esse adiantamento, a oportunidade histórica da criação de um estado judeu na Palestina teria sido perdida, talvez para sempre.

Após a votação, Aranha é indicado ao prêmio Nobel da Paz de 1948 (que acaba não sendo concedido a ninguém nesse ano) e recebe o título de doutor *honoris causa* da Universidade Harvard.

MINISTRO DA FAZENDA

Após o retorno à sua atividade de advogado em 1948, Oswaldo Aranha só volta a exercer cargo público de junho de 1953 a agosto de 1954, período que se revelaria dos mais dramáticos de sua intensa vida.

Antes dos seus catorze meses no Ministério da Fazenda, a fase pessoal é de relativa serenidade. Após a presidência da ONU, Aranha, embora tenha apenas 54 anos, é visto cada vez mais como uma figura de velho estadista, sábio e experiente, e a imprensa o trata como tal. Assim, a revista *O Cruzeiro*, com fotos de Jean Manzon, explora a figura física de Aranha em 1950 e inclui um notável ensaio sobre seu cigarro em uma reportagem que fez época.

Esse é também um período de viagens aos Estados Unidos para visitar filhos e netos, ao Rio Grande do Sul, à sua região de fronteira natal, tempo de intensa atividade no Haras Vargem Alegre, no estado do Rio, de convívio com os amigos, e de retomada bem-sucedida de sua banca de advogado. Pela primeira vez desde 1930, Aranha abandona por um tempo mais longo o ritmo frenético que suas sucessivas funções lhe haviam imposto.

Cogitado como candidato à presidência nas eleições de 1950, a ideia de sua candidatura não prospera diante da própria candidatura de Getúlio Vargas, cuja legalidade Aranha defende publicamente.

Após a vitória de Getúlio, a imprensa passa a especular sobre a participação de Aranha no novo ministério de Vargas ou a volta ao cargo de embaixador em Washington. Mas o presidente só o convidaria três anos depois, após a eclosão de uma crise entre seu então ministro da Fazenda, Horácio Lafer, com o presidente do Banco do Brasil, que sabotava sua política.

Após muitas hesitações, Aranha aceita voltar ao Ministério da Fazenda, quase vinte anos após tê-lo deixado. Defende então um plano de estabilização logo chamado de "Plano Aranha" e introduz eficientes modificações no sistema cambial do país. Segundo Edmar Bacha

> O célebre sistema de taxas múltiplas de câmbio, envolvendo um regime de leilões cambiais para as importações, e taxas fixas diferenciadas para as importações(...) permitiu resolver de uma forma brilhante o problema colocado pela necessidade simultânea de gerar divisas e impostos.[4]

Como um de seus principais ministros e amigo próximo de Getúlio Vargas, apesar de todas as decepções que este lhe impôs ao longo de três décadas de uma amizade tumultuada, Aranha acompanha a escalada do movimento pela derrubada do presidente e torna-se também vítima da campanha liderada pelo jornalista Carlos Lacerda, que o acusa, injustamente, de ter ajudado de forma oculta o jornal governista *Última Hora*. Aranha vive intensamente o dia final de Vargas, sempre ao seu lado no Palácio do Catete. Durante a última e dramática reunião do ministério, dispõe-se, com Tancredo Neves, a resistir armado a qualquer tentativa de deposição do presidente à força.

No enterro de Vargas, Oswaldo Aranha profere um discurso intenso que se tornou lendário, em parte pelas imagens emocionadas que a imprensa registrou em sucessivas reportagens. Ainda em São Borja, logo após o sepultamento, Aranha percebe a gravidade do momento político e participa de uma intervenção histórica decisiva: articula, com Tancredo Neves, a aliança crucial que levaria à vitória do candidato Juscelino Kubitschek.

VOLTA À ONU E ÚLTIMOS ANOS DE VIDA

Após o enterro de Vargas, Oswaldo Aranha, Tancredo Neves e João Goulart promovem o entendimento entre o PSD (Partido Social Democrático), de Juscelino Kubitschek, e o PTB (Partido Trabalhista Brasileiro), de Goulart, que Aranha considerava como a melhor aliança para preservar o legado de Vargas. Sua contribuição foi fundamental para o apoio concedido pelo PTB à candidatura Kubitschek, que Aranha defendeu com eloquência em discurso na convenção do partido. Juscelino dirá mais tarde de Aranha: "Um homem de rara força intelectual cuja generosidade se tornara legendária."[5] Aranha teve também um encontro secreto com Luís Carlos Prestes, que garantiu apoiar o candidato que o PTB defendesse. Voltou à advocacia e à vida de família na capital e em sua fazenda. Embora sem exercer atividades partidárias, continuou a influir na política, procurando desempenhar um papel moderador, recebendo em sua casa políticos de todas as correntes.

Envolveu-se também em debates sociais, tornando-se presidente da seção brasileira da Associação Contra a Fome (Ascofam), promovida pela FAO, e por seu presidente, Josué de Castro, e participou de apelos pela redução da fome no Brasil com o apoio dos principais órgãos da imprensa.

A convite de Kubitschek, do qual tornou-se "amigo e conselheiro informal", segundo o próprio presidente, Aranha voltou a chefiar a Delegação do Brasil na XII Assembleia Geral das Nações Unidas realizada em Nova York em 1957. Em vários escritos e entrevistas a época, lamenta a falta de atenção dos países economicamente avançados aos países subdesenvolvidos, defende o reatamento de relações com a URSS por sua relevância mundial, expressa suas opiniões sobre a ascensão da China no cenário internacional e o socialismo e defende a independência e autodeterminação das regiões ainda mantidas sob tutela colonial.

No início de 1958, Oswaldo e Vindinha possam algumas semanas na França, para exames de saúde. Aranha aproveita a temporada para visitar diversos haras, dando curso à sua paixão por cavalos puro-sangue de corrida. Recusa convites para homenagens em vários países europeus, mas acaba passando um período com a mulher e amigos na Côte d'Azur. Ao longo do ano e até meados do seguinte concede várias entrevistas, que mostram a evolução de suas ideias, enfatizando a importância da ONU na busca da paz e da necessidade do Brasil de manter relações diplomáticas inclusive com a União Soviética e a China. Logo antes de sua morte, faz uma última viagem à Argentina, onde recebe grandes homenagens.

Diante daquela que se poderia classificar na época como uma atitude "progressista" de Aranha, a revista *Time* chegou a sugerir, em 1958, que o velho estadista assumira uma posição "esquerdizante" e feito aproximações "oportunísticas" com o Partido Comunista (PCB), de Luís Carlos Prestes, uma vez que, segundo a revista, posicionava-se como candidato potencial à eleição presidencial de 1960. Na mesma ocasião Prestes declararia que Aranha era "um dos melhores candidatos presidenciais".

Pela sétima vez em sua carreira política, Aranha parece ter uma chance de ser escolhido candidato à presidência da República, desta vez pelo partido que deu a vitória ao presidente Juscelino Kubitschek, cuja candidatura em 1954, Aranha contribuíra decisivamente para firmar. Os insatisfeitos com o crescimento do prestígio do governador de São Paulo, Jânio Quadros, querem lhe opor um nome forte, e não faltam postulantes, como José Maria Alkmin, Tancredo Neves ou mesmo Amaral Peixoto, todos com mais arestas que Aranha. Mas o maremoto Jânio parece forte demais, e Aranha não encontra ânimo para se opor a alguém 23 anos mais moço, que já ostentava a duvidosa fama do "homem da vassoura". Meses mais tarde, uma vez consolidada a candidatura Quadros, Aranha recebe o convite para compor a chapa do marechal Lott, candidato do PTB contra Jânio, perspectiva que não o entusiasma, mas que parece ter cogitado aceitar, na véspera de sua própria morte.

Segundo João Goulart, Oswaldo Aranha estava inclinado, no dia de sua morte, a aceitar a candidatura à vice-presidência na chapa do marechal Henrique Lott, após ter relutado por semanas a sequer considerar a hipótese, decidido como sempre a não ser o "segundo de mais ninguém". Goulart apoiava a solução Aranha para fortalecer a chapa Lott, e somente a morte súbita do velho estadista em 27 de janeiro de 1960, aos 65 anos, fez com que o próprio Goulart assumisse o seu lugar junto a Lott, candidato do PTB.

Naquela época era possível eleger o presidente de uma chapa ao mesmo tempo que o vice-presidente de outra. Se Aranha tivesse sobrevivido, quase certamente ganharia as eleições para vice-presidente e Jânio Quadros venceria, como venceu, a disputa à presidência. Com Aranha como vice, teria Jânio tentado o seu golpe em 1961? O consenso atual é de que Jânio só anunciou a renúncia por estar convencido de que os militares exigiriam sua permanência, para evitar dar posse a Goulart, considerado por muitos como "comunista". Teria Jânio cometido o mesmo gesto, e arriscado deixar a presidência para um Oswaldo Aranha bem aceito por todos os partidos? Se Aranha vivesse mais dois anos, a história do Brasil poderia ter sido bem diferente...

MORTE E HOMENAGENS PÓSTUMAS

Oswaldo Aranha mereceu inúmeras homenagens por ocasião de sua morte e nas décadas seguintes. No seu velório estiveram presentes políticos de todas as correntes, de Luís Carlos Prestes a Eduardo Gomes. Sepultado com honras de chefe de Estado, foi decretado no Brasil luto oficial de cinco dias. Uma multidão acompanhou o seu enterro no cemitério São João Batista no Rio de Janeiro, onde estiveram presentes o presidente Juscelino Kubitschek e grande parte da classe política brasileira, afora grande presença popular. A UNE (União Nacional dos Estudantes) reivindicara, sem sucesso, a honra de velar Aranha na sua sede, como forma de expressar "a última homenagem dos estudantes ao seu grande líder".

Os mais expressivos políticos, diplomatas e intelectuais pronunciaram-se nos meses seguintes sobre Oswaldo Aranha na imprensa do Brasil e do exterior, e sua morte mereceu destaque em jornais de todo o mundo, notadamente no *The New York Times* e no *Le Monde*.

Logo a seguir, em muitas cidades brasileiras, ruas e avenidas receberam o seu nome, em especial a Avenida Radial Oeste, no Rio de Janeiro, e a maior rodovia do Rio Grande do Sul, que cruza o estado. Aquele que sempre enfatizara a educação teria orgulho em saber que várias escolas e até um centro universitário em Volta Redonda ganharam o seu nome, sendo também inauguradas estátuas e bustos em várias localidades e ministérios. No Alegrete, foi também criado o Museu Oswaldo Aranha, e a prefeitura doou um terreno para a construção do Memorial Oswaldo Aranha, com projeto de Oscar Niemeyer, de 2002.

Em Israel, existe em Tel Aviv uma avenida Oswaldo Aranha, e em Jerusalém o seu nome foi dado a uma praça. O kibutz Bror Hayil, no sul de Israel, batizou seu museu com o nome de Oswaldo Aranha e conserva o martelo que usou na Assembleia Geral da ONU que permitiu a criação do Estado de Israel.

Segundo Tancredo Neves, "Oswaldo Aranha foi a mais bela e mais completa carreira de homem público no Brasil",[6] mas, por nunca ter chegado à presidência da República — apesar de candidato potencial por mais de trinta anos —, sua trajetória política pôde parecer truncada aos olhos de muitos observadores do período.

Ainda que vários estudiosos tenham chegado a imaginar sua possível contribuição ao país na presidência, tendo agora a deixar de lado essa especulação e a juntar-me àqueles que consideram que, na tradição de Joaquim Nabuco, Ruy Barbosa ou Rio Branco, figuras que tampouco exerceram o poder máximo, Oswaldo Aranha inscreve-se hoje num exíguo grupo de brasileiros de atuação positiva, que lhes merece uma presença marcante na história de nosso país.

Notas

1. MUYLAERT, Roberto. *Último segundo*. Disponível em: https://ultimosegundo.ig.com.br/colunas/roberto-muylaert/2018-02-13/oswaldo-aranha.html
2. "Interpretações do Brasil". A diplomacia na construção do Brasil. Disponível em: http://www.souzaaranhamachado.com.br/2018/09/interpretacoes-do-brasil-3/
3. LOCHERY, Neil. *Brasil: os frutos da guerra*. Editora Intrínseca.
4. BACHA, Edmar Lisboa; ROBERT, Greenhill. *150 anos de café*. Editora Salamandra.
5. MASSON, Celso. "O brasileiro que refez o mapa-múndi". *Istoé*. Disponível em: https://istoe.com.br/o-brasileiro-que-refez-o-mapa-mundi/
6. Ibid.

ZILDA ARNS
Célia Arns

Os discípulos disseram ao Mestre Jesus Cristo: "É melhor que o povo se vá, porque está chegando a noite e estão com fome." Ele disse: "Dai-lhes vós mesmos de comer." "Como?" Só tinham dois peixes e cinco pães. O Mestre mandou que o povo se organizasse em comunidades de 50 ou 100 pessoas sobre a relva verde. E pediu que os discípulos trouxessem o que tinham. Jesus abençoou os cinco pães e os dois peixes e mandou distribuí-los entre o povo, mandou verificar se todos estavam satisfeitos, e ainda sobraram 12 cestos de restos de comida. (Evangelho segundo São João 6, 11-15)

Era o dia 12 de janeiro de 2010. Um terremoto avassalou o Haiti. A cidade de Porto Príncipe ficou destruída. Todos se indagavam: "A dra. Zilda estava no Haiti. Será que ela sobreviveu?" Ninguém sabia responder. Estávamos perplexos diante dos estarrecedores momentos de incerteza que nos abateram. As notícias, aos poucos, foram chegando e soubemos, com muito pesar, que ela estava entre os 316 mil mortos daquela tragédia. Encontrava-se em um dos anexos da igreja Sacré Coeur de Tugeau, onde tinha finalizado, alguns minutos antes do terremoto, uma palestra. Todos nós choramos por ela, pelos outros brasileiros que morreram na catástrofe, pelos milhares de haitianos mortos e pelos feridos e desabrigados após a tragédia. Como expressar, como colocar em palavras o que estava acontecendo para aquele povo e para os nossos corações? Por que tanto sofrimento? O Brasil e o mundo estavam de luto.

A dra. Zilda Arns Neumann foi uma médica pediatra, sanitarista e grande líder da Pastoral da Criança, fundada em 1983. Ela viveu sua vida como uma missionária, defendendo o direito de todas as crianças para uma vida plena. Direcionou seu olhar, principalmente, para as gestantes, divulgando a importância da amamentação, do soro caseiro e de outras tantas medidas simples que podiam ser facilmente replicadas para melhorar a vida das crianças e, consequentemente, de suas famílias. Desde adolescente, a tia Zilda (como gostava de ser chamada por nós) sonhava em ser missionária. Esse foi um dos motivos pelos quais ela decidiu cursar Medicina — dessa forma, poderia cuidar melhor dos que mais necessitavam.

Na realidade, sua vocação pela Medicina nasceu dentro de sua casa, com o exemplo de sua mãe, Helena, minha querida avó. Como a própria tia Zilda relata,[1] uma das principais lembranças de sua infância era de sua mãe recebendo, na varanda da casa, diversas mães com crianças doentes que queriam ser aconselhadas por ela. A minha avó acabou se tornando uma referência na comunidade e, como diria a tia Zilda, "uma verdadeira líder comunitária da Pastoral da Criança".

Obviamente, a pequena Zilda observava tudo e a ajudava nos curativos quando podia. Ela gostava de acompanhar o tratamento e de ouvir os conselhos que sua mãe dava para as outras mães. Os remédios caseiros também faziam parte dessa cena familiar. Entretanto, quando a mãe Helena percebia que um caso era mais complicado, ela dava um jeito de encaminhar o doente para o Hospital São José, em Criciúma, que naquela época ficava a algumas horas de Forquilhinha. Uma charrete ou uma carroça levava a pessoa e, muitas vezes, ela ia junto.

> Era muito comum virem pessoas doentes, feridas com a enxada, com bicho de pé inflamado, crianças cheias de feridas, com ataques de vermes, mulheres se queixando dos maridos ou dos vizinhos; mamãe largava tudo e ia atender. Não havia médico nem enfermeira no lugar. Como referência, ela tinha o Hospital São José de Criciúma e, principalmente, os livros alemães que papai lhe arrumava, através dos padres e das freiras. Talvez minha vocação tenha nascido ajudando minha mãe na cura, principalmente das crianças.[2]

A tia Zilda decidiu fazer o curso de Medicina quando tinha dezesseis anos, em 1950. Ao comunicar aos seus pais essa decisão, a mãe Helena deu seu apoio imediato uma vez que ela mesma tinha essa vocação natural, mas o pai queria que ela fosse professora. Ele costumava dizer: "A educação é o que mais falta a este mundo e é o que tem o maior poder de transformação".[3] Naquele mesmo ano, quando seu irmão dom Paulo Evaristo Arns veio de férias para Forquilhinha e, coincidindo que também estavam na cidade seus outros dois irmãos, frei João Crisóstomo e Osvaldo, os três conversaram com o pai, Gabriel Arns, e explicaram-lhe que as mulheres já estavam assumindo profissões como a Medicina. No final da conversa, Gabriel, então, chamou a filha e disse-lhe para que seguisse sua vocação. Como resultado, ela começou a estudar com muito empenho e conseguiu passar no vestibular da Universidade Federal do Paraná. Entre os 120 aprovados, apenas seis eram do sexo feminino. Certamente, esse foi outro grande desafio para essas corajosas mulheres, que seriam pioneiras em uma carreira que, nos anos 1950, ainda era dominada pelos homens. Em 1959, Gabriel e Helena tiveram o grande orgulho de assistirem à formatura de sua filha como médica.

FORQUILHINHA: O CONVÍVIO FAMILIAR

Os antepassados de Gabriel Arns e Helena Steiner, imigrantes de várias regiões da Alemanha — dentre elas a região de Mosela e de Koblenz —, ajudaram a colonizar as terras catarinenses a partir do século XIX. Gabriel casou-se com Helena na colônia de São Martinho do Capivari, em 1913. Logo depois do casamento, eles se despediram dos familiares e amigos e partiram para a missão desbravadora em direção a Forquilhinha, onde Gabriel e outros fundadores da colônia já haviam comprado terras. Lá, ele terminou a construção da primeira moradia onde, em 1915, nasceu o primogênito, Heriberto (frei Crisóstomo Arns).

O meu pai, Osvaldo Arns, e seus irmãos, Olívia e Paulo (dom Paulo Evaristo Arns), nasceram na segunda morada, no outro lado do rio Mãe Luzia, lado oposto da casa do avô Felipe Arns, que havia chegado à colônia em 1914 com muitos outros colonos do Capivari. Alguns anos mais tarde, na terceira morada, nasceram todos os outros nove filhos de Gabriel e Helena, dentre eles Zilda, que era a segunda mais nova dos treze irmãos. Nascida no dia 25 de agosto de 1934, ela era uma menina linda, de olhos verdes, tranças loiras, com um sorriso irradiante que a acompanhou em toda a sua vida. Quando estava em família, era chamada pelo apelido de Tipsi, que significa em alemão "bonequinha".

De morada em morada, a família Arns chegou à sexta e última delas, uma chacrinha no bairro de Uberaba em Curitiba. Ali construíram uma casa muito espaçosa e bonita, onde festejaram, em 1963, as bodas de ouro de Gabriel e Helena. Essa morada não significou para eles um desfecho, mas um recomeço, como em tantas outras situações que enfrentaram juntos no decorrer da vida. No passado, impulsionados pelo sonho de assentarem-se as terras para assegurarem um futuro mais hospitaleiro para as gerações que começavam a despontar, enfrentaram dificuldades, venceram desafios e desbravaram caminhos deixando uma trilha de determinação, coragem, perseverança, solidariedade e fé para aqueles que os seguiriam.

Anos antes da construção da sexta morada, Gabriel Arns, guiado pelo bom senso de munir seus filhos com os instrumentos necessários para enfrentarem o futuro profissional, incentivou que, aos poucos, todos eles fossem estudar em Curitiba. Com esse objetivo, ele construiu um sobrado de madeira com três quartos e diversas salas de estudo no bairro Água Verde, na rua Ângelo Sampaio. Essa casa, que sempre abrigava de sete a oito irmãos, tornou-se uma espécie de república estudantil, ou melhor, a quinta morada da família. Conforme as palavras de Zilda, Curitiba foi sua segunda terra natal.[4] Ela veio continuar os estudos na cidade, com mais alguns irmãos, quando tinha quase 11 anos de idade. Apesar da excelente qualidade do ensino em Forquilhinha, lá só era possível estudar até a quinta série do ensino fundamental. Como em Curitiba eles não tinham uma empregada, apenas uma diarista que vinha às segundas-feiras, todos os irmãos dividiam as tarefas diárias que são descritas por Zilda a seguir:

> Os irmãos mais velhos estudavam e trabalhavam para ajudar na manutenção da casa. Meu trabalho era fazer o almoço durante a semana. Era ajudada pela caçula da casa, Zélia, e seguia um cardápio rigoroso e gostoso, organizado por minhas irmãs mais velhas, que me ensinavam com esmero. A minha maior dificuldade era cozinhar no fogão de lenha, quando a madeira vinha molhada. Era preciso acepilhar a lenha à noite e secá-la no forninho.[5]

A maior alegria para eles era quando a mãe Helena vinha visitá-los e a substituía na cozinha. A mãe trazia tantas coisas gostosas que, muitas vezes, as caixas não cabiam no ônibus: linguiça e presunto defumados, lombo de porco frito conservado na banha, geleias, queijos, frutas secas etc. Durante esse período, Zilda estudava no Colégio da Divina Providência, que ficava localizado na rua do Rosário, o qual era dirigido por freiras alemãs. Como ela jogava vôlei, foi selecionada para o time oficial do colégio. Por dois anos seguidos foram campeãs do estado do Paraná. Quando foi estudar o último ano do ensino médio no Colégio Sagrado Coração de Jesus, que ficava mais próximo de onde moravam, ela também foi selecionada para o time oficial de vôlei e tornou-se campeã estadual pela terceira vez.

Essa vocação pelo aprimoramento através dos estudos e pela conquista de bons resultados foi plantada muitos anos antes por seu próprio pai, Gabriel Arns, que tinha apenas dois anos de alfabetização, quem sabe, até um pouco menos. Entretanto, a convivência comunitária e a leitura transformaram esse homem da roça em um homem de visão e sabedoria.

Pioneiro dos vales do rio São Bento e Mãe Luzia, um dos cinco fundadores de Forquilhinha, tornou-se pai de muitos professores, alguns universitários, além de ser o pai de Dom Paulo Evaristo Arns, Cardeal-Arcebispo de São Paulo, conhecido como o Cardeal da Esperança por suas ações no combate à desigualdade e à miséria. Gabriel Arns acreditava no princípio que transformou a sua família e a sua comunidade: "O futuro está na educação dos filhos."

Com esse lema em mente, Gabriel e seus conterrâneos fundadores de Forquilhinha acompanharam com desvelo e energia a construção da primeira escola naquele pequeno povoado como potencial educador de seus filhos e da comunidade. Com a inauguração do colégio, em 1916, fundou-se uma sociedade de pais e mestres, denominada União Escolar de Forquilhinha, cujos estatutos foram visados e registrados junto à Secretaria da Educação e Cultura. O presidente, sempre reeleito, era Gabriel Arns. Seu tino administrativo fez com que a escola sempre prosperasse, apesar das dificuldades financeiras. Foi ali que todos os seus filhos cursaram os primeiros anos de estudos. Os dois professores que atuavam na escola eram Jacó Arns e Adolfo Back, ambos tendo aperfeiçoado os seus estudos em Blumenau. Esses dois professores foram marcantes para os seus alunos. Todos se referiam a eles com muito respeito e gratidão.

A mãe Helena, por sua vez, foi uma grande referência musical para os seus filhos, além de cultivar seus dotes medicinais, como já foi descrito anteriormente. Ela tinha uma voz muito bonita e tocava violino, clarineta e gaita. Vinha de uma família de músicos; todos os seus irmãos tocavam algum instrumento. Seu pai, Max Joseph Steiner, foi o mestre-regente de toda uma geração de músicos e transmitiu esse gosto musical para muitos dos descendentes no sul de Santa Catarina. A mãe Helena, inclusive, muitas vezes, o acompanhava na regência de diversos instrumentos dos seus irmãos e amigos.

Entretanto, com 19 anos de idade, ela deixou para trás sua família, os corais e as quermesses para acompanhar seu recém-esposo, Gabriel, na aventura de uma nova colonização.[6] Logicamente, ela transmitiu esse gosto musical para os seus filhos. Na escola de Forquilhinha, sempre estava presente nas festividades e apresentações dos filhos, demonstrando uma paixão especial pela banda e pelos desfiles. Os dias de chuva eram uma alegria para as crianças. Além de fazerem teatro vestindo as roupas velhas dos adultos, ela tocava gaita de boca e todos dançavam e cantavam juntos. Os filhos adultos, que moravam em Curitiba, formaram mais tarde um coral com várias vozes. Toda vez que se encontravam era muito bonito escutá-los, todos muito afinados. Muitos deles também tocavam diferentes instrumentos musicais, como violino, piano, gaita, órgão, flauta. A tia Zilda dizia que o costume de cantar em várias vozes acompanhou-os em todos os encontros da família.[7]

Zilda era colega de duas irmãs daquele que seria seu futuro marido, Aloysio Bruno Neumann. Quando ela o conheceu, ele estava no último ano do curso de marcenaria no Cefet e se preparando para fazer o vestibular de Contabilidade. Depois de Aloysio acompanhá-la algumas vezes até a casa dela depois das missas, em uma dessas ocasiões ele mencionou que gostaria de conhecê-la melhor. Zilda, porém, respondeu-lhe que desejava ser missionária. No entanto, ele continuou insistindo em acompanhá-la e disse-lhe, então, que jamais seria um obstáculo para os projetos dela de exercer uma medicina missionária, já que esse era seu desejo, sua vocação. Assim, eles começaram a namorar quando ela estava fazendo o curso de Medicina e, uma semana depois de sua formatura, no dia 26 de dezembro de 1959, se casaram na Igreja Senhor Bom Jesus, em Curitiba.

De fato, Aloysio sempre apoiou sua esposa durante toda a sua trajetória missionária, ainda que tivessem tido seis filhos: Marcelo, que morreu por trauma de parto; Rubens, veterinário; Nelson,[8] médico; Heloísa, psicóloga com pós-graduação em Desenvolvimento de Recursos Humanos e psicopedagoga; Rogério, administrador de empresas e mestre em Administração do Terceiro Setor; e Sílvia, administradora, que faleceu aos trinta anos em um acidente de carro. Seu terceiro filho, Nelson Arns Neumann, trabalhou com a mãe na Pastoral da Criança, desde o princípio de sua fundação. Atualmente, ele é o Coordenador Nacional Adjunto da Pastoral da Criança e também o Coordenador

Internacional da Pastoral da Criança. A tia Zilda sempre teve um grande amor e orgulho por seus filhos e netos. As pessoas próximas achavam graça de seus exageros quando não demonstrava limites para tecer elogios a todos eles.

Zilda demonstrou muita determinação e força para superar os difíceis momentos de dor e perda em sua família. Um desses momentos foi quando ficou viúva, em 1978, ainda bastante jovem e com cinco filhos para criar. O mais velho tinha apenas catorze anos e a caçula, quatro. Não foi fácil. Na realidade, foi desesperador perder o marido na praia de Betaras, provavelmente de infarto agudo, ao tentar salvar das águas agitadas a filha adotiva, Sandra, que acabou sendo resgatada do mar por um pescador. Nelson, com apenas doze anos, tentou desesperadamente salvar o pai, mas não conseguiu. Entretanto, nem mesmo essa tragédia familiar a impediu, anos mais tarde, de fundar a Pastoral da Criança, para a sorte de milhares de crianças brasileiras desnutridas e de mães desamparadas.

PASTORAL DA CRIANÇA: "EU VIM PARA QUE TODOS TENHAM VIDA E A TENHAM EM ABUNDÂNCIA" (JO. 10, 10)

O lema da Pastoral da Criança é levar vida em abundância para todas as crianças, conforme as palavras de Cristo, transcritas acima. A dra. Zilda recebeu a missão de seu irmão, dom Paulo Evaristo Arns, de iniciar a Pastoral da Criança, um projeto que envolveria a Igreja na educação das famílias pobres e cujo principal objetivo seria cuidar de gestantes e crianças menores de seis anos. Essa ação social promovida pela Igreja Católica tinha o apoio do Fundo das Nações Unidas para a Infância (Unicef). Tia Zilda considerava que essa tinha sido sua maior contribuição para a saúde pública no Brasil e que, aos poucos, foi sendo disseminada para dezenas de outros países.[9]

Tudo começou em 1982, em uma reunião da Organização das Nações Unidas (ONU) sobre a paz mundial. Nessa ocasião, o diretor executivo do Unicef, sr. James Grant, conversou com dom Paulo Evaristo

Arns sobre a possibilidade de a Igreja ajudar a salvar a vida de milhares de crianças que estavam morrendo pela desidratação se as mães fossem ensinadas a preparar o soro oral.

Ao voltar para o Brasil, dom Paulo telefonou para a irmã Zilda para trocar ideias sobre essa possibilidade e saber se ela aceitaria o desafio. Naquela mesma noite, ela começou a refletir sobre uma metodologia de trabalho que pudesse atender centenas e, quem sabe, milhares de crianças. Qual metodologia iria propiciar que as mães aprendessem ações simples que pudessem prevenir a morte e fazer com que seus filhos se desenvolvessem com saúde? Zilda teve, desde o início, uma certeza que a norteou: "Esse trabalho feito pela Igreja deveria ser altamente replicável, barato, atraente e impulsionado pelo amor fraterno."[10]

Sua mãe Helena e o cuidado que ela dispensava às mães e crianças quando Zilda ainda era menina foram uma grande inspiração para a Pastoral da Criança: uma mãe ensinando outras mães em um gesto de solidariedade e amor pelo próximo germinou e foi multiplicado na Pastoral da Criança pelos voluntários que, na sua grande maioria, são mães ensinando outras mães a proteger seus filhos dos infortúnios da própria vida e do desamparo. Seria necessário transferir o saber científico às mães para resolver problemas simples em suas famílias ou na comunidade.

Zilda também refletiu sobre sua própria experiência como médica pediatra em seus 27 anos de dedicação profissional em diferentes frentes de trabalho. Lembrava-se, por exemplo, quando atendia no ambulatório do Hospital de Crianças Dr. César Pernetta (atualmente, Hospital Pequeno Príncipe), de as mães lhe dizerem: "A senhora explica bem." Nessas ocasiões, ela podia sentir que os olhos e os ouvidos das mães "estavam atentos e emocionados, porque, quase sempre, era a primeira vez que alguém lhes ensinava a cuidar de seus filhos".[11] Ao longo desses anos de trabalho, anteriores à criação da Pastoral, Zilda sempre pensava sobre a necessidade de se ensinar às mães a prevenir doenças e a terem mais cuidados com seus filhos. Via todos os dias crianças desidratadas, com diarreia e vômitos, e observava que as mães já tinham trocado o leite do peito pela mamadeira, além de não terem higiene no preparo do alimento.

Outra grande inspiração para a Pastoral da Criança foi o milagre da multiplicação dos cinco pães e dois peixes que foram suficientes para saciar a fome de cinco mil pessoas, conforme o Evangelho segundo São João (Jo 6; 11-15). Esse milagre da multiplicação dos pães e dos peixes foi adaptado para o projeto da Pastoral quando as comunidades foram organizadas e os líderes identificados: estes seriam capacitados e se tornariam os multiplicadores do conhecimento ao repassarem para as mães os cuidados que seriam necessários para que os seus filhos se recuperassem e se desenvolvessem com saúde. Esse seria um trabalho voluntário movido pelo amor ao próximo e, nesse sentido, não há nada mais forte do que o coração de um voluntário. Em nome desse princípio é que a dra. Zilda dedicava todos os prêmios e condecorações nacionais e internacionais conquistados pela Pastoral aos voluntários, que eram e ainda são a força da instituição.

Dom Geraldo Majella Agnelo, que, naquela época, era arcebispo de Londrina, foi designado pela Conferência Nacional dos Bispos do Brasil (CNBB) para acompanhar a implantação da Pastoral da Criança. O apoio que dom Geraldo deu para o trabalho da Pastoral durante oito anos seguidos foi de grande importância: ele ajudou a superar muitos problemas que iam surgindo, além de ter um livre trânsito entre os bispos do Brasil por sua maneira diplomática e amiga de enfrentar as diversas situações. A dra. Zilda e dom Geraldo decidiram que Florestópolis, no interior do Paraná, seria o primeiro município onde a Pastoral da Criança seria colocada em prática. Decidiu-se começar o trabalho em uma única paróquia, objetivando testar a metodologia para, em seguida, expandi-la para outras localidades.

Em 1983, Florestópolis era o município em que a mortalidade infantil era a mais alta no estado do Paraná, com 127 mortes por mil crianças nascidas vivas. Dra. Zilda sempre enfatizava que ela

> tinha certeza de que, se as líderes comunitárias aprendessem as ações básicas e ensinassem às mães, a mortalidade infantil seria reduzida pela utilização do soro caseiro, pela amamentação, com a vigilância nutricional, a vacinação e, também, com muito cuidado com as gestantes e o parto.[12]

O resultado, depois de um ano, foi extremamente positivo: a mortalidade infantil em Florestópolis baixou de 127 para 28 mortes por mil crianças nascidas vivas. Foi uma queda brusca e demonstrou que a metodologia da educação e da solidariedade poderia dar certo e ser multiplicada para os outros municípios e regiões brasileiras.

Em 1984, a Pastoral foi expandida para seis arquidioceses em cinco estados brasileiros: São Paulo, Rio Grande do Sul, Alagoas, Maranhão e Santa Catarina. No ano seguinte, em 1985, outras quatrocentas comunidades, em vinte estados brasileiros, foram contempladas com as ações da Pastoral da Criança.[13] Após trinta anos, a Pastoral

> acompanha mais de 1 milhão de crianças menores de seis anos, 60 mil gestantes e 860 mil famílias pobres, em 3.665 municípios brasileiros. Seus mais de 175 mil voluntários levam fé e vida, em forma de solidariedade e conhecimentos sobre saúde, nutrição, educação e cidadania para as comunidades mais pobres.[14]

Para o espanto e perplexidade dos sanitaristas do governo, da gestão pública, da Igreja e dos médicos, com a mobilização da Pastoral da Criança, a dra. Zilda conseguiu, em seus primeiros vinte anos de ação, reduzir a mortalidade infantil brasileira para padrões europeus, ou seja, para menos de 15 mortes em cada cem mil crianças nascidas. Ela subverteu procedimentos consagrados e enfrentou o grande desafio de reduzir a mortalidade infantil do país com soluções simples, baratas e rápidas, como o soro caseiro no tratamento e prevenção da diarreia e de outras doenças que enchiam os cemitérios com cruzes brancas.

Irmã Vera Lúcia Altoé – primeira sucessora da dra. Zilda na Coordenação Nacional da Pastoral da Criança – menciona que, no Mato Grosso, os túmulos das crianças ficavam abertos porque a cada dia outras morriam.[15] A própria dra. Zilda, como já mencionamos, teve a experiência de perder um filho que morreu logo depois do parto. Ela sofreu essa dor e, anos mais tarde, sentiu essa experiência novamente quando perdeu Silvia, a filha mais nova, em um acidente de carro. Ou seja, ela conhecia a dor dessas mães indefesas que perdiam os seus filhos e não sabiam como protegê-los.

A partir do desempenho e resultados alcançados pela Pastoral da Criança, os presidentes José Sarney, Fernando Collor, Itamar Franco, Fernando Henrique Cardoso e Luís Inácio Lula da Silva acompanharam com respeito "a peregrinação de quase três décadas de Zilda Arns por ministérios, conselhos e outros órgãos públicos, em busca de verbas para as mães e crianças do Brasil esquecido das periferias e de apoio para políticas públicas".[16]

Ela exigia o direito dos cidadãos mais necessitados. Por sua insistência e determinação e pelo reconhecimento dos políticos, conseguiu repasses de muitos milhões de reais dos diversos governos para os projetos da Pastoral. Vários empresários e altos executivos também repassaram recursos. Todos acreditavam em sua causa e na honestidade de suas ações. Ela própria deixou um rastro de credibilidade, conseguindo mobilizar pobres e ricos, analfabetos e doutores, na busca da vida plena para os mais necessitados. Para ela não havia fronteiras. Todos — católicos, ateus, evangélicos, mulçumanos, judeus, anglicanos, umbandistas, líderes indígenas — admiravam e apoiavam essa médica que queria ser uma missionária e que, impulsionada pela fraternidade cristã, tornou-se a mãe das famílias carentes brasileiras que lutam por acesso aos direitos sociais básicos. A Pastoral da Criança, conforme suas palavras, "é uma história de muito amor, garra, ações concretas, dificuldades e esperanças. Uma missão de fé e vida".[17]

HAITI: SUA ÚLTIMA MISSÃO

Com a fundação da Pastoral da Criança Internacional em 2008, a implantação de suas ações em outros países impunha à dra. Zilda uma grande rotina de viagens. Tanto em suas passagens por cidades brasileiras como no exterior, ela buscava sempre conhecer ao máximo a realidade local, conversando com as lideranças da Pastoral, visitando as comunidades e dando treinamento e/ou palestras para os voluntários. Além disso, procurava entrar em contato com os governos locais, na tentativa de agregar novas parcerias.

Em 2010, quando a dra. Zilda foi para o Haiti, a Pastoral já estava presente em dezenove países e três continentes: América Latina e Caribe (Argentina, Bolívia, Colômbia, Paraguai, Uruguai, Peru, Venezuela, Guatemala, Panamá, República Dominicana, Honduras, Costa Rica e México); África (Angola, Guiné-Bissau, Guiné Conakry e Moçambique) e Ásia (Filipinas e Timor Leste). Apesar de grande parte da expansão internacional da Pastoral da Criança alcançar resultados positivos, com índices que apontam para a redução da desnutrição e da mortalidade infantil, sabe-se que o avanço desses projetos depende de uma somatória de esforços entre a Pastoral e o governo e a sociedade locais. As tentativas no exterior nem sempre são bem-sucedidas, pelo menos, de imediato. Em todos os projetos de expansão da Pastoral, o poder de mobilização da Igreja Católica foi fundamental para que dra. Zilda tivesse condições de atuar em outros países, além da grande visibilidade internacional da Pastoral proporcionada através do Unicef. Logicamente, a experiência brasileira se tornou também uma referência relevante no contexto mundial.

O Haiti seria um dos próximos projetos de expansão da Pastoral da Criança Internacional. Em 2009, a dra. Zilda recebeu e aceitou o convite da Conferência dos Religiosos do Haiti objetivando apresentar a iniciativa para as Conferências Caribenhas, que estariam reunidas em Porto Príncipe na segunda quinzena de janeiro de 2010. Nos últimos dias que passou no Brasil, antes de sua viagem para o Haiti, Zilda estava tirando férias com sua família na casa da praia em Betaras, no litoral paranaense. Seus dois filhos, Rogério e Heloísa, e suas respectivas famílias estavam na praia com ela. Apesar da interrupção de suas férias, Zilda estava muito feliz com a perspectiva da viagem para o Haiti, que já tinha sido adiada algumas vezes — ela não queria mais protelar aquela visita que havia sido prometida para os católicos haitianos há muito tempo. Zilda ficou impressionada e sensibilizada ao tomar conhecimento da extrema pobreza desse povo, cujas crianças comiam barro para tentar matar a fome.

Durante esse período na praia, Zilda estava envolvida com a leitura de textos sobre o Haiti e com a preparação da palestra sobre a Pastoral da Criança, que seria apresentada no dia 12 de janeiro de 2010 para os padres, religiosas, seminaristas e lideranças em Porto Príncipe. Seu filho, Rogério, comenta que ele nunca tinha visto sua mãe tão preocupada com a eficiência de um discurso: ela lia e relia, chamava um filho ou neto e perguntava se esta ou aquela parte estava bem escrita.[18] Até parecia que ela estava pressentindo, de alguma forma, que este seria seu último discurso.

Nesse meio-tempo, a coordenadora Vânia Lucia Ferreira, do escritório da Pastoral da Criança em Brasília, estava encontrando muito entraves burocráticos para serem resolvidos a respeito da viagem para o Haiti. As passagens aéreas da dra. Zilda e da irmã Rosângela Maria Altoé, que seriam fornecidas pela Agência Brasileira de Cooperação, quase que não foram emitidas a tempo. Vânia até tentou desmarcar a viagem, alertando Zilda por telefone: "Doutora, não é para a senhora ir nessa viagem. Está tudo dando errado." Entretanto, Zilda reiterou seu compromisso de ir para o Haiti.[19]

A dra. Zilda e irmã Rosângela viajaram em 10 de janeiro de 2010 para o Haiti e chegaram no dia 11 em Porto Príncipe. Na manhã seguinte, participaram da missa de abertura do Encontro celebrada pelo núncio apostólico monsenhor Bernardito Auzé, com quem a dra. Zilda conversou depois da missa, apresentando-lhe a Pastoral da Criança. Em seguida, ela também conversou com a Embaixatriz do Brasil, sra. Roseana Kipman, com quem combinou uma visita à favela Cité Soleil, para o dia 13 de janeiro. Zilda ainda participou de uma palestra sobre a realidade do Haiti, proferida pelo padre jesuíta Kawas François.

No período da tarde, Zilda e Rosângela dirigiram-se para o Centro Interinstituto de Formação Religiosa (Cifor). Este era um anexo da Igreja Sacré Coeur, local onde sua palestra sobre a Pastoral da Criança seria proferida. Ao final do evento, quando ela estava conversando com o padre haitiano William Smarth, o terremoto aconteceu. Eram 16h53 no Haiti. Com o estrondo e o violento tremor no prédio, ela correu para a escada que dava acesso para a parte térrea do salão, mas, infelizmente, uma viga do teto atingiu sua cabeça e ela morreu instantaneamente. Outros quinze religiosos que ainda estavam na sala também morreram. Irmã Rosângela foi poupada por uma parede que desabou para o lado de fora do prédio, escorregou por uma laje e acabou ficando por cima dos escombros.[20] Padre William foi a última pessoa que conversou com a dra. Zilda, e expressou com muita emoção as seguintes palavras: "Ela era uma pessoa engajada e cativante. Era apaixonada por seu trabalho, ela não queria terminar a palestra, falou uma hora e meia. Via-se que ela tinha tantas coisas a dizer, que sua missão era salvar vidas."[21]

A dra. Zilda, minha querida tia, líder e coordenadora de uma das maiores organizações não governamentais do planeta voltadas para a saúde, talvez ainda não tivesse terminado de falar tudo o que gostaria na tentativa de salvar mais vidas e de ter a certeza de que todas as crianças do mundo teriam vida em abundância. A trajetória dessa mulher, que expandiu a experiência milagrosa de Florestópolis para quatro mil municípios brasileiros e vários países, foi uma mensageira do amor pelo próximo e se tornou um símbolo de fé e esperança, como o crucifixo da Sacré Coeur, que ficou firme, sólido e ereto apesar da igreja estar completamente destruída depois do terremoto. Zilda acreditava que a mobilização da população faria o milagre da vida tornar-se uma realidade. Dom Geraldo Majella Agnelo, cofundador da Pastoral da Criança, expressou as seguintes palavras: "A morte de Zilda Arns é um sinal divino, por ela ter morrido em uma missão de paz em um país tão pobre como o Haiti."[22] É por isso que o crucifixo resistiu. Nossa fé e esperança permanecem.

As palavras finais da palestra que a dra. Zilda proferiu no Haiti, poucos minutos antes do terremoto, tornam-se uma espécie de legado para todos nós:

> Como os pássaros, que cuidam de seus filhos ao fazer um ninho no alto das árvores e nas montanhas, longe dos predadores, das ameaças e dos perigos e mais perto de Deus, devemos cuidar de nossos filhos como um bem sagrado, promover o respeito a seus direitos e protegê-los.[23]

Notas

1 NEUMANN, Zilda Arns, *Dra. Zilda: vida plena para todas as crianças*. Curitiba, 2014. p. 41. Texto publicado pela primeira vez em 2003.
2 Frei Crisóstomo Arns, *Mãe Helena: a oma*. Curitiba: Editora do Autor, 1994. pp. 82-83.
3 NEUMANN, Zilda Arns, *Dra. Zilda…*, p. 51.
4 NEUMANN, Zilda Arns, *Dra. Zilda…*, p. 48.
5 NEUMANN, Zilda Arns, loc. cit.
6 Frei Crisóstomo Arns, *Mãe Helena…*
7 NEUMANN, Zilda Arns, *Dra. Zilda…*, p. 44.
8 Nelson Arns Neumann trabalhou com a mãe na Pastoral da Criança, desde sua fundação, tendo trabalhado inclusive como Coordenador Nacional Adjunto e Coordenador Internacional do projeto.
9 NEUMANN, Zilda Arns, *Dra. Zilda…*, p. 87.
10 Ibid., p. 90.
11 Ibid., p. 93.
12 Ibid., p. 96.
13 RODRIGUES, Ernesto, *Zilda Arns: uma biografia*. Rio de Janeiro: Anfiteatro, 2018. p. 273.
14 Dados disponíveis no site da Pastoral da Criança (www.pastoraldacrianca.org.br).
15 CASSOL, Luiz Alberto; COSTA, Marilaine Castro da (Direção), *Grande médicos*. Documentário (DVD). Porto Alegre: Accorde Filmes, 2018.
16 RODRIGUES, Ernesto, *Zilda Arns…*, pp. 8-9.
17 NEUMANN, Zilda Arns, *Dra. Zilda…*, p. 89.
18 RODRIGUES, Ernesto, *Zilda Arns…*
19 Ibid., p. 212.
20 Ibid., p. 208.
21 Trecho disponível no site da Pastoral da Criança (www.pastoraldacrianca.org.br).
22 Idem.
23 Idem.

GRACILIANO RAMOS[1]
Elizabeth Ramos

Em 7 de janeiro de 1928, depois de obter 433 votos nas eleições municipais de outubro de 1927, e sem participar da campanha eleitoral ou de quaisquer manobras políticas, Graciliano Ramos tomava posse do cargo de prefeito de Palmeira dos Índios, dando conclusão às articulações que haviam se desenhado a partir do assassinato do prefeito da cidade, Lauro de Almeida Lima, em fevereiro de 1926.

Na época, Graciliano havia se destacado como competente presidente da Junta Escolar do município, além de comerciante que conduzia seus negócios com honestidade e lisura. Esses atributos, associados à postura digna e elegante na cidade, serviram de plataforma para a candidatura articulada pelas forças políticas de então: o deputado Álvaro Paes, que pouco tempo depois se tornaria governador de Alagoas, e os irmãos Francisco e Otávio Cavalcanti. Com o primeiro, Graciliano mantinha uma relação pautada na afinidade intelectual; com os irmãos Cavalcanti, um relacionamento de antiga amizade.

A candidatura, evidentemente, não estava nos planos do futuro escritor. Afinal, a depressão econômica que se avizinhava e que se consolidaria em 1929 demandava esforço maior na administração dos negócios da loja Sincera. Como se não bastasse, a empreitada política o afastaria das linhas com que já construía seu primeiro romance — *Caetés* —, fazendo-o perder tempo com as "miuçalhas" advindas de querelas políticas, maledicências, dissimulações, numa cidade que, embora conhecida como a princesa do sertão, abria-se aos olhos de Graciliano como "uma princesa muito nua, muito madraça, muito suja e muito escavacada".

Para Graciliano, sua participação na vida pública na condição e eleitor e jurado eram suficientes.

No entanto, o orgulho pessoal favoreceu o desejo dos amigos do Partido Democrata, quando Graciliano Ramos respondeu veemente à história criada e disseminada pelos adversários conservadores de que sua recusa em se candidatar apoiava-se no medo de ser derrotado ou de fracassar na condução do cargo de prefeito.

Sem receio de "montar burro bravo", o candidato da articulação tecida pelos amigos políticos administrou a prefeitura de Palmeira dos Índios durante dois anos. Nesse período, cumpriu rigorosamente a lei, caminhou amiúde por cada canto da cidade e seus arredores, para conhecer suas necessidades, buscar soluções, sem temer inimizades, ameaças e intimidações, como deixou registrado nos dois "Relatórios ao Governador de Alagoas, Álvaro Paes", em 10 de janeiro de 1929 e 11 de janeiro de 1930, respectivamente.

Nos dois documentos, surpreende o estilo de escrita do prefeito que, embora ciente da formalidade, se expressa em tom conversacional, temperado por ironia e reflexões, em geral, não contempladas na escrita de documentos da administração pública. Seu estilo e tom de denúncia observados em várias de suas afirmações fazem com que o leitor reconheça, acima de tudo, um prefeito que não se exime da condição de cidadão.

É preciso observar, no entanto, que os dois relatórios anuais são antecedidos de um primeiro, encaminhado ao Conselho Municipal de Palmeira dos Índios (o que hoje seria a Câmara dos Vereadores), em que o prefeito informa sobre "o estado em que se encontra a administração de Palmeira dos Índios", confirma as quantias recebidas ao assumir a

Prefeitura e presta contas sobre a arrecadação dos dois primeiros meses de governo.

Aqui, o leitor se depara com exemplos de ética e consciência com relação ao uso do dinheiro público, espírito crítico e respeito às instituições democráticas. Demonstra sua incompreensão diante do fato de que trinta contos sejam gastos com a banda de música, sem que haja "uma varredela nas ruas, um golpe de picareta nas estradas, um professor, mesmo ruim", nos arredores da cidade. Atesta objetivamente que suprimiu despesas e descontentou bons amigos que lhe fizeram pedidos, e, em atitude democrática, solicita o posicionamento da instância legislativa: "Desejo que o Conselho diga se os dinheiros públicos estão bem no Banco Popular e Agrícola de Palmeira, ou se os devo depositar em outro estabelecimento de crédito." Informa, ainda, sobre a "inexistência de listas dos devedores da municipalidade", sem as quais se torna impossível a "cobrança das contas atrasadas", e denuncia o comportamento do contribuinte que "está habituado a pagar à Prefeitura se quer, como quer e quando quer", fato explicado pela prática de compadrio. Na cidade, todos eram "prefeitos, conselheiros e contribuintes, mais ou menos compadres".

No Relatório de 1929 ao governador, a escrita de Graciliano reflete um prefeito mais confortável no cargo, capaz de navegar objetivamente pelas diferentes rubricas abordadas. O documento, com o intuito de dar conhecimento dos trabalhos realizados e dos recursos despendidos, constrói-se com inteligentes jogos de palavras — "no cemitério enterrei 189$000" —, ironia e linguagem marcada pelo tom de denúncia. Ao referir-se, por exemplo, à resistência "mole, suave, de algodão em rama" das forças de oposição às tentativas do prefeito em estabelecer alguma ordem na administração municipal, Graciliano informa: "Pensavam uns que tudo ia bem nas mãos do Nosso Senhor, que administra melhor do que todos nós; outros me davam três meses para levar um tiro."

Ao contrário dos autoelogios tão comuns a documentos de prestação de contas, aqui se depara o leitor com um administrador público que declara abertamente não se gabar "de empregar dinheiro com inteligência". No entanto, reconhece com firmeza ter retirado "da cidade o lixo acumulado pelas gerações que por aqui passaram", e ter incinerado quantidades imensas de monturo, dada a insuficiência de recursos para remover a sujeira. Reconhece, ainda, seu esforço em moralizar a conduta do funcionalismo público, quando afirma:

> Dos funcionários que encontrei em janeiro do ano passado restam poucos. Saíram. Saíram os que faziam política e os que não faziam coisa nenhuma. Os atuais não se metem onde não são necessários, cumprem as suas obrigações e, sobretudo, não se enganam em contas. Devo muito a eles.

Os abusos com relação ao uso inadequado do dinheiro público, em um lugarejo pobre, superpovoado e vitimado por constantes secas, são tratados com ironia fina e contundente:

> Porque se derrubou a Bastilha — um telegrama; porque se deitou uma pedra na rua — um telegrama; porque o deputado federal esticou as canelas — um telegrama. Dispêndio inútil. Toda a gente sabe que isto por aqui vai bem, que o deputado morreu, que nós choramos e que em 1559 D. Pero Sardinha foi comido pelos Caetés.

Em 30 de abril de 1930, Graciliano Ramos renunciou ao cargo de prefeito de Palmeira dos Índios, aceitando o convite formulado por Álvaro Paes para assumir a posição de diretor da Imprensa Oficial de Alagoas, em Maceió. Vendeu a loja Sincera, saldou as dívidas recrudescidas durante o período da depressão econômica, deixou para trás o descontentamento de membros de uma oligarquia grotesca, contrariados com a lisura de suas decisões políticas e sociais durante seu governo na Prefeitura, e se mudou para a capital alagoana, não sem antes receber a carta que trazia a notícia de que o dono da editora Schmidt, Augusto Frederico Schmidt, mostrava interesse em publicar o romance que estava sendo escrito.

Inaugurava-se a trajetória do escritor.

Nota

1   Texto escrito como prefácio da reedição dos *Relatórios* pela Imprensa Oficial Graciliano Ramos, em 2013.

MARECHAL RONDON
Pedro Bial

Esse aí é o nosso chefe, o que vai ser.
Tá corrigindo o mundo!
Cacique Paresí, 1907[1]

À margem do rio, os homens pediram água. Tinham desistido, preferiam se entregar, que a morte chegasse e fizesse logo seu serviço. Era 4 de novembro de 1907.
Sete anos depois, um ex-presidente dos Estados Unidos repetiria o gesto daqueles peões: entre seguir adiante ou morrer, escolheria morrer.

A morte sempre determinou a vida de Cândido Mariano da Silva Rondon. Aos seis meses de idade, perdeu o pai, de quem só herdou o nome composto. Quando tinha dois anos e meio, sua mãe Claudina morreu. Dela guardou o sangue índio.

O órfão foi então adotado pelas forças da natureza. Cedo, aprendeu a ler o céu, decorou a posição de estrelas e constelações — adulto se tornaria professor de astronomia. Com seis anos de idade, sabia nadar, pescar, rastrear, caçar. "Iniciei, bem pequeno, as caçadas, de que fui apaixonado — até que lhes compreendi a desumanidade."[2] O menino construía armadilhas, atirava, cavalgava, conhecia os segredos todos das plantas e cogumelos, as propriedades medicinais de raízes, cascas e folhas; vivia como um índio, em comunhão total com seu universo, nos confins do sertão de Mato Grosso.

> Havia rosas no Céu, brisa fresca no ar, rocio na erva. Leves sussurros de asas, piados, trinados (…) a animar o pantanal. (…) Incomparável Jardim da Natureza, emoldurado de verdes morrarias, adornado de altaneiros buritizais e densas cordilheiras de cambarazais; circundado de volumosas baías que escoam para o rio Ibitiraí (Cuiabá), o pantanal do Mimoso, bucólica localidade em que nasci, é o rincão pastoril mais belo da terra (…), do Brasil inteiro, quiçá do mundo![3]

Logo aquele universo ficaria pequeno para a inteligência voraz do menino. Fez-se ao mundo.

Internado na Escola Militar, no Rio de Janeiro, fez um melhor amigo, o escritor Euclides da Cunha, de quem se tornaria compadre. Aluno aplicado às raias da obsessão, o jovem Cândido desafiava os elementos todos os dias, acordando às quatro da manhã para dar braçadas, passar a arrebentação, fosse a ressaca que fosse. "Malgrado os tubarões. Ainda escuro, galgava a muralha e lançava-me ao mar. (…) Antes das 5, já estava eu sentado, trabalhando com afinco, à luz de um candeeiro de azeite de colza, enquanto os companheiros dormiam."[4]

Nos fins de semana, escalava a pedra do Pão de Açúcar, solo, e "mergulhava demoradamente, até o fundo do mar, para apanhar os peixes que lá se refugiavam, atordoados pelas bombas de pescaria. Como mergulhava muito bem, trazia, ao voltar à tona, muitos peixes — seguros pelos dentes os que minhas mãos não podiam conter".[5]

A vida de proezas físicas, abnegado esforço intelectual, poucas horas de sono e rancho resumido a arroz e feijão cobrou seu preço. Caiu muito doente, foi desenganado:

> Não havia dúvida que minha "brilhante" existência (…) terminaria antes de realizadas as fagueiras esperanças dos que em mim confiavam. Seria eu fugaz meteoro. Consternados (os colegas), resolveram promover uma subscrição — para o enterro — praxe da Escola Militar, em relação aos alunos pobres.[6]

Uma manhã, a cura: acordou com vontade de comer abacaxi. "Dois dias depois veio o dr. Brancante e constatou, boquiaberto, a maravilhosa reação: (…) 'está restabelecido'."[7]

Os indígenas o acreditavam imortal.

Na primeira expedição para contato e pacificação dos nhambiquaras, viu-se cercado pelos índios hostis. Primeiro, ele só ouviu um zunido, rente à sua orelha. "Súbito, senti no meu rosto um sopro e divisei algo, rápido e fugaz, como se fosse um pássaro que cruzasse o caminho na altura dos meus olhos, bem perto de mim (…) meu olhar procurou segui-lo, e o que eu vi não foi um passarinho, mas a choupa ereta e vibrante de uma flecha, com a ponta encravada no solo — erra o alvo!" [8]

A segunda flecha passou "rente à nuca, roçando o capacete".[9] Antes que conseguisse espantar, com dois tiros para o ar, os índios diante de si — "dois nhambiquaras possantes, peito largo, cabeça grande, rosto de maçãs salientes (…) olhos penetrantes, implacáveis como as pontas de suas flechas silenciosas"[10] —, o terceiro dardo acertou em cheio seu peito. Cravou-se "no furo da bandoleira de couro da espingarda e aí ficou engastada".[11] Tratava-se de uma flecha envenenada, relíquia que foi preservada no acervo do Museu Nacional, até o incêndio em 2018. Rondon sobreviveu.

"Morrer se preciso for, matar nunca" — não há registro histórico de mandamento tão radical e revolucionário, só comparável à filosofia de Jesus de Nazaré.

No fim da expedição, de mais de cinco meses, chegou ao rio Papagaio, onde deixara uma canoa para a travessia de volta para casa. A embarcação tinha desaparecido, em mais uma emboscada dos nhambiquaras. Seus homens, famintos, feridos e febris, se deixaram estatelar na terra, imóveis, força vital entregue ao desejo suicida.

A situação não comportava palavras e gestos inúteis. Era preciso *agir*. Com um couro de boi, revestido de um arcabouço de varas ligeiramente vergadas e amarradas, construí uma pelota. Carreguei-a com volumes de material e bagagem e, a nado, por meio de uma corda presa aos dentes, fui rebocando a improvisada embarcação, através da correnteza.[12]

Sozinho, por quatro horas seguidas, transportou mantimentos e enfermos por inúmeras travessias. Na outra margem, retomaram o caminho. "Só os doentes montavam. Os outros, literalmente, se arrastavam. Um dos homens, completamente exausto, destacou-se da tropa, preferindo deixar-se exterminar ou morrer de fome. (…) Resolvi carregá-lo nos ombros mas minha solicitude fê-lo reviver: ergueu-se e me acompanhou."[13]

Roosevelt teve que ser transportado em padiolas e canoas cobertas. O que tinha começado como uma viagem diplomática de caça e lazer para o duas vezes presidente dos Estados Unidos tornara-se uma jornada de guerra contra o desconhecido — que Rondon se comprometera a tornar conhecido. Abatido pela malária (não tomava as doses recomendadas de quinino, receoso por seu já combalido coração), com ferimentos infeccionados, prostrado, o ex-presidente pediu que o deixassem morrer na selva: "Rapazes, percebo que alguns de nós não terminarão essa viagem. Quero que (…) sigam em frente. Podem ir. Vou ficar aqui."[14] Não ficou, Rondon entregou seu amigo americano vivo ao fim da viagem: "Melhorara o sr. Roosevelt do impaludismo, mas sobrevieram-lhe numerosíssimos furúnculos que muito o atormentavam. Não se podia sentar e os dias (…) foram passados de bruços."[15] Na chegada a Manaus,

Rondon cuidou de preservar a imagem de Roosevelt: "Prevendo que teria o sr. Roosevelt de descer em Manaus em padiola, providenciei (…) de modo a ser a chegada no dia seguinte, antes de amanhecer."[16]

Theodor Roosevelt teve com Rondon uma convivência extrema, aprofundaram uma improvável intimidade durante dois meses, longos como anos, em que o brasileiro o conduziu em aventura épica, quase impossível, na descida de um curso d'água ignoto, sem saber que perigos os esperavam depois da próxima curva. Depois de muitos riscos, feridos, e três mortos; mapeado, o rio da Dúvida ganhou novo nome, rio Roosevelt.

Ao voltar para os Estados Unidos, em entrevista a jornais de Nova York, Roosevelt assim definiu seu anfitrião brasileiro:

> A América pode apresentar ao mundo duas realizações ciclópicas: ao Norte o Canal do Panamá, ao Sul o trabalho de Rondon — científico, prático, humanitário. (…) O Cel. Rondon tem, como homem, todas as virtudes de um sacerdote, é um puritano de uma perfeição inimaginável na época moderna; (…) tamanho cientista, tão grande é o seu conjunto de conhecimentos, que se pode considerar um sábio. (…) Rondon não é apenas oficial e "gentleman" como os que mais os são nos mais bem organizados exércitos do mundo. (…) É também excepcional, audaz e competente explorador, ótimo naturalista, cientista, estudioso, filósofo.[17]

Teddy parecia convertido às ideias de colonização rondonianas. No mínimo, tinha agora a experiência concreta de uma formulação oposta à de general Custer. Se o militar ianque seguia à risca sua determinação de que "índio bom é índio morto", Roosevelt sabia agora que uma estratégia colonizadora oposta dava bons resultados, sem carnificina, assim exposta por seu amigo Rondon.

> Acima de tudo coloco o sentimento de justiça, encarando com meditada reflexão os deveres morais que nos são impostos pela santa causa dos aborígenes brasileiros, os quais, há quatro séculos,

vivem espicaçados pelo aguilhão do mais requintado egoísmo, nosso e de nossos antepassados.[18]

Ao longo da vida, Rondon abraçou uma religião sem Deus, a Igreja Positivista de Augusto Comte, que proclamava que os vivos são sempre governados pelos mortos.
Poderia ter sido presidente da República, mas os princípios positivistas interditavam a possibilidade de assumir qualquer poder constituído. Assim, por toda a vida manteve uma relação ambígua com os poderosos, a um só tempo de tremendo prestígio e disciplinada submissão. Militar republicano de primeiro grito, sempre se opôs a qualquer envolvimento das forças armadas na política.
Das máximas positivistas, empenhou-se de todo em "viver para outrem", levando tal compromisso às últimas transcendências.
Já bem velho, em sua última viagem ao Mato Grosso, Cândido Mariano fez uma visita a seu velho amigo Cadete, cacique Bororo. Quem narra é o herdeiro dileto de Rondon, Darcy Ribeiro:

> Os dois velhos tomaram-se as mãos e, meio abraçados, falaram longamente na língua daqueles índios. A certa altura, Rondon voltou-se para alguém que o acompanhava e comentou: "Sabe o que ele está dizendo? Me aconselha a vir morrer aqui, porque, diz ele, estando velho, não durarei muito e só os Bororo saberiam fazer o meu enterro."[19]

No dia 19 de janeiro de 1958, Cândido Mariano da Silva Rondon morreu, em seu apartamento em Copacabana, amparado por Darcy Ribeiro. "Rondon morreu com as mãos nas minhas, dizendo, trêmulo, frases do catequismo positivista: 'Os vivos são conduzidos pelos mortos, o amor por princípio, a ordem por base, o progresso por fim.'"[20]
Diante de seu caixão, Darcy não exagerou ao nomear Rondon como "a mais rica, a mais coerente, a mais enérgica e a mais generosa personalidade jamais criada pelo povo brasileiro".[21]

Só em 2019 foi publicada a primeira biografia à altura da vida e obra do Marechal Rondon, escrita com paixão e rigor por um americano, ex-correspondente do *New York Times* no Brasil, Larry Rohter.

> Seja qual for o parâmetro — quantidade de expedições, distâncias vencidas, grau de dificuldade, informações coletadas —, Rondon é o maior explorador dos trópicos na história, com uma lista de realizações que supera a de figuras mais conhecidas, como Henry Stanley, David Livingstone e Sir Richard Francis Burton. (…) Além de engenheiro militar, era bacharel em matemática e ciências físicas e naturais (…) falava quatro línguas europeias com tanta fluência quanto falava pelo menos meia dúzia de línguas indígenas. (…) O racismo amplamente disseminado de sua época é um dos fatores preponderantes — se não o principal — tanto para sua ausência no panteão de renomados exploradores quanto para o desconhecimento entre o grande público. (…) Considerando-se as categorias raciais rígidas (…) dos Estados Unidos no começo do século XX, simplesmente não havia lugar para acomodar uma figura tão complexa e inortodoxa como Rondon. Um cientista indígena que sabia falar francês e ainda por cima era um intelectual e militar? A ideia parecia simplesmente ridícula.[22]

Não por acaso o reconhecimento ao gênio de nossa raça partiu de um estrangeiro. Fosse um brasileiro, previsível que seria criticado por apologia e patrulhado por nossa "*intelligentsia*" (com mil aspas). Obra de um americano, espantoso é o silêncio que se seguiu à sua publicação — como em branco silêncio passou a data dos sessenta anos da morte do Marechal da Paz, em 2018.

O Brasil tem uma relação ambivalente com aquele que pode ser apontado como seu maior herói. Na ditadura, seu patriotismo e heroísmo serviram de bandeira ao regime, que pegou seu nome emprestado para uma das boas realizações do governo militar, o Projeto Rondon. Reativa, a esquerda interditou qualquer reconhecimento ao pioneiro solitário de causas progressistas que só ganharam força no século XXI, da consciência ambiental à não violência (antes de Ghandi), do respeito à diversidade cultural e da tolerância política.

Os poetas reconheceram sua grandeza, em necrológios comoventes. Carlos Drummond de Andrade falou pelos índios: "Eras calmo pequeno determinado/ teu gesto paralisou o medo/ tua mão nos consolou, era irmã." Manuel Bandeira usou da prosa e esperança amarga: "A vida de Rondon é um conforto para todo brasileiro que ande descrente de sua terra. Ela mostra que nem tudo é cafajestada nestes nossos oito milhões de quilômetros quadrados."

Rondon não mudou, permanece um gigante. O Brasil encolheu — hoje é muito menor do que o caboclo miúdo de Mimoso.

Notas

1. MACHADO, Maria Fátima Roberto. *Índios de Rondon, Rondon e as linhas telegráficas na visão dos sobreviventes Wáimare e Kaxiniti, grupos Paresi*. Vol. 1 e 2. 1999. Tese (doutorado em Antropologia Social). Universidade Federal do Rio de Janeiro. Museu Nacional. RJ.
2. VIVEIROS, Esther de. Vs.1 2 2. 1999. *Rondon conta sua vida*. Editora: Coop Cultural Esperantistas.
3. Ibid.
4. Ibid.
5. Ibid.
6. Ibid.
7. Ibid.
8. Ibid.
9. Ibid.
10. Ibid.
11. Ibid.
12. Ibid.
13. Ibid.
14. CHERRIE, George K. *Dark Trails*: Adventures of a Naturalist. apud ROHTER, Larry. *Rondon, uma biografia*. São Paulo: Companhia das Letras, 2019.
15. Viveiros, Esther de. *op. cit.*
16. Ibid.
17. Ibid.
18. Ibid.
19. Ibid.
20. RIBEIRO, Darcy. *A obra indigenista de Rondon*, in: Cândido Mariano da Silva Rondon.
21. RIBEIRO, Darcy. *Os quatro princípios de Rondon*, in: Cândido Mariano da Silva Rondon.
22. ROHTER, Larry. *Rondon, uma biografia*. São Paulo: Companhia das Letras, 2019.

DI CAVALCANTI
David Zylbersztajn

Emiliano Augusto Cavalcanti de Albuquerque e Mello, o Di Cavalcanti, é sempre um dos nomes lembrados quando o assunto é artes plásticas no Brasil. Está associado às cores vibrantes, às mulheres (especialmente as mulatas) e à brasilidade. Di ficou mais conhecido como pintor, porém foi um artista ainda mais completo, afamado como desenhista, caricaturista, muralista e ilustrador (começou sua carreira na *Revista Fon-Fon* e fez a capa do catálogo criado para a Semana de 22. Ilustrou livros de Vinicius de Moraes e Jorge Amado).

No caso específico da Semana de 22, ano do Centenário da Independência do Brasil, Di e seus amigos resolveram libertar a arte de nosso país das formas acadêmicas europeias. Do catálogo ao programa, toda a parte gráfica do evento foi preparada por ele. Além disso, Di Cavalcanti expôs 12 trabalhos.

Para seu amigo Villa-Lobos, Di fez os esboços dos figurinos para o balé *Carnaval das Crianças Brasileiras*.

Nasceu no ano de 1897, e morreu no Rio de Janeiro, aos 79 anos, tendo sido contemporâneo dos grandes movimentos artísticos do século XX no Brasil e também fora daqui. Foi amigo de Mário e Oswald de Andrade, de Tarsila do Amaral, de Anita Malfatti, de Brecheret, de Monteiro Lobato, de Picasso (de quem ficou amigo até a morte), Léger, Matisse, Satie, Cocteau. Di não escondia sua admiração por Picasso:

> Foi o único homem capaz de povoar o século XX. Ele transformou um vaso em mulher, a mulher em elefante. Imitou todo mundo, e tudo o que fazia se tornava irremediavelmente dele. Picasso e Carlitos são meus únicos mestres.

Pintava sem se ater a preceitos rígidos: "Não tive formação em escola de arte, não tive nem nunca tive método de trabalho."

Paralelamente à pintura, Di levava sua vida de boêmio, amigo, entre outros, de Noel Rosa, Sinhô, Ernesto Nazareth, Pixinguinha e Orestes Barbosa.

Teve forte militância política, tendo sido preso em duas ocasiões: a primeira, em 1932, durante a Revolução Constitucionalista; e a segunda, em 1936 (até então, escondido com a mulher, Noêmia, na Ilha de Paquetá). Nomeado como adido cultural na França, nunca assumiu o posto por conta do Golpe de 64, ocorrido logo após seu embarque. Numa edição de *O Cruzeiro* de 1953, para a coluna "Flash", declara que "já esteve 4 vêzes prêso: 3 por atividades subversivas e uma por ter partido a cara de um condutor da Light" (na ortografia da época). Nesta mesma coluna, diz que "pinta diariamente, respeitando os domingos para assistir o futebol à tarde e à noite frequentar as *boites*"[1] (era flamenguista no Rio e corintiano em São Paulo).

De Jorge Amado, uma de suas grandes amizades em vida, disse: "Não é escritor brasileiro ou português. É escritor do proletariado, coisa muito maior."[2] Di foi assinatura constante dos manifestos contra a tentativa de invasão do sul de Cuba pelos americanos, em 1961. Foi na casa de Di Cavalcanti, em seu apartamento no Catete, no Rio, que ocorreu a reunião de artistas e intelectuais com Jango, às vésperas do golpe civil-militar que derrubou o então presidente. Uma anedótica história sobre esta reunião será contada por este escriba um pouco mais adiante.

Di foi um homem que, em quase oitenta anos de vida, viveu a ebulição artística e política de um período com duas guerras mundiais e um Brasil permeado por períodos de uma democracia rarefeita, quando não sob o jugo de ditaduras. Foi um homem do mundo, um modernista de profunda alma brasileira.

Di Cavalcanti tinha o dom de construir relacionamentos e era, no dizer de José Mindlin, "amigo de políticos e operários, diplomatas e malandros, banqueiros e pobres-diabos, intelectuais e analfabetos, senhoras grã-finas e mulheres de gafieira".

Dentre tantas coisas marcantes em sua vida, em um manuscrito de 1958 publicou:

> Di Cavalcanti, 10 Conselhos aos Jovens Artistas; 1. Não copiar a naturesa (sic); 2. Não seguir a crítica; 3. Não procurar um mestre; 4. Não cortejar a moda; 5. Não aceitar elogios; 6. Ser acima de tudo humano; 7. Ser o mais que possível humilde; 8. Ser compreensivo com os colegas; 9. Ser cuidadoso com os processos técnicos; 10. Fazer da arte sua amante.

Foi grande amigo de Glauber Rocha, que protagonizou um dos grandes eventos da chamada contracultura brasileira. Glauber, ao saber da morte de Di em 26 de outubro de 1976, zarpou para as exéquias do amigo e, com uma câmera de 16mm na mão, passou a registrar suas últimas imagens, no velório montado no Museu de Arte Moderna do Rio e no enterro no Cemitério São João Batista (apesar de Di ter declarado, certa vez, que esperava morrer na cama, sem padres, e ser enterrado no Cemitério do Caju).

Glauber justificou a filmagem da morte de Di dizendo que "filmar meu amigo Di morto é um ato de humor modernista-realista que se permite entre artistas renascentes: Fênix/Di nunca morre. No caso, o filme é uma celebração que liberta o morto de sua hipócrita-trágica condição".[3] O filme merece um destaque especial neste texto, pois sua concepção retrata Di na sua essência, com uma inusitada trilha sonora para um funeral, com Pixinguinha, Paulinho da Viola, Jorge Ben e Lamartine Babo (no caso, a música é "O teu cabelo não nega, mulata"). Antonio Callado disse sobre o filme que Di Cavalcanti, "embalsamado pelo documentário de Glauber, transformou-se no primeiro faraó brasileiro".

Em 1977, o filme ganhou o Prêmio Especial do Júri do Festival de Cannes, antes de ter sua exibição proibida pela Justiça, pois, a pedido da família, que o considerava desrespeitoso, foi vetado para exibição em 1979 num dos mais longos casos de censura cinematográfica no país. No cinema, onde nunca foi exibido, teria o nome "Di-Glauber". O título oficial é, no entanto, *Ninguém assistiu ao formidável enterro de sua quimera, somente a ingratidão, essa pantera, foi sua companheira inseparável.* Coisas de Glauber-Di ou Di-Glauber, como queiram. Desde 2004, o filme está disponibilizado na internet com o longo título oficial.

Já em meados dos anos 1960, uma das maiores e mais sólidas amizades de Di foi com Vinicius de Moraes. Sua relação era tão forte que Vinicius lhe dedicou "Balada de Di Cavalcanti", um extenso poema de 136 versos, em que em determinado momento recita: "Dos seus treze lustros idos/ Cinco foram bem vividos/ Na companhia constante/ Deste também teu irmão."

A partir daí, entrego este texto a um depoimento pessoal e ao motivo de estar escrevendo sobre Di Cavalcanti.

Convivi por pouco mais de 15 anos com o mestre. Seu ateliê/apartamento ficava no oitavo andar da rua do Catete, 222. Minha família ocupava o apartamento 1001, no décimo andar. Ia cedo para a escola na Tijuca, e por volta das 6h30, ao acordar, escutava pelo prisma interno do prédio as gargalhadas remanescentes de noitadas frequentadas por toda a intelectualidade, boemia e mundo político do Brasil. Certa vez, por alguns minutos, fiquei preso no elevador com Vinicius de Moraes, que sem hesitar perguntou-me se eu o conhecia. Diante de minha negativa, sentou-se no chão e adormeceu até ser acordado pelo porteiro que veio nos acudir.

Eu era apenas mais um espectador entre tantas pessoas, desenhos e pinturas. Aos meus dez anos de idade, passava tardes vendo Di criar, e com o tempo tornei-me um exemplar auxiliar na limpeza de seus pincéis.

A primeira mulher nua que vi no início de minha adolescência foi a deslumbrante Marina Montini, a mais famosa "mulata do Di" e sua musa inspiradora. Marina fora descoberta por ele através de um imenso *outdoor* num anúncio de pneus. Então com 17 anos, Marina era uma estonteante mulata de Vila Isabel, de 1,80m, cujas formas poderiam ter saído dos quadros de Di. Foi "Miss Renascença", "Miss Guanabara", "Mulata Quarto Centenário". Posou como estrela de todas as grandes publicações masculinas. O álcool acabou com Marina, com aquele chamado "modelo vivo", com aquela estátua esculpida com primor pela natureza.

Concluo este texto (que enorme dificuldade condensar a riqueza da vida de Di, sobre a qual fui "obrigado" a pesquisar e que me deixou absolutamente surpreso e fascinado!) com uma história assaz própria em relação aos tempos que vivíamos e ao temperamento de Di Cavalcanti.

Como já mencionado, Jango nomeara Di como adido cultural do Brasil na embaixada de Paris. Por conta do golpe, Di nunca assumiu o posto, mas ao ser nomeado recebeu o presidente em nosso prédio, na então imponente rua do Catete. Eram tempos de enorme polarização política, com Lacerda como governador da Guanabara e feroz opositor de Jango. Ocorre que nossa síndica era a dona Deolinda, uma imigrante portuguesa e lacerdista feroz (o que na época era quase uma redundância). Pois dona Deolinda mandou desligar o elevador social para que o presidente subisse pelo elevador de serviço. Di, em lugar de confrontar a síndica, mandou agradecê-la, pois Jango, ao subir pelo elevador de serviço, estaria mais perto das classes menos favorecidas e longe das elites que ela representava. A visita foi um sucesso retumbante.

Di Cavalcanti, artista brasileiro do mundo, disse que "nas suas viagens na Itália, passava por espanhol; na Espanha, por italiano; e na França, por sírio, coisa que nunca pôde explicar": "Em Portugal, devido a um equívoco, fui recebido e gozei da popularidade de André Maurois durante três dias." E ainda: "Se pudesse recomeçar a vida, gostaria de ser pintor de parede em Paris." Porém, poucos foram como Di, um artista que produziu uma obra essencialmente brasileira.

Notas

1. *O Cruzeiro*, 28 de fevereiro de 1953.
2. AGUIAR, Joselia. *Jorge Amado: uma biografia*. Editora Todavia.
3. "Filme de Glauber Rocha sobre enterro do pintor Di Cavalcanti foi censurado". *O Globo*. Disponível em: https://acervo.oglobo.globo.com/em-destaque/filmc-de-glauber-rocha-sobre-enterro-do-pintor-di-cavalcanti-foi-censurado-10539863

NIOMAR MONIZ SODRÉ BITTENCOURT
Roberto Feith

O general França chegou ao presídio feminino São Judas Tadeu, na rua da Relação, um tanto irritado. Ele havia recebido um chamado para ajudar a resolver um problema com a dona Niomar. Luís de França Oliveira era o Secretário de Segurança do Rio de Janeiro, conhecia Niomar Moniz Sodré Bittencourt havia tempo. Proprietária do *Correio da Manhã*, um dos jornais mais influentes do país naquele atribulado ano de 1969, e presidente do Museu de Arte Moderna, Niomar era uma mulher de prestígio. Por causa dela o general tivera que interromper sua rotina e ir ao presídio naquela tarde calorenta de 7 de janeiro.

França foi direto para a sala do diretor, que explicou o problema. Dona Niomar havia chegado de manhã, presa, depois de prestar depoimento no DOPS. Meses antes, ao terminar uma reforma no presídio, o diretor havia convidado a dona do *Correio da Manhã* para uma visita. Ocupada, ela declinou. Agora, ao recebê-la, constrangido, lamentou:

— Dona Niomar, sempre quis que a senhora conhecesse o meu presídio, mas não nessas circunstâncias.

A nova detenta, contou o diretor, reagiu friamente. O clima piorou quando disseram que ela teria que vestir uniforme de presidiária. Desde a decretação do AI-5 e a prisão de Osvaldo Peralva, diretor de redação do *Correio da Manhã*, 25 dias antes, Niomar passara a levar para onde fosse uma pequena mala com pertences pessoais. Uma precaução para o caso de ser presa. Quando tentaram lhe tirar a mala e entregar o uniforme, ela se recusou, insistindo que era prisioneira política e não presa comum.

Ninguém cogitou obrigar aquela senhora de porte altivo, com seus 52 anos de idade, a trocar de roupa à força. Diante do impasse, o diretor, preocupado que a insubordinação pudesse contagiar as outras presas, chamou o general.

Como Secretário de Segurança, Luís França havia visitado Niomar no jornal. Agora, na prisão, achou que poderia convencê-la a agir com bom senso e pediu que a chamassem. Quando a prisioneira chegou, ele estendeu a mão. Ereta, Niomar negou o cumprimento. Surpreso, o general perguntou qual o motivo daquela atitude hostil.

— Porque tenho alergia física, mental e moral aos milicos.

Atônito, sem dizer palavra, o Secretário de Segurança se retirou. Ela passou a noite no presídio. Não trocou de roupa. No dia seguinte, por conta de uma suposta enfermidade, foi transferida para o hospital prisional Filinto Müller. Lá, não havia uniforme.[1]

Niomar Moniz Sodré nasceu rebelde. Com 12 anos foi expulsa do Colégio Sacre Coeur de Jesus, no Alto da Boa Vista, porque se recusava a tomar banho de camisola, como queriam as freiras. Matriculada no Colégio Sion, em Laranjeiras, ficou só um ano. Saiu para acompanhar o pai na campanha para reeleição como deputado federal pela Bahia.

Niomar, que perdeu a mãe com seis anos, adorava o pai. Antônio Moniz Sodré, de tradicional família baiana, era um grande orador. Advogado, se elegeu deputado federal e senador. Lutou pelos direitos da mulher e pela igualdade racial. No governo de Arthur Bernardes protestou da tribuna do

Senado contra o fechamento do *Correio da Manhã*. Também nos tribunais defendeu o fundador do jornal, Edmundo Bittencourt, e, enquanto este esteve preso, assumiu a direção do *Correio*. Antônio Sodré não poderia imaginar que, 43 anos depois, sua filha ocuparia a mesma função.

Niomar admirava o pai, mas dava trabalho. Aos 15 foi surpreendida pelo pai namorando o primo, Hélio, na sala. Antônio expulsou o sobrinho. Em protesto, Niomar fugiu de casa. A menina foi para um hotel e avisou que só voltaria se o pai autorizasse o casamento com Hélio. Antônio respondeu que antes dos 16, idade mínima legal, nem pensar. Niomar não cedeu. Encontrou abrigo na casa da irmã, Sônia. No ano seguinte, se casou com o primo. E foram morar com Antônio.

Niomar e Hélio tiveram um filho, Antônio, tal como o avô, mas logo Niomar se deu conta de que não havia nascido para a vida doméstica. Queria trabalhar. Desde menina, fascinada pela biblioteca do pai, era uma leitora voraz. Publicou contos, reportagens e uma biografia do poeta italiano D'Annunzio. Pediu ao pai para ajudá-la a conseguir um emprego no *Diário de Notícias*, um dos grandes jornais da época. Ele não tinha acesso aos dirigentes do *Diário*, mas conhecia bem os Bittencourt, donos do *Correio da Manhã*. Decidiu apresentar Niomar ao filho de Edmundo, Paulo, que havia assumido a direção do jornal. O encontro mudaria a vida dos dois.[2]

Na direção do *Correio*, Paulo manteve a posição do pai de defesa intransigente das ideias liberais, sendo, assim como Edmundo, preso durante o governo de Arthur Bernardes. Sob seu comando o *Correio* se fortaleceu como jornal combativo e formador de opinião, que não hesitava em criticar os donos do poder.

Quando conheceu Niomar, Paulo era um homem do mundo. Havia estudado na Inglaterra e passava longas temporadas no exterior. Desde o primeiro contato, ele se interessou por aquela jovem inteligente, que esbanjava confiança. Ela se sentiu atraída pelo homem maduro, influente. Sempre que levava seus textos à redação, Niomar dava um pulo na sala de Paulo. Ele tinha 44 anos. Ela, 23. Nos dois anos seguintes se apaixonaram, se separaram dos respectivos cônjuges e, em 1948, se casaram na França.

Com Paulo, Niomar passou a conviver com os grandes nomes da política, dos negócios e da cultura. Viajavam muito. Paulo tinha um bom círculo de amizades nos Estados Unidos e na Europa. O casal se interessava pelas artes. Visitavam museus, galerias e estúdios, e Niomar começou a montar uma cintilante coleção da arte moderna brasileira e internacional.

Em Nova York, frequentavam o casal Nelson e Mary Rockefeller. Anos depois, Niomar contou que Nelson, grande colecionador, fundador do Museu de Arte Moderna de Nova York e sempre muito interessado no Brasil, a incentivou a se engajar na criação de um museu de arte moderna no Rio de Janeiro. Já havia um grupo reunido pelo empresário e colecionador Raymundo Castro Maya tentando viabilizar a ideia. Niomar se juntou a eles.

A criação do museu e a construção de sua sede se tornaram um dos eixos da vida dela. Lúcio Costa, convocado por Niomar para a causa, diria que ela se dedicou à empreitada "com o zelo incansável, a tenacidade e a candura de um antigo missionário".[3] Lutou muito, teve grandes vitórias e outras tantas derrotas. Com a ajuda do prestígio do *Correio da Manhã*, conseguiu o apoio de algumas das melhores cabeças e das mais expressivas contas bancárias do país. Por causa do museu, brigou com D. Helder Câmara, com o então presidente Getúlio Vargas e com o próprio marido. Eventualmente, fez as pazes com todos, conseguiu o terreno na avenida Beira Mar, escolheu o arquiteto, Affonso Reidy, e, em 1954, começaram as obras para a construção do MAM. Hoje, o museu é, como bem disse Antonio Callado, marco fundamental de cultura e vida do Rio de Janeiro.[4]

Os anos de luta pela construção do MAM também foram de aprendizado. Niomar ganhou luz própria. Tornou-se uma autoridade nas artes, condecorada por vários países e reconhecida por todos como uma mulher sofisticada e politicamente engajada, a principal confidente e conselheira do marido. Em 1961, Paulo Bittencourt, na plenitude da vida, foi diagnosticado com câncer do pulmão. Ele lutou como pôde, buscou tratamento no exterior, mas a doença progrediu, implacável. Em face do seu quadro clínico, Paulo fez um novo testamento. Neste, legou a gestão do jornal fundado pelo pai à jovem inquieta que entrara em sua sala para pedir trabalho, 24 anos antes.

Paulo faleceu em agosto de 1963 e Niomar assumiu a direção de um dos jornais mais influentes do país. O cenário nacional achava-se extremamente conturbado. A inflação crescia e surgiam os primeiros sinais de crise institucional. Niomar tinha consciência de sua responsabilidade diante da história do *Correio da Manhã*. Ela contava com um time de craques na redação: Osvaldo Peralva, Edmundo Moniz, Otto Maria Carpeaux, Antonio Callado, Antônio Houaiss, Hermano Alves e José Lino Grünewald, entre outros. Os editoriais eram obra coletiva. Os mais importantes ficavam a cargo de um grupo menor — que trabalhava em uma saleta da redação apelidada Petit Trianon — sempre conduzido por Niomar, uma mulher cercada de homens. Mas se fazia respeitar. Na redação, ela era dona Niomar.

No episódio da renúncia de Jânio Quadros, em agosto de 1961, o *Correio*, ainda dirigido por Paulo, havia defendido a posse do vice, Jango Goulart, contrariando setores militares. Niomar manteve a orientação legalista. Apoiou as reformas de base, mas criticou os incentivos à quebra da hierarquia militar e a tentativa de Jango de governar por decreto. Ao longo de março de 1964, enquanto crescia a polarização ideológica, gerando uma tensão quase insuportável, o *Correio* publicou uma série de editoriais veementes, culminando no dia 31 com o histórico "Basta!", que incluía o texto a seguir:

> Queremos o respeito à Constituição. Queremos as reformas de base votadas pelo Congresso. Queremos a intocabilidade das liberdades democráticas. Queremos a realização das eleições em 1965. Se o sr. João Goulart não tem a capacidade para exercer a Presidência da República e resolver os problemas da nação dentro da legalidade

constitucional, não lhe resta outra saída senão entregar o governo ao seu legítimo sucessor... A nação não admite nem golpe nem contragolpe... O Brasil já sofreu demasiado com o governo atual. Agora, Basta!

Não haveria sucessão constitucional. Com a deposição de Jango vieram as prisões e a primeira leva de cassações. O golpe teve o apoio de boa parte da imprensa e da classe média, mas desde o primeiro momento Niomar e seu elenco de escribas denunciaram as violações das liberdades civis. As crônicas de Carlos Heitor Cony descrevendo com ácida ironia os novos tempos se tornaram leitura obrigatória. Segundo Osvaldo Peralva,

> fiel às suas tradições, o *Correio da Manhã*, sob a direção de Niomar, passou imediatamente a criticar com veemência a nova ordem — ou desordem de coisas. O jornal tornou-se, dentro em pouco, o porta-voz mais enérgico da cidadania, o advogado público de todas as vítimas do regime autoritário, a consciência crítica da nação.[5]

Peralva, diretor do *Correio*, pode ter exagerado nas tintas, mas na essência o seu relato procedia.

A postura independente aumentou a circulação do *Correio*, mas gerou reações. Desde amigos advertindo que Niomar estava colocando em risco o patrimônio que herdara, até ameaças, veladas e explícitas. Aos amigos, Niomar costumava dizer que o jornal era uma herança moral, e não material. Em textos que escreveu na época insistiu que estava cumprindo sua obrigação, seguindo os passos de Edmundo e Paulo Bittencourt.

Os primeiros anos do regime militar foram marcados por uma luta surda entre as facções do poder. A chamada linha dura ganhou força e o *Correio*, em função das críticas ao arbítrio, se tornou um dos seus alvos. Nesse período surgiu a informação de que um grupo de oficiais da Vila Militar planejava atacar o jornal de madrugada. Peralva aconselhou Niomar a não ficar na redação até tarde. Ela ignorou a recomendação.

Passou a ir para casa só depois de concluída a rodagem do jornal. Manteve essa rotina por um longo tempo, até que o presidente Castelo Branco, a quem ela havia pedido providências, a chamou a Brasília e garantiu que o *Correio* não seria atacado.

As pressões contra o jornal aumentaram depois da posse de Costa e Silva. O governo cortou verbas publicitárias do *Correio*. Grandes empresas foram pressionadas a não anunciar. No dia 7 de dezembro de 1968 uma bomba destruiu a loja de classificados do jornal na avenida Rio Branco. O alvo foi cuidadosamente escolhido: representava uma fatia importante do faturamento. Com o atentado, o fluxo de clientes nas lojas e a receita dos classificados do *Correio* despencaram.

Seis dias depois, em 13 de dezembro, foi assinado o Ato Institucional número 5. Niomar estava na redação assistindo à leitura do AI-5 pela televisão quando a portaria do jornal foi invadida por soldados com metralhadoras. Em meio à confusão, um tiro, aparentemente acidental, atingiu o teto. Peralva desceu até a portaria e logo foi preso. Na redação, Niomar tentou convencer Edmundo Moniz, seu primo, um dos principais articulistas do jornal que havia militado no Partido Comunista e era visado pela linha dura, a escapar pelos fundos até o prédio ao lado. Ele quis ficar, mas Niomar insistiu. Edmundo salvo, ela desceu à portaria e se dirigiu a um oficial perguntando por que ela, a verdadeira responsável pelo jornal, não era presa também. O militar respondeu que a ordem era prender Peralva. Logo apareceram 11 censores. A primeira edição censurada do *Correio da Manhã* foi publicada no dia seguinte.

Uma semana depois do AI-5, Niomar foi paraninfa do curso de jornalismo da Universidade Católica de Pernambuco. No discurso, elogiou a coragem dos jovens que protestavam contra a repressão em todo o país. Ao deixar a cerimônia, foi detida e levada para uma delegacia, onde depôs durante quatro horas.

Osvaldo Peralva foi solto no dia 28 de dezembro. Os censores continuavam nas redações. Em 6 de janeiro, os dirigentes dos principais jornais do Rio de Janeiro foram chamados ao gabinete do general César Montagna, comandante da 1ª Região Militar. Niomar foi com Peralva e Nelson Baptista, diretor administrativo do *Correio*. O general os informou que a partir do dia seguinte a censura prévia estava suspensa. Niomar, desconfiada, perguntou se a intenção era substituir a censura prévia pela autocensura, esclarecendo que, se esse fosse o caso, o *Correio da Manhã* não participaria. Montagna negou. Ela insistiu, questionando se o fim da censura era para valer. O general garantiu que era.

Naquela tarde, de volta à redação, e contrariando a opinião de Peralva, Niomar decidiu preparar uma edição sem concessões, exatamente como faria se o país vivesse um regime plenamente democrático. Era sabido que havia informantes do regime no jornal. Por isso, Niomar determinou que, enquanto a redação produzia uma edição protocolar, outra seria preparada em segredo, seguindo suas instruções, por uma pequena equipe liderada por Peralva. Na primeira página, um relato da reunião da véspera com o general Montagna, incluindo o diálogo deste com Niomar e um vigoroso editorial defendendo a liberdade de imprensa. Nas páginas internas, os nomes de todos os presos desde a decretação do AI-5, um resumo de matérias sobre a repressão publicadas pela imprensa internacional, além de depoimentos de políticos brasileiros protestando contra a quebra da ordem institucional e a íntegra dos textos que haviam sido cortados desde o início da censura prévia.

A edição não circulou. A ideia vazou e ela foi apreendida na gráfica. Alguns exemplares chegaram a pessoas do círculo de amizade dos redatores. Pela manhã, enquanto esses exemplares eram disputados, Niomar recebeu telefonemas de amigos preocupados. Alguns chegaram a dizer que ela havia perdido o juízo. Niomar tentou, sem sucesso, falar com Peralva. Como de costume, foi almoçar no MAM. Na saída do museu foi presa e ficou sabendo que Peralva e Nelson Baptista já haviam sido detidos. Tal como seus dois diretores, ela foi levada para o DOPS.

Não existe um relato formal de Niomar sobre a sua experiência na prisão. O que sabemos vem de terceiros. Destes, fica a imagem de uma mulher combativa, ciosa de sua dignidade, que se recusava a ser intimidada. Peralva descreveu o primeiro dia no DOPS:

passamos por interrogatórios de um zeloso inspetor, que ficou particularmente irritado com as coisas que Niomar falou. Logo de início, ela quis saber se não havia equívoco em sua prisão, pois o movimento de 1964 se anunciava voltado contra a subversão e a corrupção, e todos sabiam que ela, diretora-proprietária de uma empresa burguesa, não podia ser subversiva, e jamais se envolveu em atos de corrupção. Será que eles não a estavam confundindo com alta personalidade feminina do regime (e deu o nome), bastante acusada, à boca pequena, de corrupção? O inspetor, enfurecido, deu um murro na mesa e declarou que por isso não gostava de tratar com mulher. Niomar, calmamente, retrucou: Homem que não gosta de mulher ou é chifrudo ou veado. O interrogatório seguiu nesse ambiente até que, perdida de todo a paciência, o policial penetrou na sala, atrás dela, gritando aos subordinados: Ponham essa senhora num quarto isolado![6]

Os dirigentes do *Correio* dormiram aquela noite no DOPS. Na manhã seguinte, Peralva e Baptista foram transferidos para o Regimento Marechal Caetano de Farias, e Niomar, para o presídio feminino São Judas Tadeu, onde, como já sabemos, se recusou a vestir o uniforme de presidiária.

No seu primeiro dia no hospital militar Filinto Muller, para onde foi transferida depois da épica batalha do uniforme, Niomar foi examinada por um jovem médico. Este lhe sussurrou que às quatro da tarde ela deveria ir até a janela do quarto e ficar ali por alguns instantes. Seria fotografada. Ela ouviu a instrução sem comentário. Na hora apontada, obedeceu. Como estava no sexto andar, não percebeu nada fora do comum. Dias depois, o tradicional jornal inglês *The Guardian* publicou na sua primeira página a foto de Niomar na janela do hospital militar. Ao lado, outra foto, mostrando Niomar com a Rainha Elizabeth, feita semanas antes, durante a visita da soberana inglesa ao Rio de Janeiro em novembro de 1968. Além de divulgar no exterior a sua prisão, a foto resultou no fechamento da janela do quarto de Niomar com cadeado.

Era janeiro e o calor no centro do Rio, insuportável. Para ajudá-la a enfrentar o desconforto, Niomar às vezes recebia baldes de gelo enviados de casa. Nestes, vinham escondidos bilhetes com informações sobre o jornal e o país. Niomar enviava respostas na bainha das roupas que eram lavadas em casa. Como era proibida de escrever, redigia à noite, deitada na cama, com a luz apagada. Com base nesses bilhetes, Paulo Francis preparou um relato sobre as condições dela na prisão, distribuído para a imprensa internacional. Em que pese os baldes de gelo, Niomar, já um tanto frágil, não resistiu ao calor e sofreu uma desidratação. Foi transferida para o Corpo de Bombeiros, onde permitiram que a janela do seu quarto ficasse aberta.

O *Correio da Manhã* manteve sua linha editorial durante a prisão de Niomar. Continuou a denunciar as violações das liberdades democráticas. Fato que pode ter contribuído para que o governo apresentasse uma proposta através de Tude de Lima Rocha, um dos advogados de Niomar: ela seria solta e manteria os direitos políticos, mas teria que deixar a direção do jornal e sair do país. Niomar recusou. Respondeu que, como não tinha ambições políticas, não fazia grande diferença ser, ou não, cassada, mas que, para ela, era importante o direito de ir e vir em seu país.

Niomar ficou presa durante 72 dias. Depois, foi transferida para prisão domiciliar. O cerco econômico ao *Correio da Manhã* prosseguiu e, apesar da circulação ainda vigorosa, a receita publicitária continuou a cair. Quando voltou para casa, um apartamento de mil metros quadrados na Praia do Flamengo, Niomar provavelmente ainda não havia compreendido que o destino do jornal estava selado. Durante os seis meses seguintes, seus amigos e os colegas tentaram convencê-la a moderar a linha editorial, a buscar, ainda que temporariamente, um modus vivendi com o regime. O mais importante, argumentavam, era manter o jornal vivo, de pé, para continuar a lutar. Mas Niomar, combativa por natureza, talvez sequer soubesse como ceder.

Em 20 de novembro de 1969 ela foi julgada pela justiça militar e absolvida por unanimidade. Mas estava exaurida. Havia compreendido que na vigência do regime militar a sua participação na direção do *Correio* e do MAM criava problemas para as duas instituições. Sem ver saída, mas determinada a não abrir mão de suas convicções, optou, como fizera Paulo Bittencourt no seu tempo, por uma longa temporada no exterior. Renunciou ao Conselho do MAM e, numa decisão da qual se arrependeria amargamente, aceitou uma proposta de arrendamento do *Correio da Manhã* por um grupo de empresários.

Os anos seguintes foram duros. Os arrendatários, violando compromissos assumidos com Niomar, abandonaram a linha de independência do *Correio*. Sem credibilidade, o jornal perdeu leitores. No dia 7 de junho de 1974, foi publicada a derradeira edição do jornal, que ainda ostentava o nome, mas nada mais tinha a ver com o *Correio da Manhã* de Edmundo, Paulo e Niomar Bittencourt.

Quatro anos e um dia depois desta última edição, Niomar recebeu um telefonema no seu apartamento em Paris. Na linha, Heloísa Lustosa, diretora executiva do MAM, contou que um incêndio havia destruído parte do prédio e a quase totalidade do acervo do museu. Em 20 de abril de 1985, outra chamada do telefone e outra terrível notícia: um segundo incêndio havia destruído o apartamento de Niomar. Com ele, a extraordinária coleção de arte brasileira e internacional, a biblioteca de mais de vinte mil volumes com centenas de edições raras, a extensa mapoteca e um vasto acervo de documentos meticulosamente organizado por Paulo e Niomar ao longo de décadas de trabalho e vida.

As sucessivas e devastadoras perdas de Niomar comoveram seus amigos e sensibilizaram até antigos adversários. Em novembro de 1985, uma numerosa comissão de notáveis organizou um evento em reconhecimento a tudo que ela havia realizado pela cidade e pelo país. O lugar escolhido, naturalmente, foi o MAM; presentes, o presidente da República, ministros, governadores, intelectuais, artistas, empresários, jornalistas e companheiros de vida e de trabalho de Niomar. Ao final, firme aos 66 anos, ela disse em seu discurso de agradecimento:

> Posso dizer que minha vida não foi uma avenida asfaltada e arborizada que se percorre tranquilamente. Foi um caminho cheio de obstáculos que atravessei com luta, sacrifício e tenacidade...

> Dirigi o *Correio da Manhã* conforme as tradições que herdei de Edmundo Bittencourt e Paulo Bittencourt, mantendo toda a independência que ele teve desde a sua fundação, em 1901. Não medi sacrifícios para permanecer fiel a mim mesma e ao destino do jornal que marchou conscientemente para a possível extinção. Mas eu tinha como lema que a liberdade é um dogma, e à liberdade dei tudo e tudo sacrifiquei... O *Correio da Manhã* foi destruído pela ditadura que desgraçou o Brasil. Mas não me arrependo do que fiz no cumprimento do destino que a História me reservou. Em minhas mãos ele não fraquejou nem se curvou diante da violência e da corrupção instaladas como norma, no país inteiro... Defendi os presos políticos, combati a tortura, exigi a presença dos desaparecidos, protestei contra o exílio dos inimigos do regime militar, sustentei a anistia ampla e irrestrita, sempre tendo em vista, intransigentemente, o respeito absoluto aos direitos humanos.[7]

Jornalistas que trabalharam ombro a ombro com Niomar formaram diferentes avaliações sobre a forma como ela dirigiu o *Correio da Manhã*. Alguns, como Luiz Alberto Bahia, reconheceram sua inteligência e valentia, mas julgaram que faltou a ela o equilíbrio necessário para um período em que o poder arbitrário era absoluto.[8] Outros, como Carlos Heitor Cony, concluíram que Niomar deu uma contribuição singular, ainda sem o devido reconhecimento, para a liberdade de expressão no Brasil.[9]

Niomar não teve preparo formal para o papel que a vida lhe reservou. Mas resistiu a pressões terríveis e manteve intacta sua convicção no valor do jornalismo profissional, independente e comprometido com as liberdades civis. Ainda hoje, o papel fiscalizador da imprensa diante do Estado é pouco compreendido e frequentemente atacado no Brasil. As críticas vêm de todo o espectro ideológico. A trajetória de Niomar à frente do *Correio da Manhã* aconteceu há meio século, mas também é uma história para os dias de hoje.[10]

Notas

1 Fatos relativos à prisão de Niomar e sua gestão do *Correio da Manhã*, originalmente publicados em *Um jornal assassinado*, de Jefferson de Andrade (Rio de Janeiro: José Olympio, 1991).
2 Informações sobre a infância e adolescência de Niomar, assim como sobre sua relação com Paulo Bittencourt foram originalmente publicados no terceiro capítulo da dissertação de Flávia Rocha Bessone Corrêa, *De coadjuvantes a protagonistas* (Programa de Pós-Graduação em História, Pontifícia Universidade Católica do Rio de Janeiro, 2001), e em *Um jornal assassinado*, de Jefferson de Andrade.
3 Carta do Acervo Lucio Costa, reproduzido no blog Niomar.
4 Jefferson de Andrade, *Um jornal assassinado*, p. 221.
5 Depoimento de Osvaldo Peralva em *Um jornal assassinado*, de Jefferson de Andrade (p. 25).
6 Depoimento de Osvaldo Peralva em *Um jornal assassinado*, de Jefferson de Andrade (p. 225).
7 CPDOC, Fundação Getúlio Vargas, Rio de Janeiro.
8 Depoimento de Luís Alberto Bahia em *Um jornal assassinado*, de Jefferson de Andrade (p. 108).
9 CONY, Carlos Heitor, *O ato e o fato*. Editora Civilização Brasileira, Rio de Janeiro, 1964.
10 Agradecimentos a Mauro Moniz Sodré, Fuad Atala, Nilo Dante e Ruy Castro pelos depoimentos utilizados na elaboração deste perfil.

GOLBERY DO COUTO E SILVA
Candido Mendes

M ais se acentua, hoje em dia, o recado final de Golbery do Couto e Silva ao vencerem-se todos os estereótipos fáceis do vulto crítico do governo militar de 1964. Fundador do Serviço Nacional de Informações (SNI), foi o responsável pelo avanço determinado de uma tecnocracia autoritária.

A distância histórica nos permite atingir as diferenças entre o *castelismo*, como um regime clássico de elites de poder, querendo voltar ao Estado de Direito, e a emergência do governo Geisel, já inteiramente sob a influência do seu chefe da Casa Civil, levando à dita abertura lenta e gradual, completada pelo general Figueiredo.

Desalojado do poder, Golbery, com a saída de Castelo, deu-se conta da inviabilidade dos retornismos ingênuos do primeiro biênio. Lançava-se à construção ambiciosa de uma partilha da decisão autoritária, a partir do conhecimento sistemático da informação, do debate das suas alternativas decisórias e da complexa conjuntura militar na busca dos consensos.

Toda essa construção se apoiaria nas suas obras *Planejamento estratégico* e *Geopolítica do Brasil*, em que acumulou toda a experiência de

Fort Worth e no pós-guerra de 1945 — trazida e aclimatada à Escola Superior de Guerra, consoante o testamento que legou ao nosso futuro — na sua memorável conferência de 1981, na Fortaleza de São João. Golbery quebrava o iluminismo das boas intenções militares, ou da imaculabilidade das Forças Armadas.

Ao sofisticar toda a visão do plano psicossocial da mudança nacional, condenava os moralismos sôfregos e a ingênua transparência do que fossem forças da nacionalidade e forças antagônicas, como ainda registrara a Constituição de 1967. Ao mesmo tempo, no plano da mais rigorosa e profunda institucionalização do poder no país, Golbery esclareceu a pretensão das Forças Armadas ao exercício da soberania no conflito com a sociedade civil, delineando, nas suas exigências mais modernas, o conceito de segurança nacional. Evitamos, por isso mesmo, e ao lado do processo da descompressão, todo o salvacionismo militar, por este engenheiro do poder, apoiado no mais ambicioso dos balizamentos da atividade intelectual, que ia de Wittgenstein a Foucault, a Roland Barthes e Hans Gadamer.

Na sequência do Golpe de 1964, deve-se a Golbery a mais profunda e ambiciosa racionalização do sistema como alternativa às idas e vindas do regime democrático. Doutra parte, Golbery via a normalização como algo de mais ambicioso do que a mera estabilidade do novo regime.

Seu protagonismo, entretanto, teve que aguardar a guinada do governo Geisel, no contraste com a posição dos governos anteriores que, inclusive, levaram o militar a afastar-se do regime e a buscar nos Estados Unidos os estudos adiantados em Fort Worth.

Convocado pela Presidência Geisel, dedicou-se à sistematização, num quadro governamental, da atividade do planejamento estratégico. Beneficiava-se, já, da passagem pela FEB e, aí, pelas tarefas de comunicação do aparelho militar na Itália. Nas Forças Armadas chegara, então, ao coronelato, mas, tendo pedido a aposentadoria, ganhou a parte sistemática prevista do generalato, na reserva.

No retorno ao país, dedicou-se, por inteiro, à profunda institucionalização desse componente do exercício moderno do poder. O resultado foi a institucionalização do SNI, agregado à Casa Civil da Presidência da

República. Golbery assumiu, então, como chefe de gabinete do Conselho de Segurança.

Foi, também, o responsável, historicamente, ao lado de Geisel e João Batista Figueiredo, pelo processo de abertura política de que participou até 1981, quando abandona, definitivamente, a vida pública, como contraponto permanente do ministério político.

O estereótipo do "bruxo" escondia o exercício de uma quase alquimia da razão concreta, que explicitou a tarefa das Forças Armadas para além de uma mera cruzada restauradora da ordem social. À acusação de maquiavélico, dava a resposta que o próprio florentino emprestou aos Médicis, ao dizer que "é só nesse labor que, de fato, e a longo prazo, a razão encontra a história".

Nesse longo prazo, está a exceção em que as Forças Armadas brasileiras, ao contrário da América Latina hispânica, foram — e bem para além da simples descompressão — à estabilidade nessas novas décadas e, de vez, à nossa democracia. Deparamos em Golbery um dos inesperados *founding fathers* da Carta de 1988, e do que nela repete e consolida, definitivamente, o contraponto entre a soberania e a segurança nacional.

VINICIUS DE MORAES
Nelson Motta

Quando conheci Vinicius, em 1960, ele tinha idade para ser meu pai. E de todos nós, garotos universitários do Rio e de São Paulo, que, depois da bossa nova, queríamos fazer música popular. E Vinicius acabou sendo um pai artístico para uma geração de compositores que mudou o rumo da música brasileira.

Em 1956, quando o poeta e diplomata Vinicius de Moraes entrou de cabeça na música popular com o seu musical *Orfeu da Conceição* em parceria com Tom Jobim, já tinha dez livros de poesia publicados e elogiados pela crítica, mas foi aconselhado a não desperdiçar seu talento literário na música popular que, decididamente, era um gênero menor diante da sua grande poesia. Sabe como é, coisa de negros, de malandros e boêmios, poesia era coisa mais séria.

Se Vinicius tivesse acreditado nisso, não teríamos a bossa nova e nem centenas de músicas que alegraram, divertiram e emocionaram o Brasil e o mundo.

Mais do que um grande poeta ou letrista de música popular, Vinicius seria a ponte entre o mundo culto e acadêmico e o mundo alegre e popular da música, que tinha no Rio de Janeiro a sua melhor fonte.

Educado por jesuítas, formado em Oxford, moço de boa família, o sucesso e prestígio de Vinicius como letrista alforriavam as novas gerações que queriam se dedicar à música popular. Porque nos anos 1960, nenhuma família de classe média gostaria de ver um filho envolvido com o universo marginal da música popular. Era uma opção tão utópica e temida quanto a de ser jogador de futebol profissional. Coitados, se eles soubessem o que as estrelas da música e do futebol ganham hoje em dia...

Com raras exceções, o samba vem das classes populares, e as principais exceções certamente são o gênio de Noel Rosa, um universitário de Medicina de classe média dando um novo formato ao samba, e o espantoso caso do mauricinho de Ipanema, Mário Reis, que era de uma aristocrática família carioca, e se tornou um renovador do samba e o grande intérprete de Sinhô, Noel Rosa, Ismael Silva e dos grandes bambas do mundo negro do samba.

Pela história, este encontro entre o popular e o erudito na música começa em 1926, no Rio de Janeiro, quando Villa-Lobos, Gilberto Freyre e Sérgio Buarque de Holanda, pai de Chico, vão a um sarau para conhecer a música de Pixinguinha e Donga. E o resto é história. Uma linda história de construção de uma das melhores e mais respeitadas músicas do mundo.

Mas é só depois de Vinicius, com as gerações que tiveram nele o seu pai artístico, que a música popular, além de virar uma profissão, ganhou um upgrade cultural, passou a ser estudada nas universidades, virou tese de mestrado, se tornou uma das mais influentes expressões artísticas dos anos 1970 e 1980, ganhou importância histórica e política, e revelou, além de Chico Buarque, letristas como Caetano Veloso, Gilberto Gil, Aldir Blanc, Abel Silva, Ronaldo Bastos, José Carlos Capinam, Fausto Nilo, Fernando Brant, chegando a Cazuza, Renato Russo e Arnaldo Antunes. A música popular não ficava nada a dever à poesia brasileira, não que fosse melhor ou pior, mas como uma expressão diferente dos sentimentos que fazem a trilha sonora de nossa vida. Foi com Vinicius que isso tudo começou.

Sem ele, talvez Chico tivesse continuado a estudar arquitetura. Mas felizmente Vinicius era amigo do seu pai, Sérgio Buarque de Holanda, e desde garoto, Chico acompanhava fascinado as noitadas domésticas movidas a samba, uísque e alegria, ouvia Vinicius cantando e tocando violão e se apaixonava perdidamente pela música popular, e por aquele personagem tão charmoso e sedutor.

Para jovens compositores cariocas, como os amigos Edu Lobo, Marcos Valle, Francis Hime, Toquinho, Chico e Dori Caymmi, que começaram suas carreiras à volta ou à sombra generosa de Vinicius, encontravam nele não só uma referência de arte como de vida. Por seus incontáveis casamentos, por suas aventuras, pela atração que despertava nas mulheres, Vinicius era a voz da experiência, a quem todos recorriam em busca de conselhos musicais — ou amorosos. Mas às vezes era ele quem chorava suas mágoas e anunciava suas novas paixões, como um irmão mais novo que pede apoio.

Em 1966, quando Chico Buarque virou uma unanimidade nacional com "A banda", Vinicius estava fora do Brasil. Quando voltou, perguntou a Tom Jobim o que havia de novo, e o maestro respondeu: Chico Buarque de Holanda.

O poeta ficou feliz com o sucesso do garoto do amigo Sérgio, mas, quando ouviu as músicas de Chico, logo ficou com uma pontinha de ciúme. Embora não fosse especialmente ciumento com as mulheres, com os amigos e principalmente com os parceiros, Vinicius era uma medeia.

Mas adorava novidades, e não sossegou enquanto não se tornou parceiro de Chico praticamente à força. Vinicius tinha feito uma letra para um lindíssimo — e tristíssimo — choro do violonista Garoto, que se tornaria um grande sucesso com o nome de "Gente humilde". A letra estava praticamente pronta, faltavam pequenas palavras e ajeitar alguns versos, que Vinicius poderia fazer sozinho facilmente. Mas fez questão que Chico criasse alguns versos para tê-lo como parceiro.

Quando Chico começou a compor com Tom Jobim, Vinicius teve uma crise de ciúmes, declarados, dos dois. E não sossegou enquanto não mostrou a Chico a sua bela melodia de "Valsinha" e pediu que ele fizesse uma letra. Imaginem, para um jovem fã, se tornar letrista do letrista que cultuava, que era também um músico, embora bissexto, muito inspirado — como prova a sua belíssima melodia de "Medo de amar" ("Vira essa folha do livro/ e se esqueça de mim"), que poderia ser perfeitamente assinada por Tom Jobim.

Em matéria de ciúmes, Vinicius levava suas parcerias com mais fidelidade do que os seus casamentos. O seu enlace artístico com Tom Jobim foi um dos mais produtivos e bem-sucedidos da música brasileira. Enquanto estava apaixonado, Vinicius era completamente fiel a suas mulheres. Até se apaixonar por outra. O problema é que o poeta se apaixonava muito. Mas ao mesmo tempo, ele se alimentava de suas paixões para produzir sua obra. A cada novo amor, uma nova fase de sua poesia — que começava justamente pelo soneto escrito para sua primeira mulher, Tati de Moraes: "Que eu possa me dizer do amor (que tive):/ Que não seja imortal, posto que é chama/ Mas que seja infinito enquanto dure."

E na festa do meu (primeiro) casamento, na hora do casal cortar o bolo, começou o coro pedindo para Vinicius falar. Já de "pé queimado", de copo na mão, o poeta levantou um brinde aos nubentes que provocou gargalhadas gerais: "Que eu possa me dizer do amor (que tive):/ Que não seja imortal, posto que é chama/ Mas que seja infinito enquanto... duro!"

Voltando aos casamentos musicais. Quando Vinicius caiu nos braços e nas cordas dos violões de Carlos Lyra, com quem fez umas trinta músicas, e de Baden Powell, com quem escreveu mais de quarenta, Tom Jobim começou a fazer ele mesmo suas letras — e se revelou um excelente letrista —, tornando-se autossuficiente. Mas a maior influência de Tom Jobim foi Vinicius. E as parcerias eram parecidas com os seus casamentos, eternos enquanto durassem. Por justiça poética, as parcerias musicais estão durando até hoje... Mas só com a parte boa dessas relações nem sempre harmoniosas.

No caso de Vinicius e Chico, a experiência e a juventude estavam acordes em harmonias e contrapontos. Dois poetas, ou letristas, dois moços de família, que brilhavam tanto por escrito como de viva voz, com suas letras falando à cabeça e ao coração de multidões, harmonizando o rigor da forma culta com a espontaneidade e invenção das formas populares.

A relação de Vinicius com Chico foi quase de pai e filho, e de certa forma, Chico ia se tornando um Vinicius 2.0, aproximando a fluência e as cadências das palavras musicais de Noel Rosa da poesia moderna e rigorosa não só de Vinicius, mas de João Cabral, Drummond, Murilo Mendes e Bandeira. Finalmente, a massa oswaldiana comia os biscoitos finos que Vinicius e seus discípulos fabricavam.

Com a bossa nova, Vinicius introduzia uma linguagem coloquial nas letras de música, cheias de diminutivos, de abraços e beijinhos e carinhos sem ter fim. Cantada por João Gilberto, tudo em "Chega de Saudade" soava como se tivesse nascido ao mesmo tempo, tal a integração das palavras com a estranheza e o fraseado vertiginoso da melodia de Tom Jobim, e a batida do violão e a voz doce e delicada de João. A letra de Vinicius margeava sem medo a pieguice como o oposto da tradição de letras dramáticas, ou carnavalescas, ou de romantismo grandiloquente que predominavam na época das grandes vozes da Rádio Nacional. Vinicius trazia um romantismo moderno, uma nova linguagem para as novas gerações que se tornavam adultas nos anos JK.

Movido pela paixão, fez a transição da poesia para a música popular. Ajudado por seu ouvido musical, trabalhou com a regra de ouro das letras de música em qualquer tempo ou lugar: a integração da sonoridade das palavras às frases musicais, com seus próprios ritmos e cadências.

Como dizia Drummond, "Vinicius é o único poeta brasileiro que ousou viver sob o signo da paixão. Quer dizer, da poesia em estado natural. Foi o único de nós que teve a vida de poeta".[1]

Vinicius marcou seu estilo por letras apaixonadas, em que expressava seus amores e seus medos, encarnando como ninguém o poeta romântico torturado entre o amor e a morte. Para garotos de vinte e poucos anos que tinham o privilégio de conviver com ele e o chamavam de Vina, beber e cantar com ele, rir com ele, sempre cercado de moças bonitas, não poderia haver melhor modelo de vida e arte. Ele era o nosso polo de atração, e em um inesquecível verão em Petrópolis, tivemos incontáveis festas em volta dele, que ficaram conhecidas como "Viniçadas". Meu pai morria de ciúmes do Vinicius, e meu avô, crítico literário, reconhecia seu valor poético, mas o considerava um devasso.

Chamava a todos carinhosamente por diminutivos, Chiquinho, Nelsinho, Eduzinho, Badenzinho, e nós brincávamos se ele chamaria o cantor Agostinho dos Santos de "Agostinhozinho"... E ele chamava.

Quando Chico se exilou em Roma, Vinicius apresentou-lhe todos os seus amigos italianos, a fina flor dos intelectuais, como o poeta Ungaretti, e letristas famosos, como Sergio Bardotti. Em 1970, orientou sabiamente a volta de Chico e sua família para o Brasil. Sugeriu que este chegasse fazendo barulho, e assim foi. Com toda a imprensa no aeroporto e o anúncio de que gravaria um especial para a TV Globo. Funcionou. Chico pôde voltar em relativa paz e recomeçar a trabalhar. Até que começassem outras aporrinhações — mas isto é outra história.

Em 1971, no aeroporto de Orly, em parceria com Chico e Toquinho, Vinicius fazia música e história nos tempos duros da ditadura: "Vai, meu irmão/ Pega esse avião/ Você tem razão/ de correr assim/ Desse frio, mas beija/ O meu Rio de Janeiro/ Antes que um aventureiro/ Lance mão."

Vinicius gostava de beber, de cantar e de rir com amigos, era um caso de amor e poesia. Adorava fofocas e piadas com pessoas conhecidas, se divertia muito com papos escatológicos, e também tinha um espírito crítico apurado que expressava com muito humor.

Para se divertir, Vinicius não hesitava em esculachar sua própria obra. Ou a própria vida, como quando já estava muito doente e apresentava sua última mulher, quarenta anos mais nova do que ele: "Queria te apresentar a Gilda, minha viúva."

Em quarenta anos, Vinicius se casou nove vezes, mas poucos cantaram os êxtases e as agonias do amor com sua poesia musical, como versões modernas de trovadores que criavam as canções que se tornariam a trilha sonora da nossa história amorosa.

A partir de 1964 a preocupação política e social levou Vinicius a fazer com Carlos Lyra a "Marcha da quarta-feira de cinzas", dando a primeira palavra de ordem artística depois do golpe militar: "E no entanto é preciso cantar/ mais que nunca é preciso cantar/ é preciso cantar e alegrar a cidade."

Antes Vinicius já havia feito com Tom Jobim "O morro não tem vez", para a peça *A invasão*, de Dias Gomes, além do próprio *Orfeu da Conceição*, que era ambientado na favela e representado por um elenco só de negros; depois com Carlos Lyra, quando escreveu "Maria Moita", o "Engolidor de gilete", o "Samba do carioca" e as outras canções do musical *Pobre menina rica*, que contava a história de amor entre um mendigo e uma patricinha numa Copacabana pós-revolução socialista. "Vou pedir ao meu babalorixá/ pra fazer uma oração pra Xangô/ pra pôr pra trabalhar/ gente que nunca trabalhou."

Vinicius fez até o hino da União Nacional dos Estudantes (UNE), que apoiava o governo João Goulart, e nesse tempo era presidida pelo estudante José Serra. "Mocidade brasileira/ Nosso hino é nossa bandeira/ De pé a jovem guarda/ A classe estudantil/ Sempre na vanguarda/ Trabalha pelo Brasil."

Além de patriótico, Vinicius foi profético: ainda não existia a Jovem Guarda de Roberto, Erasmo e Wanderléa na época, mas ele já a convocava para a luta pelo grande amanhã socialista.

Vinicius era o autor do poema "O operário em construção":

> Era ele que erguia casas
> Onde antes só havia chão.
> Como um pássaro sem asas
> Ele subia com as casas
> Que lhe brotavam da mão.
> Mas tudo desconhecia
> De sua grande missão:
> Não sabia, por exemplo
> Que a casa de um homem é um templo

Um templo sem religião
Como tampouco sabia
Que a casa que ele fazia
Sendo a sua liberdade
Era a sua escravidão.

Nosso poeta Drummond, que em poesia não tinha ninguém para invejar, invejava Vinicius: "Eu queria ter sido Vinicius. Foi o único de nós que teve vida de poeta." João Cabral também gostava, mas nem tanto, e aconselhava Vinicius: "Você precisa emagrecer a sua poesia."

Há controvérsias. Talvez Vinicius não tenha sido o único, e nem o melhor, mas desde Castro Alves, que morreu com 24 anos, um poeta não era tão querido e popular, e nem tinha uma vida tão apaixonada quanto a sua poesia como ele.

Assim como Castro Alves, Vinicius viveu grandes paixões e escreveu versos candentes e libertários, que é a adjetivação clássica quando se fala de Castro Alves, mas Vinicius iria detestar. Enquanto um se celebrizava pelo "Navio negreiro", o outro se declarava "o branco mais preto do Brasil" e fazia os Afro-sambas com Baden Powell, inspirados pelos cantos do candomblé, e provocava uma revolução na música brasileira.

Drummond dizia que Vinicius tinha "o fôlego dos românticos, a espiritualidade dos simbolistas, a perícia dos parnasianos e, finalmente, homem bem do seu tempo, a liberdade, a licença e o esplêndido cinismo dos modernos".

Na verdade, Drummond também teve muitas paixões ardentes, só que vividas em segredo e em silêncio, como era o seu estilo recatado, enquanto Vinicius escancarava as suas. Em Vinicius, vida e obra se misturavam inseparavelmente.

Talvez por isso a sua obra em verso, prosa, teatro e letras de música se tornou extraordinariamente popular, embora não fosse sua intenção original de poeta culto, religioso, metafísico e atormentado pelo rigor da forma.

Depois do golpe militar, Vinicius foi aposentado do Itamaraty por um bilhete do general Costa e Silva ao chanceler Magalhães Pinto:

"Demita-se esse vagabundo."[2] Vinicius chorou, ele gostava da vida de diplomata, que tinha lhe permitido viajar, comer e beber bem, e se tornar amigo de Orson Welles, Pablo Neruda e Marlene Dietrich.

Vinicius sabia muito bem as diferenças entre a poesia escrita e a letra de música. E também que é muito difícil que letras de música tenham a mesma qualidade só no papel.

Pois a maioria das letras de Vinicius, que funcionam maravilhosamente com melodias, quando apenas lidas podem soar piegas, superficiais, antiquadas. Como "Garota de Ipanema" ou "Ela é carioca", clássicos absolutos com letras perfeitas para a leveza de suas melodias. No caso, é como o "vale o escrito" do jogo do bicho, "vale como soam".

Com a música e o ritmo de suas palavras, e uma intensa humanidade, ele construiu uma catedral profana e boêmia na música brasileira, não se sabendo de nenhum entre os grandes letristas brasileiros que vieram depois dele que não tenha bebido fartamente em sua fonte. De poesia e de uísque.

Notas

1 PERNAMBUCO, Juscelino. *Diálogos com a Gramática, Leitura e Escrita*. Editora Appris.
2 "Vinicius de Moraes recebe homenagem do Itamaraty". *G1*. Disponível em: http://g1.globo.com/jornal-nacional/noticia/2010/08/vinicius-de-moraes-recebe-homenagem-do-itamaraty.html

OSCAR NIEMEYER
Jaime Lerner

Muitos nomes capturaram a essência da cultura do Brasil. Oscar Niemeyer foi a pessoa que deu forma a essa cultura. Suas luzes, cores e curvas, gestos artísticos que atravessam a lógica e a substância. A plástica e o lirismo de sua obra, consequências da busca incansável pela grande arquitetura ligada às raízes do Brasil.

Mais do que isso, quando Niemeyer e sua obra cruzaram a linha de chegada, especialmente em um país repleto de carências, milhares de jovens foram inspirados a acreditar no possível, apesar das adversidades. E um desses jovens fui eu.

Foi graças a ele que resolvi estudar arquitetura. Foram seus projetos publicados em livros e revistas que consolidaram em mim a vontade de seguir essa profissão. Decidi estudar aqui por causa de Oscar, seu gênio despertou em mim a criatividade e a vontade de ser arquiteto.

O que viria a aprender mais tarde é que o mais inspirador na figura de Oscar não era tão somente sua incomparável obra ou incontáveis premiações, mas sua compreensão da importância do passado para a construção de um futuro.

Sua arquitetura buscava o próximo século, acrescentando história à história.

De juventude boêmia, nascido no Rio de Janeiro, era a efígie do carioca envolto na vanguarda cultural de sua época. Aos 22 anos, escolheu pela arquitetura, atendendo à Escola de Belas Artes do Rio.

Aos 29, participou do que seria a gênese da arquitetura modernista brasileira. Teve como mentor o grande Lúcio Costa, que liderou um grupo de jovens arquitetos juntamente com o apoio de Le Corbusier no projeto do Ministério de Educação e Saúde.

O edifício, localizado no que um dia fora o Morro do Castelo, um dos pontos de fundação do Brasil Colônia, ancorou-se na desconstrução da imagem de um país colonizado, voltando seus olhos à nova república. E mostrou para todos o que era a nova arquitetura do Brasil.

Com dinamismo da ação e o coração tecendo fio por fio, na Pampulha, Niemeyer introduziu a curva no dialeto arquitetônico:

> Não é o ângulo reto que me atrai. Nem a linha reta, dura, inflexível, criada pelo homem. O que me atrai é a curva livre e sensual. A curva que encontro nas montanhas do meu País, no curso sinuoso dos seus rios, nas ondas do mar, nas nuvens do céu, no corpo da mulher preferida. De curvas é feito todo o Universo — o Universo curvo de Einstein.[1]

Uma arquitetura diferente, mais ligada ao nosso país, mais leve, mais vazada. Uma arquitetura mais plástica, uma novidade, uma invenção. Uma arquitetura que nasce da surpresa, do desafio e da beleza, esta que é uma característica brasileira, e sobretudo a desse arquiteto que tem toque do gênio.

Em Brasília, sua apoteose. Uma proposta nascida do diálogo entre a concepção urbana de Lúcio Costa e a arquitetura de Oscar, sublime conversa entre amigos.

Mesmo consolidando-se como o grande arquiteto brasileiro, sempre teve preocupações políticas eminentes. Interessado em mudar o mundo, dizia que arquitetura era o seu trabalho, visto que passara a vida inteira em uma prancheta, mas que "a vida é mais importante do que a arquitetura, o que importa é a melhoria do ser humano".

Diante do Golpe de 1964, demitiu-se da Universidade de Brasília, em protesto contra as retaliações do Governo Militar. No ano seguinte, impedido de trabalhar no Brasil, exilou-se em Paris.

Se naquele momento o Brasil perdia seu talento, da Itália à Argélia, de Portugal à França, o mundo fez-se sua casa.

Me lembro de que, quando estudei na França, sempre passava em frente à sede do Partido Comunista Francês, um belíssimo edifício de Oscar. Eu sentia orgulho de pertencer à classe dos arquitetos brasileiros.

Enquanto afastado do seu país, tão saudosamente, o carioca dizia que se sentia longe de tudo, da família, dos amigos, do seu lugar. Certo dia, escreveu alguns versos e os colou na parede do escritório. Diziam:

> Estou longe de tudo
> de tudo que gosto, dessa terra tão linda que me viu nascer
> Um dia eu me queimo, meto o pé na estrada,
> é aí, no Brasil, que eu quero viver.
> Cada um no seu canto, cada um no seu teto,
> a brincar com os amigos, vendo o tempo correr.
> Quero olhar as estrelas, quero sentir a vida,
> é aí, no Brasil, que eu quero viver.
> Estou puto da vida, esta gripe não passa,
> de ouvir tanta besteira não me posso conter.
> Um dia me queimo, e largo isto tudo,
> é aí, no Brasil, que eu quero viver.
> Isto aqui não me serve, não me serve de nada,
> a decisão está tomada, ninguém me vai deter
> Que se foda o trabalho, e este mundo de merda,
> é aí, no Brasil, que eu quero viver.

Na fotografia das cidades em filmes e novelas é que percebemos o quanto as suas obras trouxeram identidade aos lugares. Em São Paulo, o Edifício Copan. Em Curitiba, o Museu Oscar Niemeyer. Em Belo Horizonte, a Pampulha. Em Niterói, o Museu de Arte Contemporânea. Em Brasília, Brasília toda.

Se é no ofício da arquitetura que reside e resiste o último dos generalistas, aquele que projeta as mais diferentes escalas e objetos, Niemeyer é a sua personificação. Arquiteto, escultor, filósofo e escritor, foram mais de seiscentos projetos construídos, outras dezenas (ou centenas!) projetados. Sonhos edificados.

Em 1988 tornou-se o primeiro brasileiro a receber o prêmio máximo da arquitetura internacional, o Pritzker, apelidado de Nobel da arquitetura, honraria concedida àqueles arquitetos que apresentaram em sua obra contribuições para a humanidade, combinando talento, visão e comprometimento com o futuro.

Foi depois de Oscar que a arquitetura brasileira teve seu mentor, tornando-a profissão, passando a ser estudada nas universidades, projetando a "nossa forma" para o mundo.

Chico Buarque tão belamente descreveu que sempre sonhou em morar em uma casa de Oscar, então decidiu fazer arquitetura; por fim abandonou o ofício e decidiu ser aprendiz de Tom Jobim. Relatando sua relação com a obra do arquiteto, disse: "Quando a minha música sai boa, penso que parece música do Tom Jobim, música do Tom na minha cabeça é a casa do Oscar."[2]

A vida toda, Oscar foi uma luz pensante no panorama da arte brasileira. Coerente, amigo, generoso. Uma das suas frases mais clássicas era que a vida era um sopro, e que devíamos usufruí-la ao máximo. Fui entender mais claramente o significado disso em uma das visitas que fiz ao seu escritório. Era fim da tarde, ele me convida para uma aula de filosofia. A palestra se inicia e vejo um jovem assistindo à aula com fervor. Imagine, Oscar Niemeyer, aos 99 anos, assistindo embevecido aos novos conhecimentos sobre filosofia!

No fim de sua vida, a mídia sempre me procurava à espera de uma entrevista sobre o mestre. À espera de um desenlace que eu acreditava que jamais viria. Porque Oscar driblava a morte com maestria, um dos poucos seres humanos aos quais a eternidade estava reservada. E ele estava reunindo alguns desenhos e toda a papelada, vez que até a eternidade tem a sua burocracia. Mas Oscar nunca precisou mostrar nada, era pessoa de notório saber e notório viver.

Lembro-me de uma formidável história que presenciei ao ter oportunidade de trabalhar com o mestre.

Em 2002 propusemos que Oscar reciclasse um projeto por ele concebido em Curitiba nos anos 1960, transformando-o em museu. A resposta foi sim, e o arquiteto carioca sugeriu uma nova construção anexa, um salão nobre para exposições, espaço que ficou conhecido como Olho. Também fez questão de remodelar os outros espaços expositivos.

Havia uma grande expectativa de minha parte que Oscar estivesse na inauguração. Mas o arquiteto, no alto de seus 95 anos, que não viajava mais de avião, não poderia estar presente. Um dia, durante a construção, encontrei um pedreiro muito orgulhoso e perguntei o que ele estava achando da obra. Me respondeu: "É que estou construindo um museu lindo, e como esse não existe outro no mundo."

No outro dia contei o fato a Niemeyer, que, emocionado, imediatamente reuniu esforços para encontrar os operários e participar da cerimônia, pois em suas próprias palavras "Mais importante do que a Arquitetura é estar ligado ao mundo. É ter solidariedade, revoltar-se contra a injustiça, indignar-se contra a miséria. O resto é o inesperado; é ser levado pela vida".

Sua genialidade, generosidade e coerência marcaram o que ele constantemente repetia: que a vida é mais importante que a arquitetura, e que não somos mais do que poeira cósmica. Essa poeira virou novo astro, que hoje deve estar planejando o cosmos.

O olho secular
Vê as ondas, vê a mulher, vê o mar
O olho secular

Vê a sociedade
Vê o homem
Vê a cidade
Vê a injustiça

O homem secular
Sente a sua gente
A solidariedade
E propõe a igualdade

O arquiteto secular
Traça o belo
As curvas da mulher amada
E desenha a pomba da paz
E nasce o novo
No artista do povo

Oscar secular
Viaja pelo universo
Molda a poeira cósmica
E redesenha a Via Láctea
Muito melhor
E nós
Vamos atrás!

Notas

1 NIEMEYER, Oscar. In: Fundação Oscar Niemeyer. Disponível em: http://www.niemeyer.org.br/outros/poema-da-curva
2 "Chico Buarque homenageia o amigo Oscar Niemeyer com depoimento". *G1*. http://g1.globo.com/bom-dia-brasil/noticia/2012/12/chico-buarque-homenageia-o-amigo-oscar-niemeyer-com-depoimento.html

CARLOS CHAGAS
Sergio Abramoff

Algumas coincidências sempre me conectaram ao ilustre médico e cientista que escolhi para homenagear. Nascemos no mesmo dia e mês do calendário gregoriano e, a título de curiosidade, no horóscopo chinês temos o mesmo signo-animal. Quando no início da minha vida acadêmica na UFRJ vislumbrei a carreira de cientista, comecei uma pesquisa básica com radioisótopos no Instituto de Biofísica Carlos Chagas Filho, dirigido por seu filho mais novo. Mais recentemente, e por muitos anos, tive sob minha responsabilidade um curso de pós-graduação em Clínica Médica e Medicina de Família no... Instituto de Pós-Graduação Médica Carlos Chagas!

No entanto, Carlos Justiniano Ribeiro Chagas não foi escolhido para ser aqui perfilado devido a essas muitas coincidências, mas por sua rica e interessante trajetória de vida.

Sua história começa em uma cidadezinha no oeste do Brasil denominada Oliveira, estabelecida em rota de caravanas de garimpeiros à procura de ouro. Terra inicialmente de índios, e a seguir local de assentamento de inúmeros quilombos, dizimados por capitães do mato, foi aos poucos sendo habitada por colonos que desbravavam a mata para campos de plantio ou pastos de fazendas. Foi numa dessas fazendas, a 20 km de Oliveira, pertencente ao seu avô materno, que Carlos Chagas nasceu.

Seu pai faleceu quando ele tinha cinco anos, e sua mãe, Mariana Cândida, de temperamento forte e de especial beleza, cuidou dos quatro filhos na fazenda Bela Vista, próxima a Juiz de Fora. Tanto na fazenda como em Oliveira, para onde ele sempre retornava, Carlos Chagas tinha o hábito de se misturar com os filhos de colonos e de escravos, desenvolvendo, de certa forma, antídotos contra a discriminação social e racial.

Aos oito anos, foi encaminhado a um colégio interno de jesuítas em Itu, de disciplina e regras difíceis de serem bem absorvidas por um menino acostumado com a liberdade do campo. Foi expulso do colégio em 1888, por ter fugido preocupado com sua mãe, diante de notícias de que escravos libertos estariam atacando fazendas.

Passou a adolescência no colégio São Francisco, em São João Del Rey, onde o convívio com o padre e mestre Sacramento ajudou-lhe a adquirir conhecimentos humanísticos e o gosto pela Biologia. Apesar disso, por decisão de sua mãe, é encaminhado ao curso de Engenharia de Minas (jazidas minerais), em Ouro Preto. Encontra-se aí livre do controle da família e dos colégios internos, entrega-se à boemia e é reprovado no vestibular. Deprimido e desnutrido, retorna a Oliveira. Ali, o convívio com seu tio Carlito reacende seu interesse pela Biologia e seu desejo de se tornar médico, em oposição à orientação materna. Viaja para o Rio de Janeiro, se instala em uma pensão na rua do Bispo, matriculando-se na Faculdade de Medicina em 1897.

A Monarquia já havia sido substituída pela República havia nove anos, mas muitos dos amigos mais próximos de Carlos Chagas foram obrigados a se exilar no interior de Minas por suas ideias de defesa da volta da Monarquia. Carlos Chagas era liberal, mas fazia oposição sistemática ao governo federal. Este fato lhe traria muitas resistências no futuro.

Graduou-se médico em 1903, época em que não existiam antibióticos e as principais causas de mortalidade eram as doenças infecciosas, como pneumonia, tuberculose e diarreia. Vale lembrar ainda que, ao mesmo tempo na França, Louis Pasteur há pouco havia revolucionado os métodos de combate às infecções, associando os micróbios às doenças. Naquele período, a cólera era a doença mais temida, e os médicos acreditavam que ela era provocada pela inalação de odores desagradáveis de matéria orgânica em decomposição.

Os surtos de cólera somente cederam em intensidade quando foram criados os sistemas de esgoto para combater o odor fétido provocado pelas fezes despejadas em rios ou a céu aberto, e que contaminavam água e alimentos.

Nosso país era então assolado por duas epidemias: a malária e a febre amarela, sendo que esta última, de tão intensa no Rio de Janeiro, provocava a fuga da família imperial para Petrópolis nos meses de verão. Navios mercantes já não atracavam na cidade, e entre os diplomatas de carreira na Europa dizia-se que o pior castigo era ser designado para o Rio de Janeiro.

Apesar de poucos censos existentes para uma avaliação mais detalhada, o crescimento da cidade era acelerado: em 1849 havia 155.864 pessoas livres e 110.302 escravos. Em 1906 (o primeiro censo do século XX), eram 811.443 os habitantes da cidade. Para se ter uma ideia da situação alarmante de saúde pública, até 1903, antes das medidas sanitaristas de Oswaldo Cruz, sempre havia mais mortes do que nascimentos na cidade (neste ano ainda 19.308 mortes contra 18.061 nascimentos), e 40% dos recém-nascidos morriam antes de completar um ano de idade.

Oswaldo Cruz tomou medidas impopulares, amplamente criticadas na imprensa, como a entrada dos agentes nas residências e a remoção de doentes para o Hospital de Isolamento São Sebastião. Todos os 65 mil prédios da cidade foram visitados por seus agentes, e após um ano do início de seu plano de combate ao mosquito transmissor da febre amarela o número de vítimas fatais na cidade cairia de 584 para 48, sendo que em 1909 já não se registrou nenhum óbito pela doença.

Carlos Chagas se tornou médico defendendo sua tese de doutoramento (estudos hematológicos no impaludismo) sob a orientação de Oswaldo Cruz, sendo logo a seguir incorporado ao grupo de pesquisadores do Instituto Manguinhos, que já frequentava desde 1902, por intermédio de Francisco Fajardo. Passara a colaborar para seu laboratório na Santa Casa de Misericórdia ainda na quarta série do curso médico, convidado por sua habilidade em identificar no microscópio os diversos tipos de hematozoários que penetravam nos glóbulos vermelhos estudados.

Também foi na Santa Casa que Carlos Chagas se aproximou de outro mestre, Miguel Couto, com quem complementou sua expertise laboratorial com uma prática clínica bem fundamentada. Miguel também influenciou a vida afetiva de Carlos, quando o convidou para uma festa na casa do senador Fernando Lobo, que era casado com a irmã de sua esposa. No dia, Carlos, que fora a contragosto, se apaixona por Íris, filha mais velha do senador. Após vencerem certa resistência pelo fato de Carlos Chagas ser ainda estudante, e ter um alegado antepassado negro em sua família, conseguem se casar em 23 de julho de 1904, não sem antes Íris ter feito, fato comum às donzelas da época, uma greve de fome fechada em seu quarto.

Nesse mesmo ano, Carlos Chagas optou pela prática clínica, alugando um consultório e complementando sua prática no hospital de isolamento de Jurujuba. No entanto, foi logo convidado por Oswaldo Cruz para conter uma epidemia de malária que havia interrompido uma obra importante da companhia Docas de Santos. O trabalho de Chagas se destacou porque, além do combate à larva e do uso de quinino como tratamento, ampliou o combate através de desinfecção domiciliar com DDT.

Em consequência dessa bem-sucedida intervenção, foi designado por Oswaldo Cruz para se deslocar ao vilarejo de Lassance, no norte de Minas, onde as obras da ferrovia norte-sul pela Estrada de Ferro Central do Brasil estavam paralisadas há um ano, também por surto de malária.

Nessa localidade, grande parte da população apresentava sinais de uma doença crônica, com insuficiência cardíaca, ainda de causa desconhecida. Soube pelos locais da presença de enorme quantidade de insetos chamados de barbeiros, que sugavam à noite o sangue do rosto das pessoas, sempre cobertas por causa da baixa temperatura na cidade, mas somente até o pescoço.

Movido pela curiosidade, capturou alguns desses insetos e, examinando seu aparelho digestivo no laboratório improvisado em vagão de trem, identificou uma nova espécie de tripanossomo, diferente da que tinha sido pesquisada em pacientes com a doença do sono.

Sua imediata ação foi tentar verificar se esse novo tripanossomo poderia infectar mamíferos e causar alguma doença, mandando, assim, amostras de insetos vivos para Oswaldo Cruz para serem testadas em macacos. Com o adoecimento de uma das cobaias, sua tese estava comprovada e, em homenagem a seu mestre, denominou a nova espécie *Trypanosoma cruzi*.

Em 14 de fevereiro de 1909, Carlos atendeu um bebê, Berenice, com febre alta, inchaços no corpo e alterações neurológicas, e ele detectou no sangue dela a presença do *Trypanosoma cruzi*. Havia conseguido, sozinho, fechar todo o ciclo da doença: vetor, protozoário, depositário doméstico e doente humano. Deu o nome à doença de tripanossomíase americana, mas Miguel Couto, com aprovação unânime de seus colegas, a denomina "moléstia de Chagas".

A importância internacional dessa descoberta pôde ser medida pela estimativa de que nove milhões de pessoas eram portadoras da doença. Ao apresentar seus trabalhos na Academia Nacional de Medicina em 1910, Carlos Chagas foi eleito membro por aclamação mesmo sem uma vaga aberta, e tendo apenas 31 anos.

Em 1918, o Brasil foi assolado pela gripe espanhola. Carlos, já na direção do Instituto Oswaldo Cruz, após a morte de seu mestre, foi convocado para liderar medidas de emergência na cidade a fim de conter as consequências da doença.

Vale lembrar que, no tempo em que não havia vacinação profilática, medicamentos antivirais nem mesmo antibióticos para combater a pneumonia secundária, a devastação provocada pela doença era tenebrosa: morreram no mundo cerca de cinquenta milhões de pessoas, mais do que em toda a Primeira Guerra Mundial. Em carta descoberta e publicada no *British Medical Journal* anos depois da pandemia de 1918-1919, um médico norte-americano diz que a doença começa como o tipo comum de gripe, mas os doentes

> desenvolvem rapidamente o tipo mais viscoso de pneumonia jamais visto. Duas horas após darem entrada [no hospital], têm manchas castanho-avermelhadas nas maçãs do rosto e algumas horas mais tarde pode-se começar a ver a cianose estendendo-se por toda a face a partir das orelhas, até que se torna difícil distinguir o homem negro do branco. A morte chega em poucas horas e acontece simplesmente como uma falta de ar, até que morrem sufocados. É horrível. Pode-se ficar olhando um, dois ou 20 homens morrerem, mas ver esses pobres-diabos sendo abatidos como moscas deixa qualquer um exasperado.

No Rio de Janeiro os cadáveres eram amontoados em cemitérios sem que houvesse coveiros sadios para o enterro. Os tratamentos propostos eram muitos: folhas de eucalipto, canela, limão, alho, cebola e chás, o que certamente não minimizava a morte de 35 mil brasileiros. Com o avanço da pandemia, as autoridades chegaram a distribuir sal de quinino, eficaz contra a malária, mas sem qualquer efeito contra o vírus da gripe.

Carlos Chagas, mesmo acometido pela doença, foi de dedicação incansável, implementando cinco hospitais emergenciais e 27 postos de atendimento à população em diferentes pontos do Rio de Janeiro. Essa medida de proteção à população sem rumo e de combate ao caos instalado rendeu-lhe ao término da crise o convite, recusado, para ingressar no Senado. O prêmio financeiro a que teve jus após votação no Congresso foi doado integralmente ao Instituto Oswaldo Cruz. Em que direção no horizonte que nos cerca encontramos homem dessa envergadura na política ou no sistema de saúde pública nos dias de hoje?

Em 1920 o presidente Epitácio Pessoa convida Carlos Chagas para a reformulação geral dos serviços sanitários do país, criando o departamento nacional de saúde pública. Este posto de destaque nacional irá gerar para Chagas muitos desafetos do alto escalão médico, seja por terem sido preteridos, seja por inveja, e críticas pululuram contra a vacinação obrigatória, contra o tamanho mínimo de quartos e material de revestimento das casas, contra a proibição de estábulos (com a maior parte das vacas contaminadas) próximos às residências, a prescrição de receitas em farmácias, entre outras.

O reconhecimento que lhe negaram em sua pátria foi amplamente recebido no exterior. Em 1921, após várias conferências internacionais e prêmios importantes, torna-se o primeiro brasileiro a obter da Universidade de Harvard o título de doutor honoris causa. Dentre as homenagens que Chagas recebeu, uma das que lhe deu maior satisfação foi prestada pelo rei Alberto, da Bélgica, que neste mesmo ano entregou-lhe pessoalmente no Instituto Manguinhos o título de comendador da Ordem da Coroa Belga.

Já em casa, sua descoberta é questionada na própria Academia Nacional de Medicina, em um capítulo vergonhoso, mas defendido por Clementino Fraga e outros. Por fim, consegue ver confirmado o óbvio: que a doença por ele descoberta não se restringia aos quarenta pacientes internados no Hospital Oswaldo Cruz, conforme difamação de alguns colegas seus de toga.

A exposição das péssimas condições de saúde no interior do Brasil em conferências internacionais não era bem-vista pela classe política do país, fato este que foi somado às questões levantadas por colegas motivados por inveja e ressentimento.

Indicado para o prêmio Nobel de Medicina e Fisiologia no ano de 1921, essas objeções feitas ao seu nome a partir do próprio povo impediram a sua nomeação, tanto dada como certa que o prêmio nessa categoria não foi outorgado a nenhuma outra pessoa nesse ano. Perdemos assim a única e preciosa oportunidade de um reconhecimento mundial à nossa tão heroica como sofrida comunidade científica.

Os anos de 1922 e 1923 se arrastaram penosamente nesta polêmica, e, embora amplamente vitorioso, provavelmente ali tomava corpo a doença cardíaca que o vitimizaria mais tarde.

Em 1926 foi criado o conceito de "notório saber" para que Carlos Chagas pudesse ser nomeado catedrático e responsável pela cadeira de Medicina Tropical da Faculdade de Medicina, e em 1930 iniciava o primeiro curso obrigatório no pavilhão de doenças tropicais nos fundos do hospital de São Francisco.

Nesse mesmo ano aconteceu a Revolução de Outubro, quando as lideranças de Minas Gerais que apoiavam o gaúcho oposicionista Getúlio Vargas à presidência não aceitaram a vitória do candidato governista de São Paulo (Júlio Prestes) e depuseram Rodrigues Alves antes que empossasse o eleito, cujo destino foi o exílio. Getúlio Vargas assume a chefia do "Governo Provisório" em 3 de novembro de 1930, data que marca o fim da República Velha.

Os novos gestores junto ao governo não mostravam o mesmo respeito à obra de Carlos Chagas, que teve seu salário reduzido em 25% e retirado o carro oficial a que tinha direito até então. Como não tinha carro próprio e o orçamento doméstico dependia inteiramente do salário, foi obrigado a se utilizar de caronas variadas para ir ao trabalho. O seu prestígio junto aos alunos, ao contrário, era sempre crescente, e em 1932 foi escolhido paraninfo da turma de Medicina.

Carlos Chagas faleceu em novembro de 1934, aos 55 anos, após mal-estar súbito, que alguns atribuíram à cardiopatia chagásica. Como se recusava a fazer exames e era um fumante inveterado, nunca se soube ao certo a causa de sua morte. Deixou uma pequena pensão, insuficiente, para sua esposa, que foi amparada por uma lei passada no Congresso para que ela recebesse de forma vitalícia uma quantia correspondente ao ordenado de Diretor do Instituto Oswaldo Cruz. Realmente, outros tempos!

A triste realidade das doenças infecciosas no cenário atual certamente provocaria enorme tristeza a nosso valoroso cientista. Em 2018, enquanto o Paraguai foi certificado como livre da malária, no Brasil houve um aumento de 63% dos casos da doença, com 217.920 registros. A tuberculose, embora em queda, foi a causa de 4.426 mortes no censo de 2016, e o número de bacilos multirresistentes é motivo de alerta mundial em face da sua gravidade, com mortalidade em 50% dos casos. A febre amarela volta a assustar: em 2017-2018 foram contabilizados 1.376 casos em humanos e 483 mortes, inclusive algumas no estado do Rio de Janeiro. Isto sem falar em dengue, zika e chikungunya, com suas enormes morbidades, e não me parece que o mosquito Aedes Aegypti tenha se deixado impressionar pela bravata de marketing de que ele não pode ser mais forte que todo um país unido. Depende, sim, do país.

O Painel de Especialistas da OMS para a Estratégia Global e Plano de Ação sobre Saúde Pública, Inovação e Propriedade Intelectual recomenda que países membros comprometam ao menos de 0,01% de seu PIB para pesquisas de doenças negligenciadas (malária, doença de Chagas, dengue etc.), que acometem a população de baixa renda. O Brasil destina apenas 0,0004%.

Ao mesmo tempo que grassava a corrupção em nosso país, com prefeitos e secretários de saúde presos ou investigados, nosso sistema único de saúde ia progressivamente sofrendo em qualidade assistencial, até o lastimável cenário atual de pacientes em macas de corredor, interrupção de tratamentos oncológicos por falta de medicações e longas filas de espera para o recebimento de atendimento precário e de má qualidade.

Precisamos mais do que nunca do exemplo de homens como Carlos Chagas e Oswaldo Cruz, para que o respeito e a dedicação à população mais carente sejam restabelecidos, e que assim possamos recuperar o orgulho perdido em nossos governantes.

REFERÊNCIAS

CHAGAS, Carlos. Descoberta do Trypanosoma cruzi e verificação da tripanossomíase americana: retrospecto histórico. *Memórias do Instituto Oswaldo Cruz*, Rio de Janeiro, v. 15, n. 1, p. 67-76, 1922.

_____. *Estudos hematológicos no impaludismo*. 221 p. Tese inaugural (Doutoramento) — Faculdade de Medicina do Rio de Janeiro, Rio de Janeiro, 1903.

CHAGAS FILHO, Carlos. *Meu pai*. Rio de Janeiro: Fiocruz, 1993.

LABOSSIÈRE, Paula. OMS alerta para possível 3ª onda de surto de febre amarela no Brasil. *Agência Brasil EBC*, Brasília, 13 fev. 2019.

LÖWY, Ilana. *Vírus, mosquitos e modernidade: a febre amarela no Brasil entre ciência e política*. Rio de Janeiro: Fiocruz, 2006.

MARCÍLIO, Maria Luiza. Mortalidade e morbidade da cidade do Rio de Janeiro imperial. *Revista de História*, São Paulo, n. 127-128, p. 53-69, ago./dez. 1992 a jan./jul. 1993.

SCHALL, Virgínia. *Contos de fatos: histórias de Manguinhos*. Rio de Janeiro: Fiocruz, 2001.

RUTH CARDOSO
Pedro S. Malan

Este texto em homenagem à memória de Ruth Cardoso está dividido em três partes. A primeira é constituída por artigo[1] que publiquei em julho de 2008. Ele foi escrito na semana seguinte a seu falecimento, em 24 de junho, ainda sob o peso da perda.

A segunda parte é baseada na transcrição, com pequenas modificações e extensões, de depoimento pessoal gravado em 2018, em vídeo, no Centro Ruth Cardoso, em São Paulo; foi um dos vários depoimentos orais sobre Ruth por ocasião do décimo ano de sua morte — tentativa coletiva de manter viva a memória de seu legado.

A breve terceira parte, escrita agora, procura chamar atenção para a surpreendente atualidade e relevância das ideias e ação de Ruth Cardoso para o momento atual e seus desdobramentos futuros.

I

"A voz do povo é a voz de Deus", diz velho e famoso provérbio. Mas Deus não costuma se manifestar com assídua frequência, e o "povo" não tem, definitivamente, uma única voz. Talvez por isso tantos procurem interpretar, a seu modo, a voz do povo. Em particular, governos e governantes de inclinações populistas (de direita ou de esquerda) fazem mais: procuram elevar a sua versão da voz do povo à condição de verdade oficial. E se empenham em controlar, desqualificar e, em casos extremos, acovardar as vozes discordantes, utilizando de maneira discricionária a ampla gama de recursos públicos que lhes assegura o controle do aparelho do Estado. Como ironizou Weffort em seu clássico estudo sobre o populismo: "todo o poder emana do povo (...), fiquemos, pois, sempre com o poder e estaremos sempre com o povo".[2]

A competição por este poder é conduzida, seja em regimes democráticos, seja em regimes autoritários, por indivíduos temporariamente juntando seus esforços, com o objetivo de alcançar posições de dominante influência. Grupos assim motivados são encontrados, não importa quão precariamente instalados, em torno do centro de poder de qualquer regime político, democrático ou não. Um fato da vida, notou George Kennan, também com fino humor: "este grupo, uma vez no poder, dará expressão a uma ampla gama de motivações, incluindo as ambições políticas de seus vários membros, os interesses do grupo como tal, os interesses do partido e, finalmente, sem dúvida, aqueles interesses nacionais que não conflitem em demasia com qualquer destes outros, mais prementes objetivos".[3]

Em sociedades mais primitivas, ou com instituições precárias, ou sob regimes autoritários, tiranias ou anarquias (tiranias de alta rotatividade), a existência recorrente do núcleo duro de poder mencionado por Kennan resulta, com enorme frequência, em verdadeiros atos de pilhagem dos recursos do país em benefício do núcleo duro e de seus satélites de poder local.

No outro extremo, as modernas democracias de nosso tempo — como Ruth Cardoso tanto insistia quando falava de nosso país — são sociedades mais complexas, nas quais existem inúmeras instâncias intermediárias e organizações da sociedade civil, entre "o povo" e o núcleo do poder do governo legalmente constituído. Sociedades que contam com legislação e sistema judicial que há muito reconheceram a necessidade de antepor limites ao poder do governo — mesmo quando este emerge de uma maioria. Nessas sociedades, dentre as quais esperamos — como Ruth — incluir o Brasil, a diversidade, o pluralismo e a absoluta prioridade conferidas à liberdade de expressão funcionam como um sistema de pesos e contrapesos aos impulsos de controle e aparelhamento do Estado por parte do núcleo duro e seus satélites.

É sabido que a literatura econômica, no mundo inteiro, vem enfatizando cada vez mais — e com toda a razão a meu ver — o papel central das "instituições" em processos bem-sucedidos de desenvolvimento econômico e social sustentados no tempo. Como Ruth Cardoso, acredito que as "instituições" de um país são, simultaneamente, três "coisas": o conjunto de organizações e agências do Estado; o conjunto de regras do jogo, práticas e procedimentos estabelecidos; e não menos importante, o conjunto de valores, crenças e posturas compartilhadas em algum grau — o suficiente para fazer diferença. Quando se avalia a qualidade do governo de um país, e a efetividade do funcionamento de suas instituições, temos que considerar estes três conjuntos, que se reforçam — ou se esgarçam — de maneira interativa, influenciando as percepções e as "vozes do povo".

Vale lembrar que o provérbio que abre este artigo é de origem grega. Os gregos, sabemos todos, não eram monoteístas, acreditavam em deuses, divindades, semideuses, semidivindades. Uma delas se chamava Fama, que dependia da opinião pública. O provérbio, na sua origem, proclamava a plausibilidade, se não a veracidade, de algo que havia passado a domínio público, ou pelo menos afirmava que uma opinião mantida pela maioria assumia foros de veracidade. Na peça em que Shakespeare mais se debruçou sobre o tema,[4] a fama depende do "boato espalhado" pelas palavras e comportamento dos outros. "A fama nem sempre erra", é um ditado que existe hoje em inúmeras línguas e tem a vantagem de deixar em aberto se se trata de boa ou de má fama. O fato é que ambas existem na boca do "povo", que não se expressa com uma única, clara e imutável voz. E sempre tem suas várias vozes influenciadas pelas "vozes do mundo".

Estas vozes do mundo expressam cambiantes coalizões de geometria variável que se formam e se desfazem em função da natureza dos temas em debate — que não precisam ser, e não são, sempre os mesmos, como mostra o extraordinário desenvolvimento global das redes de comunicação eletrônica no país e no mundo.

Em outras palavras, o espaço em que se expressa "a voz do povo" é local (doméstico, nacional). O espaço em que exerce "a voz de Deus" é o espaço da fé (daqueles que creem que Ele é onipresente, onipotente e onisciente). A voz do Mundo não fala por si. É como o Sertão do velho Rosa: está em toda a parte; está dentro de nós; é do tamanho do próprio Mundo; é onde nosso pensamento se forma, mais forte que o poder do lugar.

A voz do Mundo, ou melhor, as vozes do Mundo são uma miríade de fatos, signos, acontecimentos, expectativas de acontecimentos que precisam ser interpretados — esfinges a nos dizer sempre "decifrem-nos ou lhes devoramos". Com a morte de Ruth, perdemos uma competente e bem-humorada decifradora de esfinges.

Queria, com este artigo, prestar-lhe uma homenagem, já que estes temas lhe eram caros.

Que a sua postura sempre digna no debate sobre os mesmos possa a outros inspirar. E que esta minha malograda tentativa possa ser recebida por sua bela alma, onde esteja, com o generoso sorriso que tanta falta nos faz.

II

Conheci Ruth e Fernando Henrique Cardoso, em São Paulo, no final dos anos 1960, através de amigos comuns — Dulce e Juarez Brandão Lopes. Quando voltei do meu doutorado no exterior, no início dos anos 1970, participei de várias reuniões no Cebrap (Centro Brasileiro de Análise e Planejamento), sempre encorajado por FHC, que então o presidia. Mais de uma vez estivemos juntos nas casas de ambos os casais em Ibiúna. No final dos anos 1970, FHC esteve presente mais de uma vez, a meu convite, em reuniões promovidas pelo IERJ (Instituto de Economistas do Rio de Janeiro), que tive a honra de presidir por dois mandatos. Ainda no final daquela década, fiz parte, com Ruth Cardoso, por dois anos, do Comitê de Seleção do Concurso Anual de Projetos de Pesquisa em Ciências Sociais da Fundação Ford. Foi extraordinária a experiência de ver Ruth em ação na seleção dos projetos a serem aprovados.

O que sempre me chamou atenção, desde que a vi pela primeira vez, foram certas características muito especiais da Ruth: era uma pessoa que transmitia enorme serenidade, tranquilidade, bom humor e, ao mesmo tempo, com uma capacidade extraordinária de ouvir os outros. Transmitia a sensação de que estava sempre prestando muita atenção ao que estava ouvindo e articuladamente comentava, concordava ou discordava, mas tinha uma maneira extraordinariamente simpática e elegante de expressar-se tanto ao concordar quanto ao discordar. Era uma pessoa intelectualmente independente; uma independência que se expressava, sempre, de maneira agradável, articulada, bem-humorada e inteligente.

Em 1983 fui para o exterior, ocupando cargos de representação do Brasil nas Nações Unidas (em Nova York 1983–1986) e no Banco Mundial (em Washington 1986–1992), embora viesse ao Brasil com regularidade. Como negociador-chefe para assuntos da dívida externa (1991–1993), tive inúmeros contatos com o Senador FHC e seus colegas Senadores na Comissão de Assuntos Econômicos no Senado.

Em agosto de 1993, aceitei o convite de FHC, recém-nomeado Ministro da Fazenda por Itamar Franco, para ser o presidente do Banco Central do Brasil. Tivemos intensa interação por ocasião das discussões sobre o lançamento e implementação do Real em 1993 e 1994.

A partir de 1995, tivemos ainda mais interação. Ao longo dos oito anos em que fui seu Ministro da Fazenda, além das óbvias reuniões formais e informais com o Presidente na Esplanada, via o casal com frequência no palácio do Alvorada, à noite ou em fins de semana, o que só fez aumentar a admiração e o prazer que eu tinha da convivência com o casal.

Ruth teve um papel relevante no Governo de Fernando Henrique Cardoso. Ela recusou, elegantemente, o epíteto ou título de primeira-dama, deixando claro que gostaria que não utilizassem aquela expressão para referir-se a ela. Geralmente, até Ruth Cardoso, as mulheres dos Presidentes ou não se dedicavam a uma atividade pública, ou então, quando o faziam, era uma atividade assistencial, com recursos públicos. Ruth se recusou a envolver-se em questões que guardassem relação com dotações orçamentárias de órgãos públicos. Ela tinha, há muito, uma ideia, de que me dei conta ao longo do tempo, que era profundamente enraizada na maneira pela qual via a sociedade brasileira: desigual, complexa, difícil de entender, mas extraordinária em sua diversidade.

Por exemplo, sua tese de mestrado (1959), que teve como orientador Florestan Fernandes, era uma pesquisa sobre o papel de associações juvenis na forma de aculturação dos japoneses em São Paulo — tema em muito expandido em sua tese de doutorado (1972), sobre estrutura familiar e mobilidade social nas comunidades japonesas no estado de São Paulo. No Cebrap, Ruth coordenou pesquisas sobre famílias moradoras de favelas no município de São Paulo. Em 1980, deu curso sobre "Práticas Coletivas Populares: movimentos sociais urbanos" e coordenou grupo de trabalho sobre Ideologia e Cultura Popular. Esses são apenas alguns exemplos para ilustrar como Ruth desenvolveu, ao longo da sua extraordinariamente bem-sucedida carreira de antropóloga, uma visão de que, numa sociedade de massa — como é a brasileira — desigual, existem inúmeras instâncias intermediárias entre o poder e a população em geral; e que há um dinamismo, nessas instâncias intermediárias, que não devia ser subestimado — pelo contrário, devia ser não só estudado, como estimulado. Foi o que ela fez com o Comunidade Solidária, que criou em 1995, logo no primeiro ano do governo.

Em 1996, se não me engano, criou o Alfabetização Solidária, um programa de voluntariado. Eu participei, a convite dela, de praticamente todas as reuniões mais amplas do Comunidade Solidária, que tiveram lugar em Brasília. Ela fazia questão de chamar algumas pessoas do governo, também, não porque estivesse em busca de recursos públicos, mas porque queria mostrar que havia interesse e respaldo para sua ideia. Que poderia resumir assim: ela não precisava explicar a ninguém que acreditava na liberdade e na igualdade; e o *fraternité*, francês, era para Ruth a ideia de solidariedade, de cooperação, de confiança, de sentido de comunidade, de capital cívico, de valores compartilhados. Sempre achei que era uma ideia incrivelmente forte; Ruth transmitia com clareza às pessoas que com ela conviviam o quanto acreditava naquilo que estava se propondo a fazer — com serena força.

III

Ruth Cardoso deixou a todos de maneira abrupta e inesperada, na noite de 24 de junho de 2008, enquanto conversava normalmente em sua casa com o filho Paulo Henrique. A perplexidade e enorme tristeza da legião de amigos e admiradores eram visíveis na comoção compartilhada que marcou seu velório. Sentimento que sinto renovado agora, passados mais de 11 anos e meio, à medida que finalizo este texto e que as memórias de sua vida exemplar me vêm à mente.

Se a parte I deste texto foi escrita logo após o falecimento de Ruth e a parte II está baseada em depoimento oral de exatos dez anos de sua morte, escrevo agora neste final de 2019 para concluir com uma opinião pessoal, não só sobre a relevância das ideias e ações de Ruth Cardoso, como também de sua enorme atualidade para o Brasil de hoje — e para seu futuro.

Ao criar o Comunidade Solidária e a ele dedicar seu talento e sua energia por tantos anos, Ruth tinha uma percepção clara de que a busca dos objetivos de liberdade e de igualdade exigia, para que fossem efetivamente alcançados, cooperação, confiança e mobilização solidária das pessoas de uma sociedade.

Ruth sabia que havia necessidade de mobilizar e de compatibilizar direitos, deveres, oportunidades e recursos, além de políticas públicas eficazes; e que as instâncias intermediárias da sociedade (entre os Poderes e o "Povo") precisavam se mobilizar solidariamente, porque a sociedade brasileira tinha uma vitalidade e um dinamismo que precisavam ser mais bem aproveitados — tanto ontem como hoje.

Há pessoas que deixam a familiares e descendentes heranças sob a forma de bens tangíveis e recursos financeiros. Muito mais importante, há pessoas que deixam legados de valores, ideias, caráter, espírito público e tolerância para com divergências e conflitos de ideias, paixões e interesses — inevitáveis, dada nossa extraordinária diversidade.

Ruth teve vida exemplar a este respeito — que seu legado possa a outros inspirar. Há muito que fazer para tentar construir — nesta nossa época de infernais polarizações: simplórias, agressivas, paralisantes e não construtivas — uma comunidade mais solidária. Uma comunidade cooperativa, dotada de um mínimo de confiança mútua e de capital cívico, que possam ser mobilizados na construção dos consensos, ou, pelo menos, das convergências possíveis, para o Brasil mais civilizado que queremos e para o qual Ruth tanto contribuiu.

Ruth Cardoso foi uma pessoa adiante de seu tempo. Seu legado permanecerá vivo entre nós.

Notas

1. "Voz do povo, voz de Deus, voz do mundo", artigo publicado no jornal *O Estado de S. Paulo* em 13 de julho de 2008.
2. WEFFORT, Francisco. O populismo na política brasileira. Editora Paz e terra.
3. MALAN, Pedro. "Voz do povo, voz de Deus, voz do mundo", do Pedro Malan, Estado de S. Paulo. Disponível em: https://politica.estadao.com.br/noticias/geral,voz-do-povo-voz-de-deus-voz-do-mundo,211243.
4. *Troilus and Cressida*.

SAN TIAGO DANTAS
Marcílio Marques Moreira

Dois anos relevantes de nossa história no século XX, 1930 e 1964, balizam o período de intenso questionamento, rápida transformação e conturbada busca de rumos em que se desenrolaram a forte presença intelectual e a brilhante, mas truncada, atuação política de San Tiago Dantas.

Para introduzir a primeira década desse interregno, valho-me das palavras de José Vieira Coelho, seu amigo, que a viveu de olhos abertos:

> O país e o mundo deprimidos pela devastadora crise de 1929. Os brasileiros desenganados da ingênua solução liberal de 1930. Vivia-se inquietante perplexidade, como se estivéssemos à espera de alguma coisa que estaria por chegar não se sabia de onde... dir-se-ia o país estacionado no afélio de pobreza irremediável e de sina duvidosa.[1]

O crash de 1929, agravado pela consequente desorganização do sistema econômico-financeiro mundial, parecia haver deslegitimado a

Economia de Mercado e até o Estado Democrático de Direito, abrindo as portas a nacionalismos radicais como o da Action Française, de Charles Maurras e Maurice Barrès, e às experiências autoritárias no início, totalitárias a seguir, do fascismo italiano, na década de 1920, e a do nazismo alemão, na seguinte. Suas dimensões cruéis não foram percebidas no início, prevalecendo a percepção de que aqueles regimes eram apenas uma agressiva defesa contra a temida ameaça vermelha, além de instrumentos eficazes para superar a séria crise econômica. Os trens pontuais de Mussolini e as reluzentes autoestradas de Hitler seriam evidências de êxito das políticas contracíclicas adotadas.

San Tiago não ficou imune às mutações radicais dos anos 1930 e aos apelos ideológicos que as inspiravam. Inseriu-se no processo de mudanças como um desses homens que, segundo ele próprio os descreveu no Centenário de Lúcio de Mendonça,

> espelham a época, não refletindo passivamente os seus episódios e acompanhando as suas tendências comuns, mas absorvendo e sintetizando, no íntimo de uma personalidade própria e distinta, tudo o que constitui o problema geral da vida oferecido como desafio aos seus contemporâneos.[2]

Em 1928, ingressa na Faculdade Nacional de Direito, para a qual já traz notável bagagem cultural, a cujo alargamento e consolidação dedicar-se-ia toda vida. Conta Antônio Gallotti que, no Centro Acadêmico Cândido Oliveira, por ocasião de debate sobre o Direito Natural como fonte do Direito Positivo, tese vigorosamente repelida pelos materialistas, surge uma surpresa:

> Subitamente uma figura nova toma a tribuna: o porte viçoso, altaneiro, a fronte ampla, quase dominadora, olímpica... atrás de óculos densos... a voz redonda bela... lançando conceitos, descortinando ideias, desenvolvendo pensamentos... baluarte da tese espiritualista, aparição que a todos empolgou...[3]

Era San Tiago, dotado de invulgar coincidência entre a palavra falada e a escrita. Os próprios confins da Faculdade lhe eram estreitos, o que o leva a publicar artigos em inúmeros veículos, entre os quais na *Ordem*. Ainda antes da formatura, funda em São Paulo, em 1931, o jornal pré-integralista *A Razão*, do qual foi redator-chefe até seu empastelamento em maio de 1932. Também nesse ano, uma vez diplomado, torna-se oficial de gabinete do recém-criado Ministério da Educação e Saúde, sob o comando de Francisco Campos, e catedrático interino de Legislação e Economia Política na Faculdade de Arquitetura.

No ano seguinte, ele assume a função de corredator-chefe da *Revista Econômica*. Nessa mesma época, San Tiago adere ao movimento integralista, que acabava de ser lançado.

Efetivado na Cátedra da Faculdade de Belas Artes e Arquitetura, em 1937, o jovem San Tiago pouco a pouco se afasta do integralismo, rompendo publicamente em 1942, pouco depois do início da Segunda Guerra Mundial.[4]

Em 1939, aos 29 anos, é nomeado professor de Direito Civil e Comercial da então Faculdade de Ciências Econômicas da Universidade do Brasil e conquista, por concurso, a Cátedra de Direito Civil na Faculdade Nacional de Direito. No discurso de posse, no início de 1940, refere-se ao sentimento de responsabilidade, "ao ocupar tão cedo esta cátedra". O desconforto de ter chegado cedo demais ele já havia externado em 1931, em carta a Américo Lacombe, ao preparar conferência que pronunciaria em Belo Horizonte: "A Conferência me está dando um trabalhão. Eu já não sei falar a universitários. Ainda não posso falar como um velho — tinha 19 anos — e já não posso falar como um deles. Que fazer?"

Em 1941, assume a Cátedra de Direito Romano na Pontifícia Universidade Católica e o cargo de Diretor da Faculdade Nacional de Filosofia da Universidade do Brasil, que exerceria até 1945.

O acúmulo de conhecimentos tão abrangentes responde tanto à curiosidade natural e ao prazer que sentia ao adquiri-los quanto à estratégia que seguiria a vida inteira de bem preparar-se para enfrentar os múltiplos desafios da complexa caminhada que previa galgar. Condorcet

Rezende, aluno da última turma paraninfada por ele, conta que, em dezembro de 1957, por ocasião de seminário que costumava convocar aos sábados à tarde, San Tiago abordou a formação do jurista, comentário cuja atualidade é gritante:

> Seja qual for o caminho que vocês tomem após a graduação..., há dois fundamentos inarredáveis para que vocês exerçam qualquer [função]: integridade moral e competência profissional. E... todo o desenvolvimento profissional... deve partir do SABER. É o SABER que lhes poderá levar ao TER e também ao PODER. O inadmissível é usar o TER para chegar ao PODER, e, absolutamente inaceitável, usar o PODER para ampliar o TER.[5]

San Tiago seguiu com determinação e perseverança a vereda trifásica a que se propusera, dedicando a década de 1930 à vida universitária e à consolidação do *saber*. Na década seguinte, empenhou-se no exercício da advocacia, o que lhe possibilitou a acumulação do *ter*, com a construção de patrimônio sólido que lhe permitiria dedicar os anos 1950 ao lançamento da carreira política, iniciada com densas conferências proferidas na Escola Superior de Guerra sobre *Poder Nacional*, a partir de 1951,[6] seguidas de exitosa campanha a deputado federal em Minas, em 1958. No ano anterior, na esperança de que pudesse ajudá-lo na caminhada política, San Tiago havia comprado o tradicional *Jornal do Commercio*, que infelizmente foi destruído por um incêndio em 1959. Ali escrevera, muitas vezes em parceria com Octávio Thyrso e Roberto Campos, brilhantes editoriais, as "Várias", que, como muitos outros textos, demandam ser publicadas para conhecimento mais amplo.

Embora percorresse caminho variado, San Tiago nunca esqueceu seu propósito de chegar ao poder. Descreve Antônio Gallotti:

> Numa manhã de novembro de 1937, chamados San Tiago e eu, ao Palácio Monroe, pelo Ministro da Justiça, Francisco Campos...

recebemos o convite para, com nossa pregação, enaltecer o advento e a construção do Estado Novo... San Tiago, imperativo, respondeu: Professor, não queremos servir o Poder, queremos exercê-lo.[7]

Apenas na curta década dos 1960 é que chegou a se aproximar desse objetivo, mas sofreu penosas decepções ao perceber que combinação perversa de turvas condições políticas e saúde debilitada estava convergindo para afastá-lo de seu destino.

Nomeado, por Jânio Quadros, chefe da Delegação Brasileira da ONU, despediu-se em 24 de agosto de 1961 da Câmara de Deputados para testemunhar, no dia seguinte, a renúncia do Presidente que acabara de nomeá-lo. Engajou-se, então, nas negociações que viabilizariam a posse de João Goulart como Presidente de Regime Parlamentarista. De setembro de 1961 a julho de 1962, exerceu o cargo de Ministro das Relações Exteriores. Nesses poucos meses, logrou imprimir inovadora e indelével marca à diplomacia brasileira.

O adjetivo "independente" de sua "política externa", sem nutrir ressentimentos, traduzia devoção prioritária aos "interesses nacionais permanentes", na busca do desenvolvimento econômico, social e cultural, da paz universal e dos direitos humanos. Acolhia a tese de que os principais problemas do país não lhe eram impostos de fora, mas brotavam do próprio seio do país, avaliação que já havia incorporado às conferências na ESG, na década de 1950.

Como em outros momentos de sua fugaz presença na política nacional, San Tiago foi, nas palavras de Tancredo Neves:

> Incompreendido e injustiçado, violentamente combatido pelas direitas que viam nele um desertor de suas trincheiras, e duramente agredido pelas esquerdas que lhe negavam sinceridade e autenticidade nos seus pronunciamentos reformistas; nunca se deixou, contudo, conturbar e abater. (...) A vida política não se faz apenas de sucesso. Há, não raro, nos reveses, mais grandeza e beleza do que nos triunfos aclamados e festejados.[8]

Indicado como Primeiro-Ministro para suceder justamente a Tancredo, San Tiago teve seu nome submetido à Câmara de Deputados em duas sessões, uma em 27 de julho de 1962, e outra às 3h35 do dia seguinte, de madrugada.

Abrindo os debates, calorosos e tumultuados, San Tiago enfatizou "o sentimento de responsabilidade... para com a Nação que tem diante de si, no curto prazo, os mais graves problemas, mas que também tem diante de si, a longo termo, as maiores, as mais substanciais e as mais legítimas possibilidades".

Os líderes dos partidos majoritários, PDS e UDN, adversários tradicionais, uniram-se para o derrotarem, o que levou Almino Afonso a proferir, pelo PTB, enfático e presciente discurso, em que advertiu que a Câmara vivia "um dia de definição": "Neste instante, a Câmara encontra diante de si uma opção: ou consolida as instituições democráticas, dando ao País um Governo à altura do momento, ou as liquida".[9]

Inútil advertência e triste presságio. O discurso foi diversas vezes interrompido por líderes oposicionistas que gritavam, ao arrepio das normas regimentais: "Com San Tiago teremos a greve geral", "San Tiago será o caos". A desrazão aos gritos prevaleceu sobre a *gravitas* da voz presciente: ao rechaçar a indicação por 174 nãos, contra apenas 110 a favor, a Câmara, de fato, daria início ao "processo de destruição das instituições democráticas".[10]

O fracasso não esmoreceu o esforço de San Tiago em tentar salvá-las. A segunda metade de 1962 testemunhou sequência instável de primeiros-ministros e grave desordem econômica e social, o que desembocou em crescente apoio ao retorno do Presidencialismo, com a marcação de plebiscito nesse sentido, para janeiro de 1963. Segundo o testemunho de Celso Furtado, San Tiago convenceu então Goulart da "conveniência que apresentasse ao país um bem-estruturado plano de governo", para ser implementado "na hipótese de restauração do presidencialismo". E sugeriu que Celso Furtado fosse, desde logo, nomeado para o ainda a ser criado Ministério do Planejamento.

Assim nasceu o Plano Trienal, reunindo, em um só documento, o conjunto de reformas de base mais urgentes, um rol de iniciativas conjugado ao plano de como financiá-las e um bem-delineado programa de contenção gradualista da inflação.

Para assegurar a necessária implantação das duas mais importantes e urgentes bases dessa nova estratégia econômica — o combate à inflação e as reformas de base —, San Tiago foi nomeado para o Ministério da Fazenda e Celso Furtado confirmado no do Planejamento, a fim de, em conjunto, liderarem a resposta aos ingentes desafios. Lotado na Embaixada Brasileira em Washington, chefiado por Roberto Campos, responsável pelo setor financeiro, fui então convocado para compor o gabinete do Ministro San Tiago, privilégio para mim excepcional.

Ao receber, em novembro de 1963, homenagem de "Homem de Visão de 1963", San Tiago proferiu discurso que é considerado seu testamento político. Condensou o propósito com que havia aceitado o desafio, como Ministro da Fazenda. Para ele, "a política de contenção inflacionária" que, desde cedo, havia considerado uma das reformas de base essenciais, deveria inserir-se em projeto mais amplo de reorganização nacional, em que se buscasse assegurar "a viabilidade e a emancipação da economia brasileira, dentro do quadro institucional democrático e das reformas sociais…"

Adicionou-lhe reflexão cuja atualidade é candente até hoje:

> Creio que nenhum projeto nacional é válido, nenhuma política interna autossustentável, se não lograr inserir o País no rumo histórico do seu tempo e superpor harmonicamente o nacional e o universal.[11]

A falta de suficiente apoio externo e, sobretudo, o crescente processo interno de desconstrução política então em curso no país conduziriam a mais uma derrota de San Tiago, que, já em junho de 1963, viu-se obrigado a pedir demissão. Relata Celso Furtado que "poucos homens terei conhecido que depositassem tanta fé na razão como instrumento para remover obstáculos". E continua:

As iniciativas irracionais que brotavam aqui e ali na arena política brasileira, ele — San Tiago — as via como peripécias, e tendia a minimizar o seu significado. Impacientava-se quando alguém dava muita importância ao secundário, perdendo de vista o essencial. Foi exatamente isso o que ocorreu naquelas circunstâncias.[12]

Não obstante a heroica e dolorosa luta contra a doença, que o atingia com crescente gravidade, levando-o a Washington, na segunda metade de 1963, e a Nancy e Paris em meados de 1964, San Tiago não esmorecia no esforço ingente para evitar o caos e a destruição das instituições democráticas.

Em fevereiro de 1964, fez nova tentativa, em torno da Frente de Apoio às Reformas de Base, que chegou a reunir forças políticas de direita, centro e esquerda, com exceção dos extremos fora da curva, capitaneados, respectivamente, por Lacerda e Brizola. Teria sido tarde demais? "Reformador por excelência", como o chamou Tancredo,[13] ele vinha defendendo a transformação social, econômica e cultural do Brasil, desde cedo, em dois discursos de 26 de fevereiro e 5 de março de 1959, com que inaugurara sua atividade parlamentar.[14] Já há muito, pregava reforma do Direito e de seu ensino, concebendo o próprio Direito como precioso instrumento transformador. Preferia as "conquistas aluvionais", características do Direito Civil, aos saltos mortais sem base na realidade e desprovidos de racionalidade. Repelia tanto a precipitação voluntarista quanto a contemporização complacente. Para ele eram manifestações de deslealdade à História, condenadas à efemeridade. Dario Magalhães observou, com propriedade e lucidez, que "a ousadia das reformas só ocorre nos que são capazes de assumir responsabilidade em escala secular, isto é, nos que se sentem chamados ao governo pela necessidade imperativa de dar resposta aos problemas lançados como um desafio à sociedade".[15]

Clamava por esforço de modernização do país através de reformas estruturais e total prioridade a ser concedida à Educação, Ciência e Cultura, premissas indispensáveis ao desenvolvimento saudável, com consciência social. Estava tão convencido da capacidade de renovação das classes populares quanto entristecido pelo despreparo das elites para o exercício de liderança. Conclamava-as a se modernizarem, para capacitá-las a modernizar o país. As reformas, apesar de urgentes, tiveram que esperar três décadas até serem iniciadas e mobilizaram ingentes esforços para galgar o íngreme caminho a ser trilhado.

Nem o 31 de março de 1964 desanimou sua luta. Tancredo conta que, ao visitá-lo "pouco antes do seu ingresso na mansão dos justos", San Tiago pediu-lhe "compreensão com a Revolução e seus trágicos desvios": "era uma fatalidade histórica e, como toda fatalidade, o seu esgotamento será inevitável". Ofegante, concluiu: "Aí, então, recolheremos os seus destroços para, com eles, construirmos a nova democracia, numa Pátria redimida".[16]

Foi esse estado de espírito, de heroísmo combinado com resignação, que eu mesmo testemunhei em seus últimos anos de vida. A postura já lhe era familiar há muito. Em sua magistral conferência, de 1948, sobre o Quixote, San Tiago se referira ao heroísmo não "do tipo hercúleo, mas o (…) de outro, feito de fé inigualável, pureza perfeita e de um atributo que a todos resume o dom si mesmo".[17]

Para San Tiago, "a criação cervantina libera o heroísmo da concepção aristocrática e deita suas raízes no solo do Cristianismo". Foi o Cristianismo, conclui ele, que:

> revelou que fracassar é, muitas vezes, apenas o ponto de partida para vencer, e estendeu às ações humanas, no plano do tempo, a ideia evangélica da semente que morre, e se transforma em árvore, e ainda produz muitos frutos.[18]

Quando, em junho de 1964, o acompanhei de Paris a Chartres, San Tiago, ao lembrar-se da véspera em que assistíramos a cerimônia do oitavo centenário da Notre-Dame, recita Péguy para saudar a catedral que vislumbrara no horizonte dos trigais da Beauce:

> Nós chegamos a vós da outra Notre Dame...
> A que se eleva no coração da "Cité",
> Em sua magnificência e retidão da alma

É difícil imaginar o quanto teria lamentado o incêndio que quase a destruiu totalmente em abril de 2019.

Em Illiers, a Combray da infância de Proust, visitamos a casa de tia Léonie e de Françoise, "*du* côté de chez Swann". Ao entrar no belo jardim, San Tiago perguntou pelas *aubépines*. Já haviam murchado. Em vida, não teria mais a oportunidade de vê-las florir, como não lhe seria dado ver desabrochar muitas outras flores, que cultivara com zelo. Teria chegado tarde demais, como ocorrera no jardim proustiano, ou surgira demasiado cedo, "Homem do Futuro", como bem lembrara Tristão de Athaide. Em magistral conferência sobre Ruy Barbosa, porta-voz da nova classe média que ascendia no cenário brasileiro, San Tiago sustentava que o programa de Ruy visava a "libertar as forças novas, que já pulsavam no seio da sociedade". Mas conclui: "Não foi possível. Dirão outros: era cedo".[19]

Enxergando muitos lances à frente, no xadrez da vida e da morte, cada vez mais concentra o foco de seu pensamento nas ideias mestras, relegando o acessório, o mesquinho. Logrou, assim, expandir sua capacidade de percepção, tal como o fez o corneteiro Rilke, cujo "poema da vida e morte"[20] San Tiago sabia de cor, fruto de sua invejável memória: "Nur in der Nacht manchmal glaubt man den Weg zu kennen" [Só à noite é que, às vezes, acreditamos conhecer o caminho]. Caminho que, para San Tiago, foi trajetória ascensional, em busca do essencial, do Absoluto.[21]

Muitos de seus projetos de reforma e esforços de modernização do país — temia estarmos à beira de neosubdesenvolvimento pela baixa prioridade atribuída à educação, à ciência e à cultura — não produziram frutos que San Tiago pudesse testemunhar em vida. Entretanto, ele continua a nos inspirar pelo exemplo e pela germinação das preciosas sementes de tolerância, racionalidade e esperança que generosamente nos deixou como legado e que não podemos deixar morrer por falta de perseverança.

Notas

1. COELHO, José Vieira, "San Tiago, Jurista e Professor". In: COELHO, José Vieira et al. *San Tiago: vinte anos depois*. Rio de Janeiro; São Paulo: Paz e Terra; IEPES, 1985. p. 14 e 15.
2. DANTAS, San Tiago, "Um republicano: centenário de Lúcio de Mendonça". In: DANTAS, San Tiago, *Figuras do Direito*. Rio de Janeiro: José Olympio, 1962. p. 119.
3. GALLOTTI, Antônio. In: COELHO, Vieira, 1985, p. 49.
4. Hélio Jaguaribe, San Tiago e o Projeto Nacional. In: *San Tiago Dantas: um seminário na Universidade de Brasília*. Brasília: UnB, 1985. p. 23.; Marcílio Marques Moreira, Arnaldo Niskier e Adacir Reis (Orgs.). *Atualidade de San Tiago Dantas*. São Paulo: Lettere Doz, 2005. p. 100-104.
5. REZENDE, Condorcet, "Os Caminhos de San Tiago". *Ventura*. Rio de Janeiro, ano 21, n. 257, 2008. p. 38 e 59.
6. DANTAS, San Tiago. *Poder nacional, cultura política e paz mundial: Conferências de San Tiago na Escola Superior de Guerra (1951-1962)*. Rio de Janeiro: ESG, 2014.
7. GALLOTTI, Antônio. In: COELHO, Vieira, 1985, p. 53.
8. Tancredo Neves, "San Tiago Dantas, homem político". In: *DANTAS, San Tiago: um seminário na Universidade de Brasília*. Brasília: UnB, 1985. p. 75.
9. MOREIRA, Marques Marcílio. "A vida e obra de San Tiago Dantas". http://www.santiagodantas.com.br/wp-content/uploads/A-vida-e-obra-de-San-Tiago-Dantas.pdf
10. *Apud* Marcílio Marques Moreira, "Introdução: a vida e obra de San Tiago Dantas". In: *PERFIS PARLAMENTARES 21: San Tiago Dantas*. Brasília: Câmara dos Deputados, 1983. p. 59. Ver também Tancredo Neves em depoimento citado na nota 8, p. 80.
11. DANTAS, San Tiago, *Ideias e rumos para a revolução brasileira*. Rio de Janeiro: Livraria José Olympio, 1963. p. 10-11.
12. FURTADO, Celso, *A fantasia desfeita*. 3. ed. São Paulo; Rio de Janeiro: Paz e Terra, 1989. p. 153-165.
13. NEVES, Tancredo, *ibid.*, p. 77.
14. DANTAS, San Tiago, *Reformas de base*. Rio de Janeiro: Imprensa Nacional, 1959.
15. Veja: Tancredo Neves, *ibid.*, p. 73.

16 NEVES, Tancredo, *ibid.*, p. 81.
17 DANTAS, San Tiago, *D. Quixote: Um apólogo da alma ocidental.* Rio de Janeiro: Livraria Agir, 1948. p. 66.
18 DANTAS, San Tiago, *D. Quixote...*, p. 39.
19 DANTAS, San Tiago, *Rui Barbosa e a Renovação da Sociedade.* In: San Tiago Dantas, *Figuras do Direito.* Rio de Janeiro: José Olympio, 1962.
20 "Die Weise von Liebe und Tod des Cornets Christoph Rilke", de Rainer Maria Rilke.
21 Retorno aqui a uma reflexão que escrevi ainda sob o impacto de sua morte, em 6 de setembro de 1964, aos 52 anos, e publicada no Caderno Especial, a ele dedicado, do *Jornal do Brasil* de 20 de setembro de 1964. Veja Marcílio Marques Moreira, *Indicações para o Projeto Brasileiro* (Rio de Janeiro: Tempo Brasileiro, 1971. p. 179-185).

MACHADO DE ASSIS
George Vidor

José Maria Machado de Assis. É nosso escritor maior. Ponto de exclamação. Suas principais obras, escritas durante o século XIX, permanecem atuais. Na língua portuguesa, sua arte de narrar o cotidiano talvez só se compare a de seu contemporâneo Eça de Queiroz. Mas não vamos voltar a essa polêmica, pois aqui se trata de Grandes Brasileiros, e Eça era português.

Fui apresentado a Machado nos idos do ginásio. Para quem não sabe o que é isso, era um período de quatro anos que vinha logo após os cinco anos do ensino primário. Agora tudo equivale ao chamado ensino fundamental. Não lembro exatamente quando essa apresentação ocorreu, se no segundo ou terceiro ano do meu ginásio (em 1965 ou 1966, quando o país se encontrava ainda nos limiares de um regime militar iniciado em abril de 1964, e que se estenderia até 1985). Estudava na então seção Sul — Humaitá — do Colégio Pedro II, no Rio de Janeiro.

Machado bem que poderia ter dado aula de literatura no CPII. Mas no seu tempo não chegou a ter o devido reconhecimento para ser admitido como grande mestre no colégio padrão, cujas provas eram às vezes assistidas pelo próprio Imperador, que batizara a instituição. José Maria Machado de Assis nasceu pobre, em uma casa simples, situada numa das ladeiras do morro do Livramento, próximo à zona portuária do Rio. Pouco se conhece da sua família, mas pelo menos uma das avós teria sido escrava. O autor sempre foi discreto quanto à sua vida pessoal, e, assim, nos seus próprios escritos não há muitas pistas sobre sua intimidade.

Durante parte de sua vida conviveu com a escravidão, abolida em 13 de maio de 1888. Porém, em sua obra só retratou escravos domésticos integrados à vida urbana. Um dos seus grandes amigos foi o abolicionista Joaquim Nabuco. Deveria saber muito bem o que era o preconceito em um país mestiço como o nosso. Preconceito que se revela nas tentativas, posteriores à sua morte, de "embranquecê-lo" em fotos. Qual era exatamente a cor da sua pele, pouco importa, na verdade.

Na minha época de ginásio, o Pedro II ainda levava a fama de colégio padrão. Tinha, sem dúvida, ótimos professores, mas certamente já perdera a dianteira do ensino secundário (ginásio e colegial, este dividido em científico e clássico) para algumas escolas particulares do Rio de Janeiro. O professor de português que nos apresentou a Machado se chamava Capistrano. Era um senhor sisudo, um dos mais velhos que passaram pela nossa turma de ginásio. Suponho que pudesse ter menos que os meus 67 anos de agora. Todavia, era uma época em que as pessoas "envelheciam" mais cedo, ou tinham aparência de mais velhas logo que alcançavam a faixa dos cinquenta. Embora sisudo, as aulas do professor Capistrano eram boas. Aprendíamos com ele. E a tarefa que nos deu como trabalho de casa foi a leitura de *Dom Casmurro*, a mais conhecida obra de Machado — quase uma leitura obrigatória nos bancos escolares daquele período.

Além das redações habituais que fazíamos para o mestre atestar nosso nível de compreensão e entendimento dos livros, o professor Capistrano resolveu, especificamente sobre *Dom Casmurro*, promover um debate na sala de aula. A grande maioria dos alunos era de classe média baixa ou média "média" da zona sul do Rio. As famílias de classe alta ou média alta estavam progressivamente se afastando das escolas públicas.

No Pedro II, falávamos de política mais do que o comum nas demais escolas secundaristas. Mas estávamos longe se ser um colégio vanguardista. O uniforme era obrigatório. Os meninos usavam gravata. Até o início dos anos 1960, os alunos também usavam jaqueta de cor cáqui escura. Quando entrei no colégio, em 1964, o uniforme já estava mais "leve". As garotas brigavam com o comprimento das roupas. As mais ousadas enrolavam a saia na cintura para deixá-la mais curta, deixando os joelhos à mostra (uau!!!). Obviamente que dentro da escola as inspetoras mandavam que elas se "recompusessem". Então, vamos classificar o ambiente da seção Sul do CPII daqueles anos 1960 nem como vanguardista, nem como conservador. Um meio-termo. Ambiente mais liberal e aberto em algumas aulas, e, em outras, bem tradicional.

Deixemos agora essa tentativa de "copiar" o estilo de narrativa machadiana, com idas e vindas, e voltemos ao tema principal: o debate em sala de aula sobre *Dom Casmurro*. As meninas foram duras (acho que até cruéis) com a personagem Capitu. "Compraram" a versão de Bentinho. Os garotos foram mais complacentes e se inclinaram para a dúvida. As moças condenaram Capitu, e os moços a absolveram. Curioso. Logo as mulheres, tão discriminadas na história. Mas quando o tema é infidelidade, traição conjugal... O sisudo professor Capistrano sorria. Ficou extasiado (e visivelmente feliz) com o debate em si. Como não fora o primeiro debate que promovera, possivelmente não se surpreendeu com a reação dos alunos. O importante é que atingira seu objetivo, de causar polêmica. Exatamente o que deve ter pretendido Machado em seu maravilhoso texto. Capitu, uma mulher infiel, ou não?

Só vim a reler *Dom Casmurro* passados cinquenta anos daquele debate, motivado para escrever este texto. Na minha inexperiência juvenil, certamente não consegui saborear então o estilo e a narrativa do nosso escritor maior.

Publicado em 1899 (nove anos antes da morte de Machado), *Dom Casmurro* é mesmo uma obra-prima. Em sua peculiar narrativa, Machado nos transportou ao Rio da segunda metade do século XIX, descrevendo seus costumes e mergulhando na alma (des)humana. O narrador é o próprio Bento Santiago, personagem central, mas a pena de Machado faz com que Bentinho deixe escapulir a dúvida. Só os mistérios da vida podem explicar o amor de Capitu por Bentinho, completamente submisso à mãe viúva e carola. Capitu tinha mesmo muito mais a ver com Escobar, amigo do peito e suposto traidor. Deixo-vos com a polêmica que Machado propositadamente decidiu perpetuar entre seus leitores. Fico apenas com a sensação de como nossa alma é pequena.

Dom Casmurro é o último dos livros da chamada trilogia de ouro de Machado, que inclui *Memórias Póstumas de Brás Cubas* (1881) e *Quincas Borba* (1891). Uma trilogia em que sua narrativa se afasta do romantismo e se inclina para o realismo sarcástico. O primeiro livro da trilogia é genial, em todos os sentidos, a começar pela ideia de um morto escrevendo suas próprias memórias. A sutil ironia e o sarcasmo tornam uma delícia a leitura de Brás Cubas. As *Memórias* são hoje até mais apreciadas que *Dom Casmurro*. É difícil estabelecer um ranking. Meu palpite é que a leitura mais recente é que acaba ganhando. Para mim, Brás Cubas estava na frente até reler *Dom Casmurro*. Agora… já não sei mais.

Meu viés jornalístico me leva a incluir um conto nesse topo das obras de Machado. Ri muito com "O alienista", e não paro de pensar nessa história diante do mundo de loucos em que vivemos. O médico psiquiatra Simão Bacamarte, de Itaguaí, tinha toda razão: ninguém escapa da peneira. Dá para internar todos e todas. Isso só não é preciso porque o mundo já é um hospício planetário. Se usarmos a lógica de Bacamarte no conto, não sobra um que não seja alienado, maluco, desmiolado. Machado sabia muito bem que, de médico e louco, todos nós temos um pouco.

A literatura de Machado não é rebuscada. No entanto, é uma tarefa quase impossível tentar adaptá-la para o cinema ou para uma novela de televisão, por exemplo. Todas as tentativas foram frustrantes, porque não estiveram à altura do texto do nosso escritor maior.

Difícil também traduzi-la para outros idiomas. Pouco tempo depois da queda do Muro, estive em Berlim, em uma visita profissional.

Lá me apresentaram a um professor da Universidade Livre de Berlim, que havia morado em Fortaleza e desde então se apaixonara pela literatura brasileira. Na chamada meia-idade, o professor tinha um pouco do estilo alternativo berlinense — e a queda do Muro nem tinha ainda provocado o efeito transformador da parte oriental da cidade. Estava há dez anos trabalhando na tradução de Machado para o idioma de Goethe e Schiller. A dificuldade estava em encontrar o tom adequado na língua alemã. Em uma simples conversa dava para perceber que não se tratava de uma questão de competência do tradutor. Era mesmo um tremendo desafio. Não sei se ele completou a tarefa. Só agora ressurge a curiosidade sobre isso. De qualquer forma, em alemão só sei ler alguns cardápios.

Casualidades me fizeram despertar interesse pela vida de Machado de Assis. Uma delas foi a criação de um espaço nas páginas de economia do jornal *O Globo*, lá pelos anos 1980. Queríamos tratar de tecnologia, inovação, e atrair mais atenção de leitores da classe A, segmento para o qual *O Globo*, na época, não detinha a liderança no Rio. O editor-chefe do jornal achava que as páginas de economia poderiam ser um chamariz para esse público, por meio da abordagem de temas não usuais até então (informática, indicadores financeiros etc.).

Uma ideia do *New York Times* nos inspirou, e criamos uma seção semanal chamada Marcas & Patentes. Para a estreia, descobrimos um despacho de Machado de Assis sobre o tema, que caía como uma luva para a abertura da nova seção. Sim, ele foi funcionário público. E exemplar. Mais para o fim da sua carreira no funcionalismo, chegou a diretor do departamento que respondia pela apreciação de marcas e patentes no ministério que cuidava do comércio e da indústria. É claro que nunca iríamos conseguir publicar novamente na seção algo tão interessante como o texto do nosso Machado.

A carreira do escritor como funcionário foi longa e se estendeu até 1907, quando se licenciou para tratamento de saúde, e não mais retornou ao serviço ativo porque morreria, bem doente, em 1908 (na madrugada de 29 de setembro, por volta das três horas).

Outra casualidade foi o Cosme Velho. A casa dos meus sogros ficava nas imediações de onde Machado de Assis e a mulher Carolina Augusta de Novaes viveram a maior parte do tempo conjugal. Eles não tiveram filhos. E a casa era alugada de uma proprietária rica. Carolina, portuguesa de nascimento, era cinco anos mais velha que Machado. Morreu em 1904. O escritor viveria mais quatro anos que ela, entristecido — ou mesmo deprimido — pela viuvez.

A casa do Cosme Velho marca a história do escritor. A ponto de ser conhecido também como o Bruxo do Cosme Velho. São muitas as versões sobre a alcunha de "o bruxo". Para mim, isso deriva da sua arte de dominar a narrativa. Coisa de bruxo. Não era um homem bonito, como atestam suas fotos (mesmo considerando-se que a qualidade dos retratos não fosse das melhores naqueles idos). Tampouco era feio. Então bruxo não pode derivar de sua aparência física. Era elegante, cordial com as mulheres, principalmente (ainda que supostas infidelidades conjugais tenham sido marcantes apenas na sua ficção literária, como a que Bentinho acusa Capitu de ter cometido). Machado teria o hábito de queimar cartas em um caldeirão, e por isso seus vizinhos o chamariam de bruxo.

É fato que Machado não gostava de expor sua intimidade. Pedia aos amigos que não divulgassem o conteúdo das suas cartas. Poucas foram conhecidas. Uma delas é para a mulher Carolina, a quem revelava paixão. É bem provável que queimasse a correspondência, porque não reconhecia qualquer valor literário nas cartas que escrevia. Uma pena. Mas se isso era feito em um caldeirão, deixo para os biógrafos e especialistas em Machado responderem.

A casa do Cosme Velho resistiu até os anos 1970. O *frisson* imobiliário daqueles tempos não poupou a casa onde nosso maior escritor passou grande parte da vida. Hoje há lá um edifício comercial, com lojas no térreo. Ah, sim, existe uma placa indicando que aquele local abrigara o casal Machado de Assis. Antes do Cosme Velho, Carolina e Machado viviam em uma pequena casa à rua do Catete, quando o proprietário do imóvel a requisitou. O orçamento doméstico era apertado. Por não ter ensino superior, ele ascendeu lentamente no funcionalismo público.

Ainda estava na ativa, embora licenciado por motivo de saúde, quando morreu. Dependia do seu salário de funcionário, pois os rendimentos como escritor e colaborador de jornais e revistas eram parcos. Carolina não descendia de uma família pobre como a de Machado, mas não tinha posses para reforçar o orçamento doméstico.

Por sorte, Machado começava a ter admiradores. Uma rica proprietária de terras no bairro de Laranjeiras, que construíra casas para alugar no terreno de uma antiga chácara na rua Cosme Velho, ofereceu um dos imóveis ao casal Machado e Carolina. Essa parte do então bairro de Laranjeiras era afastada do centro. E lá viviam pessoas mais abastadas. Machado não tinha como pagar o aluguel, porém a proprietária, como que adivinhando a futura trajetória do escritor, cobrou-lhe o mesmo valor que ele já arcava na casa da rua do Catete. Assim, o casal se mudou para uma casa mais ampla, e retirada do bochicho da capital do Império. Após a morte de Carolina e Machado, a casa veio abaixo. Nenhum mecenas apareceu para comprá-la. Os herdeiros não deram a devida atenção. E assim foi-se uma parte da memória da cidade e da cultura brasileira.

Seguindo as casualidades, como passei quase toda a minha infância e adolescência nos bairros do Flamengo e do Catete, sempre deparei com cenários retratados por Machado de Assis. Nesses bairros siameses é que se encontra a rua que o homenageia. Sou testemunha das eventuais ressacas e ondas fortes que "causaram a morte acidental do personagem Escobar" na então praia que ficava defronte ao bairro da Glória. Praia que foi aterrada pelo Parque do Flamengo, nos anos de 1950 e 1960.

Nasci em uma casa de saúde que não mais existe à rua do Riachuelo, a antiga rua de Matacavalos várias vezes citada nas obras do grande bruxo — a amizade entre Capitu e Bentinho começa quando ambos moravam em casas vizinhas na rua de Matacavalos, chamada como tal porque era o início do caminho que fazia a ligação do Rio colonial ao interior, inclusive à cidade de Itaguaí, cenário de outras passagens nos livros de Machado. Machado certamente tinha alguma predileção por essa rua, assim como pelos bairros do Catete, da Glória, do Flamengo, de Santa Teresa e do Engenho Novo.

Voltando à questão financeira dos Machado: como era comum naquela época, muito da vida literária dos escritores transcorria por jornais e revistas. Contos, crônicas, poemas, peças de teatro e até mesmo livros completos eram publicados sob a forma de folhetins nesses veículos. *Dom Casmurro* foi o primeiro livro completo de Machado não publicado antecipadamente, em parte ou de maneira total, nos jornais para os quais o escritor colaborava.

E foi pelos jornais que Machado de Assis e Eça de Queiroz travaram uma rivalidade literária. O primeiro fez uma crítica dura ao *Primo Basílio*, do autor português. Chegou a dar a entender que o romance seria inspirado em outra obra, de um escritor francês. Eça negou essa inspiração, pois *Primo Basílio* teria sido escrito antes da publicação da obra do francês. Mas concordou com críticas de Machado a questões literárias propriamente ditas.

O certo é que Eça, escrevendo de Paris para jornais brasileiros, como cronista e correspondente, dava algumas alfinetadas em Machado. Eça não deve ter tido tempo hábil para ler *Dom Casmurro* com afinco, pois faleceu em 1900, não muito depois da publicação do livro. A rivalidade literária só pode ter existido por mera vaidade de ambos, pois, além do nome comum, José Maria, não são poucas as afinidades entre eles. Sátira, ironia, crítica, descrição da vida mundana, mergulho na alma (des)humana, tudo isso está presente nas obras dos dois grandes escritores da língua portuguesa no século XIX.

A diferença mais expressiva entre os dois é que Eça viveu longe de sua pátria, e Machado não saiu dos trópicos. Eça olhou criticamente para a sociedade portuguesa de longe, sob o ponto de uma vista de uma cidade que já era a mais cosmopolita do Ocidente. O olhar de Machado foi de perto, mais próximo da realidade que inspirou sua ficção.

Eça viveu relativamente pouco (faleceu com 55 anos). Machado chegou quase aos setenta. Eça também dependeu do funcionalismo público para sobreviver financeiramente. Aos 25 anos ingressou na carreira diplomática. Ambos frequentaram os círculos literários e tiveram suas obras reconhecidas no próprio meio.

No caso de Machado, esse reconhecimento se torna mais profundo quando é convidado a integrar a recém-fundada Academia Brasileira de Letras e a ele é oferecida a presidência. Nos moldes da Academia francesa, a ABL ainda hoje é vista como a Casa de Machado de Assis. Ocupou a cadeira número 1. Seus restos mortais foram trasladados para o Mausoléu da ABL. Sempre será um imortal enquanto a ABL existir. Cada novo ocupante da cadeira número 1 tem a obrigação de fazer referência ao bruxo em seu discurso de posse.

Aos inúmeros admiradores de Machado de Assis, peço que me perdoem se não consegui prestar uma homenagem à altura do nosso escritor maior. Seria demasiada pretensão (ainda que tenha me aventurado a copiar seu estilo em certos trechos). A homenagem que Machado gostaria mesmo de receber é a de continuarmos a ler seus livros. E cabe a nós, seus admiradores, apresentá-lo aos mais jovens, como fez o meu velho professor Capistrano nos tempos do Colégio Pedro II.

DOM PEDRO I
Iza Salles

Ao lançar meu livro *O coração do rei* em 2008, percebi que muita gente não conhecia a história de Pedro I. "Não sabia nada disso", diziam, ao descobrir que a vida do nosso primeiro imperador ia muito além do gesto ousado às margens do Ipiranga e da abdicação. Muitos não sabiam que ele, um príncipe criado no absolutismo, se tornara aqui um liberal — teoria então da moda, hoje ainda em voga — e dera ao Brasil sua independência e primeira constituição. E ainda retornara à sua terra natal para comandar uma guerra contra o absolutismo.

Ao escrever sobre sua morte em Lisboa aos 36 anos, resumi:

> Por volta das 2h30 da tarde de 24 de setembro de 1834, fechou para sempre os olhos aquele que teve da vida tudo em dobro, uma parte herdada e a outra conquistada — foi imperador do Brasil, rei de Portugal, teve duas pátrias, dois povos, escreveu seu nome na história de dois continentes e amou tantas mulheres que até seu confessor perdeu a conta.[1]

Uma vida curta, apenas 36 anos, para tantos feitos. Confesso que foi sua pouca idade, 24 anos incompletos, para separar o Brasil de Portugal — detalhe que despertou meu desejo de conhecer melhor aquele "moleque atrevido", como a ele se referiam seus inimigos na corte portuguesa. Ao fazer do Brasil um país independente, o menino atrevido surpreendeu as cortes europeias mais ainda que seu pai D. João VI, que, em 1808, driblara Napoleão ao trazer para o Brasil a corte portuguesa, livrando Portugal da humilhação sofrida pela Espanha e outros reinos que se tornaram reféns do Corso. Aliás, no final da vida, Napoleão reconheceria os méritos do rei português que os desinformados acreditavam um bobo: "Só um homem me enganou", disse ele.

O mesmo D. João, obrigado a retornar a Portugal em 1821, tristíssimo por deixar o Brasil — "ali eu fui rei, ali; ali fui feliz"[2] — para enfrentar um mundo europeu ainda conturbado, não esqueceu, astucioso político que era, de dar ao herdeiro um sábio conselho: "Filho, se o Brasil se separa, antes que seja para ti, que me hás respeitar, do que para algum desses aventureiros".[3] E no Brasil ficou Pedro como regente, com o aval do pai para qualquer salto maior.

Meses depois, D. João advertia o filho sobre os riscos de retornar logo a Portugal. "Sê hábil e prudente pois aqui nas Cortes conspiram contra ti. Tua mãe é pelo Miguel e eu, que te quero, nada posso fazer contra os carbonários que não te querem."[4] Pedro ficou pra mudar seu destino e o do Brasil. E mudou.

Saiu-se bem no poder e, no entanto, não nascera para ser rei. Tinha três anos quando, com a morte do irmão Antônio, a coroa pousou na sua cabeça. Só então começou a ser preparado para reinar. Isso, numa corte em luto permanente depois da morte do marido e do filho da rainha D. Maria, que não suportou a dor e enlouqueceu de sofrimento. Nada parecia agradável naquela corte em que o pai se refugiava nas orações e a mãe nas conspirações que seriam a tônica da vida de Carlota Joaquina, sempre em busca de um poder que nunca alcançou. Aos nove anos, debaixo de uma tempestade que inundou Lisboa, Pedro estava no cais, ao lado do pai, que recebe nobres que iriam com as cortes para o Brasil. Atravessa o

Atlântico ciente de que fugiam de um pavor chamado Napoleão — o que não o impede de se tornar no futuro um grande admirador do homem.

O Brasil para o Pedro adolescente foi, ao contrário da corte em Lisboa, uma fonte permanente de prazer. Para espairecer, bastava uma corrida a cavalo nos arredores da cidade — segundo seu melhor biógrafo, Octávio Tarquínio de Souza, era uma espécie de centauro, de tal modo dominava os cavalos mais indóceis. Os galopes pela cidade e florestas o tornaram "o melhor cavalheiro do reino". Os sons, as luzes, as cores da natureza estimularam sua paixão pelas artes, pela música; a madeira preciosa o tornou hábil em marcenaria; os ritmos marcaram o compasso da sua vida — não dançava lundu tão bem quanto seu ministro José Bonifácio, mas se esforçava. A paixão política vai surgir da curiosidade sobre o que se passava no mundo, dos livros e ensinamentos dos mestres, sobretudo Frei Antônio de Arrábida, que o acompanha desde os três anos. Dotado para tanta coisa, só era péssimo na poesia, o que não o impediu de ser um mestre na sedução, um homem de muitos amores, que conquistava sem dificuldade. Afinal, ele se encaixava perfeitamente no modelo de príncipe encantado que nunca saiu de moda.

Uma fonte de desprazer era sua doença, a epilepsia, que o acompanhou por toda a vida e da qual não se fazia segredo. Os ataques eram registrados pela imprensa: "Sua Majestade teve ontem mais um dos desmaios de sua doença". O episódio mais assustador surpreendeu-o em 13 de maio de 1816, aos 17 anos, quando, ao lado do pai, passava em revista tropas que iam para a guerra no sul — onde Portugal e Espanha disputavam a Colônia do Sacramento. Como Freud ainda não existia, ninguém associou o desmaio às guerras que iria combater, ou a momentos de tensão, ansiedade, sofrimento.

A partir dos ataques que lhe davam a sensação de morte, pode ter surgido sua ânsia de viver plenamente, porque a morte estava sempre à espreita. Desde pequeno. Pode-se imaginar as perguntas que se fazia menino ao recobrar a consciência depois de desfalecer, uma experiência que atravessaria os seus 36 anos, quase sem trégua. Talvez isso tenha feito dele o "rei sem medo" a quem o povo atribuía uma frase que nunca pronunciara: "Minha mãe é uma puta, mas me pariu sem medo". Alguns autores atribuem seu gosto por aventuras romanescas às pinturas em seu quarto no Palácio de Queluz em Lisboa, cenas de D. Quixote de la Mancha. Mas é preciso não esquecer que ele nasceu e viveu nos tempos românticos que louvavam a aventura.

Não tem ainda vinte anos quando os pais decidem casá-lo, para evitar as paixões da mocidade — Noemy, jovem bailarina francesa foi a primeira paixão. A noiva escolhida vem de longe, Leopoldina, princesa da Áustria, pátria do absolutismo, que se apaixona pelo retrato do jovem Pedro num medalhão decorado com brilhantes que lhe ofereceu o Marquês de Marialva, intermediário das bodas. Alma romântica, a doce Leopoldina confessa à irmã Maria Luísa em 15 de abril de 1817:

> O retrato do príncipe está me deixando meio transtornada, é lindo como um Adônis. Imagina uma bela e ampla fronte grega, sombreada por cachos castanhos, dois lindos e brilhantes olhos negros, um fino nariz aquilino e uma boca sorridente; ele todo atrai e tem a expressão "eu te amo e quero te ver feliz". Asseguro-te que já estou completamente apaixonada; o que será de mim quando o vir todos os dias?[5]

Na travessia de Gibraltar rumo ao Brasil, todos a bordo passam mal. "Só suportei o sofrimento por amor ao príncipe", escreve ela. Com dois anos de casada, em 1819, provavelmente para desmentir fuxicos que na corte austríaca também existiam, ela confessa ao pai sua felicidade: "Posso vos assegurar que gozo todos os dias de uma felicidade inexprimível, fazendo descobertas deliciosas da minha Maria e das excelentes qualidades de meu esposo. Posso vos assegurar com toda franqueza alemã que estou muito feliz e contente". E foram os dois felizes, nas minhas contas, por pelo menos quatro anos.

Muito jovem, Pedro percebeu ao seu redor os primeiros inimigos: os conselheiros do rei que temiam seu temperamento forte e não permitiam que participasse das reuniões e decisões, mesmo sendo príncipe herdeiro. Em vão ele grita, berra, esperneia. O rei acata o temor dos nobres, sempre preocupados com as manobras de Carlota Joaquina que, por diversas vezes, tentara destronar o marido. No Brasil, ela muda de planos — queria ser rainha da América espanhola e vivia cercada de aventureiros. Mas sempre se podia esperar dela alguma traição ou uso dos filhos para atingir seus fins ou para perturbar a vida do marido.

Em 1820, a revolução liberal em Portugal repercute no Brasil, onde as tropas portuguesas se convertem ao liberalismo, pondo em risco o governo absoluto e tornando a vida de D. João VI um inferno. As rebeliões são sucessivas e o rei já não sabe como agir. Então decide confiar no filho porque precisa de alguém corajoso para enfrentar os rebeldes. Chamado, num dia difícil para o rei, Pedro monta em seu cavalo mais garboso e, acompanhado apenas de um criado, entra nas hostes adversárias: "Quem manda aqui?" pergunta, à procura de alguém para dialogar, e diante de tanto atrevimento as tropas aceitam conversar — surge aí o negociador. Pedro convence o pai e obriga a mãe a jurarem a nova constituição portuguesa, como exigiam as tropas, e consegue dobrar os rebeldes. É o momento em que o pai compreende a exata dimensão do filho, mais ousado e corajoso que ele e seus conselheiros. Exige, a partir daí, que o filho ocupe o lugar que é seu, junto ao rei.

Com o retorno do pai a Portugal em 1821, Pedro se torna Regente. Entra em cena para sua primeira e bem-sucedida experiência como governante. Além de baixar impostos, dá aos súditos garantias individuais nunca vistas no reino: nenhuma pessoa poderia ser presa sem ordem de um juiz; nenhum juiz poderia expedir ordem de prisão sem culpa formada do acusado; o processo teria que ser feito em 48 horas, com ampla defesa do preso que, em caso algum, poderia ser jogado em "masmorra estreita escura e infecta"; estava abolido o "uso de correntes, grilhões e outros ferros que martirizam os homens ainda não julgados".[6] Ah, e estava decretada a liberdade de imprensa, de reunião e opinião. Era uma revolução fantástica vinda de um príncipe criado no absolutismo e que se revelava, embora sem confessar isso, um liberal. Ao mesmo tempo submetia o país a um regime de contenção de despesas e controle fiscal que faria inveja aos economistas do Plano Real.

Muito popular, torna-se logo uma ameaça para o governo liberal de Lisboa. Este teme que ele separe o Brasil de Portugal e deseja que retorne logo a seu país natal. Começa para Pedro um período difícil, em que Leopoldina é sua principal aliada. Criada no absolutismo mais radical, Leopoldina vai, por amor, se deixando contaminar pelas ideias de Pedro: "Meu marido, valha-me Deus, é admirador dessas novas ideiias tão na moda".[7] Enfrenta com ele os riscos da situação: o país está à beira de uma guerra civil, dividido entre portugueses, que querem o retorno de Pedro a Portugal, e brasileiros, que preferem que ele fique aqui, porque tudo melhorou com ele. Com tato Pedro vai conseguindo se sair bem da difícil situação, embora ele mesmo ainda não tenha certeza do caminho a seguir. É português e brasileiro, um luso-brasileiro.

Mas o momento não permite indecisões, porque as tropas que garantem a submissão do Brasil a Portugal ainda estão aqui. O que se passa certo dia é uma cena cinematográfica. No teatro, seu lugar preferido para espairecer, seu camarote é invadido por um brasileiro aflito: "Senhor, eles estão lá fora para prendê-lo". As tropas estavam cercando o teatro, ele seria preso, levado para um navio fora da barra e dali para Portugal. Pedro orienta Leopoldina a, terminada a peça, fugir para a fazenda Santa Cruz levando os filhos, inclusive o mais novo João Carlos, muito doente. Uma fuga arriscada, mas havia em Leopoldina a sensação de que fugia de um destino que poderia ser igual ao de sua tia Maria Antonieta, temor de todos os nobres do mundo. Enquanto isso, Pedro, com ajuda de aliados, vai conquistando pela cidade mais adeptos para a resistência, gente de todas as camadas sociais, brancos, negros, indígenas — sua primeira e bem-sucedida estratégia de recorrer ao povo em suas lutas, seu primeiro exército.

Enquanto isso, Leopoldina, em Santa Cruz, cumpre a outra parte do plano: mesmo grávida, parte a cavalo para o porto de Itaguaí, onde espera encontrar os paulistas que desembarcarão ali para um encontro com Pedro, e ainda não sabem o que está ocorrendo. A princesa quer conquistar seu apoio e convencer Bonifácio a ser ministro do marido, o que consegue com poucas frases. Depois de se apresentar aos visitantes diz: "Gostaria que conhecessem também meus brasileirinhos, que são dois com um terceiro a caminho. Eu os entrego a vossos cuidados, honrados paulistas". Pronto, estão todos conquistados, inclusive Bonifácio, para sempre.

Acontece que, durante este episódio, não suportando a longa viagem para Santa Cruz, morre o príncipe João Carlos, já no Rio, um mês antes de completar um ano. "Meu querido filho está exalando o último suspiro e não durará uma hora", escreve Pedro desesperado a Bonifácio. Ao pai, descreve a sua dor: "No meio da tristeza, cercado de horrores vou, como é meu dever sagrado, participar a Vossa Majestade o golpe que minha alma e meu coração dilacerado sofreram". E Leopoldina confessa à sua tia Maria Amélia: "Eu lhe asseguro, querida tia, que não tive em minha vida dor mais profunda". Surge então uma faceta de Pedro, ainda pouco conhecida: a fúria. Antes da missa de sétimo dia do menino, furioso, vai a bordo da fragata União e ordena ao General Jorge Avillez, comandante da Divisão Auxiliadora: "Vocês têm até amanhã para partir ou partirão debaixo de bala" — os canhões já estavam apontados em direção às tropas. No dia seguinte escreve ao pai: "E eles partiram mansos como cordeiros".[8]

Mas, mesmo a maioria das tropas tendo partido, elas ainda continuaram uma ameaça — o que restou delas nos arredores do Rio e as que poderiam chegar de Portugal, de modo que, já tendo passado o dia do Fico,[9] Pedro começa a se preparar para uma nova etapa. Ainda sem saber o que viria a seguir — quem sabia? — busca apoio das províncias mais ricas para esse futuro incerto. Primeiro Minas Gerais, onde percorre a trilha do ouro conquistando as cidades: "Briosos mineiros. Uni-vos comigo. Confio em vós, confiai em mim", discursa em Ouro Preto, onde ainda são vivas as lembranças dos inconfidentes.

Conquistados os mineiros, retorna apressado ao Rio porque a cidade estava agitada por atritos entre portugueses e brasileiros: "Alerta, portugueses! Recruta-se para um golpe a favor do príncipe", dizia um panfleto português, enquanto outro, de brasileiros simpatizantes da independência, espalhava pela cidade o seguinte verso: "Para ser de glórias farto/ inda que não fosse herdeiro/ seja já Pedro Primeiro/ se algum dia há de ser quarto". Todos os dias havia batalhas entre os dois lados, com feridos e mortos. Com paciência e firmeza, consegue evitar que as escaramuças e pancadarias se transformem em guerra civil. E parte rumo a São Paulo, mais um passo para um projeto ainda indefinido. E serão os portugueses, impacientes, a apressar a história.

Seduz facilmente os paulistas que se perguntam, como o marechal José Arouche Rendon dias antes: "Quem pode resistir à mais bela figura de homem, a tantas virtudes, às mais doces maneiras de tratar outros homens?" Na mesma viagem, o sedutor conquista também Domitila de Castro, depois Marquesa de Santos, e sua irmã. Mas o principal acontece quando ele, retornando de Santos com sua comitiva, às margens de um riacho então de nome Piranga, é encontrado por Paulo Emílio Bregaro, que cavalgara como um louco para lhe entregar cartas de Bonifácio e Leopoldina e os últimos decretos chegados de Lisboa.

Os portugueses desfechavam o último golpe para depor o "desgraçado e miserável rapaz, mancebo vazio, arrebatado pelo amor das novidades, aquele moleque" — as notícias informam que 14 batalhões iriam embarcar em Lisboa com destino ao Brasil e mais de seiscentos homens já haviam desembarcado na Bahia, tudo isso para levá-lo de volta a Lisboa de qualquer jeito, mesmo debaixo de ferros. Leopoldina lhe escreve:

> Meu querido e amado esposo. É preciso que volte com a maior brevidade. Não é o amor que me faz desejar mais que nunca a sua presença, mas sim as críticas circunstâncias em que se acha o amado Brasil; só sua presença, muita energia e rigor podem salvá-lo da ruína.[10]

Na carta de Bonifácio destaca-se uma frase: "Senhor, o dado está lançado e de Portugal não temos a esperar senão escravidão e horrores".

Fica muito claro nas duas cartas que tudo dependia dele, mas Leopoldina e Bonifácio esperavam que reagisse ao chegar ao Rio. Ninguém esperava o que aconteceu então, talvez só os mais íntimos que conheciam sua reação quando tomado de fúria. Pedro, segundo as testemunhas, tremia de raiva quando terminou a leitura da correspondência. Jogou ao chão e pisoteou com raiva os decretos, e fez um longo silêncio. Caminhou, depois, em direção à guarda de honra, seguido pelos demais, que não sabiam o que fazer. Arrancou do chapéu o laço português azul e branco e gritou: "Laços fora, soldados! Viva a independência, a liberdade, a separação do Brasil". E jurou: "Pelo meu sangue, minha honra e meu Deus, juro fazer a independência do Brasil".[11]

Depois do susto, foi uma gritaria só, de alegria, às margens do Ipiranga. "Brasileiros, a nossa divisa a partir de hoje será: Independência ou Morte". Precedido da bela notícia, foi recebido com festas em São Paulo e no Rio: "Está feito", disse ao chegar. À noite ele e Leopoldina foram ao teatro, ele com um laço verde com a divisa "independência ou morte", ela com um lenço verde. Muito aplaudidos, começava um longo período de paixão do povo pelos dois. Imediatamente decretou anistia para todos os presos políticos, motivo de sua primeira desavença com Bonifácio, que tinha inimigos entre os libertados. Menos de um mês depois, em 12 de outubro, dia em que completava 24 anos, foi coroado imperador na mais bela festa vista na cidade. O povo canta pelas ruas o hino que compusera com Evaristo da Veiga: "Brava gente brasileira/ longe vá temor servil/ ou ficar a pátria livre/ ou morrer pelo Brasil". Discursa para o povo. Chora. O povo chora com ele. É muita felicidade que um jornal resume em manchete gloriosa: "Morramos de júbilo".

Era um imperador diferente dos muitos que Lorde Thomas Cochrane conhecera. O inglês, que vai se tornar Primeiro Almirante da frota imperial que expulsa as tropas portuguesas da Bahia e Maranhão, se surpreende com sua curiosa relação com os súditos. Depois de visitar a esquadra em sua companhia, Cochrane relata à amiga Maria Graham, que viria a ser preceptora dos filhos de Pedro, que ao desembarcar com o imperador no cais, depois de inspeção aos navios, foram cercados por uma centena de pessoas de todas as raças e idades que se apinharam em torno de Sua Majestade para lhe beijar a mão: "A esta cerimônia o Imperador se sujeitou no melhor humor possível e maior afabilidade, não se perturbando a sua serenidade nem ainda por familiaridades tais como eu nunca vira praticar antes para com rei ou imperador".[12] Com ele, o Brasil vai prosperar nos anos seguintes.

Cinco anos após a proclamação da Independência, o imperador entra no período mais triste de sua vida: em apenas um ano, 1826, ele perde um filho, o pai e, por fim, Leopoldina. Depois de padecer dias seguidos em consequência de um parto natural, a imperatriz morre quando ele está na guerra do sul — herança maldita que lhe haviam deixado. Durante a doença, a Marquesa de Santos tenta forçar sua presença junto à imperatriz, mas é impedida pelo Marquês de Paranaguá, a Marquesa de Aguiar e Frei Antônio de Arrábida. O povo se revolta com a morte da imperatriz, que era muito amada, e põe fogo na casa da marquesa, obrigada a fugir com seus familiares.

No retorno do sul, Pedro expulsa de seu convívio aqueles que haviam "maltratado a marquesa" — os punidos logo serão perdoados e estarão de volta, como é seu costume. Aparentemente, Domitila tem domínio total sobre ele, que, no entanto, espalha sinais de que a morte de Leopoldina deixara um vazio na sua vida. No primeiro discurso na assembleia constituinte, surpreende os deputados: não consegue conter as lágrimas ao se referir à falecida esposa. Depois, num jantar no palácio, desaparece: é encontrado pela marquesa chorando de saudades de Leopoldina. Um dia, abraça o filho Pedro, órfão de mãe, menino triste: "Filho, você é o príncipe mais infeliz do mundo". Mesmo nas barricadas do Porto, anos depois, é ainda de Leopoldina que vai se lembrar.

As mulheres foram sua fraqueza. Foram raras as negativas de damas virtuosas às suas investidas. Só na família Castro Melo ele engravidou duas: Domitila e a irmã. Assim, temos uma sucessão delas, desde a bailarina francesa Noemy até uma freirinha que não teria resistido a seus encantos numa ilha onde treinou seu exército para a guerra. Três destas mulheres se destacam: Leopoldina, amiga e confidente; Domitila, a paixão que o deixa uns cinco anos fora dos eixos, e a terceira mulher, Amélia, que bota a casa em ordem.

Com personalidade forte, a estratégia da bela Amélia foi proibir tudo o que Leopoldina permitira e facilitara a vida da marquesa, a começar pela própria marquesa, finalmente expulsa da corte, onde insistia em ficar. Da mesma forma, foram afastados os seguidores que atormentaram Leopoldina, e a corte passou a falar francês, para evitar fuxicos.

A única tristeza do Imperador foi que Amélia custou a lhe dar um filho, o que lhe causou momentos de ansiedade e mauhumor. Em carta ao amigo de infância, Marquês de Resende, confessa: "Em casa por ora, nada, mas o trabalho continua, e em breve darei cópia de mim e farei a imperatriz dar cópia de si, se ela me não me emprenhar a mim, que é a única desgraça que me falta sofrer".[13]

Os filhos foram sua maior paixão. Costumava fazer a conta sobre os nascidos de Leopoldina: "Nove anos fui casado, nove filhos tive e restam cinco", dizia. Sem falar nos bastardos. Dos que conviviam com ele, cuidava pessoalmente, para os remédios, vacinas, cuidados. Sofreu muito quando, ao abdicar, foi obrigado a deixar todos para garantir a sucessão no trono. Tenta convencer a assembleia a deixar alguns com ele. Só lhe foi permitido levar consigo Maria da Glória, para ser rainha de Portugal. "Meu querido filho e Imperador. Muito lhe agradeço a carta que me escreveu; eu mal a pude ler porque as lágrimas eram tantas que me impediam de ver", escreve ele para o menino Pedro. A morte de Paula, a mais doente, quando está na guerra civil em Portugal, é um sofrimento extra: a impressão que se tem é de que ele não vai aguentar.

A guerra é o último capítulo de sua breve e agitada vida. Uma guerra originada na ambição da mãe, Carlota Joaquina, que não hesitara em levar os dois filhos ao conflito com Miguel. Ele estava no exílio na Áustria porque tentara destronar o pai, desobedecendo o que fora acordado com o irmão: "Não se case com Maria da Glória, não jure à Constituição, sob pena de ir para o inferno, volte para reinar".

De volta a Portugal, Miguel se apossa do trono em junho de 1828. Portugal volta ao absolutismo mais radical, com perseguição e morte de milhares de liberais. Em apenas dois anos, o governo absolutista fez 14 mil prisioneiros, abriu vinte mil processos, efetuou cinquenta mil sequestros de bens e mandou para a África 382 desterrados. Os que conseguem escapar da prisão e da forca fogem para outros países. Tinha razão o General Saldanha, sobrinho-neto do Marquês de Pombal, que logo depois do golpe de Miguel pronunciou frase profética antes de fugir para a França: "Nada deterá Miguel. Só Pedro".

Naquele momento ele não pôde fazer mais que acolher muitos dos perseguidos. Os mais importantes estarão ao seu lado quando desembarcar no Porto em 1833 com exército de sete mil homens para enfrentar o de seu irmão, com setenta mil. Organiza seu exército e resistência a partir do exílio em Paris, para onde foi depois de abdicar. Ali, Pedro, admirado pelos principais revolucionários da época, tendo a visita de muitos deles, cortejado por nobres ingleses e franceses, ao lado do rei Henri IV, seu primo, nos desfiles, recebido com todas as honras pelos outros primos, reis da Inglaterra — por toda parte havia parentes seus reinando — no meio daquele mundo pós-Napoleão, tão agitado e liberal, vai descobrir que se tornara o "herói do Novo Mundo". No teatro, certa noite, conhece Rossini, falam de música, e o famoso compositor italiano regerá depois sua ópera.

Mas, apesar do prestígio, tem dificuldade para conseguir apoio financeiro e facilidade para reunir sob seu comando os mais aguerridos liberais do tempo, como Pedro de Sousa Holstein, Marquês de Palmela, José Meneses, Duque de Terceira, João Carlos Oliveira Daun, Duque de Saldanha, José Mascarenhas Barreto, Marquês de Fronteira, e Charles John Napier, almirante inglês que teve papel decisivo na guerra e escreveu em suas memórias: "O imperador é a alma da causa; é ativo, resoluto e obstinado ao último ponto, e esta obstinação sustenta a magnífica e brilhante defesa do povo".

A guerra vai demonstrar que o maior adversário de Pedro foi o irmão Miguel, levando-o a um conflito que mina sua saúde, agrava suas doenças e apressa sua morte. No entanto, nas trincheiras, havia poupado da morte o irmão num dia em que um atirador, que tinha Miguel na mira, pediu ordens para atirar. Ele respondeu: "Não, se lá estiver meu irmão Miguel". Vitorioso, preferiu mandá-lo para mais um exílio irritando hostes liberais que preferiam que fosse julgado e enforcado. Pagou um preço por poupar o irmão da ira do povo: sua carruagem foi apedrejada por manifestantes e ele foi vaiado no teatro. Ali começa a morrer, e não chegará à primavera.

Mas perdoar fazia parte da sua índole: são muitos os adversários punidos que retornam ao seu lado, convidados por ele. O melhor exemplo são os Andradas, que se tornam inimigos ferrenhos no pior momento de seu governo, são mandados para o exílio, curiosamente com um soldo para que possam sobreviver, e um dia retornam, perdoados. Tanto que, ao abdicar, escolhe Bonifácio, a quem queria como um pai, para preceptor do filho: "É chegada a ocasião de me dar uma prova de amizade tomando conta da educação do meu muito amado e prezado filho, seu imperador". Anos depois, no final da guerra em Portugal, ali está Antônio Carlos, no palácio em Lisboa, representando o Partido Caramuru, criado pelos Andradas, pedindo seu retorno ao Brasil. Recusa e explica: voltar seria mergulhar o Brasil numa guerra civil, e não queria isso.

Na minha pesquisa fui colhendo definições que me permitiram burilar seu retrato. "Foi o maior herói das Américas" para o filósofo suíço Benjamin Constant. "Tem mania de compor música e escrever constituições", disse o inglês Lorde Strangford. "É louco de atirar pedras", sustentou o médico austríaco de dona Leopoldina. "Nunca houve rei mais modesto", concluiu o Marquês de Fronteira, um de seus comandantes na guerra do Porto. "Um herói", para o coronel inglês Hugh Owen. Evaristo da Veiga, seu amigo e parceiro na composição do Hino da Independência, resumia: "Não foi um príncipe de ordinária medida, e a providência o tornou instrumento poderoso de libertação no Brasil e em Portugal". Não era um homem feito de barro comum, resumiu na metade do século XX seu melhor biógrafo, Tarquínio de Souza.

Nenhum herói das Américas teve feitos comparáveis aos seus. Mas talvez o retrato mais completo seja o de Sir Charles Stuart, que veio ao Brasil intermediar o reconhecimento por Portugal da independência do Brasil:

> O caráter de quem se acha à frente do governo terá influência tão grande nos assuntos dele dependentes que talvez convenha co-

nhecer minhas observações sobre Sua Alteza Real que possui uma audácia de caráter ímpar, sem a crueldade do irmão. No curso das negociações, sua moderação aliada à pronta compreensão foi tão notável que não vacilo em declarar que assuntos tratados diretamente com ele se resolveram mais rápido e satisfatoriamente que com seus conselheiros.

Ainda no Brasil, por esta época, espicaçado por uma oposição que não lhe dava trégua, Pedro consultou dois amigos sobre a conveniência de adotar um governo menos liberal, já que não conseguia um momento de paz com a oposição. Os amigos foram o Marquês de Paranaguá e Frei Antônio de Arrábida — aqueles afastados por um tempo da corte porque haviam impedido a marquesa de entrar no quarto de Leopoldina. Para eles, resumiu as dúvidas que tinha: em que estado de fermentação revolucionária estava o Brasil? O que deveria fazer para contornar as dificuldades? Emendar a constituição? Usar a força para impor uma constituição monárquica?

A resposta de Arrábida não deixa dúvidas de que foi ele o grande mentor do Pedro liberal. Responde ao "amo e amigo" que a fermentação revolucionária era consequência das transformações ocorridas no país. Para vencer as dificuldades, sugeria a execução da lei e harmonia entre os poderes; quanto à constituição, era preciso paciência: "O grande reformador das coisas é o destro e potente uso que as reduz ao justo. Deixe a nossa mostrar o seu peso. O tempo, Senhor, não se força".[14] Mas a melhor resposta foi à última pergunta: "Seria um vil traidor se ocultasse o horror que me causou a ideia. Julguei ver reproduzidas as horríveis cenas de 1793. Queime, Senhor, o papel que contiver este quesito, que nos arrastaria à mais espantosa ruína". Pedro não queimou o papel, que ficou para a história como prova de que um dia, mesmo que por um momento, se deixara tentar pelo demônio do absolutismo, mas que também era a prova do triunfo, no final, de sua alma liberal.

Por tudo isso me surpreendi com a descoberta de que a história havia se esquecido dele. Um hiato de quase meio século sem notícias e havia uma explicação para o silêncio: morto, teve mais adversários que vivo — em primeiro lugar, os monarquistas constitucionais do segundo reinado que temiam seu retorno; em seguida, os republicanos, que não o queriam como exemplo; depois os marxistas, socialistas anarquistas, que prefeririam um herói vindo do povo. Assim foi sendo esquecido.

Coletando livros para pesquisa, constatei que o interesse havia parado nos anos 1950, com os três volumes da fantástica biografia escrita por Octávio Tarquínio de Souza, *A vida de Pedro I*. Por meio século, ele padeceu do mesmo mal diagnosticado recentemente pelo cineasta Cacá Diegues a respeito do escritor Euclides da Cunha: "A clássica obsessão brasileira de desfazer dos heróis nacionais em qualquer ramo".

Pedro I é importante porque deu ao Brasil leis modernas calcadas no que havia de mais progressista no seu tempo, no iluminismo, no liberalismo e nas revoluções da América e na França. Imperador, deixou como herança uma constituição que se tornou a mais longeva do país e garantiu a unidade territorial do Brasil, impedindo que se dividisse em dezenas de países como a América espanhola. Com sua guerra do Porto, garantiu a vitória do liberalismo no mundo. Sobre seu feito mais conhecido, a independência do Brasil, um dos historiadores resumiu numa frase sua importância: "Imaginem se em seu lugar tivesse ficado o Miguel". Pois, é, imaginem.

Não era um homem feito do barro comum, mas era um homem do seu tempo, chegado a grandes gestos, segundo Tarquínio de Souza, de modo que, no leito de morte, seu último desejo foi de que seu coração fosse doado à cidade do Porto, que o sustentou na luta contra o absolutismo. Fez exigências também quanto ao enterro, que obedeceu à sua determinação: não quis luxo, mas caixão modesto. Nem roupa de rei. Também pediu que não houvesse no féretro diferença de classes. Assim, nobres e plebeus, ricos e pobres se misturaram no dia 27 de setembro para levá-lo ao Cemitério Real de S. Vicente de Fora. E seu coração, o coração de um rei que amou a vida com paixão, um coração sem medo e sem mágoa, porque nele o ódio foi passageiro, seguiu para o Porto, seu destino, e lá está até hoje na Igreja da Lapa.

Notas

1 Frase que ilustra seu retrato na exposição permanente do Museu Histórico Nacional. Iza Salles, *O coração do rei*. São Paulo: Planeta, 2008. p. 10.
2 SALLES, Iza. *O coração do rei: a vida de dom Pedro I: o grande herói luso-brasileiro*, Edições de Janeiro.
3 Ibid.
4 REZZUTTI, Paulo. *Dona Leopoldina: a história não contada*. Editora Leya.
5 Ibid.
6 SALLES, Iza. *O coração do rei: a vida de dom Pedro I: o grande herói luso-brasileiro*, Edições de Janeiro.
7 Ibid.
8 Ibid.
9 Dia do Fico: 9 de janeiro de 1822, data em que o povo, através de um abaixo-assinado com mais de oito mil nomes, pediu que Pedro não retornasse a seu país natal.
10 SALLES, Iza. *O coração do rei: a vida de dom Pedro I: o grande herói luso-brasileiro*, Edições de Janeiro.
11 Ibid.
12 Ibid.
13 REZZUTTI, Paulo. *Dom Pedro – A história não contada*. Editora Leya.
14 Arquivo histórico da Biblioteca FGV. *Revista de Ciência Política*. Rio de Janeiro, 7(1) : 101-118, jan./mar. 1973.

EUCLIDES DA CUNHA
Euclides Penedo Borges

Bahia de Todos os Santos, primeira metade do século XIX. O comerciante português Manuel Pimenta da Cunha, oriundo de Braga, Portugal, estabelecido há anos em Salvador e casado com a baiana Teresa Maria Rodrigues da Cunha, com quem tem sete filhos, viu decair seus negócios envolvendo escravos e empobreceu numa época em que a Bahia tinha pouco a oferecer em termos de trabalho. Com isso, dois de seus filhos partiram para a província do Rio de Janeiro à procura de colocação, Antônio para a capital, Manuel para o interior fluminense.

Nesse período, o Vale do Paraíba assistia à forte expansão do cultivo do café e de sua exploração comercial. Foi ali, no distrito de Cantagalo, que Manuel filho conseguiu colocar-se como guarda-livros, cuidando da escrituração mercantil e contábil de fazendas da região. Em suas andanças pelo distrito travou conhecimento com Joaquim Alves Moreira, pequeno proprietário rural, e suas filhas Rosinda, Laura e Eudóxia, enamorando-se desta, a caçula, franzina e débil, e sendo por ela correspondido.

Depois de casados, Manuel Rodrigues Pimenta da Cunha e Eudóxia Moreira da Cunha foram morar no arraial de Santa Rita do Rio Negro, hoje Euclidelândia, em Cantagalo, Rio de Janeiro. Um ano mais tarde, preocupado com a fragilidade da esposa grávida de oito meses, Manuel a levou para a tranquilidade e o conforto da Fazenda da Saudade, de conhecidos seus, ali pertinho de Santa Rita. Em 20 de janeiro de 1866, assistida pelos proprietários, Eudóxia deu à luz seu primeiro filho: Euclides Rodrigues Pimenta da Cunha.

O menino viveu em Santa Rita até os três anos de idade, época em que, vencida pela tuberculose e pouco depois do nascimento de sua filha Adélia, Eudóxia veio a falecer. Dependendo de ausências de casa para executar suas tarefas pelas fazendas, o pai tratou de enviar os dois filhos para Teresópolis, onde morariam com a tia Rosinda e seu marido Urbano Gouveia.

Durante dois anos eles viveram uma infância tranquila, assistidos pelos tios. A vida calma das crianças, contudo, foi novamente interrompida quando Rosinda Moreira Gouveia, contraindo meningite, veio a falecer. A exaltação emocional é marca indelével no menino que aos três, depois aos cinco anos de idade, testemunha o desaparecimento daquelas que dele cuidavam e o cercavam de carinho.

Manuel encaminhou então os dois irmãos para a tia Laura Moreira Garcês, que os recebeu na Fazenda São Joaquim, distrito de São Fidelis, administrada pelo marido Coronel Garcês. Quando Euclides tinha sete para oito anos, eles o matricularam no Colégio Caldeira, em cuja biblioteca o garoto vai dedicar-se à leitura de obras da literatura brasileira e europeia. A escola de Francisco Caldeira da Silva, um português republicano de São Fidelis, a cidade-poema, vai proporcionar boa dose de conhecimento e erudição juvenil ao menino.

Quando ele completou dez anos, os parentes baianos manifestaram o desejo de tê-lo com eles. Acatando o pedido, o pai o encaminhou para Salvador, onde Euclides continuaria seus estudos. Dessa forma, o viúvo conseguiu conciliar as coisas, mantendo a filha na casa da tia materna em São Fidelis e acomodando o filho na casa da avó paterna na capital baiana. Claro está que também esse arranjo não será por muito tempo.

Depois de dois anos na Bahia, Euclides viaja para o Rio de Janeiro, ao encontro do tio Antônio e sua mulher Carolina da Cunha, moradores do Largo da Carioca no centro da cidade. A instabilidade familiar na infância, sua exaltação emocional e as mudanças constantes refletem-se no comportamento do adolescente e nas suas preferências. Euclides passou por três colégios no Rio — o Anglo-Americano, o Vitório da Costa e o Menezes Dória — antes de finalmente fixar-se no Colégio Aquino, na Chácara da Floresta no centro, que conta com Capistrano de Abreu como professor de História e Benjamin Constant como mestre de Cálculo e Física. Aliás, o militar Benjamin Constant Botelho de Magalhães, líder republicano e positivista, causou verdadeira comoção na consciência do novo aluno com suas ideias antimonárquicas, de patriotismo, ordem e progresso, prescindindo de orações e desdenhando favores sobrenaturais, o que influenciou suas ações futuras.

Ao lado de companheiros de colégio, Euclides da Cunha fundou o jornal *O Democrata*, no qual publicou seus primeiros escritos, hesitante ainda entre a poesia e a prosa — "não tenho ainda vinte anos/ e já sou um velho poeta" —, entre o romantismo de Victor Hugo, que venera, e o positivismo de Augusto Comte incutido pelo professor.

Datado de 4 de abril de 1884, seu primeiro artigo "Em viagem" usa a linguagem eloquente da época ao descrever a paisagem de seu país: "telas de uma natureza esplêndida (…) o Sol oblíquo acende na fronte granítica das cordilheiras uma auréola de lampejos (…) a natureza a transbordar de aromas e de música selvagem é um sonho".

Carolina e Antônio mudam-se para o bairro de Santa Teresa e o sobrinho segue com eles para a nova residência, em local bem mais tranquilo, onde pode se dedicar ao estudo de Matemática e Física para candidatar-se ao curso de Engenharia, assim como deseja seu pai. Seu empenho e a ótima formação escolar que tivera lhe facilitam as coisas, e ele passa nos exames, ingressando na Escola Politécnica, no Largo de São Francisco. Deu então um descanso aos tios ao deixar Santa Teresa para dividir com dois companheiros uma casa na rua São Januário, em São Cristóvão.

Para agradar ao pai, que o apoia e financia, estuda com afinco as matérias da faculdade, cedendo em paralelo à inclinação literária, e dedica-se a novos ensaios que espelham o temperamento inquieto e as emoções exacerbadas. A inspiração poética lhe vem adicionalmente dos desconfortos de tuberculoso incipiente: "sombrio e calmo enfrento/ a estrela rubra e imensa/ do meu destino atroz/ aspérrimo e sangrento".

O MILITAR

Terminado o primeiro ano de Engenharia na Politécnica, nosso herói deixou-se levar por mais uma de suas hesitações: permanece na instituição civil ou transfere-se para a Escola Militar? Ah, a magia da Praia Vermelha, misturando ciência e literatura, academicismo e disciplina, tudo em ambiente republicano... Recebe então a missiva que lhe facilita a decisão. Seu pai o informa de seu segundo casamento, com Josefina Antonia, da aposentadoria e da mudança definitiva para Belém do Descalvado, interior de São Paulo, onde adquirira a Fazenda Trindade, tornando-se para o filho um ser ainda mais distante. É a gota d'água. Euclides decide-se pela via militar que, além de menos dispendiosa, paga soldo e fornece alojamento e comida.

Ele, então, matricula-se no curso de Estado-Maior e Engenharia Militar na escola da Praia Vermelha. É agora cadete, o número 308, um dos mais franzinos da turma e disputando com Cândido Rondon quem é o mais baixo. Tem como demais colegas Tasso Fragoso, Lauro Müller, Alberto Rangel... e volta a ter Benjamin Constant como professor a reforçar suas convicções positivistas e evolucionistas.

Por outro lado, leva para a nova escola os sinais de fraqueza e as ameaças de hemoptise que lhe surgem de quando em vez, exigindo dias de descanso que a rotina militar não lhe pode conceder com frequência. Assim, atinge a maioridade em 22 de janeiro de 1887 sem ter muito que comemorar. Recolhe-se à enfermaria três vezes nesse ano, acaba pedindo licença para tratamento e repouso em São Fidelis. É ocasião para rever a irmã, voltar à meninice, à paisagem agreste, às cercas e ao curral, ao contato com a natureza interiorana de sua pátria, simples e poética, que o comove e inspira. Ao voltar mais saudável, colabora, em 1888, para a *Revista da Família Acadêmica* da escola com o artigo "Críticos", que o torna conhecido no restrito meio intelectual carioca. Continua com os estudos ao mesmo tempo em que se torna mais frequente como articulista, colaborando ainda para a *Família Acadêmica* — "Estâncias", em prosa, e "Fazendo versos", em poesia — e começando a escrever também, com um estilo candente, para o jornal republicano *A Província de São Paulo*, de Julio Mesquita.

Seu nome terá projeção nacional no ano seguinte, com o ato de rebeldia pelo qual foi preso e expulso. Os cadetes tinham sido proibidos pelo comando da escola de participar do ato público de apoio ao deputado Lopes Trovão, republicano de destaque, no dia de sua chegada da Europa. Para evitar que os jovens desobedecessem a ordem, haveria um evento com o Ministro da Guerra da época, Tomás Coelho, na escola.

Perfilado em frente ao ministro na primeira fila, Euclides da Cunha recusou-se a prestar continência, saiu de forma, fez um gesto de dobrar seu sabre sobre o joelho e, não o conseguindo, atirou-o ao chão em direção à autoridade. Causou um reboliço, foi detido, seu ato foi diagnosticado como ataque de nervos devido à *fadiga por excesso de estudo*, recolhido por isso à enfermaria.

Divulgado no dia seguinte na *Gazeta de Notícias* e logo comentado por outros jornais, o episódio deu visibilidade nacional ao estudante. O governo monárquico procurou minimizar o episódio negando seu sentido político, o que não impediu de surgirem ironias na imprensa. *A Província de São Paulo* publicou o editorial "Trovoada militar", numa alusão ao nome do deputado. A verve usual de Artur Azevedo questionou quem estava com a verdade. A *Gazeta*? A monarquia? Joaquim Nabuco em seu discurso exigindo punição severa? Afinal, o cadete tinha somente arremessado a arma ao chão ou "quis furar com ela a pança de Sua Excelência?".[1]

Enquanto hospitalizado, enfermeiros, auxiliares e doentes procuraram manter-se longe de Euclides para não se comprometerem. Em certa hora, porém, entrou no recinto um homem magro e alto de terno escuro que, se aproximando, lhe perguntou mansamente:
— De que sofre?
— Não sou doente... não preciso de seus cuidados...
— Não vim compadecer-me, apenas estender-lhe a mão, mais que num aplauso, em solidariedade.
Sensibilizado, o jovem aperta a mão estendida e os dois se apresentam. Tratava-se de Francisco de Castro, médico de prestígio no Rio, poeta das *Harmonias errantes*, que mereceram prefácio elogioso de Machado de Assis. O cadete de 22 anos considerou-se redimido.

De alta após a breve internação, foi levado preso para a Fortaleza de São João, na Urca, e julgado pelo Conselho de Disciplina, ocasião em que recusou o diagnóstico médico e reiterou altivamente sua convicção republicana — teve por isso a matrícula trancada na escola, sendo expulso do Exército.
Já na semana seguinte chegava à capital paulista convidado por Julio Mesquita e Rangel Pestana, dirigentes do *A Província de São Paulo*, para escrever no jornal. Apostando na maneira contundente com que o rapaz se expressava, eles o anunciaram como "moço de muito talento e vasta ilustração".[2] Foi em dezembro de 1888, com o artigo "A Pátria e a Dinastia", que Euclides da Cunha marcou sua presença no jornalismo brasileiro.
No texto, ele afirmava que, com a abolição da escravidão, não havia dúvidas de que a República logo se seguiria, rechaçando por inútil a tentativa de enfraquecimento do movimento republicano por meio da transferência da tropa sob Deodoro para o interior. Evolucionista, acreditava no desenrolar da história segundo etapas inevitáveis: "a República

se fará hoje ou amanhã. Hoje pela lógica, pela convicção… amanhã será preciso quebrar a espada do Conde D'Eu!".[3]

Euclides participou ativamente da propaganda republicana no jornal paulista, voltando para o Rio como um herói para seu círculo de amigos e conhecidos. Em 15 de novembro de 1889 é proclamada a República sem a necessidade de quebrar espadas, as coisas mudam e os ventos passam a soprar a favor. Interessado em reintegrar-se ao Exército, foi levado por seu amigo Edgar Sampaio a uma recepção na casa do tio Fred — Frederico Sólon de Sampaio Ribeiro —, major do Exército e figura de proa do movimento encarregado inclusive de levar ao Imperador a mensagem anunciando sua deposição e banimento. Euclides é apresentado a Anna Emília, filha de 17 anos do major, gaúcha de Jaguarão. Ela se impressiona ao conhecer em pessoa o herói do sabre, ele se derrete com a serena beleza dela e sai enamorado. Em janeiro do ano seguinte, quando completou 24 anos, passou a frequentar a casa dos Sampaio Ribeiro — Dona Túlia e Major Sólon — de namoro com Anna Emília.

Com o apoio do Major e de Benjamin Constant, foi reintegrado ao Exército e readmitido na escola como alferes-aluno, prestando exames de conclusão do curso de Artilharia no momento em que o governo republicano aprovava uma política de promoções para jovens oficiais. Passou nas provas e foi promovido a segundo-tenente, bacharelou-se a seguir em Matemática e Ciências Físicas e Naturais, foi designado coadjuvante de ensino na Escola Militar e passou a primeiro tenente — achando-se assim em condições de constituir família.

Com o consentimento da namorada e a concordância do casal Sampaio Ribeiro, ele informou ao pai em junho sua intenção de contrair matrimônio. Oficializou o noivado em agosto e, em setembro de 1890, casou-se com Anna Emília na Igreja do Senhor do Bonfim, em São Cristóvão, ele fluminense de 24 anos de idade, ela gaúcha de 18, agora Anna Emília Ribeiro da Cunha. O casamento dura 19 anos, sendo os 14 primeiros marcados por sucessivas mudanças de uma cidade para outra, pelo nascimento de quatro filhos e pela glória, e os cinco últimos por muito trabalho, infidelidade e tragédia.

A evolução dos acontecimentos no início da República foi decepcionante para um articulista combativo como Euclides: "a luta começa a perder sua feição entusiástica". Para ele o regime assumira uma faceta especulativa que permitia "pensar-se em tudo menos na Pátria". Vituperou contra Benjamin Constant, seu ídolo na juventude, quando ele, tendo uma posição no governo, passou a nomear amigos e parentes: "desceu à vulgaridade de um político qualquer, desmoralizado". Em carta ao pai, demonstra sua decepção, definindo a situação como "tristíssima ruinaria de ideais longamente acalentados".

Em 1891, Floriano Peixoto assumiu a Presidência da República, apesar das controvérsias sobre a legalidade de seu mandato. Em setembro de 1893, eclode a Revolta da Armada, opondo Marinha e Exército, e o tenente engenheiro Euclides da Cunha é convocado para servir na Diretoria de Obras Militares, incumbido de montar fortificações e trincheiras do lado legalista. Como articulista, ele ataca os opositores ao governo comparando-os aos camponeses rebeldes da França: "A República brasileira tem também sua Vendeia... A República vence-los-á afinal!".

Terminado o conflito, Floriano Peixoto vitorioso o convidou para ocupar um cargo no governo, mas Euclides recusou, pedindo apenas o que estava previsto no regulamento, ou seja, um estágio na Estrada de Ferro Central do Brasil. Surpreso com a modéstia do pedido, o Presidente acede sem contestar, e o tenente vai trabalhar na administração da Central e praticar engenharia ferroviária no trecho da estrada entre a capital paulista e Caçapava.

De volta ao Rio, participou do episódio em que, pela primeira e única vez, explicita sua condição de oficial do Exército. O senador João Cordeiro, florianista exacerbado, tinha sugerido o extermínio de adversários que tentaram explodir a redação do jornal *O Tempo*. Através da *Gazeta de Notícias*, Euclides manifesta com a veemência habitual seu repúdio à ideia, "uma represália ainda mais criminosa do que o crime". Cordeiro replica com irritação. A tréplica, confirmando contrariedade com o que considera uma barbárie, vem assinada por *Euclides da Cunha, primeiro-tenente*.

Ele se torna um indivíduo suspeito, tendo como castigo disfarçado a transferência para a cidadezinha de Campanha, em Minas Gerais, onde vai colaborar na construção de um quartel, trabalho de menor monta. Instalado com a família novamente no interior, Euclides passa a ter tempo para escrever um pouco e ler muito, debruçando-se sobre a *Teoria do socialismo*, de Oliveira Martins; revê a poesia de Castro Alves, o ídolo de seu pai que o emociona, "Auriverde pendão da minha terra/ que a brisa do Brasil beija e balança…"; e lê com admiração o *Facundo*, de Sarmiento, cuja divisão em três partes ele repetirá em *Os sertões*. Resolveu então deixar o Exército. Ainda que desaconselhado pelo sogro, pediu desligamento e foi reformado no posto de tenente com direito a um terço do soldo. Desiludido com a vida militar, para a qual não tinha vocação, vai tentar vida nova e nova atividade.

O ENGENHEIRO

A família aumentou em 1892, quando Anna Emília dá à luz o primeiro filho do casal, Sólon Ribeiro da Cunha, cujo prenome homenageava o sogro, e de novo em 1894, com o nascimento de Euclides da Cunha Filho.

Aos trinta anos, já com alguma experiência na área técnica, Euclides consegue um posto de engenheiro auxiliar na Superintendência de Obras do Estado de São Paulo, um emprego que exige dele viagens sucessivas pelo interior. Surgiram nessa época as primeiras notícias de uma insurgência no sertão baiano, segundo as quais uma multidão de revoltosos havia se agrupado em torno de Antonio Conselheiro, mística personagem do interior nordestino para quem se voltaram as atenções das forças oficiais.

A aldeia de Canudos recebia cada vez mais gente, transformando-se, segundo o Exército, numa cidadela a favor da volta da monarquia. Aceitando a interpretação oficial e decidido a defender a República contra seus inimigos, Euclides da Cunha intercalou suas atividades de engenheiro com a de jornalista para publicar, em março e julho de 1897, dois artigos em *O Estado de S. Paulo* sob o título "A nossa Vendeia", nos quais traça um paralelo entre o que se noticia de Canudos no nordeste brasileiro e a guerra da Vendeia no noroeste da França, prevendo a vitória do final do governo brasileiro: "*A República sairá triunfante desta última prova*". Sua erudição, formação técnica e seu conhecimento de geologia e geografia transparecem em seus artigos, em meio ao estilo retumbante, e a repercussão das matérias é tão forte que a direção do jornal paulista o convida para ir à Bahia como repórter de guerra. A visibilidade dada pelo jornal suscitou outras iniciativas: foi nomeado adido do Estado-Maior do Ministério da Guerra na função de correspondente — viajando, portanto, também como militar — e credenciado como sócio do Instituto Histórico e Geográfico de São Paulo.

Em seus textos, Euclides reúne informações detalhadas sobre a região de Canudos, a geografia, a geologia, a fauna e a flora locais, as origens do conflito e seus desdobramentos. A bordo do vapor Espírito Santo, Euclides faz uma pequena parada em Salvador, em 7 de agosto de 1897, para rever os parentes, e segue para o interior baiano.

Instalado em Monte Santo, nas cercanias de Canudos, observou as características da região em conflito e penetrou o palco das operações militares contra os sertanejos, enviando a primeira reportagem em 19 de setembro. É de novo um homem fardado sujeito a perigos em seu refúgio tosco sobre o qual as balas voam sibilando: "Já vou me habituando a esta orquestra estranha".

Depois de anotar e reportar o que viu em 22 relatórios telegráficos, Euclides retirou-se do local no início de outubro, antes do combate final, doente e febril, confessando em sua última mensagem o asco de ver centenas de brasileiros feridos, que gemiam amontoados pelo chão, nada tendo percebido de qualquer movimento pela volta da monarquia. Conclui que estavam todos equivocados. Retorna a São Paulo disposto a escrever um livro redentor sobre o que vira no nordeste, mas passa o resto de 1897 fiscalizando obras no interior sem encontrar sossego para escrever. A tranquilidade procurada surgirá no ano seguinte, quando é transferido para São José do Rio Pardo, encarregado da reconstrução de uma ponte metálica que desabara. É trabalho demorado, de forma que o engenheiro se muda com a família para aquela cidadezinha paulista, levando consigo os rascunhos das duas primeiras partes que comporão sua obra intitulada provisoriamente *A nossa Vendeia*.

Finalizada a ponte, Euclides da Cunha foi promovido a engenheiro chefe do 2º Distrito de Obras Públicas do Estado de São Paulo, transferindo-se para o Vale do Paraíba. Apesar de a sede distrital ser Guaratinguetá, ele preferiu fixar residência em Lorena e matriculou os filhos no colégio Salesiano local. A família tem agora cinco membros: Manuel Afonso nascera em 1901, em São José do Rio Pardo.

Percorreu numerosas cidades da região desenvolvendo um trabalho intenso como inspetor e engenheiro de obras, envolvido com a construção de pontes e pontilhões em Guaratinguetá, Lorena, Santa Branca, Lavrinhas, Quiririm, Potim e São José dos Campos — dentre elas, duas pontes de madeira, uma sobre o Rio Paraitinga, outra sobre o Paraibuna —, e reformas, ampliações e adaptações de edificações, como as escolas públicas de Taubaté e de Pindamonhangaba e também as de Guaratinguetá, Lorena, Jacareí e Paraibuna. A *Escola Primária Dr. Lopes Chaves*, de Taubaté, inaugurada em 1902, foi projetada por Euclides. As cadeias de Jacareí, Caçapava e Pindamonhangaba foram reformadas sob sua supervisão, enquanto as de Guaratinguetá, Cunha, Lorena, Pinheiros, Queluz, São José do Barreiro e Silveiras foram construídas com sua ajuda. Era responsável também por fiscalizar as obras nas rodovias Cunha-Guaratinguetá e Silveiras-Cachoeira Paulista.

Em meio a toda essa agitação, em que ele se dedica à engenharia na maior parte do tempo e a escrever seu livro nas horas vagas, foi indicado para a chefia do 5º Distrito de Obras Públicas, transferindo-se com a família em 1901 para São Carlos do Pinhal, sede do distrito, no caminho de Campinas para Araraquara. Naquele ano, finalmente, conseguiria tempo para terminar seu livro.

O ESCRITOR

No fim de 1902 sairia a primeira edição. Título e subtítulo estavam definidos: *Os sertões — Campanha de Canudos*. Escrito nos raros intervalos de folga de uma carreira fatigante[4], o livro, baseado nas reportagens que fizera para *O Estado de S. Paulo*, narra a guerra ocorrida no sertão do norte da Bahia entre 1896 e 1897. Na sua origem, um juramento. Para se penitenciar de sua posição anterior, jura a si mesmo provocar uma reparação escrevendo um livro vingador. No seu contexto, uma denúncia. Envia com a obra uma mensagem denunciando a diferença de tratamento e de civilização entre o Brasil do litoral e o do interior, e nossa incapacidade de desbravar, tomar posse e civilizar o enorme território que havíamos herdado de nossos ancestrais. Mantido o antagonismo entre o litoral e o interior, com o país desintegrado — diferentemente do desenvolvimento costa a costa dos Estados Unidos —, dormiremos eternamente em berço esplêndido.

O texto extenso, marcado por um estilo peculiar e pela objetividade das conclusões, divide-se em três partes, "A terra", "O homem" e "A luta", nas quais o autor descreve as características geológicas, botânicas, zoológicas e hidrográficas do sertão baiano, os costumes e a religiosidade sertaneja, o surgimento e a ação de Antonio Conselheiro e as expedições militares enviadas ao arraial para dizimar os rebeldes. Não hesitou em utilizar onomatopeias para ser mais expressivo: *"caititus esquivos passam em varas num estrídulo estrepitar de maxilas..."*. Desbravando áreas desconhecidas de nossa geografia humana, *Os sertões* somou à sua qualidade literária a provocação de uma curiosidade científica inusitada e certa angústia investigativa sobre o interior do Brasil nos meios intelectuais brasileiros. Após um trabalho insano de revisão das seiscentas e tantas páginas, a primeira edição chegou às livrarias em dezembro de 1902 editada pela Tipografia Universal, do grupo editorial Laemmert. O autor viveu uma grande expectativa em São Carlos até finalmente receber carta entusiástica do editor dando-lhe conhecimento de que mil exemplares de *Os sertões* tinham sido vendidos em uma semana. Críticos influentes como Sílvio Romero, Araripe Júnior e José Veríssimo logo emitiram seu juízo: um livro de mestre.

O ano de 1903 será de alegria e glórias. Em março esgota-se a primeira edição, em julho é lançada a segunda e, antes de vender os direitos para a Livraria Francisco Alves, a própria Laemmert publica a terceira. O Instituto Histórico e Geográfico Brasileiro faz dele um membro titular. Com 37 anos é reconhecido como um dos grandes escritores do Brasil e candidata-se como tal à cadeira número sete da Academia Brasileira de Letras, vaga com a morte de Valentim Magalhães. Machado de Assis, encantado com o estilo candente de *Os sertões*, garante-lhe seu voto. Euclides da Cunha foi, em 21 de setembro de 1903, eleito imortal. Usando de sua fama, propõe como engenheiro uma guerra de cem anos contra as secas do nordeste com a construção de açudes e poços, a exploração científica da região e o desvio das águas do São Francisco.

Mas a vida continua. Tem mulher e quatro filhos para cuidar, preocupa-se com eles, retorna ao trabalho na Superintendência de Obras, mesmo enfrentando nova transferência — dessa vez para o Guarujá —, e lá vai ele com a família ocupando o tempo com as atividades de seu posto. Isso não pode continuar. Seu projeto pessoal é dar maior amplidão à sua existência e torná-la verdadeiramente útil para o Brasil e para os brasileiros. Após pedir exoneração de seu cargo, ainda trabalhou por alguns meses na Comissão de Saneamento de Santos, mas desentendeu-se com os diretores e demitiu-se também. Voltou a escrever em *O Estado de S. Paulo* e no carioca *O País*.

Com parcos recursos em meio à fama, regressou ao Rio, passando meses em busca de outra colocação até deparar com a notícia da formação de um grupo oficial para demarcação da fronteira do Brasil com o Peru. É um novo alento. Não deseja para si as viagens que os conhecidos fazem para a Europa. Quer "o sertão, a picada malgradada, a vida afanosa de pioneiro", e a ideia de defender a soberania brasileira numa região contestada é para ele muito sedutora: "A partida para o Alto Purus é meu mais belo e arrojado ideal". Em novo artigo, condena o envio de tropas brasileiras para a região de fronteira e defende uma justificativa diplomática para a incorporação definitiva do território do Acre ao mapa do Brasil.

Contou então com a ajuda do diplomata Domício da Gama, que o apresentou com referências elogiosas ao Barão do Rio Branco. Enquanto este, descendente da aristocracia portuguesa, era um monarquista a serviço da República, o escritor era um republicano da classe média, um caboclo de Cantagalo, "misto de celta, de tapuia e grego" na sua autodefinição. A recepção ao tímido engenheiro em agosto de 1904 dá-se no Palácio Westfalia, soberbo retiro do chanceler em Petrópolis, e, apesar das diferenças, a conversa entre os dois é franca, longa e positiva, o acervo de conhecimentos de Euclides impressiona, cria-se a expectativa de que ele venha a escrever um segundo livro vitorioso dessa vez sobre a Amazônia. No dia seguinte, José Maria da Silva Paranhos Junior nomeia Euclides Rodrigues Pimenta da Cunha chefe da expedição de reconhecimento do Alto Purus.

Ele deixou então o Guarujá e levou a família para o Rio de Janeiro, acomodando esposa e filhos em Laranjeiras, em uma casa da rua Cosme Velho, que seria mantida por um conhecido comerciante da região durante sua ausência. Em 13 de dezembro de 1904, Euclides embarcou no vapor Alagoas com destino à Amazônia, chegando a Manaus 17 dias depois.

A comissão estendeu sua estada na capital amazonense, de forma que a expedição só partiu no início de abril, permanecendo na floresta por seis meses e meio. Os componentes sob a chefia de Euclides da Cunha fizeram observações e estudos no menor tempo possível, pois o que importava era o juízo analítico das sub-regiões e uma síntese enfeixando os aspectos predominantes. Uma pedra, uma rocha, uma planta, uma flor, um animal, tudo deveria merecer atenção, mas não prendê-los por muito tempo. Levaram assim um mês para chegar ao povoado de Boca do Acre, na parte alta do Purus, ainda no estado do Amazonas, dali atravessando a fronteira com o Peru até atingir Curanjá, onde lhes foi oferecido um banquete.

Aceito o convite, Euclides da Cunha surpreendeu-se na sala com a ausência da bandeira brasileira contrastando com a presença da bandeira do Peru. Pensou mesmo em retirar-se quando percebeu, enfeitando o ambiente, folhas de palmeira em que as manchas amarelas formavam um contraste com o verde do resto da planta. Mudando de atitude, acomodou-se à mesa tosca e tomou a palavra para agradecer a honra do convite, feliz com a manifestação de cordialidade e comovido diante do modo elegante com que tinham exposto a bandeira do Brasil na sala. Em vez de adquiri-la no balcão de uma loja, tinham-na colhido em meio à floresta, de uma palmeira, árvore que sintetiza ideias de retidão e altura: "Porque, senhores, a minha pátria é retilínea e alta como as palmeiras". Presencia então o modo constrangido com que o líder peruano o cumprimenta, declarando que ele havia interpretado perfeitamente o pensamento deles.

Partindo de Curanjá em 5 de julho, zarparam para a Forquilha do Purus e enfrentaram bancos de areia e cachoeiras no Rio Cujar, até atingir, em 3 de agosto, o vale do Rio Ucayale, lá em cima, como descrito por Euclides em mais uma exaltada nota patriótica: "nossos olhos deslumbrados abrangiam de um lance três dos maiores vales da Terra... o que eu principalmente distingui, irrompendo de três quadrantes dilatados, foi a imagem arrebatadora da nossa pátria". Terminados os levantamentos e as descobertas, minuciosamente anotadas, a comissão retornou a Manaus, chegando em 23 de outubro de 1905, com os dados necessários para a defesa da posição do Brasil no delineamento da fronteira. Na volta ao Rio, Euclides redigiu o *Relatório da Expedição*, publicado na Imprensa Nacional como "Notas complementares do comissário brasileiro" sobre a história e a geografia do Purus, incluído no relatório da comissão mista Brasileiro-Peruana de reconhecimento do Alto Purus.

Com tantos deslocamentos e afazeres, só veio a tomar posse na Academia Brasileira de Letras em 18 de dezembro de 1906, aos 41 anos, recebido pelo acadêmico Sílvio Romero. Como adido no Itamaraty, trabalhou na preparação dos documentos para a construção da Estrada de Ferro Madeira Mamoré e recebeu a missão espinhosa de opinar sobre o litígio de fronteiras entre o Peru e a Bolívia. Sem se intimidar, estudou o tema de forma aprofundada — como era de seu feitio —, adjudicando a área litigiosa à Bolívia em exaustivo relatório, transformado mais tarde no livro *Peru versus Bolívia*, fulminando: "a base das pretensões peruanas... ilógica e inviável, está errada. Geométrica, astronômica, geográfica, política, jurídica e historicamente errada".

Sua fama atravessou o oceano, e a Livraria Chardron, da cidade portuguesa do Porto, publicou pela primeira vez *Contrastes e confrontos*, livro em que Euclides descreve suas impressões da passagem pretérita pelo Vale do Paraíba. No capítulo "Entre ruínas" procurou mostrar a decadência da região após a crise do café e retratou a "tristeza daqueles ermos desolados"[5] com cruzes às margens do caminho, cafezais decaídos, estradas vazias por onde caminha um *caipira desfibrado*. No ensaio "Numa volta ao passado", conta sua chegada a Silveiras e as condições precárias em que a cidade se encontrava, quase em ruínas. A terceira parte tem por título "Fazedores de deserto", em que propunha a concepção de um plano abrangente para o Brasil, fundamentado no conhecimento científico da natureza e da base antropológica nacional, que nos levasse a níveis superiores de desenvolvimento. A ideia da História como produtora de ruínas e a necessidade de os brasileiros reagirem a isso perpassa assim a obra adulta euclidiana. Convidado pelo Centro Acadêmico Onze de Agosto, tem uma acolhida triunfal na Faculdade de Direito de São Paulo, onde profere, em 11 de agosto de 1907, a palestra "Castro Alves e seu Tempo", terminando ovacionado pelos universitários.

Entre os dias 22 de janeiro de 1908, quando completa 42 anos, e 15 de agosto de 1909, data de sua morte, depauperado e metido em desavenças conjugais, prefaciou os livros *Inferno verde*, de Alberto Rangel, e *Poemas e canções*, de Vicente de Carvalho, além de escrever o ensaio "Antes dos versos", no qual expôs sua concepção da poesia moderna, e publicar no *Jornal do Commercio* a crônica "A última visita", sobre a homenagem de um anônimo estudante a Machado de Assis no funeral deste, em 29 de setembro de 1908. Euclides também redigiu a carta-prefácio para o trabalho *O norte*, de Osório Duque Estrada, e entregou aos editores Lello & Irmão as provas de seu livro *À margem da história* sobre a Amazônia, que seria publicado postumamente. Sempre à procura de uma ocupação estável, inscreveu-se em 1909 no concurso para a Cadeira de Lógica do Colégio Nacional, atual Pedro II, em São Cristóvão no Rio, e foi nomeado professor, proferindo sua primeira aula em 21 de julho.

Euclides da Cunha faleceu no dia 15 de agosto de 1909, aos 43 anos de idade, no bairro carioca da Piedade, depois de uma troca de tiros com o militar gaúcho Dilermando de Assis, que se tornara amante de sua esposa desde sua ausência por conta da viagem à Amazônia.

Seu nome permanece na História do Brasil por sua produção literária, por seu trabalho como engenheiro, por sua trajetória de obras e serviços entre Rio, São Paulo e Minas Gerais, e de análise presencial do sertão baiano à floresta amazônica, por seu amor à pátria. Sua obra magna, *Os sertões*, que o consagrou como escritor, é universalmente dada como marco essencial na literatura latino-americana. No dizer de Sílvio Romero, Euclides da Cunha deixou uma mensagem de fraternidade não apenas para os brasileiros, mas também para os povos de todo o mundo.

Notas

1 BORGES, Euclides Penedo. "Euclydes da Cunha e a nação brasileira". Editora Mauad.
2 Ibid.
3 Ibid.
4 CUNHA, Euclides. "Nota preliminar". In: *Os Sertões*.
5 CUNHA, Euclides. *Contraste e confrontos*. Editora: Via Leitura.

GLAUBER ROCHA
Cacá Diegues

Conheci Glauber Rocha numa segunda-feira de 1957, quando ainda éramos, os dois, muito jovens. Não é que eu tenha uma memória espetacular; sei que era uma segunda-feira, porque era esse o dia da sessão semanal da Cinemateca do Museu de Arte Moderna (MAM), sempre na sala de projeção da Associação Brasileira de Imprensa (ABI), na rua Araújo Porto Alegre.

Ele saía do elevador, vestido em terno escuro e gravata sem cor, meio descabelado como sempre e com cara de mau humor. Quem me apresentou a ele foi Davi Neves, meu vizinho em Botafogo, cineasta com quem fiz meu primeiro curta-metragem, *Fuga*. Eu já conhecia e admirava os textos categóricos de Glauber, publicados, em geral, no *Jornal do Brasil*, graças a Reynaldo Jardim, um dos primeiros jornalistas a apoiar o Cinema Novo desde logo.

Glauber foi a primeira pessoa de minha geração que nunca duvidou de que, um dia, seríamos todos cineastas. E alguns, como ele, bons ou até ótimos cineastas. Por enquanto, éramos apenas uma rapaziada cinéfila, a tomar conhecimento da arte que cultivávamos através de livros e cineclubes, onde a grande atração não era propriamente o filme projetado, mas o debate depois de sua projeção.

Estamos falando de uma época em que a televisão, recém-inaugurada, mal passava um longa-metragem na íntegra. E, quando o fazia, não eram os filmes de nossa preferência. Também não havia "cinemas de arte" ou DVDs à venda, para acalmar nossa ansiedade de ver os filmes citados nos livros. Porque só os conhecíamos dos livros que líamos e dos relatos dos poucos que haviam viajado à Europa, numa aventura num cargueiro ou para atender à bolsa ganha para um curso qualquer.

Quem nos colocou, pela primeira vez, diante desses filmes secretos e lendários foi justamente a Cinemateca do MAM quando realizou, durante cinco anos seguidos, festivais nacionais, com filmes de todas as épocas, feitos nos Estados Unidos, na França, na Inglaterra, na Itália e na União Soviética. Era nos cineclubes e, sobretudo, nesses festivais do MAM que nos conhecíamos e nos encontrávamos, formando a geração do chamado Cinema Novo.

Quando a gente descobre que nossos sonhos são os mesmos sonhos de outras pessoas, mais ou menos da mesma idade, que vamos encontrando pelo caminho, ficamos mais fortes, passamos a acreditar que tudo é possível. Mesmo os sonhos.

Glauber foi quem mais cultivou e espalhou esses sonhos pelo Brasil afora, através do que dizia nos encontros de cinema ou escrevia nos cadernos de cultura de Salvador, Rio de Janeiro, São Paulo e Belo Horizonte. A ponto de o mestre Nelson Pereira dos Santos, responsável por todos nós e com quem aprendemos tudo, responder a uma enquete sobre aquela turma, dizendo que "o Cinema Novo é quando Glauber Rocha chega no Rio de Janeiro".

Mais do que qualquer cineasta, a maior influência no pensamento e na obra de Glauber era a da literatura brasileira. Uma literatura que ele conheceu desde sempre, como leitor precoce, poeta e contista, agitador e pensador da cultura nacional, jornalista e jogral, animador das Jogralescas Teatralizações Poéticas, um grupo que encenava, com escândalo, poesia em teatros de Salvador.

A literatura brasileira que interessava a Glauber ia de Castro Alves a Sousândrade, do cordel a Guimarães Rosa, de Jorge Amado aos concretistas, de Euclides da Cunha a João Ubaldo Ribeiro. E ainda sobrava espaço para autores como Jorge de Lima e Cornélio Penna, um gosto meio secreto que ele não costumava revelar.

Seu primeiro curta-metragem, *Pátio*, filmado diante da igreja de São Francisco, em quarteirão histórico de Salvador, é o resultado de todas essas influências, somadas às de seus ídolos autorais no cinema. Além dos textos teóricos e das conversas em encontros regulares que tinha com Walter da Silveira, na Bahia, e Paulo Emílio Salles Gomes, em São Paulo.

Tomo a liberdade de considerar o Modernismo de 1922 como o exemplo essencial e o instrumento preferencial de Glauber em sua pregação cinematográfica. O Modernismo da experiência formal, mas também o da fundação de uma linguagem original para a cultura produzida no país. Registrar nos filmes as imagens das quais só nós tínhamos conhecimento, de um jeito que cada um de nós iria inventar. Um jeito de estar no mundo sendo brasileiro.

Para Glauber, o programa do Cinema Novo era muito simples, tinha só três pontos: produzir um novo cinema, que só nós saberíamos fazer, capaz de mudar a história dessa arte; transformar a sociedade brasileira, tornando-a mais rica e menos desigual, através de nossos filmes; e construir uma nova civilização universal, mais humana, mais justa e mais fraterna, baseada nas virtudes da cultura e do povo brasileiros. Mudar o cinema, mudar o Brasil e mudar o mundo: só isso! A esse programa, Glauber Rocha dedicou sua vida, sem se importar com os reveses práticos que iriam ocorrer no mundo, no Brasil e no cinema até sua morte, em agosto de 1981.

Seus filmes, mesmo aqueles que realizou fora do país, são comoventes apelos dramáticos a esse projeto. Um projeto que, com o tempo, foi se chocando, cada vez mais, com a prática de uma humanidade conformada com o desastre e a impotência. Uma humanidade cada vez menos utópica.

Seus dois primeiros filmes de longa-metragem, ambos realizados na Bahia, são obras inaugurais não apenas de sua carreira pessoal, mas sobretudo como uma atitude nova diante da criação artística, vinda de um cinema e de um país desconhecidos. Territórios considerados virgens.

Originalmente escrito por Luiz Paulino dos Santos, *Barravento* foi transformado por Glauber, que refez seu roteiro, na afirmação de uma raça e num libelo contra o atraso social. O grande acontecimento, para todos nós que acompanhávamos de perto a fabricação dos filmes de nossos amigos, seria a participação de Nelson Pereira dos Santos como montador. Durante esse trabalho, as portas do velho Laboratório Líder, em Botafogo, onde o filme foi montado, estavam sempre abertas para aulas práticas de cinema que varavam as madrugadas.

Mas foi com o filme que fez a seguir, *Deus e o diabo na terra do sol*, que Glauber Rocha mudou a paisagem do cinema, no Brasil e no mundo.

A primeira projeção mundial de *Deus e o diabo na terra do sol* deu-se em Cannes, em maio de 1964. Naquele festival, histórico para o cinema brasileiro, tínhamos dois filmes na competição oficial, o de Glauber e *Vidas secas*, de Nelson Pereira dos Santos, baseado no romance de Graciliano Ramos. O cinema brasileiro também estava na Semana da Crítica, mostra do festival dedicada às primeiras obras de jovens cineastas, com o filme *Ganga Zumba*, adaptado de um romance histórico de João Felício dos Santos que abordava o Quilombo dos Palmares.

Com o impacto, no ano anterior, de *Porto das caixas*, de Paulo Cesar Saraceni, em diversos festivais europeus, mais a presença e a premiação de *Os fuzis*, de Ruy Guerra, no Festival de Berlim daquele mesmo ano, 1964 se tornaria a data em que se completava a descoberta internacional do Cinema Novo brasileiro.

Em Cannes, além dos cineastas envolvidos, estavam presentes produtores como Luiz Carlos Barreto, funcionários da representação do Brasil na França, como o futuro presidente da Cinemateca Brasileira, Almeida Salles, e o poeta e diplomata Vinicius de Moraes, além de jornalistas como Mary e Zuenir Ventura, e os correspondentes em Paris de *O Estado de S. Paulo*, Novais Teixeira, e do *Jornal do Brasil*, Luís Edgard de Andrade.

No dia da primeira exibição de *Deus e o diabo na terra do sol*, todos nós sabíamos ou intuíamos que aquela seria uma sessão decisiva para o futuro de nosso cinema, já na mira da ditadura brasileira, ainda não totalmente declarada como tal. O cinema do qual aquele filme era um expoente precisava ser amado e se mundializar, para seu reconhecimento e sua proteção.

Com poucos minutos de projeção, já era visível que o público de Cannes, a elite do cinema de todo o mundo, se sentia desconfortável com o que via se passar na tela.

O último filme falado em português que ali estivera, há exatos cinco anos, fora *Orfeu Negro*, colorida, adocicada e gentil versão francesa da favela carioca. Agora, diante desse mesmo público, um bando de gente esquisita se vestia de um jeito estranho, cantando canções de origem cultural indecifrável, agindo de um modo chocante e inesperadamente violento, discursando para um mundo que não era visível a olho nu, num preto e branco de uma paisagem nunca vista, sem nuances ou disfarces. O que era aquilo?

Aos poucos, durante a projeção, grande parte dos espectadores ia se levantando de suas cadeiras para ir embora às pressas, com o espírito confuso e quase sempre irritado. Quando *Deus e o diabo na terra do sol* terminou e a luz da sala se acendeu, uma boa metade dos espectadores a havia deixado, antes do fim do filme. Os que ficaram, até a corrida final de Geraldo Del Rey do sertão para o mar, permaneciam em silêncio, sem saber direito o que pensar, quanto mais o que dizer. Mais ou menos como se, naquela tela terráquea, tivessem acabado de assistir a uma primeira exibição de cultura marciana.

Não sei dizer quantos segundos se passaram entre o fim da projeção e o que aconteceu em seguida. O fato é que, pouco a pouco, os que haviam ficado na sala começaram, um a um, a aplaudir. Até que estavam todos de pé, aos gritos, saudando o que tinham acabado de ver. Muito provavelmente na certeza de que tinham que aprender a ver o que tinham acabado de ver. O que os havia entusiasmado tanto.

O filme brasileiro se tornou um assunto prioritário em Cannes, mesmo entre os que o denegriam. Na entrevista coletiva, realizada depois da projeção, Nelson Pereira dos Santos, em nome de Glauber Rocha, do filme e do cinema brasileiro, explicava, a representantes de veículos do mundo inteiro, o que eles haviam visto e o que certamente ainda veriam ao longo dos próximos meses e anos.

Naquele momento, meu sentimento pessoal era o de liberdade e segurança. Mais do que nunca, estava seguro de que valia a pena ser livre, para fazer o cinema que estávamos tentando fazer no Brasil.

A partir de seu quarto filme, *O dragão da maldade contra o santo guerreiro*, também filmado na Bahia, Glauber, já celebrado nos festivais e circuitos de arte de todo o mundo, se tornaria uma grande estrela internacional do cinema. Tendo recebido, por esse filme, o prêmio de direção no Festival de Cannes de 1969, o público presente, dessa vez sem exceções, aplaudiu de pé quando Luchino Visconti, no palco da mostra, ajoelhou-se para beijar sua mão e entregar o troféu que o cineasta brasileiro havia ganhado.

A partir da consagração daquele filme, Glauber podia filmar em qualquer lugar do mundo, onde bem entendesse. Fui testemunha do assédio que sofreu de grandes produtores europeus e dos estúdios frenéticos de Hollywood. E ele recusou todas essas ofertas, escolhendo filmar *Cabezas cortadas*, a história de um ditador decadente, que realizou na Espanha, com produtores catalães; e *O leão de sete cabeças*, filmado no Congo, sobre uma África que ele queria revolucionária, produzido pelos mesmos modestos coprodutores franceses de *Antonio das Mortes*.

Assim se chamava, fora do Brasil, seu grande sucesso — *Antonio das Mortes*, como o herói mítico criado pelo cineasta, o matador de cangaceiros, um justiceiro com culpa social. Mas sempre preferi o título original do filme e desconfio que Glauber também. *O dragão da maldade contra o santo guerreiro*, um quase alexandrino perfeito, que lembrava as batalhas de São Jorge em defesa de seu povo, podia muito bem ser o título de um daqueles longos poemas alegóricos de cordel.

Glauber quase nunca anunciava publicamente, mas sempre sonhara, meio que secretamente, em filmar *Wild Palms* (*Palmeiras selvagens*), o romance de William Faulkner. Talvez para justificar tal desejo da parte de um nacionalista radical, como ele, Glauber me dizia que o ambiente de *Wild Palms* se parecia com o da Bahia. O que não me parecia verdadeiro, embora não o tenha perturbado com minha opinião. Eu achava que ele tinha o direito de fazer o filme que quisesse, não importava onde.

Quando *Deus e o diabo na terra do sol* estreou em Nova York, Glauber foi para os Estados Unidos acompanhar o lançamento, mas também com a intenção de montar aquela produção. Quando voltou, me disse que *Wild Palms* era mal-afamado, que os produtores americanos viam o livro de Faulkner como portador de azar, que não se devia tentar adaptá-lo para o cinema.

Mas a versão mais razoável que tive para esse desinteresse repentino estava no extraordinário roteiro que ele terminara de escrever em Nova York e que agora me dava para ler. Chamava-se *Terra em transe*.

Terra em transe, de 1967, terceiro filme de Glauber Rocha, o primeiro realizado no Rio de Janeiro, tornou-se uma obra seminal para o cinema brasileiro, bem como para a jovem cinematografia de todo o mundo, em plena efervescência de seu nascedouro.

Do Quartier Latin a Greenwich Village, passando por países como a Coreia do Sul e o Mali, a Bolívia e o Senegal, Romênia e Cuba, jovens cineastas começavam a fazer cinema em todo lugar do mundo, mesmo onde ele antes nunca existira. Um cinema diferente daquele que estávamos todos acostumados a ver. Um cinema autoral e independente, ousado e original, com filmes que falavam de nações, sociedades, comunidades e culturas até ali desconhecidas. E o Cinema Novo brasileiro tinha sido um precursor, talvez até o primeiro e principal estímulo para o deslanchar desse movimento mundial, ao longo dos anos 1960.

Da segunda metade dos anos 1950 até o final dos 1970, o cinema conheceria uma revolução, só comparável ao surgimento do som a partir de 1929. O público do mundo inteiro, até então condenado a ver apenas filmes americanos e de alguns poucos países da Europa Ocidental, passaria a ter, a seu alcance, o conhecimento de outros povos, através de um cinema do qual os guias eram os olhos, a mente e o coração do realizador.

Como exemplo do significado desse momento, lembro a emoção, que muito me comoveu, de Ousmane Sembene, do Senegal, e Souleymane Cissé, do Mali, então líderes do novo cinema africano em gestação, quando viram *Ganga Zumba*, em Gênova, na Itália, em 1965. Como lembro de minha própria emoção quando, mais tarde, vi pela primeira vez um filme de Abbas Kiarostami e tomei conhecimento do que podia ser o povo do Irã distante, sem nunca ter ido lá. Nesse dia, chorei pela grandeza do cinema.

Não foram só os cineastas de um mundo até ali desconhecido, até ali marginalizado do cinema, que mudaram o rumo dos filmes naquela metade do século XX. Com Hollywood em frangalhos, vítima da televisão e da falta de coragem de seus produtores para atender o novo público de um mundo novo, uma geração de jovens cineastas americanos se impôs, inspirada muitas vezes no que via chegar daqueles países longínquos. A chamada "New Hollywood", o movimento liderado por Francis Ford Coppola, Martin Scorsese, Hal Ashby, Brian de Palma, George Lucas e outros, inaugurado com o sucesso inesperado de *Sem destino* (*Easy Rider*), de Dennis Hopper, em 1969, até hoje presta homenagem a Glauber Rocha em suas memórias, pelo que ele e suas ideias representaram para seus filmes.

Todos os filmes de Glauber Rocha têm uma característica de revelação única, como a New Hollywood e os bons cineastas de todo o mundo procuravam. Mas *Terra em transe* era mais do que isso. *Terra em transe* fundava um cinema político, revelador de nossas misérias e de nossas necessidades, com uma proposta artística nunca antes experimentada por nenhum cineasta, de qualquer geração, em lugar nenhum do mundo. Com *Terra em transe*, não era só o país que nunca mais seria o mesmo a nossos olhos. Com esse filme, o cinema também nunca mais poderia ser o mesmo, em lugar nenhum do planeta.

A inflexão provocada por *Terra em transe* não ficou restrita à história do cinema brasileiro. É verdade que só com *Antonio das Mortes* Glauber se tornaria legível no resto do mundo. Mas, mesmo para aqueles que mal desconfiavam do que estavam vendo, havia um misterioso e irresistível gosto por *Terra em transe*, suas imagens organizadas numa montagem visceral, surpreendente e aparentemente desordenada, num discurso que só fazia sentido para quem fosse capaz de supor o que estava por trás da realidade concreta diante de nossos olhos e ouvidos.

Sim, ouvidos. Porque não dá para pensar sobre *Terra em transe*, sem se dar conta de sua extraordinária e monumental banda sonora, tanto de música e ruídos inesperados, quanto sobretudo de diálogos.

Na época em que o mundo do cinema estava a seus pés, perguntei a Glauber por que não aproveitava a oportunidade para tentar montar, finalmente, a produção do filme baseado em *Wild Palms*. Glauber disse que já havia tentado retomar o projeto. Mas, agora, era um litígio entre herdeiros de Faulkner que impedia a aquisição dos direitos. E rindo dele mesmo, como sempre fazia quando queria falar a sério e sem demagogia, repetiu em voz alta a citação célebre do romance: "Entre a dor e o nada, prefiro a dor". Num estalo, compreendi que, de certo modo, Glauber já tinha feito a parte mais importante de seu projeto sobre *Wild Palms*. Em *Terra em transe*.

Se *Deus e o diabo na terra do sol* nos levava a uma certa excitação revolucionária, se ali nos sentíamos capazes de mudar o mundo, *Terra em transe* nos trazia de volta à melancolia do fracasso dos sonhos, uma declaração de impotência diante da insensatez do universo. Do que é dito em *Deus e o diabo na terra do sol*, permanece sempre, em nossa memória, o formidável grito do Corisco, ao cair ferido de morte, no final do filme. "Maiores são os poderes do povo!", diz o cangaceiro jorge-amadiano.

Em *Terra em transe*, o que lembramos sempre é a deprimida frustração de seus personagens, que se desejam transformadores porque se creem revolucionários. Sara, a disciplinada militante de esquerda, interpretada por Glauce Rocha, diz a seu grande amor, o jornalista Paulo Martins, personagem de Jardel Filho, um revolucionário em crise de consciência, o que nunca mais esqueceremos. Desapontada com os delírios dele, ela quase sussurra, com extrema melancolia, que "a poesia e a política são demais para um homem só".

E, no final do filme, entre os sons feéricos de metralhadoras, Paulo Martins grita aos céus que vai morrer "em nome da Beleza e da Justiça". Quase colada a essa imagem, não muito distante dela, vemos o rosto vitorioso do autocrata populista, interpretado por Paulo Autran. Um rosto deformado pelo ódio, a berrar diretamente para a câmera: "Aprenderão! Aprenderão!"

Talvez tenha sido nessa melancolia ideológica, provocada pelo fracasso político de sua geração, que Glauber acabou depositando a tristeza impotente e fatalista de William Faulkner, misturada a seu próprio barroco tropical.

Glauber Rocha cultivava um barroco brasileiro moderno, sem compromisso com o caráter religioso do estilo. Ele era barroco como Guimarães Rosa, uma forma de lidar com o natural do país. Uma maneira contraditória de participar do concerto universal da cultura, armado das características do lugar de onde veio, sem se submeter a uma linguagem universal, aquela em que teria que abrir mão de sua origem para, simplificando, se comunicar em segurança com a audiência mais vasta possível.

Do Modernismo, Glauber já havia celebrado e adotado uma linguagem atualizada com a cultura popular do país. Mesmo que, diferente de Rosa, fosse muito menos ou nada coloquial. Ele acrescentara a essa disposição a violência como forma de comunicação, uma declaração empenhada e previamente engajada numa crença política. Como está, mais uma vez, numa fala de Paulo Martins, em *Terra em transe*: "O sangue não tem importância, não se muda o mundo com lágrimas".

Glauber Rocha deu um passo decisivo nessa direção, encerrando, com seus filmes, o ciclo de cultura modernista no Brasil. Um ciclo que havia começado sobretudo na poesia de 1922, passara pelo romance nordestino de 1930 e iria se encerrar com o tropicalismo, no final dos anos 1960. O tropicalismo como um clímax, mas também como o funeral do Modernismo na cultura brasileira. E é esse movimento, o tropicalismo, que vai tentar conciliar o conflito angustiante do Modernismo original, entre a revolução no Brasil e a vanguarda estética no mundo.

Terra em transe fala da confluência entre a invenção de um novo cinema "terceiro-mundista", como se dizia na época, e o crepúsculo de uma nação de cidadãos impotentes, rendidos à autocracia do regime militar. O filme inaugurava a fase terminal do Cinema Novo, encerrada com a censura à nossa matéria-prima — a realidade brasileira — tacitamente proibida pelo Ato Institucional nº 5, em dezembro de 1968.

Mas também fornecia os principais valores de nossos últimos filmes combatentes, como *Os herdeiros, Brasil, ano 2000* e *Macunaíma*. Além do que viria depois deles, nos sussurros de um cinema que não podia mais ser livre. Talvez fosse mesmo tarde demais. E Glauber Rocha, o grande artista que produzira essa hipótese de revolução, sofreu demais com a própria impotência, com a qual não admitia negociar. Ou, o que seria pior, conciliar.

Além do cinema, *Terra em transe* foi também a fonte de elementos fundamentais para a agitação de outras áreas culturais no país daquele momento.

No teatro, o filme inspirou uma nova encenação, criada por José Celso Martinez Correa, declaradamente a partir da obra de Glauber. Na poesia, o mesmo aconteceu com uma geração de jovens poetas, que saíam pelas ruas a distribuir seus poemas mimeografados, como Cacaso, Tavinho Paes ou Torquato Neto. Mas o reino por excelência do tropicalismo de origem glauberiana acabou sendo o da música popular, com Caetano Velloso, Gilberto Gil e Tom Zé, entre outros. Numa carta a Glauber, enviada do exílio em Londres, em outubro de 1970, Caetano dizia ao cineasta que "você sabe que foi *Terra em transe* que me deu todas as dicas".

Glauber é infindável. Se quisermos contar a íntegra de sua vida e de sua obra, um dos gênios brasileiros de nossa fértil segunda metade do século XX, teremos que multiplicar por muito o tempo que tivermos à disposição. Foi por causa de seus filmes que don Luís Buñuel, o mestre espanhol, um dos responsáveis pela invenção do cinema moderno, declarou à revista italiana *Cinema Nuovo*, no final dos anos 1960, que "não vejo nada novo nas novas ondas; a mais humana e vigorosa delas, a meu juízo, é a brasileira". Uma óbvia referência a Glauber, cujos filmes havia visto e amado.

Glauber é infindável e múltiplo. Missivista incansável, em carta de março de 1981, cerca de cinco meses antes de morrer, ele me escrevia: "Não lamento nada. Este túnel chegará ao fim e nos encontraremos, mesmo que seja no deserto, onde acharemos novas soluções".

Em julho daquele ano, em missão que me foi confiada por alguns de seus amigos, fui a Sintra, Portugal, tentar trazê-lo de volta ao Brasil. Sabíamos que estava doente e queríamos que se tratasse aqui, com os médicos que já o conheciam, cercado por amigos e parentes. Passei um longo fim de semana de quatro dias em sua casa. Glauber tossia e cuspia sangue, mas não o vi drogar-se ou reclamar de dores, como nos diziam que andava acontecendo. Apesar da saúde precária, ele estava bem-humorado e animado com os projetos que desenvolvia para filmar em Portugal.

Uma manhã, me levou a passear de táxi pelas colinas do sul de Portugal, com seu filho Eryk, hoje excelente cineasta, que tinha então três anos de idade. Num promontório, ainda perto de Sintra, Glauber mandou o táxi parar e saltamos para a beira do precipício.

Dali, víamos a imensidão do oceano, sem terra à vista. Com emoção e cerimônia, ele declarou que dali saíram as caravelas portuguesas para o Brasil. O que corrigi, por saber que o cais dessas naus se encontrara sempre em Lisboa, perto da Torre de Belém, no rio Tejo. Glauber não pareceu me ter ouvido, seguia descrevendo as aventuras dos marinheiros lusitanos do século XVI, naquelas águas diante de nós.

Eu já estava achando que era melhor mesmo as caravelas partirem daquele deslumbrante promontório, quando ele mudou de assunto, sem mudar de tom. Glauber começou a me ditar recados, para que eu os transmitisse aos amigos brasileiros do Cinema Novo. Cada um devia fazer um filme que ele produzia naquele momento, em sua cabeça encantada, com a voz exaltada e lágrimas nos olhos, diante das caravelas que partiam pelo Atlântico para as terras do Novo Mundo. Com esses filmes, o Cinema Novo renasceria, para mudar o cinema, o Brasil e o mundo.

Segundo ele, Nelson Pereira dos Santos tinha que fazer *Memórias do Cárcere*. Como, de fato, Nelson acabou por fazer, sem ter recebido o recado de Glauber. A Leon Hirszman, mandava dizer que fizesse um filme sobre Canudos. Mas, segundo ele, não precisava ser fiel a Euclides. A Paulo Cesar Saraceni, caberia filmar um musical romântico, passado no carnaval carioca, com música de Tom Jobim. O que Sarra fez, sem Tom Jobim. Para Joaquim Pedro de Andrade, reservava a adaptação de

Casa Grande & Senzala, levando Pernambuco para o coração de Minas Gerais. Sem saber do que Glauber lhe mandara dizer, Joaquim preparava uma adaptação do livro de Gilberto Freyre, quando caiu vítima da doença fatal. Glauber ainda me passou recados semelhantes para mais alguns cineastas, nossos amigos.

A mim, exigiu que filmasse (imaginem só!) *Invenção de Orfeu*, o longo e belo poema de Jorge de Lima. Simplesmente infilmável. Como percebeu que não me emocionara com a ideia, mudou de projeto e dirigiu-se, dessa vez, à minha vida privada, me ordenando casar de novo com Nara Leão, de quem já tinha me separado há alguns anos, para "restabelecer a aliança entre a Bossa Nova e o Cinema Novo". Segundo ele, os nossos inimigos iam ficar furiosos com essa novidade.

Como, poucas semanas depois, ficou sabendo, por carta minha, que eu havia conhecido e começado a namorar Renata de Almeida Magalhães, com quem sou casado até hoje, mudou novamente de projeto e exultou com o novo *affaire*. Ele conhecia a família de Renata e me telefonou algumas vezes de Sintra, de onde não saía, me perguntando se ela era mais parecida com Mitzi, sua mãe, ou com Raphael, seu pai.

Glauber Pedro de Andrade Rocha, seu nome completo, nasceu em 14 de março de 1939, em Vitória da Conquista, Bahia. Seu nome batizou recentemente o aeroporto local, sem que as autoridades federais, presentes à inauguração, o citassem uma só vez. Ele nunca usou o "Pedro" de seu nome oficial, que tinha sido uma exigência do sacerdote que o havia batizado na religião católica de Adamastor, o pai, já que Lúcia, a mãe, era protestante.

Fascinado por vida e obra de Castro Alves, Glauber vivia dizendo, desde sempre e a todos, que iria morrer aos 24 anos de idade, como o poeta, baiano como ele, com quem se identificava.

Em maio de 1964, depois da estreia internacional de *Deus e o diabo na terra do sol* no Festival de Cannes, numa festa em que ele era o justo centro das atenções e onde se divertia como raramente vi, lembrei-me dessa sua obsessão e brinquei com ele, dizendo que sua previsão havia felizmente fracassado. Para o bem de todos nós e das moças que ali o paparicavam, ele estava em plena forma física e mental, se divertindo como merecia. E, agora, já com 25 anos, recentemente completados.

Glauber ficou sério e, com aquele seu jeito de quem estava sempre conspirando perigosamente, me segredou que havia cometido um erro em seus cálculos. Na verdade, ele iria morrer com 42 anos, uma inversão dos dígitos de 24, o anunciado número precedente.

Glauber Rocha morreu em 22 de agosto de 1981, cercado por seus amigos, no Rio de Janeiro, para onde fora transferido de Lisboa, já inconsciente, vítima de uma septicemia irredutível. Ele tinha 42 anos de idade.

ZÓZIMO BARROZO DO AMARAL
Francisco Brandão

Zózimo Barrozo do Amaral inventou um jeito diferente de fazer jornalismo. Criou uma marca própria, que fez escola e redefiniu o colunismo social aqui no Brasil, extrapolando a pauta só de gente da alta sociedade e trazendo notícias importantes das mais diversas áreas. Sua coluna era leitura obrigatória para quem quisesse se manter bem informado sobre o que estava acontecendo no país, na política, na economia, na cultura e até no esporte — estava tudo ali, muitas vezes com algum furo de reportagem em primeira mão. Ele sabia dizer muito em poucas linhas, sempre com humor e elegância. Seu estilo influenciou toda a geração de colunistas que o seguiu.

Conheci o Zózimo na década de 1970, quando ele tinha pouco mais de trinta anos e já havia se tornado uma referência no jornalismo brasileiro, assinando uma coluna diária no *Jornal do Brasil*. Eu era mais novo, devia ter uns 25 anos e vivia na noite, num tempo em que a boemia da zona sul do Rio de Janeiro estava no auge. Frequentávamos os mesmos lugares, tínhamos vários amigos em comum e costumávamos nos encontrar bastante pelas noites cariocas, sempre muito animadas. Era a época do Nino's, do Antonio's e do Hippopotamus, onde muitas vezes o programa só terminava na manhã seguinte, com uma turma grande reunida na varanda até o dia amanhecer.

O Zózimo era um cara boa-praça, muito engraçado, bom de papo e bom de copo. Enquanto o pessoal saía para se divertir nas festas e boates, ele estava ali a trabalho: gostava de conversar e fazer amizades, se relacionava bem com todo mundo e, ao mesmo tempo, se informava de tudo que pudesse virar notícia. Sem perder o bom humor e sem deixar de aproveitar as noitadas.

Ao mesmo tempo que era um sujeito sofisticado, que tinha morado na França e convivia com a alta sociedade, era também muito simples — gostava de Carnaval e futebol, e não fazia distinção entre a elite e o povão. Como bom repórter, ele sabia conquistar e cativar as pessoas, além de cultivar fontes importantes em todas as esferas da sociedade. Os personagens de sua coluna eram os tipos mais variados: podiam ser empresários, banqueiros ou esportistas, o que valia mesmo era uma boa história para entreter, informar e divertir os leitores. E ele conseguia fazer isso como ninguém.

Na época em que nos conhecemos, eu nem imaginava que mais tarde me tornaria um empresário na área de comunicação. Tive sorte de poder aprender muito sobre jornalismo com o Zózimo. Mesmo longe da redação, esse é um tipo de trabalho que se faz em horário integral, 24 horas por dia, sete dias na semana. Como ele mesmo dizia, o maior desafio da profissão era ter que começar tudo de novo, do zero, a cada dia, e não era fácil produzir conteúdo relevante para a coluna diariamente, em tempo para o fechamento.

Algum tempo depois, quando ele já estava separado da Márcia, sua primeira mulher, o Zózimo veio me contar uma novidade: "Você não imagina com quem estou saindo… com a Doritinha." Dorita Moraes de Barros, com quem Zózimo se casou e que seria sua companheira até o fim da vida, era uma das minhas melhores amigas. Se de um lado paramos de nos encontrar nas noitadas, que ele já não frequentava muito, de outro nossa convivência social ficou até um pouco mais próxima, especialmente por conta da paixão pelo esporte.

O Zózimo era um flamenguista roxo, como eu, e gostávamos de acompanhar os jogos no Maracanã sempre que possível, sem contar as inúmeras conversas sobre futebol, ao vivo ou por telefone. Por sorte pegamos uma época de muitas vitórias do clube, especialmente no início dos anos 1980, e tínhamos esse laço rubro-negro em comum. Mas a paixão dele não era só pelo futebol: gostava de tênis, dos esportes olímpicos, até algumas lutas de boxe do Mike Tyson nós vimos juntos pela TV.

Ele acompanhava o tênis de perto, costumava viajar para Paris na época do torneio de Roland Garros, e um dia fomos juntos torcer pelos tenistas brasileiros numa Copa Davis marcante, contra a Alemanha, numa quadra de saibro construída no estacionamento do Barra Shopping. Em fevereiro, no auge do verão carioca, os alemães não tiveram chance: mesmo com o campeoníssimo Boris Becker na equipe adversária, o Brasil ganhou o confronto por 3x1, com duas vitórias do Jaime Oncins. Alguns dias mais tarde, a coluna do Zózimo chamava o lugar de "o alçapão da Barra — o Bariri da Zona Sul", numa perfeita tradução futebolística para o evento.

Não bastava ser bem informado, o diferencial do colunista era justamente a capacidade de síntese do seu texto, além dessa verve bem carioca que dava uma graça especial a cada notícia.

Esse tipo de colunismo de variedades, concentrando no mesmo espaço, em pequenas notas, informações de todos os setores e editorias, tornou-se uma marca bastante original do jornalismo brasileiro. Na maioria dos principais jornais e revistas pelo mundo existe colunas especializadas para cada assunto, enquanto no Brasil o Zózimo criou um estilo novo, ampliando o alcance dos temas e o interesse dos leitores, e deixou um legado importante que está presente até hoje nos principais veículos de nossa imprensa.

Vivendo numa época em que se fumava em todo lugar, dentro das redações, nos bares e nas boates, e também se bebia muito nas noitadas, o Zózimo partiu cedo, vítima de um câncer de pulmão aos 56 anos.

Deixou uma saudade grande em todos os que conviveram com ele, com sua conversa agradável e sua risada marcante. Além da enorme admiração pelo excelente profissional com quem aprendi tanta coisa, guardo com carinho a lembrança do Barrozo, ou Barrozinho, como costumava chamá-lo, e tenho certeza de que ele está até hoje na mesma torcida pelo nosso Flamengo e pelo Brasil, com a paixão de sempre.

De vez em quando passo ali na praia, no final do Leblon, vejo sua estátua e dá vontade de ir contar as novidades ou pedir algum conselho. Quando eu sugeria alguma nota para a coluna em nossas conversas, era sempre bem recebido. Ele dizia: "Deixa comigo...", e essa era justamente a deixa para eu saber que não tinha chance de emplacar. Nunca vi o Zózimo publicar uma nota para agradar alguém, pelo contrário, ele até chegou a ser preso por desagradar um ministro do exército durante o governo militar. Como bom jornalista, a notícia para ele estava acima de tudo, foi assim que ele criou sua marca e deixou o seu legado. Sem perder jamais o estilo e a elegância.

TANCREDO NEVES
Fernando Henrique Cardoso

Não deixa de ser curioso em um livro no qual abundam biografias de ex-presidentes do Brasil escrever sobre alguém que nunca exerceu tal função. Não obstante, Tancredo Neves simbolizou tanta esperança que até parece ter sido presidente. E dos bons. Não quero dar a este capítulo o tom de uma análise histórica ou biográfica. Talvez, mais do que uma análise, ele seja um testemunho e uma nota sobre o que faltou em dado momento no percurso do país. Será uma espécie de homenagem a alguém que foi decisivo em vários episódios históricos.

De Tancredo se pode dizer que foi um "político profissional". De fato o foi, mas foi muito mais do que somente um político de carreira. Seu percurso é conhecido. Nasceu em São João del-Rei em 1910 e morreu em São Paulo em 1985. Nesses 75 anos foi tudo que um político profissional poderia esperar ter sido: vereador em sua cidade natal, presidente da Câmara local, deputado, tanto em seu estado como na Câmara Federal. E isso em diversos mandatos: na década de 1950 se elegeu deputado federal, em 1950 e em 1954; na de 1960, foi eleito, em 1966, e reeleito na de 1970, em 1970 e 1974. Exerceu a função, estranha para o país, de haver sido "primeiro-ministro", entre setembro de 1961 e julho de 1962, na fase transicional entre a queda de Jânio Quadros e a sagração de João Goulart como presidente com plenos poderes.[1]

Havia sido ministro da Justiça (de 1953 a 1954) no governo de Getúlio Vargas, na fase democrática de sua presidência.[2] Mais tarde foi articulador, no PSD, da candidatura vitoriosa de Juscelino Kubitschek à presidência. Posteriormente ao golpe autoritário de 1964, foi eleito senador por Minas em 1978 (pelo MDB), fundou o Partido Popular e, finalmente, em sua longa carreira parlamentar, foi eleito governador de seu estado natal em 1982, novamente pelo PMDB (depois de haver perdido em 1960 para Magalhães Pinto, da UDN). Culminou sua vida política quando se elegeu presidente da República pelo PMDB, no Colégio Eleitoral, em janeiro de 1985.

Foi, portanto, um político de êxito. Menos conhecidas talvez hajam sido suas outras qualificações: como advogado (formado pela Universidade de Minas Gerais) exerceu a Promotoria Pública em sua cidade natal. E como homem de múltiplas capacidades foi acionista e diretor de indústrias têxteis, diretor de um banco mineiro em 1958, o Crédito Real, e da carteira de Redescontos do Banco do Brasil, de 1956 a 1958. Foi diretor do BNDES. De 1958 a 1960 assumiu a Secretaria de Finanças de seu estado.

Embora menos relevantes em sua vitoriosa biografia, essas atividades financeiro-econômicas dotaram Tancredo de enorme senso das realidades. Aliás, conheci-o (ele na ocasião certamente não me conheceu...) quando na década de 1950 fiz companhia a um tio, irmão de meu pai, que era acionista de um banco carioca. Fomos juntos, de carro, a Belo Horizonte. Tancredo então atuava na venda de um banco privado, a ser comprado pelo banco do qual meu tio era sócio.

Escrevo isso – passando às memórias, mais do que à história – porque, anos mais tarde, Tancredo já eleito presidente da República, um alto funcionário do governo americano veio ao Brasil. Para minha surpresa (na época eu era senador) quis falar comigo. Logo deduzi que queria sondar as eventuais linhas de política financeira do recém-eleito presidente: a inflação e a dívida externa pesavam como nuvens carregadas sobre o país. Procurei Tancredo para saber o que dizer e recebi instruções precisas sobre como responder às questões de política cambial e financeira. Fiquei surpreso com os detalhes manejados pelo presidente eleito. Não sei se me pediu que dissesse o que faria na presidência ou o que gostaria que o representante das finanças americanas acreditasse que ele faria...

Embora fosse verdadeiro o que muitos disseram ou escreveram sobre Tancredo Neves, que como bom político mais dizia o que lhe parecesse conveniente do que o que verdadeiramente cria e faria, não foi isso que a meu ver caracterizou sua trajetória. E sim quase o oposto: era homem de convicções, de coragem e de conhecimento dos principais dossiês econômicos e financeiros do país. Sua coragem é registrada pela história. Seguiu Getúlio, por exemplo, até o túmulo, em cujo enterro em São Borja fez um discurso memorável. Fez o mesmo com Jango Goulart. Nos dias difíceis que precederam o suicídio de Getúlio, a participação de Tancredo nas reuniões do gabinete, no próprio palácio de moradia presidencial, o do Catete, foi marcante. Dispôs-se abertamente a enfrentar os militares sediciosos.

Aliava, contudo, à coragem a ponderação. Celso Lafer em estudo primoroso sobre nosso homenageado diz:

> Paciência, obstinação, inteligência, coerência e coragem assinalam a límpida vida pública de Tancredo. Paciência é a virtude de suportar as coisas com moderação e equilíbrio. (...) Obstinação é o querer inquebrantável de uma vontade que não se dobra ao peso dos fatos. Tancredo era um obstinado paciente (...). A sua vontade adquiria consistência ao superar as resistências com inteligência, que é a faculdade de entender. Inteligência, etimologicamente, vem do latim e significa: "ler entre". Tancredo era superiormente inteligente. Sabia ler as linhas e as entrelinhas; discernia o texto, o contexto e o subtexto.[3]

Basta ler o livro de Rubens Ricupero para verificar como agia o presidente eleito em suas conversas com autoridades de outros países, especialmente na parte em que o autor registra o que ocorrera nos Estados Unidos. Não só com autoridades governamentais, como também com as que dirigiam os grandes bancos ou o Fundo Monetário Internacional, o FMI. A inflação corria solta no Brasil e as dívidas internacionais eram impagáveis em curto prazo. Tancredo, sem negar estes fatos, pois a situação financeira do país era desesperadora, queria deixar a sensação de que com sua eleição para a presidência o fator "confiança" mudaria tudo. E assim, pouco a pouco, dobrava o peso dos fatos e mostrava, com obstinação, que teria a coragem e a força para dar outra feição à economia do país. Não enganava: despertava no interlocutor a crença de que ele poderia mudar o curso negativo das coisas.

Testemunhei, eventualmente, a ansiedade com que os políticos de diversos partidos e regiões procuravam o futuro presidente depois de sua eleição pelo Colégio Eleitoral, e a calma com que os ouvia. Ouvia-os quase sem secretários senão que sem eles, e sem tomar notas. Não sei se faria algo do desejado. Mas quem com Tancredo se avistasse saía convencido de que as coisas iriam melhorar, para si e para o Brasil. Saber ouvir, embora sem prometer cumprir o desejado pelo interlocutor, é a marca do bom político. Fazer é outra coisa, ver-se-á depois se a demanda é justa ou não, se é possível atendê-la ou não. Embora não seja necessário dizer ao interlocutor o que se fará.

Essa foi a lição que aprendi de meu pai e de um antigo professor de matemática da Politécnica de São Paulo e meu colega no Conselho Universitário da USP, o professor Camargo, que dizia: "o perigoso não são só os canalhas, pois ninguém é canalha o tempo todo; pior são os burros, que o são sempre..." Não há desculpas para não os ouvir, mesmo aos canalhas, pois não o são todo o tempo, e nada dá maior sensação de formar parte do círculo de poder do que conversar com os poderosos. Tancredo exerce essa arte, com sedução e gozo.

Meu pai, quando tenente, participou da conspiração da qual resultou a Revolução de 1922, assim como da de 1924. Não só ele, vários membros de minha família, incluindo meu avô, que na época era general e, junto com o ex-presidente e marechal, Hermes da Fonseca, acabou preso a bordo de um navio da Armada. Igual destino tiveram meu pai e um irmão (que ao morrer era general), que foram parar na fortaleza de Lages, uma pedra perdida na baía de Guanabara. Pois bem, contava-me meu pai, acabaram se comunicando, embora estivessem em celas separadas, porque ao invés de menosprezarem o guarda – um simples soldado –, com ele conversavam e com sua cumplicidade um falava com o outro.

Assim era Tancredo: ouvia com atenção os que o procuravam ou os que ele achava importante ouvir.

As conversas mantidas no âmbito internacional pelo presidente eleito, trazidas ao público pelos cuidados de Rubens Ricupero, que o acompanhou nas viagens do período que Celso Lafer chamou apropriadamente de "seu momento presidencial", mostram as virtudes do estadista. Não pronunciava palavras a esmo. Elas tinham sempre o objetivo de reforçar a confiança no país, que estaria sob nova condução. Não eram promessas vãs as que fazia, não se comprometia com metas: inspirava crença em si e no país. Em suma, era um líder.

Foram estas qualidades de liderança que o tornaram influente no MDB e que mais tarde o levaram a formar o PP (Partido Popular). O novo partido que lideraria não o impediu, mais adiante, em uma contramanobra à astúcia governamental — que criara condições legais que dificultavam muito a vida de ambos os partidos (PP e MDB) — de voltar sem hesitar à antiga guarida, fazendo uma fusão entre as duas organizações.

E foi assim também que conseguiu se apresentar no Colégio Eleitoral contra a base política do regime autoritário. Momento difícil e crucial. O grande líder da oposição ao regime dominado pelos militares era Ulysses Guimarães, a quem eu era afeiçoado e seguia politicamente. Houvessem sido diretas as eleições, como proposto pelo deputado Dante de Oliveira em sua famosa Emenda, as chances do voto popular estariam provavelmente com André Franco Montoro, governador de São Paulo ou, mais dificilmente, com Ulysses Guimarães. Este, não havendo sido escolhido candidato, nem por isso deixou de ser o grande condutor político do país, como se viu na Assembleia Nacional Constituinte: foi o verdadeiro pai da nova Constituição, a de 1988.

Entretanto, e isso eu segui de perto, foi com habilidade que Tancredo primou no Colégio Eleitoral. Foi capaz de obter apoios entre os dissidentes da Arena (partido que apoiava o regime e cuja dissidência formaria a Frente Liberal, o PFL), não descuidou da retaguarda militar e, sendo querido pelo povo de seu estado (fora eleito governador de Minas Gerais), era admirado pela população que seguia a vida política. Franco Montoro, governador do estado que possuía eleitores em maior número, apoiou a candidatura de Tancredo à presidência. Uma entrevista famosa do então secretário da Casa Civil de São Paulo, Roberto Gusmão, demonstra isso.

Na época eu, além de ser senador, presidia a secção do PMDB paulista. Ulysses foi ver-me no casarão onde funcionava a sede do partido, no Paraíso, bairro paulistano. Compreendera a situação e queria, mais do que saber minha opinião, confirmar o que entendera da entrevista de Gusmão: São Paulo e Minas apoiariam Tancredo no Colégio Eleitoral. Recordo-me bem da conversa que tivemos, de pé, em frente a uma janela de meu escritório no primeiro andar, pela qual se viam as árvores frondosas dos jardins laterais do casarão. Ulysses, que merecia ser nosso candidato, percebeu que, em se tratando de uma eleição indireta, a habilidade contaria mais do que a confrontação. Sua trajetória fora de resistência. Ulysses foi um bravo. O momento, contudo, exigia pontes, uma espécie de conciliação. Disse-me sobre a entrevista de Gusmão: quero ouvir isso diretamente do "Montóro", como pronunciava o nome do governador. Por isso, em um jantar no Palácio, Ulysses indagou a cada um de nós (éramos quatro ou cinco os líderes paulistas da agremiação presentes) se concordávamos que Tancredo deveria ser o candidato do PMDB.

Expressei a ele antes, na conversa no PMDB, meu sentimento: de coração estaria com ele; a prudência, contudo, aconselhava outro caminho. Para isso, disse-lhe, seria essencial seu apoio franco. Ulysses, não porque eu o dissesse, mas porque disso também estava convencido, passou à ação. Ele, o homem das Diretas Já, da anticandidatura presidencial de 1974, que levara o PMDB a obter a maioria no Congresso, abriria caminho para a subida de Tancredo Neves. E assim foi feito. Época de gigantes: Montoro se autolimitou para dar espaço a Tancredo, Ulysses seria o espadachim de Tancredo e este ganharia os necessários apoios na sociedade, no Congresso e nas demais instituições de poder. Assim se fez a transição para a democracia.

Naquele momento, o papel de Tancredo foi decisivo. Seria um "conciliador"? Depende da conotação que se dê à qualificação. Sem dúvida, reafirmo, ele sabia ouvir. Era manso nas palavras, mas firme nas convicções.[4] E realista. Sabia que para vencer precisaria de votos, daí seu empenho em obtê-los também fora do PMDB. Os líderes da oposição concordavam com isso. Entretanto, a muitos era difícil "engolir" algumas alianças. Recordo-me bem de quando chegou a São Paulo a notícia de que o vice da chapa de Tancredo seria José Sarney.

Para alguns o nome de Aureliano Chaves, do mesmo partido de Sarney (da dissidência do PSD, o PFL), parecia ser menos comprometido do que o do escolhido: José Sarney fizera um forte discurso no Senado de oposição às eleições diretas, quando da discussão da Emenda Dante de Oliveira. Mais tarde, com a morte de Tancredo, sem que se saiba o que teria sido um governo de Aureliano, viu-se que Sarney superou barreiras difíceis e com ele se deu a redemocratização.

Como realista Tancredo jamais se esqueceu da importância dos militares na vida brasileira. Buscou no momento de eleição no Colégio Eleitoral e obteve (ou já os tinha) contatos com a área militar. Recordo-me que tínhamos mesmo um plano para o caso de alguma reação militar negativa: do Paraná para o Sul haveria base para uma reação e o próprio presidente eleito poderia facilmente deslocar-se para aquela região.[5]

Uma vez eleito presidente, Tancredo se pôs a trabalhar na organização de seu futuro ministério. Tive, ao que me recorde, três encontros privados com ele depois de sua eleição. O primeiro foi em Lisboa e Coimbra, ocasião na qual recebeu um título honorário de doutor e, mantendo com dificuldade o capelo da vestimenta professoral na cabeça, leu um belo discurso. Em seu entorno de outra coisa não se tratava senão dos nomes que supostamente seriam escolhidos para este ou aquele ministério. Tancredo, com sabedoria mineira, circulava entre todos os presentes e não dava entrada a tais considerações.

Na segunda vez em que estive a sós com ele depois de sua eleição presidencial, já estávamos de volta a Brasília. Os jornais noticiaram que eu seria designado "líder do governo no Congresso". Quando saiu uma notícia mais firme, Ulysses Guimarães me telefonou para perguntar-me o que seria tal designação. Meu interlocutor de nada sabia, nem eu tampouco. Busquei falar com o presidente eleito, pedi a sua secretária, dona Antônia, que fizesse saber ao futuro presidente que gostaria de conversar com ele. Marcamos uma entrevista em seu escritório provisório (acho que em uma dependência da Fundação Getúlio Vargas) e para lá me dirigi no horário aprazado.

Tancredo me recebeu com a simpatia de sempre e foi logo dizendo: por você eu até criaria um ministério... (havia cogitações de que eu seria nomeado ministro e provavelmente esta seria a vontade de Montoro, pois conversei pelo telefone com Francisco Dornelles quando se cogitava de que eu poderia ocupar-me de alguma pasta nova na área social). Respondi de pronto ao presidente: eu não posso ser nomeado ministro. A razão era simples, na época exercia o Senado porque Montoro, de quem era suplente, se elegera governador. O segundo suplente, que ocuparia minha vaga no Senado no caso de uma designação minha para ministro, era o prefeito de Campinas, Magalhães Teixeira, conhecido no mundo político e pelo povo como Grama. Este perderia definitivamente sua posição de prefeito se ocupasse (e interinamente) minha vaga, o que não tinha cabimento. A menos que eu renunciasse ao Senado e o prefeito de Campinas se tornasse, de fato, senador. Tancredo abriu um sorriso e me disse: "Não se inquiete, você vai ser mais importante do que qualquer ministro, será líder do governo no Congresso". E ajuntou: "Vou falar com o Fragelli (presidente do Senado); pedirei que derrube umas paredes para dar a você o maior gabinete do Senado, assim verão que a força está com você..."

Queria enganar-me? Prestigiar-me, atender a pressões de outrem a meu favor? Não sei, e é inútil especular. Talvez tudo isso ao mesmo tempo. Mas com tal capacidade de sedução que (embora eu soubesse que não poderia ser nomeado ministro, antes mesmo de ir falar com o recém-eleito presidente) confesso que me senti agradado e posso imaginar o prazer momentâneo de quem com Tancredo falava e encontrava apoio em suas palavras. Era um encantador de serpentes.

Recordo-me de outra ocasião, depois da eleição em que o senador José Fragelli, de Mato Grosso do Sul, ganhou a presidência do Senado de seu competidor, Humberto Lucena. No meio da reunião que escolheria o novo líder (eu dissera a Tancredo que ambicionava esta posição), fui chamado ao telefone pelo presidente eleito. Disse-me diretamente: abra mão de sua candidatura em benefício de Lucena e não se preocupe com isso... Foi o que fiz em seguida, preocupado, não obstante, com o fato. Enganei-me. Havia a ideia de Tancredo me nomear líder do governo no Congresso, posição difícil, ainda a ser criada, mas sem dúvida "prestigiosa".

Sua ação, entretanto, não se resumia a isso. Sabia o que desejava fazer e sabia comandar. Desde o discurso de posse (que foi lido por Sarney e a cuja reunião ministerial eu assisti como líder do governo no Congresso) havia o desenho de um futuro para o país. No período pós-eleição, quando o presidente eleito começava a tecer as redes necessárias para governar, procurei observar seu desempenho. No mesmo dia em que, para seu desafogo, comuniquei-lhe que, objetivamente, não poderia formar parte de seu ministério, depois de ouvi-lo dizer que eu teria "força política", pedi-lhe que me contasse o que estava pensando quanto à formação do governo. Com seu jeito especial de sem perder a doçura mostrar que também tem garras, foi-me relatando o que ocorreria com uns e outros. De alguém me disse: você sabe como sou cuidadoso com as palavras; nunca dei sinal algum de que o convocaria e agora vejo pela imprensa, por todo lado, que fulano será ministro disso ou daquilo. A respeito de outro prócer, quando me disse o nome da pasta para a qual seria designado, espantei-me: "E ele está contente?" "Contentíssimo", foi a resposta. Embora as especulações todas se orientassem na direção de que o referido personagem iria ocupar outro ministério...

Neste sentido, Tancredo era quase um mágico: criava as realidades políticas para escapar das que o circundavam. De fato, o quanto me lembre, quem realmente privava da intimidade política de Tancredo eram Francisco Dornelles, seu sobrinho, e o publicitário e amigo Mauro Salles. Além de seu neto, Aécio, que funcionava como uma espécie de secretário para tudo (ou quase tudo). Os líderes políticos a seu redor, desde a eleição, passaram a cogitar de suas posições no governo. Havia vários eventuais candidatos a serem chefes da Casa Civil, posição central em qualquer governo. No dia em que Tancredo, no salão de reunião plenária da Câmara de Deputados, deu uma brilhante entrevista aos jornalistas internacionais, de repente, Aécio Neves sentou-se a meu lado e disse: diga a seus amigos que o Chico é homem nosso; que parem de conspirar contra ele.

Tratava-se de Francisco Dornelles, que muitos acreditavam que seria nomeado Chefe da Casa Civil, posto ambicionado por alguns. Repliquei a meu interlocutor: diga ao Chico que me telefone amanhã de manhã. Isso, sem maiores comentários. Na outra manhã, também sem nada dizer, Dornelles me telefonou e eu entendi tudo, sem palavras. Ato contínuo, reuni os mais próximos parlamentares na casa de um deles, todos "tancredistas" e eventualmente candidatos a posições no governo. Menos sutilmente, transmiti o recado: fiquem quietos, sem imaginar que este ou aquele vai para tal ou qual posição e não atuem contra ninguém, caso contrário não haverá espaço para nenhum de vocês.

Não chegou a existir um governo Tancredo Neves. Senti, entretanto, que seu comando no governo seria suave nos modos e firme na direção. Sabia ouvir, mas também sabia cortar. Certa vez, depois de um comício em São Paulo, acerquei-me do presidente e lhe disse algo sobre um militar que me procurara. Contestou de imediato: conheço bem o tema e há outras pessoas ocupando-se dele! Ou seja, a seara não me pertencia nem a quem me procurara. Nomeou ministro do Exército o general Leônidas Pires Gonçalves, que chefiara o Paraná e mantinha boas relações com o senador José Richa. Certamente não foi por isso que o nomeou: conhecia-lhe os méritos. Na área militar Tancredo Neves não era neófito, nem tampouco Dornelles era.

Ainda na área militar, um belo dia Tancredo foi ao meu apartamento de senador, em Brasília. E me perguntou: o que você andou dizendo que os militares estão prevenidos com você? Procurei relembrar e só me ocorreu um episódio. Em algum momento dei uma entrevista para uma revista e, sem pensar em maiores consequências, disse que a Constituição da época deveria ser revista, pois havia um artigo que, ao definir as funções das Forças Armadas, me parecia perigoso, pois poderia abrir portas a intervenções, permitia que se ocupassem da lei e da ordem. Foi tudo de que me lembrei. Tancredo tratou de desfazer o mal-entendido, no que foi ajudado por Sarney. Mais tarde, já Sarney na presidência, coube ao senador Richa e a mim negociar com o general Pires Gonçalves o novo texto, o da atual Constituição, que manteve a possibilidade de os militares intervirem para assegurar a lei e a ordem, mas, lá está escrito: a pedido de um dos chefes dos três poderes.

Conto isso para mostrar os cuidados de um líder: Tancredo sabia avaliar melhor do que eu os riscos de palavras ditas, quase a esmo... Recordo-me de outra ocasião, já com José Sarney no governo, quando Ulysses Guimarães convocou vários ministros para um jantar em sua casa (quase todos os ministros do governo Tancredo/Sarney pertenciam ao PMDB) e, como se tratava de uma reunião do partido (PMDB), Francisco Dornelles não fora convidado. Eu, preocupado com o equilíbrio e o bom funcionamento da vida política, acorri então à casa de Dornelles. Lá deparei com o retrato pendurado na parede de um primo meu, que fora ministro da Guerra, ao lado, creio, do pai de Dornelles. Como bom gaúcho de Minas Gerais, Dornelles sabia como ninguém que, mesmo nas democracias, os militares desempenham papel de relevância e convém tê-los por perto e informados. Tanto mais quanto ele (e também Tancredo) os tinham na família.

Esta figura ágil, inteligente, articulador e quando necessário cortante, que foi Tancredo, também tinha bom humor. Em uma feita eu estava em Belo Horizonte em um almoço palaciano com a família de Tancredo, inclusive sua esposa. Entre os presentes estavam seus netos e, entre outros, o senador Marcos Freire, de Pernambuco. Quando alguns saíam, sem mais nem menos, Tancredo se vira, brincalhão, para Marcos Freire e pergunta: você não pode me emprestar sua estampa por um dia? E riu às gargalhadas.[6] O senador tinha fama de ser bonitão, e era. Neste quesito Tancredo perdia longe ...

Assim era Tancredo Neves. Político hábil, dono de suas palavras, capaz de mover montanhas, mas também homem de visão. Como primeiro-ministro, nas conversas oficiais que manteve depois de eleito presidente e sempre que exerceu funções públicas, Tancredo nunca deixou de ser pessoalmente simples, quase modesto, e como homem de governo atento a manter os gastos públicos controlados. No discurso de posse que preparou com seu inestimável colaborador, Mauro Santayana, dava uma ordem: não gastar! Era o início do que seria uma política de austeridade fiscal, indispensável para controlar a inflação. E sem dúvida, renegociaria os termos da dívida externa, para evitar o que se tornou inevitável mais tarde, a moratória.

Entretanto, não foi a isso que me referi no início quando disse que escreveria sobre o que faltou ao país em dado momento. A Nova República, como foi alcunhada, tinha, sem dúvida, desde o movimento que a enraizou no sentimento popular, o das Diretas Já, o compromisso de elaborar uma nova e democrática Constituição. Tancredo talvez postergasse a convocação de uma Assembleia Constituinte e, dado seu temperamento precavido, conservador mesmo, preferiria primeiro mastigar melhor o que poderia resultar de sua convocação. Era favorável à Comissão Arinos, da qual quis que eu fosse relator (o que recusei, pois nem advogado eu sou). Gostaria de dispor de um texto básico a partir do qual ele certamente pressionaria o Congresso, aceitando sugestões tanto da Comissão quanto dos constituintes, mas não perderia o controle do processo.

Os fados levaram-nos a outros caminhos. Coube a José Sarney, muito pressionado pelo PMDB, as glórias e dores de cabeça de haver convocado a Constituinte. Sarney como substituto constitucional de

Tancredo desde seu impedimento, não dispunha, de início, de maioria real para comandar uma Constituinte. Ulysses Guimarães, chefe do todo-poderoso PMDB e homem de grande descortino, disputava com o presidente a primazia.

Durante as sessões do Congresso viu-se a força e a retidão de Ulysses. Mas não foi um tempo fácil. Para começar havia a questão, mal posta, da legitimidade. Muitos do PMDB viam em Sarney o ex-presidente do PDS, partido de sustentação do *ancien régime*. E choravam pela decisão que levou a colocar no poder o vice-presidente eleito e não o presidente da Câmara de Deputados, ou seja, Ulysses Guimarães.

Sem falar que no sentimento de muitos parlamentares havia a sensação de que o delegado do povo era ele. Para que regras? E Ulysses, prático e institucional, deu-me a incumbência de definir as regras dentro das quais faríamos a Constituição, trabalho que fiz com a colaboração essencial do deputado Nelson Jobim. Resultado: estabelecidas as regras em um "regimento interno", ouvi dias afora os queixumes dos parlamentares. Frequentemente diziam: mas logo Vossa Excelência, que foi atingido pelo AI-5 e viveu no exílio quer nos impor uma rolha? A verdadeira questão era outra. De um lado, o governo (Sarney me confirmara como líder deste) temia que a Constituinte não respeitasse a duração de seu mandato (pela antiga Constituição seria de seis anos); de outro, a maioria dos parlamentares e do povo queria logo eleições diretas, ou pelo menos ao final de quatro anos. O presidente cedeu: aceitaria cinco anos de mandato, até mesmo com a condição de que no quarto ano se instalaria o parlamentarismo, desejo de muitos, e que chegou a ser aprovado como sistema de governo na principal comissão da Assembleia.

De pouco adiantou. Resultado: o governo incentivou a criação do "centrão", que o apoiava, e os demais radicalizaram posições em questões substantivas. No geral a nova Constituição, graças a Ulysses e a alguns líderes, como Mário Covas, terminou por ser, de fato, democrática, deu garantias aos cidadãos (Afonso Arinos ajudou muito nesta matéria), mas nasceu impregnada com os valores da época: estatizante e, no fundo, anticapitalista. O muro de Berlim ainda não havia caído. A Constituição avançou em questões importantes, como a reforma agrária (para o que líderes como Jarbas Passarinho foram importantes) e em alguns direitos trabalhistas, mas atou as mãos do Executivo, propondo direitos e vantagens em um momento no qual as finanças públicas exigiam severidade. Entretanto, nosso desejo majoritário era o de atender às justas demandas da sociedade.

Os governos subsequentes (até hoje) levaram o tempo todo propondo reformas da Constituição, a qual na época de sua discussão e aprovação, para garantir sua boa-fé e validade, foi concessiva e casuística. Muito do que é lei, e, portanto, cambiável por maioria simples de parlamentares, se transformou em artigo constitucional que carece da aprovação de 3/5 de cada Casa para mudar.

Tancredo, crível, experiente, e com apoio popular, faria melhor que os demais, não deixaria que excessos se transformassem em artigos constitucionais. Desde Sarney, estamos tentando com dificuldades obter, no que corresponda, um texto mais contemporâneo para adaptar nossa Constituição à mutabilidade da história. Felipe Gonzáles, o experiente líder espanhol, disse-me certa vez: "As Constituições, além de enxutas, devem ser inespecíficas e alusivas, como a Bíblia; devem permitir interpretações".

Sei que Tancredo Neves, com suas características, nem sempre correspondeu ao que muitos desejavam. Sei também que a vontade férrea de Ulysses Guimarães substituiu, na época da Constituinte, a inexistência de um chefe do Executivo eleito pelo povo. Assim como vi de perto e reconheço os esforços de José Sarney para redemocratizar o país e haver-se com forças políticas que não entendiam, muitas vezes, a rugosidade da vida econômica e social.

Com isso e tudo graças a estes três líderes, com a ajuda de muitos outros, o Brasil deve haver restabelecido o espírito de conciliação e a democracia, sem ressentimentos, mas também sem esquecimentos descabidos dos malfeitos do passado.

Neste sentido, positivo, Tancredo foi, sim, um conciliador: juntou forças para fazer o melhor. Teve rumo na vida e, quando necessário, sabia ser cortante, como deve ser todo líder convicto de seus valores. Foi um construtor de pontes. Mas sabia que para aplainar os caminhos, às vezes, é necessário quebrar pedras. Também sabia que o tempo é precioso e transcorre rapidamente. Nunca se deu a valentias, mas teve coragem quando necessário. Só não teve tempo para consolidar seus sonhos: foi colhido pelo que mais temia e que é inevitável: a morte. Colheu-o em momento dramático para o país. Ainda bem que os esforços para os quais tanto contribuiu na passagem do autoritarismo à democracia tiveram continuadores. Nada melhor para fazer jus à memória de Tancredo do que reconhecer que a conciliação que ele mais desejava era a do povo com o Estado. A democracia foi a ponte pela qual sempre trabalhou. E continua a ser o melhor caminho para o povo e as instituições brasileiras.

Notas

1. Há várias biografias e estudos sobre Tancredo Neves, dentre os quais ressalto: Ribeiro, José Augusto, *Tancredo Neves*: a noite do destino. Rio de Janeiro: Civilização Brasileira, 2015. E Fraga, Plinio. *Tancredo Neves:* o príncipe civil. Rio de Janeiro: Objetiva, 2017.
2. Sobre Tancredo Neves ver também: SILVA, Vera Alice Cardoso; Delgado, Lucília de Almeida Neves. *Tancredo Neves*: a trajetória de um liberal. Petrópolis: Editora Vozes, 1985. Especialmente, o depoimento de Tancredo sobre o final do governo Vargas, no sétimo "Seminário de Estudos Mineiros", da UFMG, reproduzido no livro nas páginas 261-280.
3. LAFER, Celso. "O legado diplomático da viagem presidencial de Tancredo Neves — seu significado para a política exterior do Brasil". In: RICUPERO, Rubens. *Diário de Bordo*, São Paulo: Imprensa Oficial Estado de S. Paulo, 2010, p. 392.
4. Para seguir nas minúcias a habilidade de Tancredo, nada melhor que o livro de Ronaldo Costa Couto, *Tancredo vivo*: casos e acaso. Rio de Janeiro: Editora Record, 1995. O autor, além de escrever de modo agradável, conviveu com Tancredo, de quem foi ministro.
5. Ver: RIBEIRO, José Augusto, op.cit., p. 518-519.
6. Ver livro de Ronaldo Costa Couto, op.cit., onde há diversas situações nas quais se vê o bom humor de Tancredo.

PAULO FRANCIS
Sonia Nolasco Heilborn

Fui casada durante 23 anos com Franz Paulo Trannin Heilborn, mais conhecido como Paulo Francis. Os dois eram bastante diferentes. Franz, que eu chamava de Francis por força do hábito, era amoroso e um tremendo companheiro. Muito engraçado, também. Paulo Francis foi um personagem que ele criou e que parecia arrogante, cáustico, muito crítico, e dono da verdade. Puro teatro. Gerou polêmicas, antipatias, até ódios, mas o que ele falou e escreveu derrubou o templo de Jerusalém.

Nós nos cruzamos pela primeira vez em 1968, no jornal *Correio da Manhã*, onde estagiei, recém-saída da faculdade. Era a publicação mais liberal do Rio de Janeiro. Fui designada como assistente (abrir envelopes e selecionar *press releases*) do jornalista Cícero Sandroni, que produzia a coluna "Quatro cantos". Na mesma sala trabalhavam algumas das maiores sumidades do jornalismo e da intelectualidade brasileira: Otto Maria Carpeaux, José Lino Grünewald, Osvaldo Peralva e Paulo Francis, editor do suplemento cultural *Quarto caderno*, então o mais erudito da imprensa brasileira, e para onde eles escreviam ensaios. Vinham à noite, quando eu estava quase saindo.

Em maio, estudantes, artistas e jornalistas organizaram a famosa Passeata dos Cem Mil. Na preparação, coube a mim pedir uma doação ao Paulo Francis. Ele me sentou ao lado da mesa que ocupava no canto extremo esquerdo da sala e fez um sermão interminável. Perguntou se eu tinha lido o ensaio de Lenine, *Esquerdismo, doença infantil do comunismo*. E eu: "Não. Mas me traz que eu leio e discutimos o assunto". Ele não riu. Continuou pontificando sobre erros da juventude de esquerda. Quando se abriu uma brecha, arrisquei: "E quanto você vai nos dar?" Ele deu cinco cruzeiros, mais que todo mundo na redação, incluindo Marcio Moreira Alves.

Muita água rolou por baixo da ponte Rio-Niterói. Quando nos vimos de novo, eu não era mais a incendiária de minissaia. Morava há alguns anos em Paris, onde cursava a Sorbonne, numa bolsa de estudos; tinha terminado um mestrado e estava preparando minha tese de doutorado em ciências políticas. Em 1973, o jornalista Sérgio Augusto esteve em Paris, vindo de Nova York, e me levou um livro novo do Francis com a dedicatória: *"You bring out the gypsy in me"*. Indo a Nova York, fui visitá-lo. Reencontro memorável. Mas eu não podia ficar. Meu visto era de apenas três meses.

Ah, homem nenhum resiste a mulher que diz "não", que está indo para outro país, viver uma vida da qual ele não faz parte. Essas coisas de revista feminina que, infelizmente, funcionam até com intelectuais. Voltei para Paris. Francis passou a me telefonar. Me fez encontrá-lo em Londres por duas semanas. Foi a Paris. Me fez assídua na ponte aérea Paris-Nova York. Bagunçou minha rotina. De vingança, casei com ele. Mas valeu cada minuto.

Francis era desastrado. Um touro na loja de bibelôs. E se o ambiente fosse à luz difusa do abajur lilás, ele se sentava na bandeja de *hors d'oeuvres* que estava na mesinha baixa e nem se dava conta do estrago. Certa vez, ao sair de um bistrô minúsculo, Francis girou no ar seu casaco longo antes de vesti-lo, varrendo todos os copos e talheres das mesas vizinhas. Parecia sempre extrapolar seu próprio espaço individual. Arrombar limites. Tinha pavor de avião, por medo de morrer como seu irmão, Fred, e porque se sentia confinado. O cartunista Henfil me disse que seu ideal de comédia era ver o Francis jantar na bandeja da classe econômica.

A situação seria café pequeno diante das que assisti, e socorri, toda vez que fomos a Paris e nos hospedamos naqueles hotéis tradicionais do Quartier Latin, com chuveiro em forma de telefone. Francis apontava o chuveirinho em todas as direções, menos para o corpo. Encharcava o chão e as paredes. E quando eu o escutava vociferar "*Merde! Merde!*", era hora de invadir o banheiro e enxugar a inundação.

Por isso ele se identificava, e se dobrava de rir, com o inspetor Clouseau, criação impagável de Peter Sellers. Mas não achava engraçada a sua própria atuação. Fazia rir os amigos com reações que para ele eram normais. Certa vez, hospedado no Copacabana Palace, no Rio, saiu à rua distraído e dispensou para o resto da noite o motorista (achou que era o dele) de um ilustre cineasta italiano que também estava no hotel.

Francis nunca deixou de ser moleque e farrista. Levava a sério seu trabalho, mas aí ele era outra pessoa, como num transe. Para se ter uma ideia, ele adorava Dercy Gonçalves. Começava a rir só de ouvir o nome dela. E Oscarito, Grande Otelo, e um bando de comediantes de chanchadas da praça Tiradentes, do teatro rebolado que ele frequentou na juventude. Coristas, quanto mais vulgares, mais excitantes. Ele e seu amigo Sérgio Porto/Stanislaw Ponte Preta tinham o mesmo gosto. Talvez efeito da restrição sexual dos anos 1950. Uma vez me perguntaram qual era o tipo de mulher favorito do Francis e respondi, distraída mas consciente: "Cafajeste".

Em contraste, ele era um fidalgo de boas maneiras, conhecedor de vinhos, exigente em restaurantes refinados (voltava pratos para a cozinha a ponto de o chef vir à nossa mesa perguntar o motivo), e vestia-se com apuro. Estilo conservador. Teatro, ópera e restaurante, só de terno e gravata. Quando passávamos férias em Londres, em grande parte para ir ao teatro, Francis levava duas malas cheias por causa dos ternos e sapatos.

Desde que o conheci, em 1968, só o vi de calças tradicionais de linho, gabardine, ou flanela de lã, com vincos impecáveis, e camisa social de mangas compridas, arregaçadas no verão. Francis nunca usou conjunto de moletom. Nem jeans, camiseta e tênis. Não sabia o que era Nike ou Converse All Star Chuck Taylor. Calçava só sapatos Churchill que ele não precisava amarrar.

Quando o conheci, Francis tinha 38 anos e muitos cabelos brancos. Cabeça cheia de cachinhos encaracolados, parecendo que não os penteava. Quando nos casamos, ele usava uma carapinha comprida, feito Castro Alves. A seu pedido, passei a cortar seus cabelos. Não, não tenho jeito para o ofício. Aparava como podia, em linha reta, e Francis nem verificava o resultado. Por que não ia ao barbeiro? Pelo mesmo motivo que não frequentava médicos. Displicência. Detestava marcar hora e ter que cumprir. Se houvesse barbeiro aqui na esquina de casa, talvez ele fosse. Mas não havia. Então, era eu que fazia barbeiragens no cabelo dele.

Aos cinquenta anos, Francis já estava todo grisalho. Agora ele ia ao barbeiro porque trabalhava em televisão, onde exigiam o tal "padrão Globo de qualidade". Quando ele começou a fazer comentários políticos todo dia e a participar do programa *Manhattan Connection*, cometi a asneira de sugerir que ele escurecesse um pouco os cabelos para rejuvenescer. Feito Adão, ele caiu na conversa. Só que não procurou cabeleireiro. Contratou o Carlinhos, brasileiro, maquiador na televisão e ex-cabeleireiro.

Carlinhos nunca acertou o tom de louro escuro que era o natural do Francis. Primeiro produziu um marrom *dégradé*, depois marrom rosado, e finalmente o extravagante cor de burro quando foge, do qual Lucas Mendes riu tanto que nem conseguiu começar o programa. Parece que os espectadores não notaram, pois ninguém escreveu perguntando sobre aquele arco-íris de cores obviamente falsas.

E alguma vez Francis reclamou e pediu ao Carlinhos para refazer o trabalho? Não. Mal olhava no espelho cada tonalidade absurda que o rapaz inventava e no dia seguinte ia para a rua, crente que estava abafando. Por que Carlinhos? Porque ele vinha em casa na conveniência do Francis, fazia tudo na sala e lavava na pia do banheiro.

Francis se descrevia como um senhor à moda antiga. Mas não era careta. Não conheci ninguém que fosse tão liberal, aberto a novas maneiras, e que não julgasse absolutamente o comportamento dos outros. Não era dado a romantismos. Em suas memórias, não teve coragem de confessar que tinha casado comigo porque se apaixonou. Escreveu que precisava de mim. Quando reclamei daquela declaração, como se eu fosse uma enfermeira, Francis prometeu refazer a frase na segunda edição do livro, o que recusei. Ele reagiu: "Dediquei meus dois romances a você. Quer maior prova de amor?" E eu: "Dedicou, mas não disse que era com amor". Nunca diria. Macho não se declara, não mostra o coração. Francis não falava, escrevia ou lia pieguices. Abominava sentimentalismos. Reprimia emoções. Mas chorava na ópera ao ouvir uma interpretação comovente.

Quem o viu cuidar dos nossos gatos sabe que por trás daquela fachada aparentemente soberba havia um menino meigo de colégio de padres. Agachava-se de cócoras para colocar com paciência ração nos pratinhos e trocar a água. Os gatos, malandros que só eles, sabiam que Francis era fácil de enganar e daria mais comida se eles miassem. Eu era a vilã, que só os alimentava nas horas certas; Francis, o pai carinhoso que os espertinhos seguiam a cada vez que ele ia à cozinha.

Faziam dele gato e sapato. A cama preferida do Jojô (o mais novo, na época em que tivemos três gatos) era a cadeira do computador. Às vezes, Jojô dormia no canto do espaldar da cadeira, obrigando Francis a sentar-se na beirada, quase caindo. Trabalhava horas assim, sem perturbar o outro ocupante. Quando Jojô se espalhava todo, de barriga para cima, e o dono queria se sentar, a vilã era convocada: "Vem tirar esse gato daqui!"

Adulto, Francis não mais tinha religião, mas respeitava que eu fosse católica praticante. Em dezembro de 1996, estávamos de férias em Paris quando ele insistiu em ir à missa de Natal em latim, no dia 25. Não lembro o nome da igreja, mas lembro que assistimos a missa de mãos dadas e que Francis sabia muitas palavras da cerimônia, coroinha de altar que ele fora aos nove anos de idade. Não me ocorreu que a emoção que ele deixou transbordar era prenúncio de sua morte dois meses depois.

Francis não se espantaria em saber que fiquei uma velha carola e vou à missa todo domingo. Ele não me fazia perguntas teológicas nem me forçava a provar por que eu tinha fé e rezava. Eu também não lhe fazia perguntas. Sabia que tinha horror à religião, a qual abandonara desde a morte de sua mãe, quando ele estava com 14 anos. Contou o episódio em suas memórias, *O afeto que se encerra*, de 1980, e em inúmeros artigos de jornal.

Ainda assim ele concordou em entrar o Ano-Novo comigo no ashram hinduísta em que eu praticava meditação e yoga. Imagine a cara dos brasileiros que também estavam no ashram (na montanha de Catskills, a duas horas de Nova York) ao deparar com o célebre Paulo Francis, de crachá no peito e uma expressão aturdida, na fila da lanchonete. Ele nada reclamou, para não estragar o início do ano (superstição minha); depois, disse apenas que odiou a falta de televisão no quarto (onde dormiu durante um dia e meio) e a comida, pior do que a das prisões em que estivera.

Quem não o conheceu, e achava que Francis só apreciava filmes complexos de Ingmar Bergman e documentários políticos do gênero *A batalha de Argel*, ficará pasmo ao saber que seus favoritos eram os preto e branco dos anos 1940, ou Errol Flynn lutando espada; a corrida de bigas de *Ben-Hur*; atores respeitáveis como Charles Laughton, Laurence Olivier, Richard Burton e Rex Harrison em épicos bíblicos (Francis ria das túnicas e dos saiotes); John Wayne em *O homem que matou o facínora* e *A desaparecida*; filminhos ingênuos, como *Um anjo caiu do céu*, com atores de gabarito (David Niven, Cary Grant, Elsa Lanchester); comédias de Doris Day, e *...E o vento levou*, ao qual assistimos dezenas de vezes. Ele amava também *O poderoso chefão* e filmes de Scorsese, Bertolucci, Woody Allen, Chabrol e Malle, mas os de sua infância e adolescência eram os que mais o divertiam.

Quase todo fim de ano nosso ritual era rever *Milagre na rua 34* (com Natalie Wood aos nove anos de idade), e *White Christmas*, com o vozeirão de Bing Crosby. A alegria do Francis era pegar o espanador de plumas e imitar Crosby e Danny Kaye na canção "*Sisters*". Sempre me fazia rir. O que não me fez rir foi, postumamente, descobrir que Francis comprara (escondido de mim), em menos de um ano, dezenas desses filmes, e concertos e peças de teatro, em cerca de quatrocentos discos laser, novidade caríssima que surgiu para desbancar o videocassete e que durou pouco, até a invasão do DVD (depois de março de 1997), que ele não chegou a ver.

Depois dos sessenta anos, Francis ficou saudosista. Usava, de brincadeira, expressões bem americanas — *Gee whiz*! *Swell*! — que aprendera na década de 1950, quando estudou na Columbia University, em Nova York. Me dava sustos: vinha silencioso até onde eu lia, absorta, e gritava, "Olha o rapa!". Se ele acordava de bom humor (coisa rara), cantava marchinhas dos anos 1930: "Edgar chorou/ Quando viu a Rosa/ Gingando toda prosa...", ou "De babado, sim/ Meu amor ideal / Sem babado, não...". Se estava triste, saudava a Força Aérea Brasileira: "Lá vai a cobra fumando..."

Em depressão (parceira constante) não falava comigo. Silêncio absoluto, como se ele morasse sozinho. Eu servia o jantar feito uma gueixa, a ponto de me curvar de mãos postas e dizer "Dozo". Em suas memórias, Francis descreveu com sinceridade aquelas longas fases de depressão, as vozes íntimas que o incitavam a se suicidar.

Não foi fácil. Aliás, ele gostava de dizer, cinicamente: "Na nossa certidão de casamento não consta a garantia de facilidade conjugal". Nem de que Francis parasse de beber pesado. Ele não foi um alcoólatra, mas porrista, desde a juventude; mais ainda nos dias de *wine* & *roses* & Pasquim & Ipanema. Podia parar quando quisesse, ele me jurou, e ficar meses sem vontade de álcool. Aos 55 anos, aceitou o conselho médico, e parou de vez.

O problema, quando ele bebia, era não se satisfazer com uma só dose de uísque; tinha que ser umas quatro ou cinco, até chegar ao estado de graça. Ou seja, muito sem graça para quem partilhava a mesa. Quando assistimos por três vezes o musical *Evita*, ele ficou obcecado pela trilha sonora. No quinto uísque, forçava nossos visitantes a ouvi-la várias vezes. Outro dia Lucas me confessou: "Francis foi o bêbado mais chato que conheci".

Cheguei na vida dele em tempo de desordem, como no poema de Brecht. Depois de anos boêmios em Paris, eu tinha cansado de bebida. Francis, meio frustrado por não ser mais o rei da cocada preta de Ipanema, bebia e dava vexame. No dia seguinte eu lhe contava, com muito tato, as sandices que ele dissera. Francis: "Você devia ter me avisado". Aí combinamos: quando ele começasse a falar bobagem, eu lhe daria um pontapé por baixo da mesa ou, se estivéssemos num sofá, deveria cutucá-lo discretamente. Assim fiz. Para minha vergonha, ele me encarou e perguntou, alto, de cara feia: "Por que você está me chutando?"

Lucas assistia aos porres do Francis com senso de humor. Foi o único amigo brasileiro que Francis cultivou em Nova York. Gostava dele fraternalmente. Admirava a criatividade, o texto e qualidades pessoais. Francis também se sentia perfeitamente à vontade com Hélio Costa, repórter do *Fantástico*, de quem invejava a simplicidade: "O cara nasceu para fazer televisão. Atravessa o corredor do avião e todo mundo se cala e olha para ele. O Brasil inteiro reconhece Hélio Costa, e ele finge que não tem importância".

Carioquíssimo, torcedor do Flamengo, Francis era fascinado pelo "charme discreto dos mineiros". Mas não os frequentava muito. E a ninguém. Preferia ficar em casa. Muita gente talvez pense que morar em Nova York é levar uma vida glamorosa. A nossa era bem doméstica. Íamos várias vezes ao teatro, à ópera, ao cinema; menos a concertos e balé. Restaurante de luxo, só em ocasiões especiais; lanchonete e chinês era nossa rotina quando eu estava cansada para cozinhar. Sim, cozinhar, o que faz toda mulher que conheço aqui. Nessas horas, Francis era frugal, um santo: provavelmente faminto, ele comia sem criticar qualquer prato que eu servisse.

Tivemos uma casa de praia, acredite quem quiser. Em mais uma prova de amor — Francis fez questão de frisar —, no verão de 1986 ele rachou (porque era uma fortuna) com Hélio Costa uma casa em East Hampton, a praia mais chique da época. Francis contou a meio mundo que era para eu sair do calorão da cidade nos fins de semana. Ele não iria. E por que, Catilina, o convenci a mudar de ideia? No início fomos de carro com Hélio, eu no banco de trás com nossa gata, dona Alzira que, na viagem de duas horas e tanto (tráfego infernal), cismava de andar para todo lado.

No quintal da casa, numa enseada paradisíaca, eu tomava sol. Francis e Hélio conversavam lá dentro. No primeiro *weekend* em que Hélio não foi, fechei a cara até Francis me acompanhar, à moda dele: alugou uma limusine com motorista. Daí em diante, passou a inventar desculpas de trabalho. Fui para East Hampton com amigos, mas me sentindo rejeitada. Reclamei. Francis resolveu a rixa: na tarde de sexta-feira eu ia de trem com minha irmã, que estava em Nova York de férias, e a gata na jaula, berrando; sábado ele ia de jatinho, com celebridades e altos executivos. O arranjo ficou caro e neurótico. Acabado o verão, nunca mais falei em sair da cidade no *weekend*.

Na verdade, *ele* precisava de descanso. Mas Francis não sabia descansar da maratona semanal que era produzir seu *Diário da Corte*. Começava como rascunho gigante ao qual ele acrescentava todo dia um comentário novo, editando os anteriores, até enxugar para o que caberia numa página do jornal. Para isso, ele lia com absoluta concentração três jornais de Nova York por dia, quatro ingleses por semana, e o *The Washington Post*, e seis revistas semanais e mensais, americanas e inglesas, de ensaios políticos e de crítica literária. Ao mesmo tempo, devorava livros de ficção e de não ficção, assistia a comentários políticos na televisão, consultava jornalistas de Washington. Impressionante o que Francis conseguia ler, reter e usar. Mais impressionante que, de lambuja, ele também tivesse escrito romances.

Ele tentou me ensinar a me concentrar. Conseguiu algum resultado, até mesmo que eu produzisse dois livros. No meu primeiro romance, Francis ficou indignado com a minha indisciplina no trabalho – só escrevia quando tinha vontade — e ameaçou me trancar no quarto, como Edmund Wilson fizera com Mary McCarthy (assim ela compôs, em 1942, *The Company She Keeps*). Não precisei de extremos. Ninguém que conviveu com Francis ficou imune ao estímulo que era sua produtividade.

O que ele diria, escreveria hoje sobre Donald Trump, Brexit, Iraque, crise econômica mundial, migração em massa, corrupção no Brasil e mudanças climáticas? Certamente tiraria de letra. Sua "metralhadora giratória" atingiria direto os culpados, causando polêmica e raiva, como antes. Mas Francis teria atritos com o universo digital. Jamais se lembraria de senhas, ou de onde as teria anotado. Tinha o hábito de tomar notas em envelopes de contas que vinham pelo correio e que se perdiam dentro de algum livro que ele parou de ler, e assim não eram pagas. Ele não usaria o twitter, nem e-mails telegráficos. Mas continuaria a produzir o melhor jornalismo. Em 2020 completaria noventa anos. Estaria cansado?

Jean Cocteau disse que pessoas extremamente sensíveis, poetas e artistas, sabem instintivamente, como os animais, que sua hora final chegou. Ao organizar os manuscritos de seu *protegé*, o poeta e autor (*Le Diable au Corps*, *Le Bal du Comte d'Orgel*) Raymond Radiguet, que morreu aos vinte anos de idade, Cocteau observou que estava tudo em perfeita ordem. Mesmo doente terminal, Radiguet arrumara meticulosamente seus papéis na escrivaninha e nas gavetas. Sentiu que não teria muito tempo.

Não sei se isso aconteceu com Francis. Acho que vi indícios: ele reconstruiu cuidadosamente seu último romance, *Carne viva*, abandonado desde 1994, obedecendo as mais de cem correções sugeridas por seu editor; insistiu em voltar a Paris naquele Natal de 1996 e realizar o sonho de se hospedar no Hotel Meurice, que tinha sido o HQ da ocupação nazista da cidade (entre 1940 e 1944), e ficar na suíte do general Dietrich von Choltitz, que desafiou as ordens de Hitler e não incendiou Paris.

O luxuoso Meurice era parte do "pacote" do Concorde, já lutando contra a falência: uma passagem dava direito a levar acompanhante e ocupar uma minissuíte do hotel. Fazia um frio do cão, oito graus abaixo de zero, e Francis passou as tardes embaixo de cobertores, lendo ou assistindo televisão portuguesa. Estava esgotado pelo trabalho e profundamente deprimido pelo processo judicial que a direção da Petrobras lhe tinha infligido em outubro: exigiam cem milhões de dólares de compensação pelos danos morais que Francis causara à empresa ao denunciar, no

Manhattan Connection, que seus diretores escondiam alguns milhares de dólares em bancos suíços.

Que ironia. Os "humilhados e ofendidos", como se apresentou a diretoria da Petrobras, chiaram apenas porque tiveram seu segredo mencionado. Levou vinte anos para sabermos que Francis ousou contar a verdade, só que os milhares de dólares eram muitos milhões de dólares, e nosso governo estava totalmente envolvido e comprometido no que se revelou o maior escândalo mundial de corrupção num país democrata.

Quando a salada bateu no ventilador, lembrei o senador Eduardo Matarazzo Suplicy trazendo à nossa casa o Lula da Silva (e grande elenco), que ele considerava "um político extraordinário, fundador do Partido dos Trabalhadores", para apresentar ao Francis e sugerir que escrevesse sobre ele. Foi em 1980-1982. Depois de horas de conversa, meio galão de uísque e mesa farta num restaurante chinês, Francis deu a Suplicy seu veredito sobre Lula: demagogo, populista sem escrúpulos.

Afrontado com a pretensão do sujeito, Francis escreveu sobre ele, sim, mas para denunciar as tramoias do PT. Zombou de simpatizantes como Suplicy e seu grupo de *socialites*, que denominou "PT do Morumbi". Apelidou os partidários de "petelhos", e a palavra pegou. Fez campanha feroz contra Lula, e ele perdeu as eleições de 1989, 1994 e 1998. Depois que Francis silenciou, elegeram o cara. Tudo isso pode ser lido no arquivo da *Folha de S. Paulo* que, na época, não tinha rabo preso.

Et tu, Brutus? Nos três meses que se seguiram ao anúncio do processo da Petrobras, a grande mágoa do Francis foi pela total falta de solidariedade da mídia e dos amigos. Que se saiba, apenas Elio Gaspari escreveu em defesa dele. O empresário e amigo Ronald Guimarães Levinsohn tentou, em vão, convencer Joel Rennó, então presidente da Petrobras, a retirar o processo. José Serra foi a Brasília pedir ao presidente Fernando Henrique Cardoso que interferisse no caso. Este, que tinha o poder de solicitar a suspensão do litígio, nada fez. Francis se sentiu traído. No início de janeiro de 1997, Paulo Mercadante, seu advogado no Brasil, descobriu que a Petrobras não tinha direito legal de perseguir ninguém pelo motivo citado e, menos ainda, fora do país. Em duas semanas, o processo seria anulado.

Francis, debilitado por uma gripe terrível, e sem apetite, não celebrou a vitória. Telefonou a alguns amigos no Brasil com quem não falava há meses. Começou os planos para sua viagem no fim de fevereiro, a convite de um jornal do Rio Grande do Sul: em Porto Alegre, dar palestras; em São Paulo, fazer as pazes com Caio Tulio Costa; no Rio, ligar para Cacá Diegues. Tudo anotado, em garranchos, numa caderneta preta.

Noite de 3 de fevereiro. Distraído, Francis não deu atenção aos sinais do fim. Quis assistir, em vídeo, ao filme *Interlúdio*, de Hitchcock; me chamou para ver Ingrid Bergman e Cary Grant namorando na praça Paris, no Rio de Janeiro. Lembrou: "Em 1946 o Rio era lindo e calmo". Depois releu, madrugada adentro, *So Long, See you Tomorrow*, de William Maxwell. De manhãzinha ele se foi, abraçado comigo.

A quem lê isso agora, quero pedir, parodiando o que Francis escreveu num artigo de 1973, no *Pasquim*: "Cuidado. Você está segurando meu coração".

ELEAZAR DE CARVALHO
Eleazar de Carvalho Filho

Escrever sobre um personagem que foi meu pai não é fácil. Ele tinha muitas dimensões: era maestro, compositor, educador, mas poderia também se declarar tubista, tenor, capitão de mar e guerra, esgrimista, *chef* de cozinha, ou mesmo parecer personagem de uma peça de Shakespeare. Tinha um senso de humor e ironia aguçados, autoridade temperamental e doçura. Foi alguém que viveu muitas vidas em uma só, mas que nunca desistiu dos sonhos ou se intimidou pelas dificuldades.

Quando do seu centenário, a OSESP, que foi sua casa durante muitos anos, fez a ele uma bela homenagem com uma série de concertos na Sala São Paulo. Publicaram um caderno que lembra sua trajetória e cita a pitoresca história de sua primeira ida aos Estados Unidos, em 1946. Chegando em Tanglewood, local do festival e residência de verão da Boston Symphony, pediu ao lendário maestro Koussevitzky que lhe desse uma oportunidade para estar à frente da orquestra e que, caso não demonstrasse talento, voltaria para viver da caça e da pesca no Brasil. Aquele era um ato de grande ousadia, e ter conseguido superar essa barreira foi decisivo para sua carreira. A partir do ano seguinte, começou a reger as principais orquestras americanas; foi o primeiro — e, pela abrangência da sua carreira, ainda o único — maestro brasileiro a ser tão reconhecido internacionalmente.

Inicio por essa passagem pois aí começa essa breve história. O mundo da música erudita era muito restrito e concentrado no hemisfério norte. A orquestra mais antiga do país, da qual meu pai foi um dos fundadores, a Orquestra Sinfônica Brasileira, é de 1940. A Boston Symphony, que ele regeu pela primeira vez em 1947, fora fundada em 1881. Maestros eram figuras mais velhas, temidas, e seria impossível imaginar que um brasileiro, nascido em Iguatu, Ceará, e descendente de índios, viesse a ter tamanha projeção naquele espaço de tempo. O maestro Ormandy, da orquestra de Filadélfia, por exemplo, disse nessa época que Eleazar deveria voltar em 15 ou 20 anos, mas que talvez com um cocar de índio pudesse servir como atração.

Certamente não se cogitava a globalização que vivemos hoje. As dificuldades relativas às distâncias e informações eram maiores, assim como as barreiras. O Brasil não tinha o mesmo nível de renda dos dias atuais, e aos olhos do exterior devíamos parecer no mínimo exóticos. Por outro lado, é contraditório que, hoje, as temporadas de óperas e concertos que passavam por Manaus, Rio de Janeiro e Buenos Aires não aconteçam mais. Valorizavam-se os concertos, os conservatórios ensinavam música e, apesar de o público ser mais restrito, tínhamos mais pontes com o que acontecia no exterior.

Acho que um personagem como meu pai merecia um filme. Suas histórias são divertidas e as conquistas, inspiradoras. Infelizmente, com o tempo, muitos dos que conviveram com ele e que poderiam falar em primeira pessoa já faleceram. Seu legado deixou um grande número de alunos, entre eles os maestros Claudio Abbado, Zubin Mehta, Seiji Ozawa e Gustav Meier, que se tornaram conhecidos mundialmente.

Ele adorava escrever cartas que ficarão para sempre registradas. Quando viajavam em turnês, mesmo pequeno, eu recebia quase diariamente um relato dos acontecimentos e problemas, em passagens muito divertidas. Minha mãe, Jocy de Oliveira, escreveu ademais um belíssimo livro, *Diálogo com cartas*, que contém correspondências e histórias com vários personagens com os quais ela conviveu, como Stravinsky, Berio e... o maestro Eleazar. Entre os vários relatos divertidos do meu pai está o de sua apresentação à rainha Isabel da Bélgica depois do concerto com a Orchestre National Belge, em que ele quebrou o protocolo ao se dirigir à soberana, dizendo que era descendente de um rei, o cacique dos índios tabajaras.

Resolvi consultar o arquivo do *New York Times* para reunir algumas passagens que relatam bem o papel que meu pai teve fora do Brasil e que creio, ademais, serem relevantes à reflexão do momento que vivemos. Como são menos conhecidas no Brasil, oferecem um ângulo diferente de certa fase da vida de meu pai.

Em 9 de agosto de 1948, o jornal relata um concerto regido por ele. O programa incluía a *Sinfonia fantástica* de Berlioz e peças de Villa-Lobos, de Falla e José Siqueira. A publicação fala que o concerto foi regido de memória, o que desconcertou a plateia: tratou-se de um "excepcional sucesso para algo em torno de 9.800 pessoas". O apoio dado por Koussevitzky aos seus dois alunos, Eleazar e Leonard Bernstein, viabilizara o espaço por eles conquistados e o respeito do público. Quando perguntado por que não havia convidado um veterano de fama internacional, Koussevitzky respondeu que "tenho meninos aqui com tal talento e espírito que eles trarão um frescor e interesse especiais às suas apresentações".

Já em 18 de fevereiro de 1949, o jornal destaca que, na semana seguinte, em Nova York, Eleazar regeria quatro concertos diante da Boston Symphony, alternando quase diariamente com Cleveland, a fim de ensaiar para quatro concertos em março, a orquestra desta cidade durante as férias de George Szell. Nesse meio-tempo, daria aulas na Julliard School of Music, em Nova York. Fazer esse tipo de "ponte aérea" naquele tempo chamou a atenção do jornal, que deu à matéria o título *Here's a musician who loves his job*: "Eis um músico que ama seu trabalho".

Em 31 de março de 1959, a New York Philarmonic anunciou ter convidado sete maestros para a temporada de 1959-60. A matéria com que o *New York Times* anunciou o convite trazia fotografias do compositor e maestro Paul Hindemith e de Eleazar de Carvalho, pois seria a estreia de ambos com a orquestra. Apesar do concerto ter sido repetido no Carnegie Hall cinco dias depois, a estreia efetiva se deu no dia 24 de outubro de 1959, na grande sala da Assembleia Geral das Nações Unidas. Imaginar que àquela época um brasileiro regeria um concerto transmitido ao vivo, por rádio e por gravação, para os quatro continentes era incrível.

O programa com transmissão internacional começou com peças sendo executadas em Moscou e Genebra. Em Nova York, teve introdução do secretário-geral Dag Hammarskjod, peças de Chávez, Franck, o *Descobrimento do Brasil* de Villa-Lobos e a *Ode à alegria* da Nona Sinfonia de Beethoven. Os solistas eram Elisabeth Schwarzkopf, Maureen Forrester, Jan Peerce e Kim Borg — nomes lendários, e eu mesmo pude ouvir a gravação após tê-la recebido como presente do diretor-geral da New York Philarmonic, quando esteve pela primeira vez no Brasil.

Em 1960, chama atenção uma matéria de 28 de agosto intitulada *The World of Music: Brasilia*, isto é, "O mundo da música: Brasília". Fala-se ali que o presidente Juscelino Kubitschek, "dinâmico instigador do vital estímulo dos últimos anos, decidiu que uma orquestra sinfônica de primeira classe deveria ser criada a fim de saciar a demanda cultural dos residentes de Brasília". A matéria continua falando que o governo teria autorizado um investimento de aproximadamente US$ 500 mil por ano, durante cinco anos, para desenvolver a Orquestra Filarmônica de Brasília, e que meu pai fora chamado para criá-la e ser seu maestro. Em seguida, afirma que fora autorizado que 75% dos 96 músicos viessem do exterior e que o celeiro seria o Festival de Tanglewood (que inspirou o Festival de Inverno de Campos do Jordão), com o qual meu pai tivera uma experiência. Nove instrumentistas já teriam sido selecionados. O curioso é que o consulado geral do Brasil em Nova York estaria disponível para receber inscrições e fornecer as informações necessárias. O salário entre US$ 250 e 400 por mês seria próximo ao dos Senadores da República — e, caso isso não fosse suficiente para convencer os candidatos, eles eram informados de que poderiam comprar um terno por $15, um par de sapatos por $5, ir ao teatro e à ópera por cinquenta centavos e ao cinema, por dez. Empregados domésticos custariam US$ 20, ao passo que a alíquota de imposto de renda seria apenas de 8%. Os candidatos, lia-se, precisavam estar dispostos a viajar, pois sessenta dos cem concertos anuais seriam realizados no Rio de Janeiro e em São Paulo.

Eu tinha ciência do sonho de meu pai de criar a Universidade Internacional de Música em Guaratinguetá, desenhada pelo arquiteto Flávio de Carvalho em 1958. No entanto, jamais ouvira falar do projeto da orquestra brasiliense que ele iria dirigir. Meu pai sempre sonhou em realizar algo permanente no Brasil. O país aparentemente entendia a importância de ter orquestras que promovessem a cultura.

Em 1969, meus pais tinham um apartamento em Nova York, perto do Lincoln Center. Nas férias, eu acompanhava os ensaios e concertos de Eleazar, suas caminhadas pela cidade, nas quais solfejavam enquanto decorava partituras. A cidade não era a mesma dos dias atuais, e muitas áreas eram consideradas perigosas.

Em casa, além da disciplina no estudo das partituras e da rígida rotina que sempre recordava seu tempo na banda do Corpo de Fuzileiros Navais, meu pai adorava cozinhar. Seus dotes culinários chamaram atenção do crítico Craig Claiborne, do *New York Times*. A receita de seu famoso picadinho foi publicada no jornal, assim como uma foto do maestro na pequena cozinha ao lado de uma enorme panela. Minha tarefa era limpar as panelas.

O obituário publicado no *New York Times* em 15 de setembro de 1996 conta sua história e sua longa associação a instituições educacionais e sinfônicas. Apesar de ter vivido muitas experiências no exterior, no final dela como professor emérito da Yale School of Music, meu pai sempre quis voltar para o Brasil. Ele trabalhou até os 84 anos de idade e sempre se dedicou ao ensino, à formação de plateias, ao desenvolvimento de músicos e à promoção da música brasileira no exterior. Realizou muito em diversos países, e uma geração de músicos foi influenciada por ele. Seu legado e personalidade serão lembrados. Que possa continuar a inspirar nossos sonhos.

VLADIMIR HERZOG
Zuenir Ventura

A recente condenação do Estado brasileiro pela tortura e morte do jornalista Vladimir Herzog, em 1975, durante a ditadura militar, veio lembrar o que alguns ainda querem negar — que crimes contra a humanidade eram então cometidos por torturadores, um dos quais é hoje exaltado pelo presidente da República. A família Herzog teve que recorrer à Corte Interamericana de Direitos Humanos para obter, no dia 3 de julho de 2018, o que por 43 anos não conseguira aqui.

A notícia da morte de Vladimir me chegou de São Paulo por um telefonema de sua mulher, Clarice: "Mataram o Vlado." Era o fim da tarde de sábado, 25 de outubro de 1975. A versão oficial do assassinato era uma farsa: dizia que ele se suicidara enforcando-se com o cinto de seu macacão (que sequer tinha cinto) no Doi-Codi paulista, um centro de tortura do II Exército, onde se apresentara tal qual prometido na véspera aos policiais que tinham ido intimá-lo na TV Cultura, onde era Diretor de Jornalismo. Vlado podia ter fugido, mas explicou aos companheiros de trabalho: "Não tenho nada a temer. Amanhã me apresento, esclareço tudo e volto para casa."

Naquele sábado mesmo, ele foi torturado até a morte por volta das três horas da tarde. Os outros dez jornalistas que estavam presos lá acompanharam do lado de fora da sala o desenrolar da sessão — o rádio ligado a todo volume, as pancadas, os gemidos, os gritos fortes no começo, depois sufocados e, finalmente, silenciados.

"Eles queriam silenciar Herzog", contou mais tarde o cardeal dom Paulo Evaristo Arns, "e encheram sua boca com lã, também para fazê-lo sofrer. Ele era cardíaco e o coração parou, e não conseguiram mais reanimá-lo".

Durante os dois anos em que trabalhamos juntos na revista *Visão* — eu, na Sucursal do Rio; ele, como editor de Cultura na matriz —, não só produzimos algumas matérias de que me orgulho, como também construímos uma bela amizade, que incluía Clarice. Eu ia regularmente a São Paulo e, às vezes, dormia na sala de sua casa para conversarmos até de madrugada sobre pautas, matérias, movimentos artísticos... Raramente falávamos de política.

Por isso, sua morte me pareceu mais estúpida. Ele fora morto pelo que não fazia. Não era um militante, não usava a profissão para contrabando ideológico, o que era uma tentação daqueles tempos de sufoco. Ao contrário — e essa era a mais admirável de suas virtudes profissionais —, Vlado não usava o jornalismo como pretexto político; acreditava na informação como força transformadora. Quer dizer: mataram a pessoa errada. (Como se houvesse uma pessoa certa a matar.)

Quando Clarice resolveu recorrer à Justiça, não foi fácil conseguir advogado. Chegou a ser aconselhada a desistir, mas continuou insistindo, numa procura penosa da qual tive a honra de participar. Por interferência de uma amiga, Guguta Brandão, prima de Heleno Fragoso, levei Clarice a ele, um respeitado criminalista do Rio, que aceitou acompanhar o caso na sua área e indicou Sérgio Bermudes para a área cível.

Três anos depois, aconteceu o que parecia impossível. No dia 25 de outubro de 1978, a União foi considerada responsável pela prisão, tortura e morte de Vladimir Herzog. Dois jovens de 32 anos foram os heróis desse feito, considerado um marco na história da justiça: o juiz federal Márcio José de Morais, que deu a sentença, e o processualista Sérgio Bermudes, que movera a ação.

Terminava a farsa, e a tragédia ganhava um fim digno. Clarice obtinha o que havia procurado: a confirmação, pelo Poder Judiciário, de sua certeza de que Vladimir Herzog não se suicidara. Ela ainda lutaria para que a Corte Interamericana de Direitos Humanos condenasse o Estado brasileiro pelo crime, o que ocorreu em 2018.

Naqueles tempos de horror, difíceis de viver e trabalhar, Vlado soube viver, trabalhar e morrer com dignidade. Foi a partir do choque causado por sua morte — com toda a indignação e revolta que espalhou — que a imprensa brasileira tomou coragem de avançar até o horizonte do possível.

AUTORES

Ancelmo Gois formou-se em jornalismo e trabalhou na revista *Veja* e *Exame*, bem como no *Jornal do Brasil*. Cuida diariamente, hoje, de uma célebre coluna do jornal *O Globo*.

Cacá Diegues, nascido em Maceió, é um dos principais nomes do cinema brasileiro, tendo especial participação no movimento do Cinema Novo. Já integrou o júri do Festival de Cannes e recebeu dezenas de prêmios mundo afora, tanto de melhor diretor quanto de melhor filme. Em 2018, foi eleito para a Academia Brasileira de Letras.

Candido Mendes é bacharel em Direito pela Universidade Católica do Rio de Janeiro e doutor na mesma área pela UFRJ. Reitor da Universidade Candido Mendes, teve importante atuação durante o Regime Militar, abrigando perseguidos do governo e promovendo iniciativas de diálogo entre o governo e figuras importantes da sociedade. É membro da Academia Brasileira de Letras.

AUTORES

Célia Arns é doutora pela USP e pós-doutora pela Universidade Federal de Santa Catarina (UFSC). Atualmente é professora titular do Programa de Pós-Graduação em Letras da UFPR e professora do Programa de Pós-Graduação em Teoria Literária da UNIANDRADE. É coorganizadora dos livros "Sutil Companhia de Teatro: dez primeiro anos" (2003); "Reflexões shakespearianas" (2004); "Shakespeare sob múltiplos olhares" (2016); "Teatro e ensino: estratégias de leitura do texto dramático" (2017);"Hamlet no Brasil" (2019). É coordenadora do GT de Dramaturgia e Teatro da ANPOLL (biênio 2018-2020); integrante dos Grupos de Pesquisa (CNPQ) "Estudos sobre a Intermidialidade" e "Literatura e outras artes".

Celina Vargas do Amaral Peixoto é formada em Sociologia e Política pela PUC-RIO. Neta de Getúlio Vargas. Criou o Centro de Pesquisa e Documentação de História Contemporânea do Brasil, vinculado à Fundação Getúlio Vargas. Foi Diretora do Arquivo Nacional. Foi membro da Comissão de Ética Pública

David Zylbersztajn é engenheiro mecânico e mestre pela PUC-Rio. Concluiu seu doutorado no Institut d'Economie et de Politique de L'Energie. Durante o governo de Mário Covas, foi secretário de energia de São Paulo. Também foi diretor-geral da Agência Nacional do Petróleo.

Eleazar de Carvalho Filho graduou-se em economia pela Universidade de Nova York e concluiu o curso de mestrado em relações internacionais na Johns Hopkins University. Foi presidente do BNDES.

Elizabeth Ramos é doutora em Letras e Linguística pela Universidade Federal da Bahia, onde é Professora de estudos literários e de tradução nos cursos de graduação e pós-graduação. Em 2014, concluiu o Pós-Doutorado na Universidade de São Paulo (USP), desenvolvendo pesquisa sobre a tradução da obscenidade na comédia shakespeariana. Interessada nos Estudos da Tradução e nas representações da natureza humana na literatura, dedica-se, especialmente, às relações entre literatura e outras artes, em particular, com respeito à obra de William Shakespeare e Graciliano Ramos, de quem é neta. Nesses campos, orienta alunos de Iniciação Científica, Mestrado e Doutorado.

Euclides Penedo Borges é engenheiro e enófilo. Leciona e dirige a Associação Brasileira de Sommeliers, além de assinar livros sobre vinhos e harmonizações.

É também autor dos livros *Euclydes da Cunha e a Nação Brasileira* e *A Foice, o Martelo e os Fuzis*, Editora Mauad.

Fabio Altman, paulistano, é Redator-chefe da revista *Veja*, já atuou como correspondente da publicação em Paris. Foi editor da revista *Vip* e diretor regional de Jornalismo da Rede Globo no Rio, bem como editor-executivo da *Info* e da *Época*.

Fernanda Montenegro é a única brasileira a ser indicada para o Oscar de melhor atriz. Recebeu por cinco vezes o Prêmio Molière e três o Prêmio Governador do Estado de São Paulo, bem como o Urso de Prata do Festival de Berlim.

Fernando Henrique Cardoso é formado em Sociologia pela USP, onde tornar-se-ia professor emérito. Em virtude do regime militar, exilou-se no Chile e na França. Em 1983, assumiu o cargo de senador da república. Foi ministro das Relações Exteriores e ministro da Fazenda, chefiando a elaboração do Plano Real. Em 1994, foi eleito presidente do Brasil e, em 1998, reeleito.

Francisco Brandão é fundador da FSB Comunicação, uma das maiores agências de comunicação corporativa do mundo.

George Vidor formou-se em Economia. Aos 16 anos, começou no jornalismo, trabalhando no Correio da Manhã, no Tribuna da Bahia e no Boletim Cambial, bem como na Gazeta Mercantil. Em 1972, ingressou em O Globo, onde passou a escrever, em 1976, a coluna "Panorama Econômico". Foi subeditor de Economia e criador da primeira página de informática do jornal. Também fez parte da equipe de colaboradores do canal GloboNews.

Gustavo Franco é doutor pela Universidade de Harvard e professor da PUC-Rio. Foi presidente do Banco Central. Participou da equipe que elaborou e implementou o Plano Real.

Iza Salles formou-se em Jornalismo e trabalhou como repórter no Jornal do Brasil e Diário de Notícias. Estudou na Fondation des Sciences Politiques e, em 1970, foi presa pela ditadura militar. Morou em Madri, Paris e Roma.

AUTORES

Jaime Lerner, curitibano, foi prefeito de sua cidade natal em três ocasiões e governador do Paraná por três mandatos. É arquiteto, urbanista e consultor das Nações Unidas para questões da área.

Joaquim Falcão é doutor em Educação pela Universidade de Genebra e mestre pela Faculdade de Direito de Harvard. É também professor titular de Direito Constitucional na Escola de Direito da Fundação Getúlio Vargas, no Rio de Janeiro, e membro da Academia Brasileira de Letras.

José Luiz Alquéres é engenheiro civil, empresário e editor. Foi Secretário Nacional de Energia. Presidiu a Light, a Eletrobras e a Associação Comercial do Rio de Janeiro, bem como as Sociedades de Amigos do Museu Inperial e do Museu Histórico Nacional. Foi Conselheiro da Fundação Nacionalm Pró-Memória e é membro honorário de IHGB.

José Roberto de Castro Neves é advogado, doutor em Direito Civil pela UERJ e mestre em direito pela Universidade de Cambridge, Inglaterra, tendo-se graduado na UERJ. É professor de Direito Civil na Pontifícia Universidade Católica do Rio de Janeiro e na Fundação Getúlio Vargas. Também é autor de diversos livros sobre história, direito e literatura.

Liana de Camargo Leão é professora titular da UFPR, com doutorado em Letras pela USP e pós-doutorado pela UFMG e pela UFRJ. Foi "Research Fellow" no Shakespeare Institute, em Stratford-Upon-Avon. Organizou as *Obras Dramáticas Completas de Willian Shakespeare* (Nova Agular), tradução de Barbara Heliodora. É editora do Global Shakespeares Video and Performance Archive do Massachusetts Institute of Technlogy (MIT)

Luís Roberto Barroso é bacharel em Direito pela Universidade Estadual do Rio de Janeiro, mestre pela Yale Law School e doutor em Direito Público pela UERJ, onde atuou como livre-docente. Foi visiting scholar na Harvard Law School, professor titular de Direito Constitucional da UERJ, professor visitante da Universidade de Brasília e conferencista visitante da Universidade de Poitiers (França) e da Universidade de Wroclaw (Polônia). Tornar-se-ia fellow no Instituto de Estudos Avançados de Berlim não fosse sua nomeação para ministro do Supremo Tribunal Federal.

Luiz Cesar Faro é jornalista e diretor da revista *Insight Inteligência*. É também sócio fundadir da Insight Comunicação e autor de biografias sobre Mário Henrique Simonsen, José Luiz Bulhões de Pedreira, Raphael de Almeida Magalhães, Roberto Simonsen e Inácio Rangel.

Luna van Brussel Barroso é mestranda em Direito Público na Universidade do Estado do Rio de Janeiro. Bacharel em Direito pela Fundação Getúlio Vargas - Rio. Foi visiting student na Harvard Law School e é advogada na área de Direito Público.

Marcelo Madureira fez parte do célebre *Casseta & Planeta Urgente*, programa humorístico que esteve no ar de 1992 a 2010. Como jornalista, é um dos autores da coluna do Agamenon, no jornal *O Globo*.

Marcílio Marques Moreira formou-se no curso de preparação à carreira diplomática do Instituto Rio Branco. Concluiu, também, a faculdade de direito na UERJ. Fez mestrado em ciência política pela Universidade de Georgetown e foi professor da PUC-Rio e da UERJ. Foi Ministro da Fazenda do Brasil e presidente do Conselho de Ética Pública.

Marcos Pereira é neto do editor José Olympio e filho do — igualmente editor — Geraldo Jordão Pereira. Seu início no mercado editorial se deu na editora Salamandra, em 1981. Em 2001, foi um dos fundadores da Editora Sextante. Atualmente, é presidente do Sindicato Nacional dos Editores de Livros.

Mary Del Priore é doutora em História Social pela USP e pós-doutora pela École des Hautes Études en Sciences Sociales. venceu importantes prêmios literários, entre eles o Jabuti, o Prêmio da Fundação Biblioteca Nacional, o Prêmio Personalidade Cultural do Ano e o Prêmio da União Brasileira de Escritores.

Merval Pereira é escritor e jornalista. Escreve para o jornal *O Globo* e está entre os comentaristas políticos da rede CBN e do canal Globonews. É também membro das Academias Brasileira de Letras, Brasileira de Filosofia e de Ciências de Lisboa. Recebeu os prêmios Esso de Jornalismo e Maria Moors Cabot, da Columbia University

AUTORES

Miguel Reale Júnior formou-se em Direito pela Universidade de São Paulo, mesma instituição em que se tornou doutor, livre-docente e professor titular de direito penal. Foi Ministro da Justiça durante o governo de Fernando Henrique Cardoso. É também membro da Academia Paulista de Letras.

Nelson Motta é jornalista, escritor e compositor. Trabalhou com nomes de peso do cenário musical brasileiro, como Lulu Santos, Rita Lee, Erasmo Carlos, Elis Regina, Marisa Monte e Gal Costa. Escreveu musicais bem-sucedidos e importantes livros que registram a memória cultural de nosso país.

Paulo Niemeyer Filho é formado pela UFRJ, Professor de neurocirurgia da PUC-RJ, Membro da Academia nacional de Medicina e Diretor do Instituto Estadual do Cérebro.

Paulo Ricardo nasceu no Rio de Janeiro em 1962. Em 1983, formou a banda RPM, com a qual alcançaria enorme sucesso. Após o término do grupo, seguiu carreira solo, com a qual consolidou sua posição como um dos principais músicos brasileiros.

Pedro Bial formou-se em Jornalismo pela PUC-Rio. Trabalhou em alguns dos programas mais famosos da televisão brasileira, como Jornal Hoje, Globo Repórter, Fantástico, Big Brother Brasil e, atualmente, Conversa com Bial. É também escritor.

Pedro Corrêa do Lago é dono da maior coleção privada de cartas e manuscritos do mundo e um dos maiores especialistas na arte colonial brasileira. Foi o responsável, junto com sua esposa, por descobrir a coleção fotográfica da Princesa Isabel, desaparecida havia mais de um século. Foi presidente da Fundação Biblioteca Nacional.

Pedro do Amaral Peixoto Moreira Franco, nascido no Rio de Janeiro, é engenheiro e empresário, atuando sobretudo com consultoria empresarial e financeira.

Pedro Henrique Mariani é presidente do conselho de administração do Banco BBM. Foi presidente da Associação Nacional dos Bancos de Investimento.

Pedro S. Malan tem graduação em Engenharia Elétrica pela PUC-Rio e doutorado em economia pela Universidade de Berkeley. Foi Ministro da Fazenda e presidente do Banco Central do Brasil.

Renato Aragão, popularmente conhecido como Didi, é ator e comediante. Tornou-se célebre pelo programa *Os trapalhões* e por sua atuação em diversas produções cinematográficas.

Roberto Feith estudou História Econômica da América Latina na Universidade de Cornell, em Nova York. Foi correspondente internacional da Rede Globo, tendo montado o escritório da emissora em Paris. Também atuou como editor-chefe do programa Globo Repórter. Foi diretor da Editora Objetiva e trabalha, hoje, também como editor.

Sergio Abramoff é médico, mestre e doutor em Comunicação e Cultura pela UFRJ. Também figura entre os membros do American College of Physicians e da American Academy of Preventive Medicine.

Sonia Nolasco Heilborn reside há mais de 40 anos em Nova York, onde foi correspondente dos jornais O Globo (11 anos), O Estado de São Paulo (8 anos) e Gazeta Mercantil (5 anos); e colaborou em várias revistas. Deixou a mídia brasileira em 2000 para servir em missões das Nações Unidas. Desde 2015 escreve para o jornal Valor. Formou-se em Jornalismo na FNFiRJ. Fez mestrado no Institut Français de Presse (Paris), e doutorado no Institut d'Etudes Politiques (Sciences Po), Sorbonne, Paris.

Vanda Klabin formou-se em Ciências Políticas e Sociais pela PUC-Rio e em História da Arte pela UERJ. Na PUC-Rio, concluiu também pós-graduação em História da Arte e Arquitetura no Brasil. Foi diretora-geral do Centro Municipal de Arte Hélio Oiticica.

Zuenir Ventura é colunista do jornal *O Globo* e vencedor do Prêmio Esso de Reportagem e do Prêmio Vladimir Herzog de Jornalismo. Como escritor, venceu o Prêmio Jabuti com o livro *Cidade partida*. É membro da Academia Brasileira de Letras.

Direção editorial
Daniele Cajueiro

Editor responsável
Hugo Langone

Produção editorial
Adriana Torres
Mariana Bard
Nina Soares

Preparação de originais
Bárbara Anaissi
Stéphanie Roque

Revisão
Carolina Rodrigues
Raquel Correa
Rita Godoy

Diagramação
Filigrana

Este livro foi impresso em 2020
para a Nova Fronteira.